普通高等教育土建类规划教材

道路工程

主　编　王修山
副主编　袁玉卿　周志军　葛永晔
参　编　南爱强　任　鹏　凡涛涛
　　　　常　晟　郭　林　汪俊杰
主　审　任瑞波

机械工业出版社

本书根据普通高等学校对培养学生具备道路设计、施工等专业技能的教学要求,以我国现行的有关公路和城市道路的工程技术标准和规范为依据,吸收国内外最新研究成果和工程实践经验,结合编者多年的教学经验和工程实践经验编写。本书共五章,主要涉及道路工程发展现状、道路规划与勘测设计、路基工程、路面工程及道路施工与养护五个方面。

本书可作为高等院校土建类相关专业道路工程课程的教学用书,也可作为从事道路工程勘察、设计、施工和管理人员的参考书。

图书在版编目(CIP)数据

道路工程/王修山主编. —北京:机械工业出版社,2019.1
普通高等教育土建类规划教材
ISBN 978-7-111-61806-5

Ⅰ.①道… Ⅱ.①王… Ⅲ.①道路工程-高等学校-教材 Ⅳ.①U41

中国版本图书馆 CIP 数据核字(2019)第 008403 号

机械工业出版社(北京市百万庄大街 22 号 邮政编码 100037)
策划编辑:马军平 责任编辑:马军平
责任校对:王 延 封面设计:张 静
责任印制:张 博
北京铭成印刷有限公司印刷
2019 年 3 月第 1 版第 1 次印刷
184mm×260mm・19 印张・463 千字
标准书号:ISBN 978-7-111-61806-5
定价:49.00 元

凡购本书,如有缺页、倒页、脱页,由本社发行部调换

电话服务 网络服务
服务咨询热线:010-88379833 机工官网:www.cmpbook.com
读者购书热线:010-88379649 机工官博:weibo.com/cmp1952
 教育服务网:www.cmpedu.com
封面无防伪标均为盗版 金 书 网:www.golden-book.com

前言

随着我国道路建设的飞速发展,道路技术得到了不断发展,有关标准、规范也相应做了较大的修改和调整。道路工程是一门理论与实践并重、工程性较强的课程。该课程涉及内容广泛,与工程实践联系紧密,并具有一定的区域特点。

为使读者掌握道路工程的特点和技术要领,了解其发展趋势,本书根据普通高等学校对培养学生具备设计、施工等专业技能的教学要求,以我国现行的有关公路和城市道路的工程技术标准和规范为依据,吸收国内外最新研究成果和工程实践经验,结合编者多年的教学经验和工程实践经验编写,重点阐述了道路工程的基本概念、基本理论和基本方法,并尽可能融入这一领域的新进展、新技术和新方法。

本书由浙江理工大学王修山任主编,由河南大学袁玉卿、长安大学周志军、山东省滕州市公路局葛永晔任副主编。全书共五章,具体编写分工是:绪论及第一、五章由王修山主笔;第二章由葛永晔主笔;第三章由袁玉卿主笔;第四章由周志军主笔。云南交通职业技术学院南爱强、中国人民解放军陆军工程大学任鹏、长安大学凡涛涛、浙江理工大学常晟、郭林和汪俊杰提供了相关资料并参与了相关章节的编写。山东建筑大学任瑞波教授审阅了书稿,并提出了相关意见和建议,在此表示衷心的感谢。

本书在编写过程中参考了有关专家、学者的论著和教材,吸取了一些最新的研究成果,在此向相关文献的作者表示衷心的感谢!

限于编者水平,书中难免存在不妥之处,敬请读者批评指正。

编　者

目录

前言

绪论 …………………………………………………………………………………… 1
  思考题 ……………………………………………………………………………… 4

第一章　道路工程发展现状 ……………………………………………………… 5
  第一节　道路工程简介 …………………………………………………………… 5
  第二节　国外道路工程发展现状 ………………………………………………… 28
  第三节　国内道路工程发展现状 ………………………………………………… 43
  思考题 ……………………………………………………………………………… 61

第二章　道路规划与勘测设计 …………………………………………………… 62
  第一节　概述 ……………………………………………………………………… 62
  第二节　道路规划设计 …………………………………………………………… 67
  第三节　道路勘测设计 …………………………………………………………… 92
  思考题 ……………………………………………………………………………… 132

第三章　路基工程 …………………………………………………………………… 134
  第一节　概述 ……………………………………………………………………… 134
  第二节　路基设计 ………………………………………………………………… 153
  第三节　路基边坡稳定性计算 …………………………………………………… 164
  第四节　路基防护 ………………………………………………………………… 173
  思考题 ……………………………………………………………………………… 182

第四章　路面工程 …………………………………………………………………… 183
  第一节　概述 ……………………………………………………………………… 183
  第二节　路面设计 ………………………………………………………………… 190
  第三节　路面性能评价与加铺层设计 …………………………………………… 224
  思考题 ……………………………………………………………………………… 239

第五章　道路施工与养护 ………………………………………………………… 240
  第一节　路基施工与养护 ………………………………………………………… 240

目录

第二节 路面施工与养护 ·· 262
第三节 道路养护新技术 ·· 282
思考题 ·· 288

附录 ··· 289

附录 A 一级区划的自然条件和对公路设计的要求 ································· 289
附录 B 各二级区自然条件对公路工程的影响 ·· 290

参考文献 ·· 295

2. 道路可行性研究

可行性研究是指一种在投资决策前对投资项目进行技术、经济论证的科学方法，是一种在投资前通过调查、分析、研究、推算和比较，选择最小的耗费，取得最佳经济效果的手段。我国规定，要以可行性研究为基础来确定基本建设的基本轮廓。这个轮廓可概括为工程建设的可否、时期、规模三个基本问题。

道路可行性研究的任务是在对地区社会、经济发展及路网状况进行充分调查研究、评价预测和必要的勘察工作的基础上，对项目建设的必要性、经济合理性、技术可行性、实施可能性提出综合的研究论证报告。按其工作深度可分为预测可行性研究和工程可行性研究。

道路建设项目可行性研究报告的主要内容包括：建设项目的依据、背景，在交通运输网中的地位，原路的状况，预测交通量及发展水平；论述建设项目的地理位置和自然特征，筑路材料来源及运输条件；论证不同方案的特点，提出推荐意见；测算主要工程量和估算投资，进行经济评价；对推荐方案进行评价，提出存在的问题和有关建议。

3. 道路设计与工程招投标

（1）道路设计　道路设计是根据道路规划，按国家规定的标准和设计任务书的要求，对一条道路的路线方案、形状、位置及各组成部分的详细结构尺寸、工程数量、费用等进行的设计工作。道路设计，必须对道路沿线的条件（自然条件、社会条件等）进行勘测、调查，收集资料，再通过内业设计，完成修建道路所需的全部图、表、工程数量、费用等项目。道路设计根据任务、审核和完成资料的不同可分为初步设计、技术设计和施工图设计。

（2）工程招标与投标

1）道路工程招标，是指道路工程建设单位就拟建道路工程的规模、道路等级、设计图、质量标准等有关条件，公开或非公开地邀请投标人报出工程价格，在规定的日期开标，从而择优选定工程承包者的过程。

2）道路工程投标，是指承包单位在同意建设单位按拟定的招标文件所提出的各项条件的前提下，对招标项目进行报价。投标单位获得投标资料以后，在认真研究招标文件的基础上，掌握好价格、工期、质量、物资等关键因素，根据建设单位的要求和条件，在符合招标项目质量要求的前提下，对招标项目进行价格估算，并在规定的期限内向招标单位递交投标资料，争取"中标"的过程。

道路工程建设实行招标投标承包制，是我国道路建设事业改革的需要。招标投标承包制，不仅在理论上符合商品经济和价值规律的基本原理，在实践上也证明了可以确保工程质量、缩短建设工期、降低工程造价、提高投资效益、保护公平竞争。

道路工程招标、投标工作，一般可分为三个阶段，即准备阶段、招投标阶段、评标及签订合同阶段。

4. 工程概预算

（1）设计概算　设计概算是控制和确定工程造价的文件，是初步设计文件的重要组成部分。设计概算经批准后，就成为编制固定资产投资计划、签订建设项目总承包合同和贷款总合同、实行建设项目投资包干或确定招标投标标价的依据，也成为控制基本建设拨款和施工图预算、考核设计经济合理性的依据。设计概算文件包括概算编制说明，总概算书，单项工程综合概算书，单位工程概算书，其他工程与费用概算，钢材、木材、水泥等主要材料及设备表。

（2）施工图预算　预算是施工图设计文件的重要组成部分，是确定工程造价、签订建筑安装工程合同、实行建设单位和施工单位投资包干和办理工程结算、实行经济核算和考核工程成本的依据。预算应根据施工图设计文件的工程量和施工方法，按照规定的定额、取费标准、工资单价、材料设备预算价格等，在开工前编制并报请批准。以施工图设计文件进行施工招标的工程，经审定后的施工图预算是编制工程标底的依据。

5. 道路施工及工程监理

（1）道路施工　道路施工是将设计的道路在实地具体实施的过程。由于道路是线形工程，工地布设沿线路展开，施工的点多、线长，施工现场又大多数是露天作业，因而受自然条件的影响较大。与其他土木工程施工相比，道路施工更复杂、更艰苦、更困难。

道路施工的主要内容有：

1）施工前的准备，包括征地、场地准备及拆迁、施工测量、材料准备、施工方案和施工组织计划的编制等。

2）路基施工，包括路基土、石方施工，路基整修，路基排水及防护施工等。

3）路面施工，包括备料、路槽施工、路面基层施工、路面面层施工、路容整修等。

4）桥涵施工，包括备料、基坑开挖、基础施工、下部构造施工、上部构造安装、桥面施工、桥头引道施工等。

5）隧道及特殊构造施工。

6）沿线设施施工。

7）工程竣工及验收。

（2）工程监理　工程监理是指独立的监理单位受建设单位的委托，按照国家法律、法令、法规及有关的技术规范、标准和依法成立的施工合同文件，对工程建设的质量、投资、工期等进行全面的监督与管理的行为。

推行道路工程监理制度是道路建设管理体制改革的重要内容，是强化质量管理、控制工期和造价、提高投资效益和施工管理水平的有效措施。

思 考 题

1. 道路有哪些基本属性？
2. 道路有哪些经济特征？
3. 简述道路的功能。
4. 查阅相关资料，了解我国道路工程的招标投标承包制。
5. 查阅相关资料，了解我国道路工程监理制度。

第一章 道路工程发展现状

第一节 道路工程简介

一、道路设计与施工

(一) 道路的基本组成

1. 公路的基本组成

道路是一种带状三维空间结构物,包括路基、路面、桥梁、涵洞、隧道和沿线设施等工程实体。一般所说的路线,是指道路中线的空间位置。道路中线在水平面上的投影叫路线平面图;用一个曲面沿道路中线竖直剖切,再展开成平面的图式叫纵断面图;沿道路中线任一点(即中柱)作的法向剖切面叫横断面图。

(1) 线形组成 线形指道路中线在空间的形状。道路中线是一条平面有曲线、纵面有起伏的立体空间曲线,其平面线形由直线和平曲线组成,平曲线包括圆曲线和缓和曲线;纵断面线由纵坡线和竖曲线组成。这条立体空间曲线,可用平面图、纵断面图和横断面图(三视图)来表示。

(2) 公路工程的组成部分 公路是承受荷载及自然因素影响的交通工程构造物,包括路基路面工程、排水工程(桥涵、渗水路堤、过水路面等)、防护工程(挡土墙、护坡等)、特殊构造物及交通安全服务设施等。

1) 路基。路基是公路的重要组成部分,它是按照路线位置和一定技术要求修筑的带状构筑物,承受由路面传来的荷载,是行车部分的基础。其断面形状一般包括路堤、路堑、半填半挖等断面形式。

2) 路面。路面是用不同的坚硬材料铺筑在路基上供汽车直接行驶的地带,通常由面层、基层、垫层等组成。路面是公路上最重要的建筑物,行车的安全、舒适与经济与否均取决于路面的质量。因此,通常以路面的质量来评价整条公路的质量。

3) 桥涵。桥涵是指为跨越水流或相交道路,供汽车行驶而设置的跨越构造物,山区公路桥梁和城市立交桥梁如图1-1所示。

4) 防护工程。防护工程是指为保证路基的强度和稳定或行车安全修筑的工程设施,如挡土墙、护坡等,如图1-2所示。

5) 隧道。隧道是指穿越山岭,为改善线形、缩短路线里程修筑的山洞,如图1-3所示。

6) 交通安全服务设施

① 照明设施,如灯柱、弯道反光镜等。

图 1-1 桥梁

a）山区公路桥梁　b）城市立交桥梁

图 1-2 防护与加固

a）柔性防护　b）半工程半绿化防护　c）窗孔式防护　d）预应力索加固

② 安全设施，如护栏、隔离栅、路面标线、交通标志等，如图 1-4 所示。

③ 服务设施，如加油站、服务区、汽车站等。

④ 植树绿化与美化工程，是美化公路、保护环境不可缺少部分，为道路使用者提供一

第一章 道路工程发展现状

图 1-3 秦岭终南山特长隧道

个安全、舒适的行车环境。植树绿化有利于美化路容、保持水土、稳固路基、防风固沙、净化空气等,而且可提高行车的安全性。

a) b)

图 1-4 交通安全设施

a) 防眩、护栏、标线、视距线等 b) 护栏、标线等

2. 城市道路组成

在城市里,沿街两侧建筑红线之间的空间范围为城市道路用地。包括:

1) 供各种车辆行驶的车行道。其中供汽车、无轨电车、摩托车行驶的为机动车道;供有轨电车行驶的为有轨电车道;供自行车、三轮车、电动自行车行驶的为非机动车道。

2) 专供行人步行交通用的人行道。

3) 起卫生、防护与美化作用的绿化带。

4) 用于排除地面水的排水系统,如街(道)沟或边沟、雨水口、窨井、雨水管等。

5) 为组织交通、保证交通安全的辅助性交通设备,如交通信号灯、交通标志、交通岛、护栏等。

6) 交叉口和交通广场。

7) 停车场和公共汽车停靠站台。

8) 沿街的地上设备，如照明灯柱、架空电线杆、给水栓、邮筒、清洁箱、接线柜等。

9) 地下的各种管线，如电缆、煤气管、给水管、污水管等。

10) 在交通高度发达的现代城市，还建有高架快速道路、人行过街天桥、地下道路、地下人行道、地下铁道等。

（二）道路勘测设计控制

道路几何设计必须符合技术标准的规定，必须与地形、地质等自然条件相适应，必须满足交通流特性要求，也必须符合道路网规划，这些都是控制道路设计的因素。勘测设计详细介绍见第二章。

1. 技术依据

道路勘测设计主要的技术依据有《公路工程技术标准》《公路路线设计规范》《城市道路工程设计规范》等。道路勘测设计相关的依据有《公路勘测规范》《公路摄影测量规范》《公路全球定位系统（GPS）测量规范》等。道路勘测设计其他的技术依据有《公路工程基本建设项目设计文件编制方法》《城市道路交通规划设计规范》《厂矿道路设计规范》《公路环境保护设计规范》等。

2. 自然条件

影响道路的自然因素主要有地形、气候、水文、地质、土壤及植被等，这些自然因素主要影响道路等级和设计速度的选用、路线方案的确定、路线平面和纵横断面的几何形状、桥隧等构造物的位置和规模、工程数量和造价等。

地形决定了选线条件，并直接影响道路的技术标准和指标。按道路布线范围内的地表形态、相对高差、倾斜度及平整度，将地形大致划分为平原、微丘地形和山岭、重丘地形。

气候状况直接或间接地影响地面水量、地下水位高度、路基水温状况，以及泥泞期、冬季积雪和冰冻期等，影响路线平面位置和竖向高度的确定。

水文情况决定排水结构物的位置、数量和大小，水文地质情况决定了含水层厚度和位置、地基或边坡的稳定性。

地质构造决定了地基和路基附近岩层的稳定性，决定了路线方案和布设，同时也决定了土石方施工的难易程度和筑路材料的质量。

土是路基和路面基层的材料，它影响路基形状和尺寸，也影响路面类型和结构的确定。

地面的植物覆盖影响暴雨径流、水土流失程度，经济作物的种植还影响路线的布设。

（三）公路勘测设计流程

道路建设项目一般需经过准备、实施和总结三个阶段（或前期工作和施工两个阶段），具体可分为项目建议书（立项）、可行性研究、设计、开工准备、施工、（交）竣工验收、通车运行、后评价。前期工作包括可行性研究和勘测设计两个阶段，其中可行性研究阶段按其工作深度又可分为预可行性研究阶段和工程可行性研究阶段，勘测设计阶段又可分为初步设计、技术设计和施工图设计阶段。

1. 设计阶段

《公路工程基本建设项目设计文件编制办法》规定，公路工程基本建设项目可以采用一阶段设计、两阶段设计或三阶段设计。一阶段设计即施工图设计，适用于技术简单、方案明确的小型建设项目；两阶段设计即初步设计或施工图设计，适用于一般建设项目；三阶段设计即初步设计、技术设计和施工图设计，适用于技术复杂、基础资料缺乏和不足的建设项目，或建设项目中的个别路段、特大桥、互通式立体交叉、隧道等。

2. 各设计阶段主要内容

（1）初步设计　初步设计应根据批准的可行性研究报告、设计任务书（或测设合同）和初测资料编制。初步设计阶段的目的是确定设计方案，主要内容包括拟定修建原则、选定设计方案、计算工程数量和主要材料数量、提出施工方案、编制设计概算、提供文字说明及图表资料。初步设计在选定方案时，应对路线的走向、控制点和方案进行现场核查，征求沿线地方政府和建设单位意见，基本落实路线布置方案。一般应进行纸上定线，赴实地核对，落实并放出必要的控制线位桩。对复杂困难地段的路线，互通式立体交叉，隧道，特大桥、大桥的位置等，一般应选择两个或两个以上的方案进行同深度、同精度的测设工作和方案比选，提出推荐方案。

初步设计文件由总说明、总体设计、路线、路基路面及排水、桥梁涵洞、隧道、路线交叉、交通工程及沿线设施、环境保护、渡口码头及其他工程、筑路材料、施工方案、设计概算等共13篇及附件组成。

（2）技术设计　技术设计应根据批准的初步设计和定测资料编制。技术设计阶段的目的是对重大、复杂的技术问题进一步落实设计方案。主要内容包括通过科学试验、专题研究，加深勘探调查及分析比较，解决初步设计中未解决的问题，落实技术方案，计算工程数量，提出修正的施工方案，修正设计概算。

（3）施工图设计　一阶段施工图设计应根据批准的可行性报告、设计任务书（或测设合同）和定测资料编制；两阶段设计中的施工图设计应根据批准的初步设计和定测资料编制；三阶段设计中的施工图设计应根据批准的技术设计和补充定测资料编制。施工图设计阶段的目的，是对采用的方案进行详细设计以满足施工的要求，主要内容包括根据审定的修建原则对设计方案进行具体设计，确定各项工程数量，提出文字说明、图表资料及施工组织计划，并编制施工图预算，满足施工需求。

（四）公路工程施工

1. 公路工程施工过程

施工单位接受施工任务后，依次经历开工前的规划组织准备阶段、现场施工条件准备阶段、正式施工阶段、竣工验收阶段等。对于不同规模、不同性质的具体工程项目，各阶段的工作内容不尽相同。

（1）接受施工任务　承包人获得施工任务通常有两种方式：一是由上级主管单位统一安排任务，按行政隶属关系下达计划（突发性的抢险救援任务）；二是自行对外投标，中标后获得任务。获得施工任务，从法律角度讲，是以签订工程承包合同加以确认的。与项目业主签订工程施工承包合同，明确双方的经济、技术责任，互相制约，互相促进，共同保证按质、按量、按期完成工程项目的建设任务。合同一经签订，就具有法律效力，双方均应认真履行。

（2）开工前的规划组织准备　准备工作的基本任务是：了解施工的客观条件，根据工程的特点、进度要求，合理安排施工力量，从人力、物力、技术和施工组织等方面为工程施工提供一切必要的条件。开工前的施工准备工作分为战略性的规划组织和战术性的现场条件准备两大部分内容。前者是总体的部署，后者是具体的落实。其主要内容包括以下几个方面：熟悉和核对设计文件，补充调查资料，组织先遣人员进场，编制实施性施工组织来进行设计和施工预算。

（3）开工前的现场条件准备　承包人经过现场核对后，应依据设计文件和实施性施工组织设计，认真做好施工现场的准备工作，包括征地拆迁，技术准备工作，建立临时生产、生活设施，以及人员、机具、材料的陆续进场。

上述各项具体准备工作完成后，即可向项目业主或监理工程师提出开工申请，并在上级要求或工程合同规定的最后日期之前提出。施工准备工作未做好，不得提出开工申请。施工准备工作不仅在施工前需进行，还贯穿于整个施工过程之中，因为构成道路工程的路基、路面、桥涵等各项工程，有各自不同的施工方法和工艺要求，且在时间和空间上又都存在相互制约和相互影响的因素。

（4）工程施工　在施工准备工作完成、提交开工申请并被批准之后，才能开始正式施工。施工应严格按照设计图进行，如需变更，必须事先按规定程序报经批准。要按照施工组织设计确定的施工方法、施工顺序及进度要求进行施工。各分项工程，特别是地下工程和隐蔽工程，要逐道工序检查合格，做好施工原始记录，才能进行下一道工序的施工。施工要严格按照设计要求和施工技术规范、验收规程进行，保证质量，安全操作，不留隐患，发现问题及时解决。

（5）竣工验收　建设项目按设计要求建成后，承包人应自行初验，项目建设单位组织交工验收。施工单位承担的工程全部完成后，经初验符合设计要求，并具备相应的施工文件资料，经国土、审计、质检、环保、档案局等职能部门确认和鉴定，且质量缺陷责任期满后，应及时报请上级单位组织竣工验收。

根据建设项目的规模大小，分别由交通运输部或省、自治区、直辖市交通行政主管部门组织验收。参加竣工验收的人员应包括主管部门、公路管理机构、项目法人、竣工验收组代表、质量监督、造价管理、设计、施工、监理、接管养护、当地有关部门代表及特邀专家等。

竣工验收工作以设计文件为依据，按照国家有关规定，分析检查结果，评定工程质量等级，形成竣工验收鉴定书，并经竣工验收委员会签字确认。

2. 公路工程施工组织的基本原则

（1）施工组织的基本原则

1）连续性。连续性是指施工生产过程中的各阶段、各工序之间在时间上是紧密衔接的，不发生任何不合理的中断现象，这是提高劳动效率的重要条件。

2）平行性。平行性是指施工生产过程中的各项施工生产活动，在时间上和空间上应尽可能地平行进行，这是充分利用工作面的有效途径。

3）协调性。协调性是指施工生产过程中的各阶段、各工序之间在人员和设备上要保持适当的比例关系，不致发生不配套、不平衡、相互脱节的现象，从而充分调动职工的生产积极性，不断提高设备的利用率。

4）均衡性。均衡性是指在整个建设工期及各个施工生产环节中，任务完成平衡，工作负荷相对稳定，不出现时松时紧、忙闲不均、赶工突击等现象。

（2）经济效果评价

1）可以合理地、最低限度地配置施工现场各类人员的人数，既保证施工生产需要，又避免频繁调动、窝工浪费。

2) 可使施工用的机械设备、工具、周转性消耗材料等减少到最低限度，并能尽量重复使用，节约费用。

3) 可以减少因施工过程中阶段性的停工、待料，以及其他原因造成的工人、机械设备的时间损失，避免浪费。

4) 可以合理地减少临时设施和现场管理费用。

5) 可以实现优质高产、安全生产和文明施工。

3．标准化施工

施工标准化活动的主要内容包括工地标准化、施工标准化和管理标准化，专业涵盖路基、路面、桥涵、隧道、绿化及防护工程，有条件的也可在交通安全与机电工程中实施。

1) 工地标准化。工地标准化主要包括驻地和施工现场的标准化。

2) 施工标准化。按照规范要求，结合实际情况，细化路基、路面、桥涵、隧道、绿化及防护、交通安全与机电等各项工程的施工标准化要求，优化施工工艺，严格工艺管理，提高施工效率和实体工程质量。

3) 管理标准化。严格执行公路建设法律法规和强制性标准，在工程管理中查找薄弱环节，健全管理制度，优化管理流程，把技术标准、管理标准、作业标准落实到施工全过程，实现工程进度合理均衡，节能环保措施到位，档案资料收集齐全、整理规范。加强从业人员的管理和培训，统一从业人员的持证和着装。

4．施工程序

施工程序是指建筑安装工程施工阶段或施工过程中，必须遵守时间上的先后和空间方向的顺序，以及工序之间的衔接等要求。遵循科学的施工程序是编制施工组织设计、拟订工程进度计划应首先考虑的问题，它是加快施工进度和保证工程质量的重要手段。

(1) 施工过程中建设工程的施工程序　如公路工程中路面工程应在路基土石方和桥涵等工程完成之后，并经验收合格后方能进行铺筑；交通工程等其他沿线设施，一般都在路基、路面、桥涵等工程完成之后才进行。只有这样，才能使各项工程的实施在时间上做到紧密衔接，在空间上实现统筹安排，避免季节、气候的不利影响，从而连续地、均衡地、有节奏地进行施工，保证人力、设备充分发挥作用，达到工期短、质量好、消耗少、成本低的效果。

(2) 工程项目（单位工程）的施工程序　施工程序是指路基、路面、桥梁、隧道、涵洞等各项工程中的分部分项工程施工的时间与空间的先后顺序，既要考虑空间上的施工流向顺序，又要考虑各工种工序在时间上的紧密衔接问题，其目的在于在保证工程质量、工期和安全施工的前提下，各工序之间相互创造条件，以充分利用工作面，争取时间，缩短工期，节约费用。因此它的合理程序是：先主体工程，后附属工程；先地下工程，后地上工程；先下部工程，后上部工程。

二、道路交通特性与特征分析

（一）道路交通特性

1．设计车辆

设计车辆是指道路设计所采用的具有代表性的车辆。

2．设计速度与运行速度

(1) 设计速度　设计速度（又称计算行车速度或参照速度），是指当气候条件良好、交通密度小、汽车运行只受道路本身条件（几何要素、路面、附属设施等）的影响时，中等驾驶技术水平的驾驶员能保持安全顺适行驶的最大行驶速度。设计速度是决定道路几何形状的基本依据。道路的曲线半径、超高、视距等直接与设计速度有关，同时车道宽度、中间带宽度、路肩宽度等指标的确定也受设计速度影响。公路设计应根据公路的功能、等级及交通量，结合沿线地形、地质状况等，经论证后确定合适的设计速度。

（2）运行速度　运行速度是指中等驾驶技术水平的驾驶员在良好的气候条件、实际道路状况和交通条件下所能保持的安全速度。通常采用测定的第85个百分位行驶速度作为运行速度。应用运行速度的设计方法：根据设计速度初定道路线形，通过测算模型计算路段运行速度，用速度差控制标准检查和修正线形，以修正后的运行速度为依据确定路线的其他设计指标。

3. 交通量

交通量（设计小时交通量）是以小时为计算时段的交通量，是确定车道数、车道宽度和评价服务水平的依据。道路上行驶的车辆种类较多，其速度、行驶规律以及占用道路的净空差异较大，但作为道路设计的交通量应折算成某一标准车型。《公路工程技术标准》（JTG B01—2014）规定标准车型为小客车。

1）日平均交通量（ADT）

$$\text{ADT} = \frac{1}{n}\sum_{n}^{1} Q_i \tag{1-1}$$

式中　Q_i——各规定时间段内的日交通量（辆/d）；
　　　n——各规定时间段内的天数。

2）年平均日交通量（AADT）

$$\text{AADT} = \frac{1}{365}\sum_{i=1}^{n} Q_i \tag{1-2}$$

3）月平均日交通量（MADT）

$$\text{MADT} = \frac{\text{一个月的日交通量总和}}{\text{本月天数}} \tag{1-3}$$

4）周平均日交通量（WADT）

$$\text{WADT} = \frac{1}{7}\sum_{i=1}^{7} Q_i \tag{1-4}$$

其中，年平均日交通量是确定道路等级的控制性指标，其他平均交通量可以用于交通量统计分析。

4. 通行能力与服务水平

对通行能力和交通量的分析，可正确确定道路的等级、规模、主要技术指标和几何线形等要素。

5. 道路网

（1）公路网　公路网是在全国或一个区域内，由各等级公路组成的一个四通八达的网络系统。区域内的城市、集镇及某些运输集散点（如大型工矿、农牧业基地、车站、港口等）称为节点（或运输点）。公路设计以公路网为基础，按其规划要求分段分级逐步实施。公路在公路网中的使用性质、任务和功能，决定了公路的等级；两节点的方向决定了公路的基本走向。对公路网的基本要求是四通八达、干支结合、布局合理、效益最佳。合理的公路网一般应具备的条件包括：必要的通达深度和公路里程长度，与交通量相适应的公路技术标准和使用质量，经济合理的平面网络。公路网的主要功能是：满足区域内外的交通需求，承担城市之间的运输联系；维持区域内交通的通畅及保证交通运输的快速和高效益；确保交通安全和提供优质运输服务；维护生态平衡，防止水土流失，注意环境保护，方便人民生活。

（2）城市道路网　宏观上，城市道路网是公路网的某一节点；微观上，城市道路网是由城市范围内所有道路组成的一个系统。城市道路网是编制城市规划时拟定的，它从总体上对每条道路提出了明确的目的与任务。新建或改建一条城市道路时，只有明确该道路在城市道路网中的功能及其与相邻道路的关系，才能做出经济合理的设计。城市道路网的结构形式是指一座城市中所有道路组成的轮廓或几何形状，它与城市的规模、城市中交通吸引点的分布及城市所在地自然条件等因素密切相关。城市道路网的几何形状一旦形成，整个城市的运输系统、建筑布置、居民点及街区规划也就确定了。通常，改变一座城市的道路网形状是很困难的，也是不经济的，对城市道路网进行改造和规划应在原有结构基础上进行。

6. 道路建筑限界与道路用地

（1）道路建筑限界　道路建筑限界是为保证车辆和行人正常通行，规定在道路的一定高度和宽度范围内不允许有任何设施及障碍物侵入的空间范围。道路建筑限界是横断面设计的重要依据，设计时应充分研究组成路幅要素的相互关系及道路各种设施的设置规划，在有限空间内合理安排。不允许桥台、桥墩及照明灯柱、护栏、信号机、标志、行道树、电杆等设施侵入道路建筑限界以内。

道路建筑限界又称净空，由净高和净宽两部分组成。净高是指道路在横断面范围内保证安全通行必须满足的竖向高度。净高应由汽车装载高度、安全高度及路面铺装等因素确定。净宽是指道路在横断面范围内保证安全通行必须满足的横向宽度。净宽包括行车带、路肩、中间带、绿化带等的宽度。

桥梁、隧道及高架道路净空一般应与路段净空相同，有时为了降低造价需压缩净空时，其压缩部分主要体现在侧向宽度上。但在桥梁、隧道中需设人行道，且当人行道宽度大于侧向宽度时，其增加的宽度应包括在净宽之内。

1）公路最小净高。我国载重汽车的装载高度限制为 4.0m，外加 0.5m 的安全高度，一般采用不小于 4.5m 的净高。考虑到大型设备运输的发展、路面积雪和路面铺装在养护中的加厚等因素，规定高速公路和一级、二级公路的净高为 5.0m，三、四级公路为 4.5m。对于路面类型为中级或低等级的三、四级公路，考虑到路面铺装的要求，其净高可预留 20cm。一条公路应采用相同的最小净高。当构造物位于凹形竖曲线上方时，长、大车辆通过会形成弦空而降低构造物的有效净高，设计时应保证有效净高的要求；公路下穿时应保证公路距构造物底部任意点均满足净高的需要。

2）城市道路最小净高。城市道路最小净高应满足表 1-1 的要求。

表 1-1　城市道路最小净高

车行道种类	机动车			非机动车	
行驶车辆种类	各种汽车	无轨电车	有轨电车	自行车、行人	其他非机动车
最小净高/m	4.5	5.0	5.5	2.5	3.5

（2）道路用地 道路用地是指为修建、养护道路及布设沿线设施等所征用的土地。在道路用地范围内不得修建非道路用建筑物，如开挖渠道，埋设管道、电缆、电杆及其他设施。在确定道路用地时，既要满足修建道路必需的用地范围，又要充分考虑我国土地资源珍贵的特点，尽可能从设计和施工等方面节省每一寸土地，不占或少占高产田，提倡利用取土或弃土整田造地。

1）公路用地范围

① 公路路堤两侧排水沟外边缘（无排水沟时为路堤或护坡道坡脚）以外，或路堑坡顶截水沟外缘（无截水沟时为坡顶）以外不小于1m的土地，在有条件的地段，高速公路和一级公路不小于3m、二级公路不小于2m的土地为公路路基用地范围。

② 在风沙、雪害等特殊地质地带，需设置防护林、种植固沙植物、安装防沙或防雪栅栏及设置反压护道等设施时，应根据实际需要确定用地范围。

③ 桥梁、隧道、立体交叉、平面交叉、服务设施、安全设施、管理设施、绿化带及料场和苗圃等，应根据实际需要确定用地范围。

④ 有条件或按环境保护要求种植多行林带的路段，应根据实际需要确定用地范围。

⑤ 改建公路可参考新建公路确定用地范围。

2）城市道路的用地范围。路段用地是指路段规划红线以内的范围。交叉口用地是指交叉口规划红线以内的范围。

① 立体交叉口规划范围应包括相交道路中线投影平面交点至相交道路各进出口变速车道渐变段及其向外延伸10~20m的主线路段共同围成的空间，如图1-5所示。

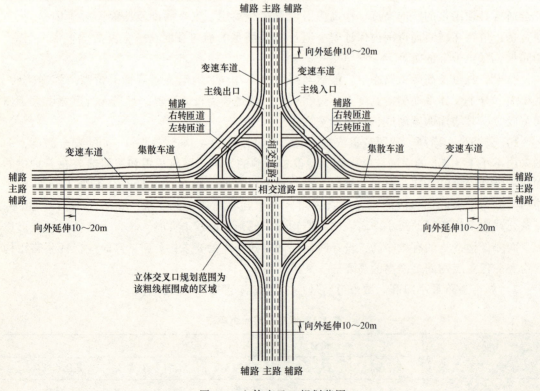

图1-5 立体交叉口规划范围

绪 论

一、道路的特点及功能

1. 道路的特点

近百年来,汽车运输的迅速发展和道路及其运输所具有的一系列特点是分不开的。与其他交通设施相比,道路具有以下基本属性及经济特征:

(1) 道路的基本属性 道路建设与道路运输是物质生产,因而,它必然具有物质生产的基本属性,即有生产资料、劳动手段和劳动力及作为物质产品而存在的道路,同时,它又具有其本身特有的基本属性。

1) 公益性。道路分布广、涉及面宽,能使全社会收益,同时,也受到社会各方面的关注和支持。特别是近年来,道路运输在促进社会商品经济发展方面发挥了巨大的作用,使道路受到社会的重视。

2) 商品性。道路建设是物质生产,道路是产品,必然具备商品的基本属性,它既具有商品价值,又具有使用价值。这一属性是目前发展商品化道路(也称收费道路)的基本依据。

3) 超前性。道路的超前性主要是指道路的先行作用。道路是为国民经济和社会发展服务的,它作为国家连接工农业生产的链条和经济腾飞的跑道,其发展速度应当高于其他部门的发展速度。这就是通常所说的"先行官"作用。

4) 完备性。道路运输是资金密集型和技术密集型的产业,属于国家基本建设项目。道路的建设不仅要满足其现行通行能力的要求,还要考虑今后一段时间内通行能力增长的要求,即要有一定的储备能力。这就要求建设道路之前,必须进行统一的规划、可行性论证、周密的经济和交通调查、加强交通预测以及精心设计等工作,以满足远景发展的需要。

(2) 道路的经济特征

1) 道路产品是固定在广阔地域上的线形建筑物,不能移动。道路是线形工程,与一般的工业生产和建筑业相比,道路建设的流动空间更大,工作地点更不固定,受社会和自然环境影响较大,具有更强的专业性。

2) 道路的生产周期和使用周期长。通常,建成一条上百千米的道路需要花费两三年的时间,高等级道路还需要更长的时间;投入使用后一般使用年限为 10~20 年。在使用过程中,还需要对道路进行经常性的养护、维修和管理工作。

3) 道路虽然是物质产品,但不具有商品的形式。在商品经济中,一般的产品,都采取商品交换形式,出售后进入消费。而道路建成后,不能作为商品出售,也不存在等价交换的买卖形式,只提供给社会使用。其投资费用以收费(使用道路的收费和养护管理费)和运输运营收费形式来补偿。

4）道路具有特殊的消费过程和消费方式。一般的商品生产与消费在时间和空间上都是分离的，即商品必须成型后，才能运送到市场进行交换和消费；道路则可以边建设，边使用，并在使用过程中进行养护、维修与改造。道路的生产与消费不可分割，在时间和空间上都是重复的。道路的消费形式不是一次性，而是多次消费。这就对道路的质量提出了特别高的要求，以确保其在多次重复性使用（消费）中保证车辆行驶的安全、快速、经济和舒适。

5）道路作为一个完整的系统发挥其作用，为社会和经济服务。一条道路是由路线、路基、路面、桥涵等部分组成的完整系统。一个区域的道路网是由许多条道路组成的一个有机的网络系统，这个系统又成为交通运输系统中的一个子系统，这就要求各条道路的修建要统筹规划，相互协调，密切配合，从整体的角度为社会和经济服务。

另外，与其他运输方式相比，道路运输也存在一些弱点，如运量小、运输成本高、油耗和环境污染较大等。

2. 道路的功能

道路具有交通运输、城乡骨架、公共空间、抵御灾害和发展经济的功能。

1）道路的功能首先表现在交通运输方面。道路是人们工作、学习、生活、旅游出行的通道，它具有实现城乡旅客、货物交通中转、集散的功能。社会活动要求必须有一个安全、通畅、方便、快捷和舒适的道路交通体系。

2）道路是城乡结构的骨架。城市道路是城市建设的基础，城市建筑是按照路网的布局走向进行布置的，因此，城市道路成为城市结构的骨架。同样，地方道路是乡镇布局的骨架，乡镇依靠主干公路网与各个城市连接起来，使主干公路网成为整个国土机构的骨架。

3）道路本身又是公共空间，它不仅是公共交通体系的空间，而且也是保证日照、通风，提供绿化、排水管线布置的空间。

4）道路是抵御灾害的通道。在发生火灾、水灾、地震等自然灾害和战争时，能迅速疏散群众和集结军队。

5）道路是社会发展的基础，是经济发展的先行设施，"要想富，先修路"已成为全社会的共识。工农业生产、商品流通、国土开发、国防建设、旅游事业等均依赖道路来实现，道路建设在经济发展中起着举足轻重的作用。

概括来说，道路的功能就是为用路者提供交通服务，包括通过功能和通达功能：通过功能是指道路能为用路者提供安全、快捷、大量交通的特性；通达功能是指道路能为用路者提供连接出行地点的特性。

二、道路工程的研究范围

1. 道路规划

道路规划是指在一个地区范围内（如全国、省市、地、县等），根据该地区的政治、国防、经济、文化、交通现状和发展要求，综合当地自然条件及其他因素，对道路进行的全面布局和规划的工作。路网规划是指道路建设科学管理大系统中决策系统的重要环节，是国土规划、综合运输网规划的重要组成部分；路网规划属于长远发展布局规划，是制订道路建设中长期规划、编制五年建设计划、选择建设项目的主要依据，是确保道路建设合理布局，有秩序的协调发展，防止建设决策、建设布局随意性及盲目性的重要手段。

② 平面交叉口规划范围应包括构成该平面交叉口各条道路的相交部分和进口道、出口道及其向外延伸 10~20m 的路段共同围成的空间。新建、改建交通工程规划中的平面交叉口规划，必须对交叉口规划范围内规划道路及相交道路的进口道、出口道各组成部分做整体规划。此外，交叉口的规划范围可根据所需交通设施及其管线的要求适当扩大。

(二) 交通量特性分析

交通量特性的分析一般包括三个方面，即交通量的时间分布特性、交通量的空间分布特性和交通量的构成特性。其中，时间分布特性、空间分布特性称为时空分布特性。

1. 时间分布

(1) 月变化　一年内各月交通量的变化称为月变化。以一年为周期，统计 12 个月的交通量，建立直角坐标系 xOy，x 轴为月份，y 轴为"月平均日交通量/年平均日交通量"，绘成曲线图，称为"交通量的月变化图"。y 称为交通量的"月变化系数"（或月不平衡系数、月换算系数）。

(2) 周变化　一周内各天交通量的变化称为周变化（日变化）。城市交通量日变化大，但一般存在规律性，公路交通量日变化较城市小。以一周 (7d) 为周期，统计交通量，建立直角坐标系 xOy，x 轴为每周日，即周一、二、三、四、五、六、周日，y 轴为"年平均日交通量/每周日平均交通量"。其中每周日平均交通量为"全年该周日的交通量/全年该周日的总天数"，绘成曲线图，称为"交通量的周变化图"。y 称为交通量的"周变化系数"。

(3) 时变化　一天 24h 中，每个小时的交通量也在不断变化。表示各小时交通量变化的曲线，称为交通量的日变图。以"每一小时或某一时段的交通量/全天交通量"表示交通量的时间变化规律，称为特征变化系数。其中某一小时或某一时段取为 12、16、18 个小时或高峰小时。

1) 高峰小时交通量。城市道路上，交通量日变图一般呈马鞍形，上下午各有一个高峰。交通量呈现高峰的那个小时称为"高峰小时"，高峰小时内的交通量称为高峰小时交通量。"高峰小时交通量/全天交通量"称为"高峰小时流量比 (%)"，它反映高峰小时交通量的集中程度，并可供高峰小时交通量与日交通量之间互相换算。

2) 高峰小时交通系数 PHF (%)。交通量不但随一天内各小时的不同而变化，形成一天 24h 的时变，而且在某个高峰小时内交通量也并不是均匀的，因此往往将一个高峰小时再划分成更短的几个区间（或称时段），以更好地显示各区间内交通量变化的特征。一般按 5min（或 15min）一个区间来划分。某高峰小时内连续 5min 累计交通量最大的区间，称为高峰小时内的高峰区间，并把以该区间的累计交通量推算而得的小时交通量，称为扩大高峰小时交通量。高峰小时系数即"高峰小时交通量/扩大高峰小时交通量"。

高峰小时的系数表达式为

$$PHF_t = \frac{\text{高峰小时交通量}}{(t \text{时段内统计最高交通量})(\frac{60}{t})} \tag{1-5}$$

$$PHF_5 = \frac{\text{高峰小时交通量}}{12 \times \text{高峰小时中 5min 交通量}} \tag{1-6}$$

$$PHF_{15} = \frac{\text{高峰小时交通量}}{4 \times \text{高峰小时中 15min 交通量}} \tag{1-7}$$

城市道路中短时间交通量往往会造成交通阻塞，如最大 15min 交通量可达小时交通量的 40%，最大 5min 交通量可达小时交通量的 20%。对于行人过街与车辆交叉，短时间交通量是十分重要的。

2. 空间分布

交通量随时间位置变化而变化的特性称为空间分布特性，一般是指同一时间或相似条件下，随地域、城乡、路线、方向、车道等的差别而变化的情况。

（1）路段上的分布　由于路网上各路段的等级、功能所处的区位不同，在同一时间内，路网上各路段的交通量有很大不同。一般用路网交通量分布图来表示交通量在各路段上的分布。从路网交通量分布图上可以很明显地辨别出路上交通的主要流向、数量，判断交通量分布的均匀性等。

（2）方向上的分布　一条道路往返两个方向的交通量，在较长的时间内可能是平衡的，但是实际上几乎每小时都不一样。特别是城市出入口道路、旅游道路和其他一些道路，在高峰小时期间差异很大。为了表示这种方向的均衡性，引入方向分布系数 K_d

$$K_d = \frac{主要方向行车交通量}{双向总交通量} \times 100\% \tag{1-8}$$

根据我国一些公路连续式交通量观测站的资料分析，如果以全年两个方向的交通量来计算分析，则 K_d 值接近于 50%，即两个方向交通量无多大区别。但如果按早、晚高峰小时的双向交通量来计算分析，则 K_d 值可变化至 55%~60%，个别的路段可能更大。假如按一年中某一天的早、晚高峰双向交通量计，则 K_d 值将更大。因此，对于这个与设计交通量数值大小直接有关的系数，其数值如何计算和确定应做更深入的研究分析。

（3）车道上的分布　多车道道路上，非机动车的数量、车辆横向出入口的数量不同，故各条车道上交通量的分布也是不等的。

进行道路规划设计时，必须考虑交通量随时间变化出现高峰的特点，既要保证道路在规划期内满足绝大多数小时车流能顺利通过，不造成严重阻塞，同时也要避免道路建成后车流量很低，投资效益差的现象发生。因此，必须选择适当的小时交通量作为小时交通量的设计依据。研究认为，一年中排序第 30 位的最大小时交通量作为设计小时交通量最合适，即将一年中测得的 8760 个小时交通量按从大到小顺序排列，取序号为第 30 位的小时交通量作为设计小时交通量。采用第 30 位小时交通量做设计，全年只有 29 个小时的交通量超过设计小时交通量，保证率达 99.67%。

第 30 位小时交通量与年平均日交通量的比值 K 称第 30 位小时交通量系数。据我国 9 个省的国家干线公路 10 个观测站资料统计，K 值的分布为 11%~15%，平均 13.3%。一般平原区公路 K 取 13%，山区 K 取 15%。我国《城市道路设计规范》将 K 取为设计高峰小时交通量（一定时间内出现的最大小时交通量）与年平均日交通量的比值，分布范围为 9%~14%，取 11%。

对于多车道公路，运用设计小时交通量可以确定车道数和路幅宽度

$$DHV = AADT \times K \tag{1-9}$$

$$n = \frac{DHV}{C_单} \tag{1-10}$$

$$W = W_1 \times n \tag{1-11}$$

式中　DHV——设计小时交通量（辆/h）；
　　　　K——设计小时交通量系数（%）；
　　　　n——车道数（个）；
　　　　$C_单$——每一车道设计通行能力（辆/h）；
　　　　AADT——规划年度的年平均日交通量（辆/d）；
　　　　W——路幅宽度（m）；
　　　　W_1——一条车道宽度（m）。

若考虑行车方向不均匀系数 K_D（%），则单向设计小时交通量 DDHV 为

$$DDHV = AADT \times K \times K_D \tag{1-12}$$

则

$$n = \frac{2 \times DDHV}{C_单} = 2 \times K \times K_D \times \frac{AADT}{C_单} \tag{1-13}$$

要计算交通量，应在实测交通量的基础上进行交通量换算，即将交通流中不同类型的车辆按其占有的空间和时间的不同，换算成单一车型的数量，因而产生不同车型的车辆换算系数。

（三）行车速度特性

行车速度既是道路规划设计中的一项重要控制指标，又是车辆运营效率的一项评价指标，对于运输经济、安全、迅捷、舒适具有重要意义。了解和掌握各道路上行车速度及其变化规律，是正确进行道路网规划、设计、运营、管理的基础。

1. 基本定义

行车速度（简称车速）是车辆在道路上行驶的距离 L 与所需时间 t 的比值。在车速的计测过程中，根据不同需要，L 和 t 的取值不同，可定义不同的车速。

（1）地点车速　地点车速是指车辆通过某一点或某一断面的瞬时速度，观测时 L 应尽可能短，通常以 20~25 m 为宜。地点车速主要用于道路设计、交通管制和规划等方面。

（2）行驶车速　行驶车速是指根据车辆根据某一区间所需时间（不包括停车与损失时间）与该区间距离求得的车速。用于评价该路段的顺适性和通行能力，也可用于计算道路使用者的费用和效益。

（3）行程车速　行程车速是指车辆通过某段路程与通过该段路程所需总时间（包括有效运行时间、停车时间、延误时间，但不含车辆在起、讫点装卸和调头时间）之比。用于评价道路的通畅程度和估计行车延误时间。

（4）临界车速　临界车速是指道路理论通行能力达到最大时的车速，对选择道路等级有重要作用。

（5）设计车速　设计车速是指在道路交通与气候条件良好情况下仅受道路条件影响时，具有中等驾驶技术的驾驶人员能安全顺适地驾驶车辆的车速，是道路线形几何设计的标准。

设计车速的确定考虑了汽车行驶的实际需要和经济性，是汽车行驶要求与经济性平衡的结果。汽车的行驶要求表现为汽车的最高时速，即汽车的机械性能所能达到的最高速度。公路的设计车速不可能也没有必要达到这一速度，但应尽量满足汽车机械性能的发挥。汽车行驶的经济性要求表现为汽车的经济时速，即汽车的机械损耗和燃油消耗为最小的车速。汽车行驶时越接近经济时速，费用越低。但通常经济时速较低，从时间效益考虑，驾驶员通常不会追求以经济时速行驶。

为使设计车速的确定更具科学性，通常采用统计学的方法，对各级道路的车速进行观测统计。大量观测资料表明，道路的车速符合正态分布，如图1-6a所示。从累计频率上可以看出，累计频率曲线在小于该速度的汽车数量比例为85%处有明显变化，随着累计频率的微小增加，车速迅速增加，如图1-6b所示。因此，从满足大部分车辆行驶要求和经济性方面考虑，通常选取累计频率为85%的车速为设计车速。需要指出的是：确定设计车速所进行的这种车速统计，需在不同类型、不同道路和不同的道路特征条件下，采集大量数据，经分析后确定。

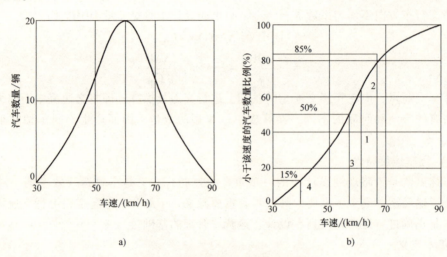

图1-6 车速分布与累计频率曲线
1—曲线最大特征的速度 2—85%保证率的速度 3—平均速度 4—15%保证率的速度

（6）运行车速 在实际行车中，驾驶员通常根据自己对道路条件的判断并按照管理车速选择行车车速，而不会按照道路的设计车速行驶，甚至不知道设计车速。虽然在同一个位置上不同的驾驶员会采用不同的车速，但根据大量的统计观测，他们的车速有一定的规律，道路上的运行车速就是这样一个统计量。

运行车速是指在一定的道路几何线形条件下，某种车辆的实际行驶速度。实际应用中常取一个代表性的速度，如上文所述的以实测的85%频率车速为运行车速。

运行车速与设计车速既是不同的，又是有联系的。不同之处在于设计车速是理论车速，运行车速是实际车速；在一条道路上，相对于变化的几何线形，设计车速是不变的，而运行车速则是随道路路线变化而不断变化的。设计车速是最大的安全运行车速，运行车速是几何线形设计实现设计车速程度的反映。因此，运行车速在一定程度上综合反映了设计的质量。

既然运行速度能在一定程度上反映设计质量，那么对已有道路上运行车速规律的总结将有助于对道路设计成果进行评价。在道路设计中可利用运行车速对路线设计、交通设计等质量进行检验，并根据检验结果对设计成果进行必要的修正。

2. 行车速度的统计分布特性

行车速度是一个随机变量。研究表明，在乡村公路和高速公路路段上，运行车速一般呈正态分布，在城市道路或高速公路匝道处，车速分布比较集中，一般呈偏态分布，如皮尔逊Ⅲ型分布。对行车速度进行统计分析，一般要借助车速分布直方图（车速-频率）、车速频率（车速-频率）和累计频率分布曲线（车速-累计频率）。

(1) 表征车速统计分布特性的常用特征车速

1) 中位车速。中位车速也称50%位车速,是指在该路段上在该速度以下行驶的车辆数与在该速度以上行驶的车辆数相等。在正态分布的情况下,50%位车速等于平均车速,但一般情况下两者不等。

2) 85%位车速。在该路段行驶的所有车辆中,有85%的车辆行驶速度在此速度以下,只有15%的车辆行驶速度高于此值。

3) 15%位车速。意义与上述类似。在高速公路和快速道路上,为了行车安全,减少阻塞排队现象,要规定低速限制,因此15%位车速测定是非常重要的。

85%位车速与15%位车速之差反映了该路段上的车速波动幅度,车速分布的标准差S与85%位车速、15%位车速之差存在近似关系

$$S = \frac{85\%位值 - 15\%位值}{2.07} \quad (1-14)$$

(2) 时间平均车速和区间平均车速

1) 时间平均车速。道路某一断面上车速分布的平均值,即断面上各车辆通过时其地点车速的算术平均值,按下式计算

$$\bar{v}_i = \frac{1}{n}\sum_{i=1}^{n} v_i \quad (1-15)$$

式中　$\bar{v}_i$——时间平均车速;
　　　n——在某一时间段内通过道路某断面的车辆数;
　　　v_i——第i辆车在道路某断面的瞬时车速。

2) 区间平均车速。在给定的路段上,同一瞬时车速分布的平均值,按下式计算

$$\bar{v}_s = \frac{1}{\Delta t}\sum_{i=1}^{n} \Delta S_i \quad (1-16)$$

式中　$\bar{v}_s$——区间平均车速;
　　　Δt——某一瞬时;
　　　n——某一瞬时,在长度为L的路段上分布的车辆数;
　　　ΔS_i——在长度为L的路段上,第i辆车在Δt时间内的行驶距离。

时间平均车速和区间平均车速均是交通流理论研究中的主要特征参数。

(3) 车速调查　道路设计、交通规划、交通控制与管理、交通设计及道路质量评价,均以车速作为最基本的资料。常见的调查有地点车速调查和区间车速(行程车速)调查。

1) 地点车速调查与分析。影响因素有交通条件、道路条件、交通管理条件、环境条件等,现择其主要因素分别进行分析。

① 车型的影响。我国道路上不同类型机动车辆混合行驶,相互干扰十分严重,为此有必要对各种车型的车速进行分析。分析不同类型车辆的车速分布,有助于研究各种车型混合行驶时,车辆间的相互干扰及对通行能力的影响,并为制定交通管理办法与道路交通设计提供依据。

② 坡度的影响。坡度对于车辆行驶来说无疑是一种阻抗,这种阻抗随着坡度增大而提高。因此,车辆在坡道上行驶时,常受到汽车车身发动机动力性能的限制,而不能像平坡一样,自由发挥其速度。特别是重型车辆,上坡时常出现减速行驶,致使坡道上不同断面的地

点车速分布发生明显的变化。分析坡度的影响对于坡道上最低限制车速的制定、陡坡路段加速车道设计及坡道通行能力研究均有十分重要的作用。

③ 平曲线的影响。观测数据证明，平曲线处车辆的行驶速度低于直线路段上的车速，而且在平曲线上地点车速与路段设计车速之差随着曲率的增大而减小。在公路上，由于车辆行驶速度高，自行车和行人的影响小，小半径曲线对车速的影响十分显著。在城市道路上，车辆行驶时受到若干因素的影响。

借助于车速频率分布图，表明最基本的特征数可以分为位置特征数和离散特征数。位置特征数是表示地点车速分布集中趋势的量度，如地点车速的样本平均数、中位车速、频率最高时的车速等。

2) 区间车速和平均车速调查。车辆在区段内行驶时，往往受到各种因素的影响，这些因素通常同时对行程车速产生影响，很难分清各因素对车速的单独影响。

要了解道路交通现状或交通改善方案的效果时，在选定路段内测量车辆行驶于该路段的时间和延误即可；要研究路段交通改善方案时，则需要考虑诸因素对车速的影响，最常规的是流量、车速同时调查（如果车速降低主要是非机动车或行人影响，则调查方案中应增加自行车流量和行人流量的调查；如果在公共汽车停靠站处受到影响，则应补充在公共汽车停靠站处的车辆延误时间调查等）；为建立车速模型、进行理论研究而进行车速调查时，调查一般均希望选择典型地段（如欲建立流量与车速的关系模型，则选择车型较单一、其他干扰因素较少的路段，在同一时段调查流量与车速，以便找出规律；如果希望模型的适应面更大，可以在原有模型的基础上增加其他因素的调查，进行模型修正，或者将影响车速的诸因素加以分解，分别找出车速与各影响因素的关系式）。

（4）密度调查　交通密度是指在单位长度车道上，某一瞬时存在的车辆数，一般用辆/(km·车道）表示。根据定义，密度基本上指在一段道路上测得的瞬时值，它不仅随时间的变化而变动，也随测定区间的长度（不同的方向或不同的车道）而变化。为此，常将瞬时密度用总计时间的平均值表示。实际应用中，往往还采用较易测量的车辆的道路占用率（包括空间占用率和时间占用率）来间接表征交通密度。车辆占用率越高，车流密度越大。

1) 空间占用率。空间占用率是指在单位长度车道上，汽车投影面积总和占车道面积的百分率。在实际测定中，一般用汽车所占的总长度与车道长度的百分比表示，见式（1-17）。

$$R_s = \frac{1}{L}\sum_{i=1}^{n} l_i \times 100\% \tag{1-17}$$

式中　R_s——空间占用率（%）；

L——观测路段总长度（m）；

l_i——第 i 辆车的长度（m）；

n——观测路段内的车辆数（下同）。

空间占用率不仅与交通量有关，还与车辆的大小及空间平均速度有关。道路的空间占用率与密度的差别在于密度不能直接反映车队的长度，而车辆的空间占用率则在测定时就已预见到车队的长度。

2) 时间占用率。时间占用率是指在单位测定时间内，车辆通过某一断面的累计时间占测定时间的百分率，按下式计算

$$R_t = \frac{1}{t} \sum_{i=1}^{n} t_i \times 100\% \tag{1-18}$$

式中 R_t——时间占用率（%）；

t——单位测定时间（s）；

t_i——第 i 辆车通过观测断面所占用的时间（s）。

车辆的时间占用率不仅与交通量有关，还与车辆的长短及地点车速有关。车辆的时间占用率与密度的差别在于密度是在一个区间段内测定的，而时间占用率是在一点测得的，交通量也在一点测得，两者之间可建立直接的联系。

（四）交通安全特性分析

1. 交通拥堵问题与特征

交通拥堵是指某类交通流因某种原因在某时间和空间位置上出现了一定程度的排队或延误现象。因此，交通拥堵问题特征随交通流的构成、拥堵原因、拥堵时间和空间不同而不同。交通流的构成主要有行人交通流、非机动车交通流和汽车交通流（包括小汽车与公共汽车等），导致其拥堵的基本原因是交通供需的矛盾。

（1）通行能力不足型交通拥堵

1）交叉口进口道通行能力不足问题。一般地，交叉口进口道可能的通行时间必然较其上游路段少，特别是信号控制交叉口。因此，适当地增加进口道数和优化车道功能，可提高交叉口进口道的通行能力。但当受资源条件所限或资源不能充分利用时，将导致交通拥堵。因此，在进行交叉口交通设计时，应特别考虑各类交通流通行能力的基本要求，对交叉口的通行空间（包括车道数、车道功能与组合、人行横道与非机动车道宽度）和通行时间（信号周期、相位数、相序及绿信比）等做出优化设计。

2）交叉口出口道通行能力不足问题。交叉口出口道设计车道数通常与下游路段车道数相同，特别是治理型交叉口，受道路红线的限制，往往只能通过压缩出口车道（宽度或车道数）来增加进口车道数，从而致使出口道通行能力不足。车流不能顺畅地流出而滞留在交叉口内部，进而可能导致整个交叉口的交通拥堵甚至堵死。因此，交叉口出口道车道数，应基于汇入的进口道车道及其信号控制方案，以最不利汇入条件为约束加以确定。若难以满足汇入条件，则只能以流出条件为约束，对流入车道数及其信号控制方案进行优化。同时，为了预防阻塞，还应考虑出口道的通行能力与其下游路段通行能力相匹配。

3）城市主干路交叉口间距不当问题。我国城市的大部分主干路普遍存在三个典型特征，即交叉口间距较短、主干路相交道路等级过低、道路沿线单位开口密集。

① 主干路交通流的通行常被频繁干扰，无法达到其设计车速，导致功能降低。

② 主干路相交的道路等级缺乏合理性，很多支路直接与主干路相交，使得原本承担长距离出行的主干路，还要同时为大量的短距离出行提供服务，从而降低了主干路的功能，降低其通行能力与运行速度。

③ 主干路沿线常有大量的路侧开口，其进出交通严重地影响主干路车流的通行。

（2）通行能力不匹配型拥堵

1）连续流与间断流衔接部通行能力不匹配问题。连续流与间断流衔接部是指城市快速路出入口或进出匝道与普通道路相结合的部分。连续流出口与所衔接普通道路通行能力的不匹配，将导致出口车流滞留甚至排队延伸到快速路主线。同时，快速路出口所衔接的普通道路通行能力与其下游交叉口通行能力的不匹配，将进一步导致更大范围的交通拥堵。我国城市快速道路的进出口与普通道路通行能力的不匹配，导致发生了各类严重的交通拥堵。

2）交织区通行能力不匹配问题。在立交的合流交织区、快速路进出口与主线的合流及分流交织区，因汇入或分流的车道数不匹配，以及交织段或加减速车道长度不足，而出现通行能力不匹配的情况，从而导致不同程度的交通拥堵。

3）跨河（路）通道两端衔接设施通行能力不匹配。对于跨越河流的桥梁或者跨越道桥的路线桥，桥梁上桥处通行能力大，下桥处通行能力小，会导致车流在下桥处拥挤，产生严重的交通拥堵。

（3）通行时空资源浪费及通行能力挖掘不足型拥堵

1）城市潮汐交通导致的交通问题。潮汐交通是指在早晚高峰时段，不同方向交通需求不均衡的现象，常会导致道路的一侧空闲而另一侧交通拥堵，交通系统的可靠性和效率下降。

2）城市公交线路过度集中导致交通拥堵问题。在一些道路，过多地集中公共汽车线路，不仅导致运能过剩，还可能导致公交停靠站区域交通严重拥堵。公交线路多设于城市主干路上，低等级道路上的公共线路分布较少，特别是片面地追求直达率时，这一状况将导致：

① 公交覆盖率低、主干路交通压力过大（特别是公交站点）、乘客过多地被吸引至主干路上。公交覆盖率低即服务半径过大，必将降低公交服务水平和吸引力，最终导致城市交通出行方式向个体交通方式转移，如向自行车、电动自行车、摩托车乃至小汽车交通转移，无疑加剧了城市交通阻塞和低效率。

② 公交线路的过度重复，浪费其运行能力。

公交线路过多地设于主干路上，不仅加大乘客步行距离，还导致行人过多地汇集于本以汽车交通为主的主干路，且频繁地穿越主干路，增加交通事故率。

3）通行能力挖掘利用不足型拥堵。

① 交叉口通行能力挖掘利用不足。交叉口通行能力与饱和流量和有效绿灯时间密切相关。由于我国道路交通流具较高的混合性（行人、自行车、电动自行车、摩托车、小汽车及公共汽车等的混合），道路与车辆性能差异较大，使得交通流的饱和流量和有效绿灯时间明显低于先进水平。要提高路口通行能力，一方面要提高路口的饱和流量，同时还要提高交叉口运行效率，增加有效绿灯时间。

混合交通流无序导致通行能力降低。行人、自行车、公共交通与机动车（大型车和小型车）交通流在驶入交叉口内部时，不同进口道和不同流向的各类交通流易相互影响，使得各类交通流在绿灯时段无法以饱和流率通过交叉口，从而影响其通行能力，降低通行效率。

② 路段通行能力挖掘不足问题。路段行驶条件组合不当导致通行能力降低。路段实际通行能力受道路条件（道路宽度、横断面形式、侧向净空、坡度、视距、沿途过街、进出口分布及停车条件等）和交通条件（车辆组成、交通混合状况）影响。长期以来，我国的道路建设主要侧重于土木工程，而对交通功能，特别是影响通行效率和安全的优化设计的关注不足，道路路段实际通行能力只能达到基本通行能力的一半，常发生严重的交通阻塞甚至事故。另一方面，因实际通行能力不足，又进行了大量的带路扩建与改造，不仅造成土地资

源和投资的巨大浪费，还带来新的交通问题。

机动车路边停放不当导致路段通行能力下降。机动车的随意停放无疑对机动车出行者是便利的，然而不当的停车，如在路段通行能力不足的区段停车，或在靠近交叉口处停车，都会极大地降低道路的通行能力。我国诸多城市机动车停车场建设相对滞后，特别是21世纪前建设的大量建筑物普遍存在配建停车场不足甚至缺失现象，因此导致大量机动车在公共停车场，特别是路边停车场停放。而路边停车便利，又成为停车者的首选，但常出现违章停车的情况。另一方面，大量的路边停车占用人行道或机动车道，车辆的进出常导致路段通行能力和交通安全性的下降，进一步加剧交通拥堵。

③ 快速路进出口通行能力挖掘不足。当快速路出入口采取先进后出模式时，往往由于交织区过短，以及辅路上设置公共汽车停靠站台等原因，各种车流相互交织，实际通行能力大大下降，严重地影响车辆通行效率。

④ 快速路交织区通行能力挖掘不足。交织区内的车辆变换车道时，必须在交织长度内完成。所以，受到交织区长度的限制，交织车辆必须在有限的交织区内变换车道，否则，只能在交织区内被迫减速等候可能的交织机会，不仅影响本车道及相邻车道交通流的通行，还会对非交织车辆造成影响。因此，交织段长度、出口车速、交织区间车速、出口流量等都将影响交织区通行能力。若不能最佳地进行交织区的优化设计，则可能造成交织区拥堵。另一方面，交织长度不当还可能导致驾驶人员冒险进行车道变换，引发交通事故。

2. 交通事故与特征

交通事故是指车辆驾驶人、行人、乘车人及其他在道路上进行与交通有关活动的人员，因违反相关法律和规章的行为、过失造成人员伤亡或财产损失的事故。交通安全问题分析常从交通事故发生的时间、空间、主体、肇事类型4个方面进行。交通事故的引发涉及5个关键因素，即人、车、路、环境、规则，其中人的行为不当是引发交通事故的主要原因。

（1）车辆运行速度过高型交通事故

1）非高峰时段交通事故多发。

2）城市主干路与快速路交通事故多发。

3）机动车驾驶人肇事比例大及危害程度严重。

（2）潜在交通事故问题

1）无信号控制交叉口与交通事故。

2）混合交通与交通事故。

（3）高速公路交通安全

1）在顺畅的线形上道路条件突然变坏。顺直路段前遇到较窄桥梁，长下坡路段前遇上急转弯等都属于这种情况。此时，由于在长距离舒适状态下驾驶员易产生麻痹思想，或是由于连续下坡的加速作用，以较高速度临近危险地点而不减速，道路条件变化时驾驶员没有及时改变行驶状态，事故往往由此产生。当前面遇上急转弯时，驾驶员需用较大的力气旋转车轮，并以较大的角速度转弯，这些都给驾驶员的工作增加困难，并且汽车转向时拥有的时间有限，往往因此引起道路交通事故。

2）路段前面的视距不足，视野不畅。弯道内侧的边坡阻挡、绿化过量以及凸形竖曲线与平曲线配合不当，都会造成视距不足或视野不畅。纵断面上引起的视距不足往往更容易忽视，它较平面线形上视距不足更容易引起交通事故。如果在前视方向不能看到纵断面线形上的凹处，只有在靠近该凹处时才能看见在凹处的汽车或其他特殊事物，常会造成措手不及。在凹形竖曲线上方如有跨线桥，视距则不可避免地会因跨线结构物的限制而受到影响。

在长下坡道上车速的提高需要更长的刹车距，要注意到前面线形欠佳等阻碍时将需要更长的安全视距做保证。在气象条件较差的地区，要注意多雨、雾、雪等特殊情况可能造成的视距和视野欠佳。在高速公路两侧有进、出口道时要有良好的视距和视野。

3）在平、纵、横各个不同剖面上或各个不同路段上所能保证的车速不相适应或过多变化。大半径平曲线路段的纵面上设置小半径竖曲线，顺直路段上出现不规则的横断面或过窄的路肩都属于这种情况。要更好地检查线形的质量，最好能绘制沿线的运行车速图。这种车速图可以根据线形平、纵、横的各要素按专门测定的研究成果预估营运车速值来进行绘制。道路事故集中的地点往往就是相应于营运车速变化比较大的地点，或是某一路段的某一剖面要素不当的地点。因而在设置线形时，应消灭营运车速比较低的路段，或使路段之间的车速尽可能地均衡。原则上要求平面和纵面线形上的要素这样的配合：驾驶员只要通过松开油门踏板就能降低至合适的行车速度而不需要换挡或刹车。

一般安全率的定量指标往往与营运车速关系最大，通过测定与研究，可以获得安全率的量化指标，否则只能做定性分析。

4）线形容易使驾驶员迷失方向，或被某些假象所迷惑。由于不适宜的交通岛或高出路面的路缘石、挡土墙等沿路设施，无法看到清晰导向的路面上的路缘带，如沿线护栏不规则、中央分隔带的突然变化等。这些情况可以在连续的透视图上仔细观察，对凡是容易迷惑驾驶员的任何因素都予以改进。竖曲线和平曲线的组合不当往往也会造成某些假象而迷惑驾驶员。例如，在凸形竖曲线的顶部设反向平曲线的拐点，线形将失去诱导视线的作用，除了有挖方边坡情况外，犹如行车闯入空中一样，驾驶员感到不安，而且到达顶点附近才会发现线形向相反方向转弯，此时急打方向盘往往会造成危险。

5）小半径弯道上合成坡度过大，路面滑移，造成行车不安全。为了防止汽车的横向滑移，应将设置超高的曲线半径与纵向坡度控制在适当范围内，特别在冰雪严重地区，必须加以复核，着重注意下坡道上的危险性，要尽可能排除陡坡与小半径平曲线的组合。

6）回旋曲线与竖曲线重叠，促使在汽车上产生复杂的动力作用，导致较高的事故率。由回旋曲线产生的横向加速度，随行驶时间变化有所增减；同时，在纵断面竖曲线部分上行车，也同样使加速度变化。如果回旋曲线和竖曲线重叠，则当高速行驶时，横向和纵向加速度是在时刻变化的，动力作用较为复杂，容易发生事故，设计时应当尽量避免这种组合。

20世纪80年代中期以后，一些国家的道路安全工程师开始将注意力集中到事故的"预防"，即从道路的规划设计开始直到通车运营，全过程考虑道路安全，从而在规划设计时就给道路用户提供一个安全的道路系统，达到"防患于未然"的效果，这就是道路安全评价。

（五）交通控制理论和方法
1. 交通控制概念

（1）交通管理与控制的含义　交通管理是运用各种手段和措施，使交通需求与交通设施服务能力达到最佳的平衡，以改善交通的基本理论与技术。管理和被管理对象皆是人，广义的交通管理应包括交通控制。

因此，交通管理与控制是动态或准动态地调节交通系统供需关系和交通状态的极其重要的手段，特别是当交通设施建成后，该手段更是确保交通通畅、安全、环保与效率化的主要措施。交通管理与控制的理论和方法，是解析交通管理及其手段和措施与交通系统的相互关系，寻求最佳交通管理与控制措施及其实施方法的知识体系。所以，交通管理可以有机地协调与整合交通主体（移动的人和物）、交通工具、交通设施、交通环境及交通信息等交通系统各要素，从而实现交通系统的最佳化。

（2）交通管理的作用　交通管理对于改善交通具有极为重要的作用：

1）交通阻塞方面。增加设施提高通行能力，改善秩序提高通行能力；交通需求管理（TDM）、交通系统管理（TSM）提高安全性，缓解阻塞。

2）交通事故方面。改善设施的安全性，提高驾驶人的安全意识与技能，改善预防事故的管理措施、交通系统管理。

3）交通污染方面。改善运载工具与设施、合理组织交通流。

4）交通不便方面。改善设施、提供信息服务。

5）特殊交通方面。出台政策、法规及行政手段、管理技术和措施等。

（3）交通管理的手段　主要包括：

1）交通法规。交通法规是交通系统运转的准则，用以明确与协调通行权（包括通行权的平等性与倾向性），调节交通流的有序化。

2）交通安全管理。针对设施的特征、交通参与者的需要和行为特征，以交通流安全为目的的交通管理（交通行为能力的培养与管理、冲突管理、速度管理以及交通安全监督与管理等）。

3）交通需求管理。以均衡交通需求，降低低效率交通需求，改善交通的公平性与环保性等为目的，面向交通需求的管理，可以缓解交通供需矛盾，从而综合改善交通。

4）交通服务管理。以提高交通便捷性、舒适性和减少无谓交通需求为目的的交通管理。

5）交通工具管理。确保交通工具性能的管理，从而提高交通的安全性并降低其污染性。

6）提高通行能力的管理。提高交通设施的使用效率，协调通行效率与安全性的管理。

7）交通流控制。运用交通信号及法律性标识调节交通流的关系，以改善交通的效率性和安全性。

8）交通系统管理。综合运用各种手段、措施和方法，以交通系统的最佳化为目标而进行的交通管理。

2. 道路交通标志

道路交通标志是用图形、符号、颜色和文字向交通参与者传递特定信息，预示前方道路交通设施、气候、环境情况，表示交通管理指令设施的状况，是道路交通法规的组成部分与交通管理的重要手段。

（1）依据　道路交通标志应使交通参与者能在很短的时间内看到、认识，并明白其含义，从而采取正确的应对措施。为此，交通标志须清晰易见，有高度的显示性、良好的易读性和广泛的公认性。

（2）类别

1）按其作用不同分为主标志和辅助标志两大类。主标志主要包括警告标志（警告车辆、行人注意道路交通的标志）、禁令标志（禁止或限制车辆、行人交通行为的标志）、指示标志（传递方向、地点、距离信息的标志）、旅游区标志（提供旅游景点方向、距离的标志）、作业区标志（告知道路作业区通行的标志）、告示标志（告知路外设施、安全行驶信息及其他信息的标志）。辅助标志为附设在主标志下，对其进行辅助说明的标志。

2）按显示位置不同分为路侧和行车道上方两种，对应的支撑结构形式为柱式、路侧附着式、悬臂式、门架式、车行道上方附着式。

3）按光学特性不同分为逆反射式、照明式和发光式三种，其中照明式又分为内部照明式和外部照明式。

用于标志面的逆反射材料主要为反光膜。交通标志的照明采用白色光源，安装于标志板结构内部（内部的照明方式分单面显示和两面显示两种）、上方或其他适当位置（外部照明为将光源安装于标志板上部）。主动发光标志的主动反光部分可采用高亮度发光二极管（LED）等器件或材料，主动发光标志的非主动发光的标志面部分宜采用逆反射材料制作，主动发光标志应确保在夜间具有150m以上的视认距离，主动发光标志的频闪应同步。

4）交通标志按版面内容显示不同分为静态标志和可变信息标志。

5）交通标志按设置的时效不同分为永久性标志和临时性标志。

6）按标志传递信息的强制性强度不同分为必须遵守标志和非必须遵守标志。

禁令标志和指示标志为道路使用者必须遵守标志；其他标志仅提供信息，如指路标志、旅游区标志。禁令、指示标志套用于无边框的白色底板上，为必须遵守标志；停车让行、减速让行标志不得套用于无边框的白色底板上；禁令、指示标志套用于指路标志上，仅表示提供相关禁止、限制和遵行信息，只能作为补充说明或预告方式，并应在必要位置设置相应的禁令、指示标志。

3. 道路交通标线

道路交通标线是由标画于路面上的各种线条、箭头、文字、立面标记、突起路标和路边轮廓等组成的交通安全设施。它的作用是引导与管制交通，可以与标志配合使用，也可单独使用，是保障交通安全、改善行车秩序的重要措施，也是道路交通法规的重要组成部分。它具有强制性、诱导性和服务性。对高速公路，一、二级公路和城市快速道路、主干路，应按国标规定设置反光的交通标线，其他道路可根据需要按国标的要求设置标线。

（1）类别

1）按标线设置方式分类

① 纵向标线，指沿道路行车方向平行中心线设置。

② 横向标线，指与道路行车方向垂直或成角度设置。

③ 其他标线，包括字符标记或其他形式标线。

2）按标线的功能性质分类

① 指示标线，指示车行道、行车方向、路面边缘、人行道等。

② 禁止标线，告示交通参与人遵守禁止限制等特殊的规定，驾驶员、行人均须严格遵守。

③ 警告标线，促使车辆驾驶员、行人了解道路交通情况，提高警觉，准备防范应变等措施。

3）按道路交通形态分类

① 线条，标画于路面、缘石或立面上的实线与虚线。

② 字符标记，标画于路面上的文字、数字及符号标记。

③ 突起路标，安装于路面上，标示车道分界、边缘、分流、合流、弯道，危险路段，路宽变化，路障位置的反光或不反光体。

④ 路边轮廓标，安装于道路两侧，指明道路方向、车行道轮廓的反光标柱。

（2）道路交通标线的职能

1）白色虚线。画于路段时，用以分隔同向行驶的交通流或作为行车安全距离的识别线；画于路口时，用以引导车辆行进。

2）白色实线。画于路段时，用以分隔同向行驶的机动车或非机动车，或指示车行道的边缘；设于路口时可用以引导车辆或停止线。

3）黄色虚线。画于路段时，用以分隔对向行驶的交通流；画于路侧或缘石上，用以禁止车辆在路边停放。

4）黄色实线。画于路段时，用以分隔对向行驶的交通流；画于路缘石上，用以禁止车辆长时间或临时在路边停放。

5）双白虚线。画于路口时，作为减速让行线；画于路段时，作为行车方向随时改变至可变车道线。

6）双黄实线。画于路段时，用以分隔对向行驶的交通流。

7）黄色虚实线。画于路段时，用以分隔对向行驶的交通流，黄色实线一侧禁止车辆超车、跨越或回转，而黄色虚线一侧在保证交通安全的情况下许可超车、跨越或回转。

8）双白实线。画于路口时，作为停车让行线。

（3）道路交通标线的作用

1）双向两车道路面中心线。

① 双向两车道路的中心线为黄色虚线，分隔对向行驶车流，一般在车行道中心线上，在保证安全条件时，也允许车辆超越或左转。

② 凡路面宽度可画两条机动车道的双向行驶的道路应画黄色中心虚线，指示驾驶人靠右行车，各行其道，分向行驶。

2）车道分界线。用来分隔同向行驶车流，用白色虚线作为车道分界线，在保证安全的情况下允许车辆越线变换车道。凡同一方向有两条或多于两条车行道时应画车道分界线，如高速公路，一、二级公路，城市快速道路主干路等。

3）车行道边缘线。白色实线为用来划分机动车与非机动车道或指示机动车道的边缘，高速公路、一级公路和城市快速路应在机动车道的外侧边缘或内侧路缘带画白色实线，表示路边缘线。

（4）路口标线的设置原则 道路平安路口标线包括人行横道线、停止线、车行道中心线、车道分界线、导向箭头等。设置路口标线时应考虑交叉路口的形式、交通量、车行道宽度、转弯车辆的比率、非机动混入率等因素，归纳为下列原则：积极开辟左转弯车道，可利用削窄或削去中央分隔带的方法，或利用缩窄车道宽度和偏移车道中心线的方法，开辟左转弯附加车道；路口导向车道线长度应根据路口几何线型确定其最短长度，导向车道线应画白色单实线，表示不准车辆变更车道；平安路口驶入段的车道内，应有导向箭头，表明各车道的行驶方向；距路口最近的第一组导向箭头，设置于导向车道的末尾；导向箭头重复设置的次数和距离，应根据平安路口驶入段的具体情况确定。

第二节 国外道路工程发展现状

一、国外道路工程的发展

国外道路工程的发展大致经历了以下三个阶段。

1. 1886—1920 年，道路发展的早期阶段

这一时期，汽车数量不多，多数公路由原来的马车道改造而成。一方面，由于车辆少、交通密度小、汽车速度低，汽车与马车在车道上混合行驶，因而公路的技术标准很低。另一方面，由于铁路的迅速发展，当时世界的铁路总里程已达 127 万 km，因此，铁路是当时路上交通的主体，公路运输仅是铁路、水路运输的辅助手段。世界铁路大发展的局面，使这一时期在交通运输史上被称为铁路运输时代。

2. 1920—1945 年，道路发展的中期阶段

两次世界大战期间，公路建设发展迅速，其主要原因是：第一，第一次世界大战结束，一些资本主义国家把军事工业转向民用工业，使汽车工业得以迅速发展，同时，工业机械化生产的发达使市场劳动力过剩，有更多的劳动力投入到公路建设中；第二，一些国家出于军事目的，对公路建设进行较大投入，使公路得以发展。这一时期公路运输开始普及，干线公路标准有很大提高，欧美各国已经初步形成了国家的公路干线网，畜力车相继被淘汰。在整个交通运输体系中，汽车的优越性得以发挥，在各种运输方式的竞争中，公路运输的地位和作用日益提高和扩大。公路运输不仅是短途运输的主力军，而且在中长途运输中崭露头角，与铁路、水运竞争抗衡。铁路运输垄断的地位开始改变和下降，铁路运输的比重开始大幅度下降，在美、英、法等国出现了拆铁路改公路的现象。

在这一阶段，道路发展史上有两件大事：一是高速公路的出现；二是一门新型的学科——交通工程的产生。高速公路和交通工程的出现把公路发展推向了现代道路的新阶段。交通工程这一新兴学科的出现对道路交通规划、提高道路的通行能力、减少交通事故和交通公害有着十分重要的作用，并为现代高速公路的发展奠定了理论基础。1919 年德国出现了世界上第一条叫 AVUS 的高速公路。高速公路是一种新型的交通设施，它的修建从根本上保证了汽车行驶的快速、安全、舒适，为公路事业的进一步发展开辟了广阔的前景。

这一时期公路发展较快的国家主要是美国、德国和一些经济发达国家。公路发展的主要特征为：路面铺装率大大提高，在 1915 年路面铺装率只有 10%，而到这一时期铺装率已达到 70%；公路运输在交通运输中的比重大大提高，公路运输已开始在各种交通运输中占主导地位。

3. 20 世纪 70 年代以后，道路大发展时期

20 世纪 70 年代以后，发达国家的公路网体系，包括高速公路网骨架已经基本建成。这些国家的道路部门除继续将部分精力放在道路建设上外，已将相当多的精力放在道路的使用功能与车流安全和行车舒适性上，以及改善道路对周围环境、人文景观影响方面。可以说，发达国家大规模的公路建设时期已经结束或即将结束，已经全面进入道路的运营管理阶段，道路网和汽车流已经渗透到社会生活各个方面，在社会中产生很大的影响。

二、西方古代道路

公元前 1900 年前,亚述帝国曾修筑了从巴比伦辐射出的道路,如今在巴格达和伊斯法罕之间仍留有遗迹。传说非洲古国迦太基人(公元前 600—前 14 年)曾首先修筑有路面的道路,后来为罗马所沿用。

罗马帝国大修道路对维护帝国的兴盛起到了很大的作用。由首都罗马通过修建道路和意大利、英国、法国、西班牙、德国、小亚细亚部分地区、阿拉伯及非洲北部连成整体,以维持在该地区的统治地位;并把这些区域分成 13 个省,有 322 条联络干道,总长度达 78000km(52964 罗马里)。罗马大道网以 29 条主干道为主,其中最著名的一条是由罗马东南方向越过亚平宁山脉通往布林迪西的阿庇乌大道(也译为亚平大道),全长约 660km,开始兴建于公元前 400 年前后,用了 68 年的时间,完成后起到沟通罗马与非洲北部和远东地区的作用。罗马大道常常不顾地形的艰险,恒以直线相连,工程浩大,至今尚留有隧道、桥梁、挡土墙的遗迹。其中若干主要军用大道宽达 11~12m,中间部分宽 3.7~4.9m,用硬质材料铺砌成路面,以供步兵使用,两边填筑了高于路面的宽约 0.6m 的堤道,可能是为军官指挥之用,外侧每边尚有 2.4m 宽的骑兵道。其施工方法是先开挖路槽,然后分四层用不同大小的石料并用泥浆或灰浆砌筑,总厚度达 1m。路面的式样也不尽相同,较高级的阿庇乌大道,曾用自 160km 以外运来的边长 1~1.5m 的不整齐石板,镶砌于灰浆之中。有些道路是用大理石方块或用厚约 18cm 的琢石铺砌。罗马帝国的道路建设之所以有如此辉煌的成就,主要原因之一在于统治者的重视,道路的主持者是高级官吏,道路的最高监督有至高的权威和荣誉,恺撒(公元前 102 或公元前 100—前 44 年)是第一个任此职者,从此以后只有执政官级别的人才有资格充当。正因为道路建设对罗马帝国的兴盛起着很大的作用,罗马人修建了凯旋门,纪念诸如恺撒、图拉真等的筑路功绩。随着罗马帝国的衰亡,道路建设也随之衰落。可以说,国家的兴衰和道路的状况有着密切的联系。

三、西方近代道路

首先用科学方法改善道路施工的是拿破仑时代法国工程师特雷萨盖,由于他的努力,筑路技术向科学化和近代化迈出了第一步。他曾于 1764 年发表新的筑路方法,10 年后在法国获得普遍采用,主要特点是减小了路面的厚度,底层用较大的石料竖向铺筑,用重夯夯实;其上同样铺成第二层后,再用重夯夯击并将小石块填满大孔隙;最上层铺撒坚硬的碎石,罩面形成有拱度的厚约 7.5cm 的面层。他重视养护,被认为是首先主张建立道路养护系统的人,在他的影响下,法国的筑路精神重新受到了鼓舞。这使得法国在拿破仑当政期间(1804—1814 年),建成了著名的法国道路网。当时法国尊称特雷萨盖为现代道路建设之父。

英国的苏格兰工程师特尔福德于 1815 年修建道路时,采用一层式大石块基础的路面结构。先将路基做成拱形,用厚 15~20cm、宽 13~25cm、长 13~38cm 的大石块铺砌在路基上,用铁锤将小石块打入石块之间,然后摊铺薄碎石层并用 12t 以上滚压机压实;最后摊铺 7.5cm 以上的碎石层,用滚压机压实并铺撒石屑作为道路面层。该种结构宜用于软基道路。

1816 年,英国的另一位苏格兰工程师马尔丹对碎石路面做了认真的研究,认为路面损坏的原因主要是选用材料不良、准备工作不够、铺筑工艺欠精及设计不合理等。他主张取消特尔福德发明的笨重的大石块基础而代之以小尺寸的碎石材料,用两层 10cm 厚的 7.5cm 大小的碎石，上铺一层2.5cm的碎石作为面层获得成功，因而今天仍将这种碎石路面称为马尔丹路面。他首先科学地阐述了路面结构的两个基本原则，至今仍为道路工作者所肯定：一是道路承受交通荷载的能力主要依靠天然土路基，并强调土路基要具备良好的排水条件，当它经常处于干燥条件时，才能承受重载而不致发生沉降；二是用有棱角的碎石，互相咬紧锁结成为整体，形成坚固的路面。根据当时的交通情况，路面的厚度一般小于25cm即可适用。与罗马时代的路面厚度相比减小了3/4，节约了大量的人力和材料。路面施工的压实主要依靠车辆，并经常用工具整平，直到路面坚实为止。因此，路面的成型需要较长的时间，而生产碎石在当时造价较高。

1858年发明了轧石机后，促进了碎石路面的发展，后来又用马拉的滚筒进行压实工作。1860年在法国出现了蒸汽压路机，进一步促进并改善了碎石路面的施工技术和质量，加快了进度。在20世纪初，碎石路面被公认为最优良的路面而推广于全球。马尔丹还为汽车时代交通与道路的关系提出了正确的见解。他认为，道路的建设应该适应交通的发展，而不应该为了维持落后的道路而限制交通。这个主张对后期公路的发展起到很大的作用。1883年戴姆勒和1885年本茨分别发明了汽车，1888年邓洛普发明充气轮胎，加上马尔丹的碎石路面，成为近代道路交通的三大支柱。与此同时，特尔福德以道路工程师的身份首先创办了土木工程师学会，并终身担任主席，发展成为国际上群众性学术团体。图1-7为马尔丹式路面结构形式示意图。

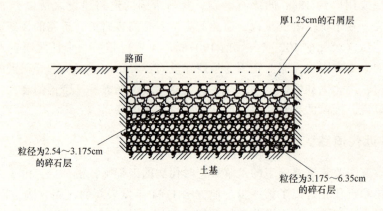

图1-7 马尔丹式路面结构形式

进入20世纪，道路建设材料、施工机械和施工技术均有巨大进步，除沙土路、卵石路、碎石路、三合土路、块石路、砖路、木块路等路面外，各种形式的沥青路面开始应用。由于沥青材料、施工设备、混合料技术等方面的限制，当时的沥青路面均为简单的沥青处治路面。下面简要介绍几种沥青处治路面。

1. 沥青氈路面

由于碎石路面易产生尘土飞扬等问题，20世纪初采用了称为沥青氈路面的技术，使用地沥青、柏油等粘结料，将加热的粘结料用压力洒布机洒布于已经整平、压实且干燥的碎石路面上，用刷子刷匀，静置3d凝固后在其上撒铺砂或石屑，以防止沥青粘结到车轮上。这种路面使用寿命短，一般需要一年翻修一次，交通量大时需要半年翻修一次。图1-8为路面清扫机，图1-9为沥青洒布机。

第一章　道路工程发展现状

图 1-8　路面清扫机

图 1-9　沥青洒布机

2. 沥青碎石路面

为加强碎石路面的粘结性，减少路面破损，20 世纪初有一种称为"沥青碎石路面"的结构形式，但与目前通称的沥青碎石路面结构完全不同。其施工方法与其他普通碎石路面施工方法一样，都是先做基层和碎石面层。首先洒布一层沥青和第一层石屑，进行滚压压实。然后洒布第二层沥青和石屑，再进行滚压压实。如果需要，还可以进行第三层沥青和石屑的洒布和压实施工。该种方法在某种程度上类似于现在的沥青贯入式路面结构。图 1-10 为人工洒布沥青进行路面施工的情景。

3. 沥青混合料路面

在 20 世纪初，出现了两种类似于现在的热拌沥青混合料的路面形式，其一称为"沥青片路"路面，其二称为"沥青块路"路面。

沥青片路是将地沥青、碎石、砂和石粉按一定的比例进行加热混合，然后摊铺于已经整平、压实的基层上，压实而成的一种路面结构。沥青含量一般为 9%～13%，石粉

图 1-10　人工洒布沥青进行路面施工的情景

含量一般为 6%～12%，沥青加热温度一般为 150～163℃，集料加热温度一般为 177～193℃。

沥青块路是将地沥青、石粉、砂、碎石加热、混合后压成方块，然后铺筑于已经整平、压实的基层上的一种路面结构。该种混合料沥青含量一般为 8%～12%，石粉含量一般为 8%～10%。加热、混合后的混合料放入固定的模具，施加压力使混合料形成混合料块，然后放入冷水降温成型、脱模。沥青混合料块的尺寸一般为 30cm×12.5cm×7.5cm（12in×5in×3in）。

由上可见，国外道路工程具有悠久的发展历史，特别是 18 世纪以来，西方发达国家的工业革命使科学技术得到前所未有的发展，与之同步，道路工程技术得到巨大的发展，在道路路面设计方法、道路材料、施工设备、施工方法等方面提出了新的理论和方法，推动了现代道路工程理论和技术体系的形成，对现代道路技术具有重要的影响。

四、国外沥青路面设计方法简介

现代道路技术经过一百多年的发展，从最初的泥土路面、砂石路面、稳定土路面，到现在的沥青混凝土路面和水泥混凝土路面，路面材料发生了根本性的变化。路面使用性能逐步

改善，行车舒适性和安全性逐渐提高，行车速度和道路通行能力也得到根本性的改变。与此同时，通过对道路建设经验的逐步总结和提高，吸收相关学科的先进理论和技术，道路路面设计理论和方法逐步发展和完善，设计方法更加符合路面的力学状况和道路使用的实际情况，也更加科学。

柔性路面是世界上应用最广泛的路面类型之一，除目前的沥青混凝土路面外，最初的泥土路面、砂石路面也可归类于柔性路面。柔性路面一般为多层结构，使用的材料具有非线性特点，材料性能受多种因素的影响，不仅使用条件、环境条件对路面的力学性能会产生影响，而且荷载的大小等也会对路面材料的性能产生影响。此外，柔性路面破坏具有不同的形式和特点，很难选择某种单一指标代表柔性路面的总体破坏情况。因此，柔性路面设计方法一直是道路研究工作的重点内容。直到现在，柔性路面设计方法不仅没有得到完全的统一，不同国家采用了不同的设计理论和方法，而且仍是当前和今后道路研究工作的热点和难点，众多研究者引进新的理论和方法，应用先进的手段和技术，试图对柔性路面设计方法进行更合理、更科学的改进和完善。

（一）沥青路面设计方法概述

1. 经验法

经验法主要通过对试验路或使用中的道路的试验观测，建立路面结构（结构层组合、厚度和材料性质）、荷载（轴载大小和作用次数）和路面性能三者间的经验关系。

CBR法以CBR作为路基土和路面材料（主要是粒料）的性质指标。通过对已损坏或使用良好的路面的调查和CBR测定，建立起路基土CBR-轮载-路面结构层厚度（以粒料层总厚度表征）三者间的经验关系。利用此关系曲线，可以按设计轮载和路基土CBR进行当量厚度换算。不同轮载的作用按等弯沉的原则换算为设计轮载的当量作用。日本的TA法就是一种基于CBR的经验设计方法。

AASHTO法是在AASHO试验路的基础上建立的。整理试验路的试验观测数据，得到了路面结构-轴载-使用性能三者间的经验关系式。路面结构中的路基土采用回弹模量表征其性质，路面结构层按各层材料性质的不同转换为用一个结构数（SN）表征。AASHTO法的最大特点是采用现时服务能力指数（PSI）作为路面使用性能的度量指标。PSI是一个由评分小组进行主观评定后得到的指标，将它与路面实际状况（平整度、裂缝、车辙、修补）之间建立经验关系式。不同轮载的作用，按等效损坏（PSI）的原则进行转换。

2. 力学分析法

力学分析法以多层弹性层状体理论为基础，分析路面内部各部位的力学量（主要为材料的应力或不同部位的应变量），以荷载作用下的应力与其本身强度的相对关系判断结构的安全性和可靠性，或以荷载作用下路基或面层累计变形计算值与设计值的对比来判断结构的安全性和可靠性。多层弹性层状体系模型存在的与实际情况的巨大差异，则通过各种修正系数予以修正。同时，路面材料的强度也为考虑疲劳荷载作用影响下的强度值。

我国的现行设计方法基本上采用的是力学分析方法。国外的壳牌（Shell）设计方法、美国的AI设计方法、日本的柔性路面理论设计方法均为基于理论分析的设计方法。

3. 力学—经验法

力学—经验法首先分析路面结构在荷载和环境作用下的力学反应量（应力、应变、位移），利用在力学反应量与路面性能（各种损坏模式）之间建立的性能模型，按路面性能设计要求设计路面结构。

从 20 世纪 60 年代初开始，各国科技人员致力于研制和实施沥青路面的力学—经验设计法，以不同的方式将力学分析和路面的使用状态结合起来，成为力学和经验相结合的力学—经验设计方法。

上述的美国沥青协会（AI）法和 Shell 法也是力学—经验设计法的一个类型。在 1962 年第一届沥青路面结构设计国际会议上，壳牌公司的 Peattie 和 Dormon 分别提出了力学—经验法设计沥青路面的框架：以弹性层状体系（三层）代表路面结构，计算分析圆形均布轮载作用下结构内各特征点的应力、应变和位移值，以沥青面层的疲劳开裂及路基土和粒料层的过量永久变形作为沥青路面的主要损坏模式，选用面层底面在荷载重复作用下的拉应变及路基顶面的压应力或压应变作为设计指标。这一设计框架成为随后进行并完成的 Shell 设计方法的雏形。

美国的 NCHRP 1-37A 沥青路面设计方法也是典型的沥青混凝土路面的力学—经验设计方法。该方法通过多层弹性体系模型计算路面内部各力学参量，通过相关试验和调查数据建立路面内部力学参量与路面的抗开裂性能、抗车辙性能、抗疲劳性能等使用性能之间的关系模型。对于给定的道路，可根据环境条件、交通条件、材料类型等，确定路面使用性能技术要求，最后根据上述关系模型和力学分析，设计出符合力学要求和使用性能要求的道路路面结构。

上述三种方法的划分不是绝对的，有些方法既属于力学分析的方法，又具有经验设计的成分，只是对道路路面使用性能进行了不同方式的考虑。不同的设计方法具有不同的优点和缺点，适用于不同的条件。综合来讲，力学—经验法既对路面结构进行力学分析，又对路面性能及其破坏特征等予以充分的考虑，能够比较全面地反映路面在使用状态下的变化过程，路面设计具有经济和技术性能均好的特点。提高力学分析方法的准确性和科学性，选择最能够反映路面性能及其变化特点的路面性能数据，并建立基于力学变量和路面性能关系模型的力学—经验设计方法，是今后沥青混凝土路面设计方法的发展方向。

对于国外柔性路面设计方法，国内的相关著作和教材都有较详细的介绍。本书以柔性路面不同设计理论的特点为核心，主要对日本的柔性路面设计方法和美国的基于不同设计理论的设计方法进行介绍，使读者对柔性路面不同设计理论和方法的特点有一个比较全面的了解。

（二） 日本沥青路面设计方法简介

1. 日本道路设计简介

1951 年日本制定了第一个道路建设五年计划，10 个五年计划后，道路总里程达到 78 万 km。日本道路协会于 1950 年出版了《沥青道路铺装要纲》，1962 年、1975 年、1978 年、1988 年和 1992 年分别进行了改版发行，对沥青路面设计方法进行了不断的改进。除该设计规范外，日本道路协会还相继制定了与沥青路面设计施工有关的标准和规程，包括《排水沥青路面技术指南》《厂拌旧沥青混合料再生技术指南》《路上面层再生工法技术指南》《路上基层再生技术指南》《碾压混凝土路面技术指南》《沥青路面试验方法便览》等。

2001 年，日本道路协会出版了《路面设计施工指南》，该规范是对日本沥青路面设计和施工方法的重大改进，是对《沥青道路铺装要纲》的补充和提高。《沥青道路铺装要纲》和《路面设计施工指南》均为现行规范，在沥青路面设计方法方面，前者主要以 TA 法进行路面结构设计,而后者在保留 TA 法的前提下,引入了力学分析法,使日本的沥青路面设计方法从纯粹的经验设计方法,过渡到经验设计和力学分析设计并用。在《路面设计施工指南》中主要还导入了"性能规定""可靠性设计"等新的设计施工思想,比较全面地反映了日本沥青路面设计和施工的发展现状。

2. 日本沥青路面设计参数

日本沥青路面结构形式如图 1-11 所示,路面结构层包括面层(分为上面层和下面层)、基层(包括上基层和下基层)、路床(下基层以下 1m 的部分)和路基。

(1) 路面的设计年限 路面的设计年限是指在交通荷载的反复作用下,路面具有足够整体荷载能力的周期,它通常是指路面至出现疲劳开裂的使用年限。在设计时,还要考虑路面的塑性变形、透水性、平整度等性能变化情况,根据道路设计具体目标确定设计年限。

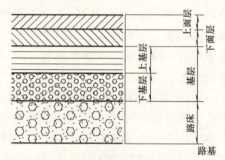

图 1-11 日本沥青路面结构形式

(2) 设计交通量 设计交通量是指路面设计年限内大型车的年平均交通量,它与用来确定道路规划的公路设计年限最终年度的汽车交通量是不同的。当公路为单向两车道以下时,大型车交通量均以一个车道上通过的车辆进行计算(即车道系数为 1);当单车向为三车道公路时,车道系数以 0.7 计算。

当公路在设计年限内很难预测大型车交通量、公路沿线路床承载力有大的变化情况时,应考虑进行可靠度预测。当可靠度为 75% 时,路面产生疲劳破坏的时间超过设计期限的情况出现的概率为 75%,此时,交通量取预测交通量的 2 倍;当可靠度为 90% 时,路面产生疲劳破坏的时间超过设计期限的情况出现的概率为全体的 90%,此时,交通量取预测交通量的 4 倍。

(3) 路面性能使用要求

1) 路面疲劳破坏次数。当设计年限为 10 年时,路面疲劳破坏次数的要求见表 1-2;当设计年限为其他值,如 20 年、40 年时,则乘以相应的倍数。

表 1-2 路面疲劳破坏次数的要求

路面设计交通量(单方向)/(辆/d)	疲劳破坏次数/(次/10 年)
>3000	35000000
1000~3000	7000000
250~1000	1000000
100~250	150000
<100	30000

2) 塑性变形。以车辙试验的动稳定度来评价,其要求见表 1-3。但对积雪寒冷地区、不久将进行改建等特殊情况,可以不遵循此表的要求。

(4) 路面的平整度 一般要求小于 2.4mm,对高速公路要求 1.3mm,一般公路要求 2.0mm,对地方道路要求 2.4mm。

表 1-3　车辙试验的动稳定度

公路等级	设计交通量(单方向)/(辆/d)	动稳定度/(次/mm)
1类、2类、3类的1级和2级，4类的1级	3000以上	3000
	3000以下	1500
其他等级	—	500

（5）排水路面　对排水性路面及透水性路面，要求路面的透水系数大于表1-4的要求。

表 1-4　透水系数要求

公路等级	透水系数/(mL/15s)
1类、2类、3类的1级和2级，4类的1级	1000
其他等级	300

（6）其他性能　路面的抗滑性能、抗磨耗性能、噪声等性能，根据道路建设的目的、地域等，参考道路实测结果确定。

3. 经验设计方法——TA法

TA法是日本沿用五十多年的主要设计方法，它是基于经验数据和使用结果的沥青路面经验设计方法，其核心为：根据路床承载力和设计交通量确定沥青路面结构层全部为沥青混凝土时的总厚度，然后通过不同材料间的等值换算，将全部为沥青混凝土的沥青路面结构层总厚度换算为使用不同材料的道路路面结构层。

（1）交通量　路面设计交通量是指设计周期内平均每天单向大型车交通量，需要考虑可靠度时，乘以前述交通量系数。单向为三车道以上的多车道公路时，根据交通量的分布状况确定大型车交通量，并可按设计交通量的70%计算。设计荷载为49kN的标准轮载，疲劳破坏次数是以49kN轮载循环加载至产生裂缝的次数，即累积49kN换算轮数计算，要求的是疲劳破坏次数见表1-2。当设计年限不是10年时，乘以相应的系数，如设计年限为20年时，可将表1-2的数据乘以2得到。

如果能对道路今后的交通量进行预测，则可以不采用表1-2的推荐值，可以使用预测的实际交通量进行设计。此时，不同轮载的交通量应按式（1-19）换算为标准轴载，并计算设计年限内总交通量。

$$N_{49} = \sum_{j=1}^{n} \left[\left(\frac{P_j}{49} \right)^4 N_j \right] \tag{1-19}$$

式中　N_{49}——1d单向49kN换算轮数；

P_j——第j类轮载范围内的轮载代表值；

N_j——P_j的通过数；

n——设计年限。

（2）路基承载力　TA法中，路基的承载力以路床、原路基（含防冻层）的设计路床承载力CBR表示。CBR通过钻探、取样、试验得到。对填方路段，取上部50cm深处的土进行试验；对挖方路段，取路床深度50cm处的扰动土进行试验，但当深1m内的土质有变化时需另取样进行CBR试验。当土样中含有较多砾石时，可采用承载板试验确定路基承载力系数K，再换算为CBR。

（3）路面结构层设计。考虑路面性能、施工因素、环境影响等，沥青面层（包括上面层和下面层）的总厚度不小于表 1-5 的规定，基层各层厚度不小于表 1-6 的规定。

表 1-5 沥青面层的最小厚度

设计交通量	面层（上面层+下面层）的最小厚度/cm
≥3000	20（15）
1000～3000	15（10）
250～1000	10（5）
250≤	5

注：括号中的数值为上基层为沥青稳定类材料时可采用的面层总厚度。

表 1-6 不同材料基层的最小层厚度

材料及施工方法	每层的最小厚度
沥青稳定碎石基层	最大粒径的 2 倍且不小于 5cm
其他基层材料	最大粒径的 3 倍且不小于 10cm

（4）路面结构层厚度计算 TA 法是以通过试验和建设经验建立起来的全部为沥青混凝土的道路沥青路面结构层总厚度与交通量和路床承载力 CBR 的统计模型计算沥青路面结构层总厚度，可靠度分别为 90%、75% 和 50% 时沥青路面结构层总厚度 TA（Total Asphalt）的计算公式见式（1-20）～式（1-22）

$$TA = 3.84 N^{0.16}/CBR^{0.3} \tag{1-20}$$

$$TA = 3.43 N^{0.16}/CBR^{0.3} \tag{1-21}$$

$$TA = 3.07 N^{0.16}/CBR^{0.3} \tag{1-22}$$

式中　N——要求的疲劳破坏次数；

　　　TA——沥青路面层总厚度（cm）。

从 TA 法设计理论上来讲，当路床承载力为 CBR、标准荷载交通量为 N 时，在该路床上铺筑厚度为 TA 的沥青混凝土即可满足道路力学性能和使用功能的要求。但实际上，沥青混凝土材料价格高，材料资源紧缺，同时基于抗冻层厚度、抗水侵蚀等方面的需要，需要结合当地的材料选择合适的材料修筑道路路面各结构层。此时，根据道路路面各结构层厚度计算总沥青混凝土层厚度的计算公式如下

$$TA' = \sum_{i=1}^{n} \partial_i h_i \tag{1-23}$$

式中　n——层数；

　　　h_i——各层的厚度；

　　　∂_i——各层的材料换算系数，按表 1-7 规定的数值选取。

式（1-23）中的 TA' 与式（1-20）～式（1-22）中的计算结果应基本相同。最后，校核路面结构层的抗冻厚度、施工工艺的技术要求等，不满足要求时进行相应的调整。表 1-7 为不同材料的换算系数表（TA 法）。

表 1-7 不同材料的换算系数表（TA 法）

结构层	材料及施工工艺	质量标准	等值换算系数 a_i
上面层、下面层	热拌沥青混合料	使用满足石油沥青技术标准的沥青、混合料	1.00
上基层	沥青稳定碎石基层	热拌：马歇尔稳定度大于 3.43kN	0.80
上基层	沥青稳定碎石基层	冷拌：马歇尔稳定度大于 2.45kN	0.55
上基层	水泥及沥青综合稳定碎石基层	单轴抗压强度 1.5~2.9MPa 变形量 5~30(1/100cm) 残留强度比 65%以上	0.65
上基层	水泥稳定碎石基层	7d 单轴抗压强度 2.9MPa	0.55
上基层	石灰稳定碎石基层	10d 单轴抗压强度 0.98MPa	0.45
上基层	级配碎石、级配钢渣	修正 CBR80 以上	0.35
上基层	水硬性级配钢渣	修正 CBR80 以上 14d 单轴抗压强度 1.2MPa	0.55
下基层	未筛碎石、钢渣、砂等	修正 CBR30 以上	0.25
下基层	未筛碎石、钢渣、砂等	修正 CBR20 以上	0.20
下基层	水泥稳定处理	7d 单轴抗压强度 0.98MPa	0.25
下基层	石灰稳定处理	10d 单轴抗压强度 0.7MPa	0.25

注："一次变形量"，单轴抗压强度试验时，与最大抗压强度对应的试样的变形量；"残留强度"，得到最大抗压强度后继续进行压力试验，当试样变形量再次达到"一次变形量"时，抗压强度与最大抗压强度的比值。

（5）TA 法设计示例

1）条件。某路基承载力 CBR=5.0；设计年限内的设计交通量为 7000000 次；试进行路面结构方案设计。

2）设计基本过程。分别取可靠度为 50%、75% 和 90%，根据式（1-20）、式（1-21）和式（1-22）计算得到 TA 分别为 23.6cm、29.4cm 和 36.8cm。以可靠度为 75% 的情况为例，根据上述计算结果，道路路面结构层可选择的方案见表 1-8，在此基础上可以结合经济性分析、材料入手的难易程度、施工条件、环境条件等因素，最终确定最优设计方案。选取其他可靠度情况下的设计方法与此相同。

表 1-8 可靠度为 75% 时的路面结构设计方案

可靠度	75%		
TA	29.4cm		
	路面结构方案一	路面结构方案二	路面结构方案三
面层	细粒式沥青混凝土 5cm	细粒式沥青混凝土 5cm	细粒式沥青混凝土 5cm
面层	粗粒式沥青混凝土 5cm	粗粒式沥青混凝土 5cm	粗粒式沥青混凝土 9cm
基层	热拌沥青稳定碎石 15cm	级配碎石 40cm	级配碎石 30cm
基层	CBR 小于 30 的未筛分碎石 40cm	石灰稳定处理 20cm	石灰稳定处理 20cm
TA'	30cm	30cm	29.5cm
路面结构总厚度	65cm	70cm	64cm

4. 理论设计方法

日本沥青路面理论设计方法主要特点如下：首先，假设路面结构断面，根据多层弹性体系理论进行力学分析计算，得到在标准车辆荷载面结构内部的应力和应变数据；其次，根据沥青混合料和路基材料的疲劳破坏方程式，得到在上述应力或应变作用下的沥青混合料或路基的疲劳寿命；最后，对比疲劳寿命和设计交通量，如果疲劳寿命大于设计交通量，则满足设计要求，反之，如果疲劳寿命小于设计交通量，则需要调整路面结构材料或结构层的厚度，重新进行验算，直至符合疲劳寿命和设计交通量的条件为止。同时，设计过程中，对路面性能、设计年限、交通量、路基等条件应进行考虑，对路面设计方案的可靠度、经济性等也要针对具体情况进行分析，最后给出最佳设计方案。

下面对理论设计方法的具体设计过程进行简要介绍。

(1) 理论法一般设计过程

1) 设计条件。

① 路面性能。主要以设计年限能够承受的标准轮载作用次数表示，具体以设计年限内面层混合料由于疲劳破坏产生的裂缝率及路床顶面塑性变形量表示。道路设计年限、路面设计可靠度按前述规定确定。

② 环境条件。气温直接影响沥青层的温度和沥青混合料的弹性模量，在寒冷地区影响冰冻深度，为此需要设定沥青层（含沥青稳定碎石基层）的温度、冰冻深度。沥青层的温度可以采用年、季、月的平均温度，或者采用年内各温度出现频率的计算方法进行设定。沥青层的温度通常以深度方向的平均温度表示。在沥青层温度不能实测的情况下，可根据气温推算沥青层的温度。在寒冷地区，需通过调查确定路基冰冻深度。由气温求取冰冻深度时可利用 n 年概率的冰冻指数，冰冻深度的 70% 以上或根据经验确定需要换土的深度来设置防冻层。降雨量与透水性路面的结构设计密切相关。

③ 交通条件。利用多层弹性理论计算路面结构层的应变时使用 49kN 为标准轴载。其他轴载换算为标准轴载。关于可靠度的考虑，按前述规定进行。

④ 路基条件。根据路基条件设定弹性模量和泊松比，可以通过室内试验获得，或通过 CBR 与弹性模量的关系由 CBR 换算得到。当由 CBR 换算弹性模量时，可按 CBR 的 2~10 倍求取，即 $E = (2~10)$CBR。通常情况下，泊松比可取 0.4。当深度方向的路床由不同层次组成时，可按式 (1-4) 求平均弹性模量。但表面 20cm 的弹性模量小于 20MPa 时，需要对其进行加固处理或换土。平均弹性模量的计算仅适用于路床上部弹性模量高的情况，如果上部的弹性模量小于下部的弹性模量，则路床全部都以软弱的层次计算，也可将软弱的层次换土或进行加固处理。

$$E_m = [(h_1 E_1^{1/3} + h_2 E_2^{1/3} + \cdots + h_n E_n^{1/3})/h]^3 \tag{1-24}$$

式中 E_m——平均弹性模量（MPa）；

E_n——第 n 层的弹性模量（MPa）；

h_n——第 n 层的厚度（cm）；

h——路床或路基的总厚度（cm）。

⑤ 材料条件。设定各层材料的弹性模量和泊松比，一般通过室内试验获得，沥青混合料要测定不同温度下的弹性模量。对于水泥稳定类基层材料，可以由抗压强度换算为弹性模量。不同材料的弹性模量和泊松比可按表 1-9 取值。

表 1-9 路面各层的弹性模量和泊松比

材料	弹性模量/MPa	泊松比
沥青混合料	600~12000	0.25~0.45
水泥混凝土	25000~35000	0.15~0.25
水泥稳定材料	1000~15000 也可由强度推算	0.10~0.20 通常选用 0.15
粒料基层	100~600 也可由其他力学试验推算	0.30~0.40 通常选用 0.35

2）路面结构组合设计。沥青路面的结构组合设计是假定道路结构层各层材料类型和厚度。根据常用路面材料类型和厚度选择上面层。对于冰冻地区应验算抗冻深度，不能满足要求时应设置防冻层。各层材料厚度的选择还要考虑施工性能、施工机械的性能等因素。各种路面结构层所用材料的弹性模量和泊松比可按表 1-9 选择。在进行道路结构设计时，一般要假定几种断面形式，见表 1-10，通过比较分析确定最合理断面。

表 1-10 假定道路断面结构

使用位置	材料及施工方法	道路断面结构			
		NO.1	NO.2	NO.3	NO.4
上面层					
下面层					
上基层					
下基层					

3）力学分析和疲劳寿命的计算。确定设计条件、路面材料和结构后，按多层层状弹性体系理论计算标准荷载 49kN 双轮中心下方的应变。一般来说，沥青路面的疲劳指标由沥青层下部水平方向的拉应变控制。而路面的结构性车辙是计算路床表面垂直方向的压应变。计算拉应变和压应变均采用前述平均弹性模量。

将上述计算结果代入相应的疲劳破坏方程式，计算破坏时标准轴载的次数，即疲劳寿命。当前，日本的沥青路面力学设计方法采用了美国沥青协会（AI）的疲劳方程，见式（1-25）~式（1-28）。

沥青路面疲劳开裂方程式为

$$N_{fA} = S_A [18.4C(6.167 \times 10^{-5} \varepsilon_t^{-3.291} E^{-0.854})] \tag{1-25}$$

$$C = 10^M \tag{1-26}$$

$$M = 4.84 \left(\frac{V_b}{V_b + V_v} - 0.69 \right) \tag{1-27}$$

式中 N_{fA}——沥青路面疲劳寿命（49kN 轴载作用次数）；

S_A——设定的裂缝率；

ε_t——沥青层下部拉应变；

E——沥青混合料的弹性模量（MPa）；

V_b——沥青路面最下层沥青混合料的沥青用量（%）；

V_v——沥青路面最下层使用的沥青混合料空隙率（%）。

路床永久变形的破坏标准计算式为

$$N_{fs} = S_s(1.365 \times 10^{-9} \varepsilon_z^{-4.477}) \tag{1-28}$$

式中 N_{fs}——路床的容许标准轴载作用次数；

S_s——设定的路床永久变形的常数；

ε_z——路床上部的压应变。

4）道路结构的力学评价。上述计算得到了某一种温度下的计算结果，之后按设计道路的温度分布情况，分别计算不同温度下的疲劳寿命。最后，根据温度分布特征进行疲劳寿命的加权计算，得到全年的道路结构疲劳寿命。其计算方法如下

$$D_A = (1/12) \sum_{i=1}^{k} N_i/N_{fAi} \tag{1-29}$$

$$D_s = (1/12) \sum_{i=1}^{k} N_{fsi} \tag{1-30}$$

$$N_{fad} = 1/D_A \tag{1-31}$$

$$N_{fsd} = 1/D_s \tag{1-32}$$

式中 D_A——考虑温度后，标准轴载作用一次沥青混合料产生的疲劳破坏量；

D_s——考虑温度后，标准轴载作用一次路床产生的疲劳破坏量；

k——温度水平数；

N_i——温度水平 i 情况下的月份数；

N_{fAi}——温度水平 i 情况下沥青路面疲劳寿命；

N_{fsi}——温度水平 i 情况下路床的容许标准轴载作用次数；

N_{fad}——考虑温度后的沥青混合料疲劳寿命（容许的标准轴载作用次数）；

N_{fsd}——考虑温度后的路床疲劳寿命（容许的标准轴载作用次数）。

例如，如果分别按每月的情况进行力学分析时，则 $i = 1 \sim 12$，N_i 均等于 1；如果按每 3 个月（即按季度）分别进行力学分析，则 $i = 1 \sim 4$，N_i 均等于 3。

对比疲劳寿命和设计交通量，如果加权疲劳寿命大于设计交通量，则该种结构满足设计要求；如果加权疲劳寿命小于设计交通量，则不满足设计要求，应予以排除。

5）经济分析和设计结果。对上述确定的、符合设计条件的道路结构各断面方案进行经济分析比较，最终确定经济合理、技术可行的道路路面结构。

(2) 理论法设计示例　需设计的公路为城市间干线公路，无地下埋设设施，不考虑冻融影响。

1）设计条件。

① 路面性能。预测交通量为 2500000 次。沥青路面疲劳开裂破坏的裂缝率为 20%，由路床永久变形引起的车辙为 15mm。

② 环境条件。不考虑冰冻深度，沥青层的弹性模量根据温度条件确定。实测月平均气温及推算的沥青路面温度见表 1-11。

③ 交通条件。路面的设计年限为 20 年，由于是干线公路，可靠度 90%，则设计交通量为预测交通量的 4 倍，即可靠度换算系数为 4.0。设计年限内预测交通量为 2500000 次。标准轮载 49kN，双轮间距为 32cm，轮胎接地压强为 0.61MPa。

表 1-11 实测月平均气温及推算的沥青路面温度

月份	1	2	3	4	5	6	7	8	9	10	11	12
气温/℃	5.2	5.6	8.5	14.1	18.6	21.7	25.2	27.1	23.2	17.6	12.6	7.9
沥青层温度/℃	8	8	13	21	27	31	36	38	33	26	18	12

④ 路基条件。由于路基条件较好,地下水位较低,测定的路床弹性模量为60MPa,泊松比取为0.4。

⑤ 材料条件

根据表1-11所示各月路面温度数据,将沥青路面温度划分为四个水平,不同温度下的沥青混合料弹性模量和泊松比见表1-12,其他材料的弹性模量和泊松比见表1-13。

表 1-12 由温度条件确定的沥青材料的弹性模量

温度条件数	4			
温度条件	1	2	3	4
路面温度/℃	10	20	30	35
相应的月份	1、2、3、12	4、11	5、6、10	7、8、9
沥青混合料弹性模量/MPa	8000	4000	1500	700

表 1-13 各层材料的弹性模量和泊松比

材料	弹性模量	泊松比
级配碎石	400	0.35
未筛碎石	200	0.35

2)路面结构组合设计。假定设计断面见表1-14,其中上面层和下面层采用设计年限长、耐久性好的热拌沥青混凝土,上基层采用热拌沥青碎石加级配碎石,下基层采用未筛分碎石。可以看出,4种假定路面结构的类型基本相同,只是下基层的厚度有变化。

表 1-14 假定路面结构

使用位置	材料及施工工艺	路面断面结构层厚度/cm			
		NO.1	NO.2	NO.3	NO.4
上面层及下面层	热拌沥青混凝土	10			
上基层	热拌沥青稳定碎石	10			
	级配碎石	20			
底基层	未筛碎石	20	25	30	35

3)力学分析和疲劳寿命的计算。按上述设计条件和断面结构,分别计算4个温度水平下,49kN标准轮载双轮中心下方沥青层下部水平的拉应变及路床表面垂直方向的压应变。沥青混合料的疲劳方程和路床竖向变形的疲劳方程采用式(1-25)和式(1-28)计算。其中,V_b取12.5%,V_v取4.4%,$C=1.74$。

① 道路结构的力学评价。根据式(1-29)~式(1-32)分别计算各参数,得到考虑温度

后的沥青混合料疲劳寿命（容许的标准轴载作用次数）和路床疲劳寿命（容许的标准轴载作用次数）。本例中

$$i = 1 \sim 4, N_1 = 4, N_2 = 2, N_3 = 3, N_4 = 3$$

② 经济分析和设计结果。对于通过力学分析得到的道路结构备选方案，从材料、施工性能、适应性、养护维修等各方面进行综合经济和技术比较，最终确定路面结构。本例中，由于只是下基层厚度不同，其他方面情况相同，因此，从经济性考虑，断面 NO.3 的下基层厚度较薄、造价低，可以推荐为本路的最终路面结构。

（三）美国主要沥青路面设计方法

1. AASHTO 设计方法简要发展历史

现在的 AASHTO 柔性和刚性路面设计方法的基础是 20 世纪 50 年代在伊利诺伊州（Illinois）的渥太华（Ottawa）进行的路面性能试验路试验，共投资 2700 万美元（按 1960 年的美元价值计算）。该试验路试验由美国各州公路工作者协会负责进行，后来被称为 AASHO 道路试验。该试验路试验包括四条双车道环路，每条长 2m，位于将来修建的 I-80 公路。该实验路试验还包括进行特殊研究的两条小型环路试验路。每一条大的环路车道由多种不同层厚的道路结构组成，包括柔性路面和刚性路面。每条环路由具有特定轴载的卡车进行行车试验，卡车每天行驶 16h，每间隔 14d 收集路面性能评价指标的参数变化情况，包括路面的平整度和破损。对于每一条具有不同路面结构的试验路路段，路面性能数据的采集持续到路面功能完全丧失，即路面的服务指数 PSI 下降到 2.0 以下。在所有的试验路段中，部分路段在 1958—1960 年丧失使用功能。

虽然这种短期加速破坏试验路没有考虑环境的影响，具有一定的局限性，但通过该试验路第一次得到了在控制荷载作用下的路面性能变化数据库，对数据库数据的统计分析结果，得到了路面功能丧失时的轴载作用次数、结构特性（即结构数 SN）及轴载组合和轴载等之间的统计关系。利用这些统计关系建立了当量轴载因数，即 ESAL（equivalent single-axle load），建立了第一个柔性和刚性路面的经验设计公式。这些早期的数据形成了 AASHTO 的路面设计方法，并且直到今天仍在采用。

根据试验路得到的当量轴载因数，即 ESAL 的计算公式如下

$$\mathrm{ESAL}_x = P_{80}/P_x \tag{1-33}$$

式中　P_{80}——轴载 80kN 导致路面破坏的作用次数；

　　　P_x——轴载为 x kN 导致路面破坏的作用次数；

　　ESAL_x——轴载为 x kN 的当量轴载因数。

当给定荷载时，ESAL 与路面结构厚度和选定的路面服务性能破坏指标有关。

根据试验路得到的道路结构数 SN 计算公式

$$\mathrm{SN} = a_1 D_1 + a_2 m_2 D_2 + a_3 m_3 D_3 \tag{1-34}$$

式中　D_1、D_2、D_3——沥青路面的沥青混凝土层、基层和底基层的厚度；

　　　m_2、m_3——与道路基层和底基层的排水性有关的系数，排水能力越好，该数值越大；

　　　a_1、a_2、a_3——结构层系数，是根据现场弯沉测量反算的路面结构层弹性模量来等效假定的。

从 AASHTO 路面设计方法的发展历史可以看出，AASHTO 路面设计方法是基于试验路数据的设计方法，它建立了路面结构、轴载作用次数与路面性能变化之间的统计关系，通过规定路面性能的允许变化量、预测交通量，可以得到路面结构数，从而设计出需要的路面结构。

2. 交通引起的路面服务指数下降

由交通造成的路面服务指数下降量可由基于 AASHO 道路试验的数据建立的经验公式计算得到，该关系式将累计 ESAL 和路面服务指数下降量 ΔPSI 建立了对应关系，见式（1-35）（英制单位）。

$$\log W_{18}=Z_R S_0+9.36\log(SN+1)-0.20+\frac{\log\left(\frac{\Delta PSI}{4.2-1.5}\right)}{0.4+\frac{1094}{(SN+1)^{5.19}}}+2.32\log M_R-8.07 \quad (1\text{-}35)$$

式中　W_{18}——引起服务指数发生 ΔPSI 改变的 ESAL 数；

　　　SN——结构数；

　　　M_R——路基回弹模量；

　　　Z_R、S_0——预测路面服务性能时的标准偏差和标准误差。

Z_R 呈正态分布，按一定的可靠度取值。S_0 包括了在交通量预测和路面服务寿命（即服务指数达到 2.0 的寿命）预测两方面产生的标准误差。上述两个数值为不确定量，根据道路情况和预测准确度情况确定。

3. 柔性路面设计方法的发展动态

柔性路面设计经过了六十多年的历史，出现了经验法、理论分析法、经验和理论相结合等不同的设计理论和设计方法，不同国家的发展历史不同，采用的路面设计理论和方法也不相同。总体而言，基于对路面结构的理论分析、参照路面使用性能的发展变化特点的经验—理论设计方法，能够设计出既具有良好的使用性能又具有较好的经济性的柔性路面，该方法逐渐被各国重视，得到进一步的研究、应用，可以认为是今后柔性路面设计方法的主要发展方向。

随着理论分析技术、材料科学技术的发展及道路路面建设经验的累积，新的路面设计方法也逐步开发出来。

第三节　国内道路工程发展现状

一、我国古代道路建设简史

1. 先秦时期的道路

早在 50 万年前，在亚洲东部这块古老的土地上，就先后有了元谋人、蓝田人和北京人等原始人群。我们的祖先在极端恶劣的自然环境和十分低下的生产力条件下，为了生存和繁衍，在中华大地上开辟了最早的道路。距今 4000 年前的新石器晚期，我国就有了役使牛马为人类运输形成的驮运道，并出现了原始的临时性简单桥梁的记载。相传中华民族的始祖黄帝，因看见蓬草随风吹转，而发明了车轮，于是以"横木为轩，直木为辕"制造出车辆，对交通运输做出了伟大贡献，故尊称黄帝为"轩辕氏"。到公元前两千多年前，我国就已经有了可以行驶牛车和马车的古老道路。据《古史考》记载："黄帝作车，引重致远。少昊时略加牛，禹时奚仲驾马。"舜登位后办的第一件大事就是"辟四门，达四聪"，"明通四方耳目"，二月巡泰山，五月去衡山，八月访华山，十一月到恒山。可见舜帝对发展交通、开辟道路是非常重视的。夏禹的事业，也是从"随山刊木，奠高山大川"入手的。

经过夏、商两朝长期的开拓，到公元前1066—前771年的西周时期，我国道路已初具规模。周武王姬发灭商后，除定都镐京（今西安附近）外，还根据周公姬旦的建议，修建了东都洛邑（今洛阳）。为了有效发挥两京的政治、经济、文化中心的作用，在它们之间修建了一条宽阔平坦的大道，号称"周道"，并以洛邑为中心，向东、向北、向南、向东南又修建成等级不同的、呈辐射状的道路。东周时期，社会生产力空前发展，农业、手工业与商业都兴盛起来。除周道继续发挥其中轴线的重要作用外，在其两侧还进一步完善了纵横交错的陆路干线和支线，这个时期修建的主要道路工程有许多，秦国建筑的著名的褒斜栈道就是其中重要的一项。秦惠文王时，为了克服秦岭的阻隔，打通陕西到四川的道路，开始修筑褒斜栈道。这条栈道自秦岭北麓郿县西南15km的斜水谷，到达秦岭南麓褒城县北5km的褒水河谷，故称褒斜道。这条全长二百多公里的栈道是在峭岩陡壁上凿孔架木，并在其上铺板而成的。除了褒斜道外，其后几百年间还陆续开凿了金牛道、子午道和傥骆道等栈道。这些工程极其艰巨，人们首先是采用古老的"火焚水激"的方法开山破石，然后在崖壁上凿成30cm见方、50cm深的孔洞，分为上、中、下三排，均插入木桩。接着在上排木桩上搭遮雨棚，中排木桩上铺板成路，下排木桩上支木为架。除了秦国的栈道外，其他主要的道路工程有：楚国经营的从郢都通往新郑的重要通道，晋国打通的穿越太行山的东西孔道，齐、鲁两国建设的四通八达的黄淮交通网络，燕国开辟的直达黄河下游和通往塞外的交通线等。

2. 秦汉时期的道路

我国全国陆上交通网的形成始于秦朝。秦始皇统一中国后，实现了"车同轨"。全国车辆使用同一宽度的轨距，车上的主要零部件都统一标准，更换迅速方便。这种"标准化"的要求和方法适应了秦朝全国土木工程和战争等方面长途运输的需要，对道路修建方面提出了更高的要求，具有巨大的经济价值和社会效益。根据"车同轨"的要求，秦朝在将以往错杂的交通路线加以整修和连接的基础上，又耗费了数以万计的人力和物力，修筑了以驰道为主的全国交通干线。这项费时10年的工程，以京师咸阳为中心，向四方辐射，将全国各郡和重要城市全部连通，规模浩大。

丝绸之路是自汉朝开始开辟的一条横贯亚洲的陆路交通干线，是中国同印度、古希腊、罗马及埃及等国进行经济和文化交流的重要通道。在我国的汉朝和唐朝时期，东部山东和东南沿海江浙一带的大批质量上乘的丝绸从水路或陆路集中到长安城，有相当一部分通过陆路转运到西方去。由于这条陆路上丝绸的贸易占了很大比重，因此称为丝绸之路。之后又开辟了经海洋通往西方的航线——海上丝绸之路，所以这条陆路又称为陆上丝绸之路。一般认为，陆上丝绸之路最初东以长安为起点，沿渭水西行，过黄土高原，通过河西走廊到达敦煌。由敦煌西行则分成南、北两条道路：南路出阳关，沿今塔里木盆地南沿、昆仑山北麓，经古楼兰（今新疆若羌一带）、且末、民丰、于田、和田、墨玉、皮山、叶城、莎车到达喀什；北路出玉门关，沿今塔里木盆地北沿、天山南麓，经过吐鲁番、库尔勒、库车、拜城、阿克苏、巴楚到达喀什。南、北两路在喀什汇合后，继续往西，登上帕米尔高原（这是最难走的一段路），然后经阿富汗、伊朗和中亚诸国，再过地中海，最后到达丝绸之路的终点——古罗马的首都罗马城和意大利的威尼斯。后来，又开辟了一条北新道，从敦煌经哈密，沿着天山以北的准噶尔盆地前进，渡伊犁河西行到古罗马帝国。在古代交通工具简陋的条件下，中外商人和使者在丝绸之路上的旅程十分艰难。可贵的是，虽然条件极端艰难，但早在两千多年前我国古代的先驱者就已经开拓了这条具有世界意义的通道。

3. 唐代以后的道路

唐朝是中国封建王朝的鼎盛时期，非常重视道路建设。唐太宗即位不久后就下诏书，要在全国范围内保持道路畅通无阻，对道路的保养也有明文规定，不得任意破坏，不得侵占道路用地，不得乱伐行道树，并随时注意保养。唐朝重视驿站管理，传递信息迅速，紧急时，驿马每昼夜可行 500 里以上。唐朝已开始沿路设置土堆，名为堠，以记里程，即今天的里程碑雏形。唐朝不但郊外的道路畅通，而且城市道路建设也很突出。首都长安是古代著名的城市，东西长 9721m，南北长 8651m，道路网是棋盘式，南北向 14 条街，东西向 11 条街，位于中轴线的朱雀大街宽达 150m，街中 80m 宽，路面用砖铺成，道路两侧有排水沟和行道树，布置井然，气度宏伟，不但为中国以后的城市道路建设树立了榜样，而且影响远及日本。

宋朝、元朝、明朝均在过去的道路建设基础上有所提高。到了宋和辽金时期，我国的道路建设进入一个新的发展阶段，特别是在城市道路建设与交通管理方面，实现了街和市的有机结合。城内大道两旁，第一次成为百业汇聚之区。城里居民走出了周、秦、汉、唐那种以封闭分隔为特征的坊里高墙，投入空前活跃的城市生活：酒楼茶肆勾栏瓦舍日夜经营，艺人商贩填街塞巷。元朝地域辽阔，自大都（今北京）通往全国有 7 条主干道，形成一个以大都为中心的稠密、宏大的驿路道路网，综合拓展了汉唐以来的大陆交通网，进一步覆盖了亚洲大陆的广阔地区，包括阿拉伯半岛。

清朝（1644—1911 年）利用原有驿道修建了长约 15 万 km 的"邮差路线"。清朝把驿路分为三等：一是"官马大路"，由北京向各方辐射，主要通往各省城；二是"大路"，自省城通往地方重要城市；三是"小路"，自大路或各地重要城市通往各市镇的支线。官马大路是国家级官道，在京城东华门外设皇华驿，作为全国交通的总枢纽，管理北路、西路、南路、东路等官马大路干线系统。官马北路系统最重要的是通往大东北的干线，即从北京经山海关、盛京（今沈阳）分别延伸到雅克萨、庙屯（在黑龙江入海口）的官路和通往朝鲜半岛的国际通道。属于官马北路系统的还有分别到呼伦、恰克图的干线及塞上的横向大通道。这些道路在开发清代北疆、捍卫北疆的斗争中发挥过重要的战略作用。官马西路系统包括兰州官路与四川官路两大干线，兰州官路从北京经保定、太原、西安、兰州，分别到青海、西藏和新疆，并通往中亚、西亚诸国；四川官路则通往大西南的干线，从西安通往云、贵、川，并向西延伸到西藏拉萨。官马南路系统，包括云南官路、桂林官路和广东官路三条干线。前两条干线均从太原南下过黄河到洛阳，然后分道到昆明或桂林，并延伸到印度支那半岛；第三条干线即广东官路的主干道，是从北京出发经济南、徐州、合肥、南昌、赣州、韶关，直达广州，这是元、明以来北京到广州纵贯中国南北的主要官道，历来被当作"使节路"，而终点广州又曾是清代对外通商的唯一口岸，所以清政府对这条干线特别重视。官马东路的唯一干线就是福建官路，沿途经过天津、济南、徐州、南京、苏州、上海、杭州、福州等重要城市，它是清政府经济上赖以生存的重要通路。此外，还有横贯东西的长江官路等。

二、我国近代道路建设简史

历经明、清两代的发展，虽然道路里程、道路网络、道路覆盖率等方面有一定的发展，但在道路建设技术方面的进步较小，直至19世纪末期，我国才出现了现代铁路和公路。我国最初的公路，是1908年苏元春驻守广西南部边防时兴建的龙州到那堪的公路，可惜没有全部完工。

1913年开始修建的长潭公路，使长沙、湘潭这两个当时湖南最大的城市之间除了有水路交通的便利外，还有了陆路交通的便利。它是我国第一条标准汽车公路，不仅标志着湖南现代公路运输的开端，而且在我国公路建设史上占有重要地位。辛亥革命后，南北军阀混战多年，竞相搜刮民财，农田水利失修，粮食欠收，人民处于水深火热中。但工业交通事业有所发展，架通长潭电话线，开工修筑长潭公路。长潭公路全长50km，总计全路完成路基土石方56.6万 m^3，铺砂3.4825万 m^3，修成大小桥梁31座，涵洞86座，东岸码头一处，驳岸5处，总耗资90万银元。这条公路还未修建完成就已饱经风霜，从开工到竣工，经过四兴三辍，历时9年才得以完成，至1921年11月全线竣工通车。

其后，一些现代公路逐渐开工建设。广西壮族自治区内的邕武路（即今南宁至武鸣）长42km，1919年通车。广东省内的惠山至平山路长36km，1921年通车。在北方以张库公路为最长，自河北省张家口至库伦（现为蒙古人民共和国首都乌兰巴托），全长965km，是在原有的"茶叶之路"上修整而成的，自1918年试车成功后至1922年间，有90余辆长途汽车行驶，是当时交通最繁重的一条公路。出现于沿海、华北、华东一带的其他商营公路、兵工筑路和以工代赈所修的道路，也促进了当时道路建设的发展，道路建设的重要性逐步为人们所认识。特别是孙中山先生倡言："道路是文明之母和财富之脉"，并提出了百万英里碎石公路的设想。到北洋政府末年（1926年）全国公路里程为26110km，大都是晴通雨阻的低级道路。

南京国民党政府时期（1927—1949年），修建各省联络公路，逐渐走向统一化和正规化，初步形成公路网。全国经济委员会于1932年成立后，首先制定了联络公路的规划，先由江苏、浙江、安徽三省开始，于1932年修通了沪杭（上海至杭州）公路，继之杭徽（杭州至安徽歙县）公路，从此打破了公路分割的局面。后又扩充为七省联络公路，即除原三省外，又加上河南、江西、湖南、湖北四省，并逐步扩大到全国。1934年公布《公路工程准则》24条，对于几何设计、路面、桥涵等都有规定，统一了公路工程的技术标准。

为了鼓励各省按规划和标准筑路，建立了补助基金和分区督察的制度。除了各省修建外，直接修建西北的西安至兰州和西安至汉中的两条公路。1937年抗日战争爆发，前方公路建设随军事失利而有始无终，于是集中力量打通了西北的羊毛车路线（由西安经兰州、乌鲁木齐至霍城，在原苏联境内接阿拉木图，是进口抗战物资的重要路线之一，西北出产的羊毛由此线出口，故称羊毛车路线）和西南通往缅甸的滇缅公路（抗战期间日本帝国主义切断越南、中国香港到中国内地的交通，滇缅公路建成后，进口的抗战物资较多，成了重要的西南国际通路）。此外，还在后方西北、西南一带修筑若干联络干线，如川康、康青、南疆、乐西、汉白、华双、西祥等公路，截至1945年抗战胜利，全国公路总里程为

123720km。但 1949 年能通车的公路不过 75000km。

1949 年 10 月 1 日中华人民共和国成立。首先整治了道路的创伤，修复了被破坏的桥梁。在 20 世纪 50 年代，修筑了著名的康藏（西康至西藏）及青藏（青海至西藏）两条公路：康藏公路自今四川的雅安至西藏拉萨，全长 2271km，翻越海拔 3000m 以上的大雪山等山脉，跨越大渡河、金沙江、澜沧江、怒江等急流，更有冰川、流沙、塌方和泥沼、地震、森林地带，地形十分复杂，工程特别艰巨，路基土石方有 2900 多万立方米，（其中石方有 530 多万立方米）。该公路 1950 年开工，1954 年建成通车。青藏公路自青海省的西宁至拉萨，全长 2100km，横越高达 4500m 号称世界屋脊的昆仑、霍霍西里、唐古拉等山脉，沿途草地、沼泽遍布，环境十分恶劣，与康藏公路于 1954 年 12 月 25 日同时在拉萨举行通车典礼。

目前，我国已经形成了完善的道路交通网络，截至 2017 年年底，全国公路通车总里程 477.35 万 km，其中高速公路达到 13.65 万 km，位居世界第一。我国道路科研工作也取得了重大进步，编制了道路设计、施工和养护维修的系列标准和规范，形成了完善的道路设计、施工和养护的技术体系，公路建设技术总体达到国际先进水平，在国民经济和社会发展中起到重要作用。

三、我国道路工程建设技术简史

目前尚无详细的资料介绍我国道路建设的标准和技术发展历史，历史文献、古代文学著作中有一些文学性的描述，可作为了解我国古代道路建设的间接资料。

《诗经·小雅》记载"周道如砥，其直如矢"，表明当时道路坚实平坦如磨石，线形如箭一样直，这间接说明当时的道路建设已经有比较统一的做法。周朝对道路网的规划、标准、管理、养护、绿化及沿线的服务性设施建设有所创建。在道路网规划方面，把道路分为市区和郊区，前者称为"国中"，后者称为"鄙野"，城市道路分为"经、纬、环、野"四种。南北之道为经，东西之道为纬，都城中有九经九纬，呈棋盘状，围城为环，出城为野。各种道路规定有不同的宽度（其单位是轨，每轨宽 8 周尺，每周尺约合 0.2m，有的资料介绍每周尺约 0.25m），经涂、纬涂宽 9 轨，环轨宽 7 轨，野涂宽 5 轨。郊外道路分为路、道、涂、畛、径 5 个等级，并根据其功能规定不同的宽度，如同现代的技术标准。在道路管理方面，分别由名为"匠人"和"遂人"的官吏管理城市道路和野外道路。朝廷设有"司空"掌管土木建筑及道路，而且规定"司空视涂"，按期视察道路设施。对道路设施及时维护，规定"雨毕而除道，水涸而成梁"，并"列树以表道，立鄙食以守路"，是以后养路、绿化和标志的萌芽。在道路设施服务方面，"凡国野之道，十里有庐，庐有饮食；三十里有宿，宿有路室，路室有委；五十里有市，市名侯馆，侯馆有积"，与现代公路建设的公路服务区具有类似的服务功能，可想而知，在周代，道路建设已经形成完善的系统。

秦朝统一中国后修建的驿道有统一的质量标准：路面幅宽为 50 步，约合 70m；路基要高出两侧地面，以便排水，并要用铁锤把路面夯实；每隔三丈种一株青松，以为行道树；除路中央 3 丈为皇帝专用外，两边还开辟了人行旁道；每隔十里建一亭，作为区段的治安管理所、行人招呼站和邮传交接处。古驿道是古代为传车、驿马通行而开辟的交通大道，沿途按一定距离设置驿站。图 1-12 为位于河北省井陉县东部的秦皇古驿道。汉朝继承了秦朝的制度，在邮驿与管理制度上更加完善，驿站按其大小分为邮、亭、驿、传四类，大致上 5 里设邮，10里设亭，30里设驿或传，约一天的路程。据《汉书·百官公卿表》记载，西汉时全国共有亭29635个，如此则估计当时共有干道近15万km。唐代以后道路建设更加标准和规范，而且道路的质量提高，传递信息迅速，紧急时，驿马每昼夜可行500里以上。

在道路工程建设技术方面，商朝（公元前16—前11世纪）已经懂得夯土筑路，并利用石灰稳定土壤。商朝殷墟中发现有碎陶片和砾石铺筑的路面，并出现了大型的木桥。战国时期，在山势险峻之处凿石成孔，插木为梁，上铺木板，旁置栏杆，称为栈道，是中国古代道路建设的一大特色。秦朝时道路路基土壤采用金属锥夯实，以增加其密实度。公元前212年，秦始皇命蒙恬由咸阳修向北延伸的直道，全长约700km，仅用两年半的时间修通，"堑山堙谷"（逢山劈石，遇谷填高），其工程之巨，时间之短，可称奇迹，今陕西省富县境内尚依稀可见其路形。

图1-12 秦皇古驿道

栈道作为一种道路形式，集聚了我国古代劳动人民的伟大智慧，创造了人类道路建设历史的奇迹。修筑栈道在生产力较为落后的年代是一项特别艰苦的工程。莽莽秦岭巍峨挺拔，高峻险陡，是我国南北气候分界点，要穿越并非易事。蜀道的选线大多是在羊肠小道的基础上因水而成，沿着河谷前进，分布于河谷近侧的道路，因远古时无水文资料，每遇洪水常被淹没，只有将路基逐渐升高，年复一年，越升越高。有些地方，仅升高路基还是不行，这时，真正的"栈道"出现了。从现有的考古资料分析，古栈道大致就按以下几种形式建成：

一种为在离河床不太高的悬崖峭壁上凿出横洞，穿以横木为梁，并在相应的河底岩石或巨石上凿出竖洞，插以竖木作为横梁中一端的支撑，然后在横梁上铺上木板成道。壁孔多凿在枯水季节常水位以上8~9cm处，横洞深近1m，横梁的孔外长约6m，路宽5m多，可以容纳两辆车并行或迎面通过，这种方式后人称为"标准式"。

一种为"斜柱式"，就是如果栈道离水面较高，不能在河床上立柱，则在路下的悬崖上凿斜孔，孔内立斜柱以支撑横梁，斜柱的作用与立柱相同。

一种为"无柱式"，即在陡壁地段，很难用斜柱支撑，距河床又不高，不能树立柱时，则修成仅安横梁的栈道。有的地方还将木制的横梁改为石梁，称为"石栈"。

一种为"依坡搭架势"，在岩壁倾斜的地方，在倾斜或阶梯状的岩石上凿洞安柱，横梁一头架在立柱上，另一头架在山坡上开出的石坎上，或在斜坡上多处竖立柱，在立柱上架横梁，横梁上铺木板成路。

以上是几种常见的栈道修筑形式。除此之外，还有"凹槽式""多层平梁重叠连缀式""石积式"等。

从古栈道的遗迹，即在悬崖上凿孔的形状和深度看，最初修筑栈道时的炼铁术已达到相当高的水平。在坚石和次坚石中凿出标准形状的孔，必须使用很好的钢钎，这种钢钎既要有足够的强度，又要有相当好的韧性。具有这些性能的材料应该是钢，或是很好的合金。

为了保障安全，在栈道靠河身的一侧，有的还装有栏杆，以防人马车辆不慎坠入河中，尤其在栈道的转弯处，这种设施更加重要。为了防止崖壁上土石下坠砸伤来往人畜，有的栈道上还加盖了顶棚。有顶棚和栏杆的栈道，远远望去好像一长串的空中楼阁，故古人又称其为阁道。桥梁是横水而过，栈道是傍水而行，栈道中有时也有上加盖顶棚的桥梁，所以古人也称栈道为桥阁。

修筑栈道颇为费工费时费力，而且以木结构为主的栈道耐久性较差，所以自唐朝以后，栈道逐渐被碥道取代。碥道是在有坡度的崖壁上削坡铲石筑成的土石路。用铲凿下来的石块在路下坡上砌成石墙，内镇土石以加宽道路。为防止车马坠入道外，石墙往往高出路面，其高出路面的部分称为拦马墙。为建碥道要寻找有坡度的山崖，需绕山取土，并且要随坡上下、削崖、砌岸、铺石、填土。所以碥道不像栈道那样平直近捷，里程要长，坡度有增加，但比栈道经久耐用、安全，且维修省工。

我国最古老的隧道工程，在陕西汉中市北斜谷口七盘山上，即古褒斜道的石门。从周代开始，陕西就成为我国古代政治、经济的中心地区。陕西古称关中，与汉中、巴蜀以秦岭山脉相隔。为了取得南部和西部地区的丰富物资，自东周战国时代就致力于打通秦岭交通，大约到东汉初期共修了四条主要道路，即子午道、褒斜道、故道、阴平道。其中褒斜道是从陕西西安一带到汉中最近又较易通行的一条道路。所以，它也是历代经营最多、最受重视和记载最详的一条道路。至今这条道路上还保存着很多遗迹。东汉永平年间开凿的石门就是较完整的一条隧道，距今已有一千九百多年的历史。

褒斜道石门的隧道为南北走向，和褒河河道平行，东壁长 16.5m，西壁长 15m，北口高 3.75m、宽 4.1m，南口高 3.45m、宽 4.2m。整条隧道由北向南逐渐变低，高差有 30~50cm。它的内壁平展光滑，没有斧凿的痕迹。历代人士在隧道的东西内壁和隧道南北各 5km 的山崖上留下一百多方石刻，称为"褒斜道石门摩崖石刻"。这些碑刻不仅为道路史研究提供了珍贵的资料，在书法史研究上也很有价值。关于古石门隧洞的开凿方法，文献有高度概括的记载："积薪一炬石为圻，锤凿既加如削腐"，指的就是我国古代原始攻凿山石的办法——"火烧水激"方法。但也有另一种说法，即先用柴烧炙岩石，然后泼以浓醋，使之粉碎，再用工具铲除，逐渐挖成山洞。1969 年，石门水库修建，原石门遗迹淹没在几十米深处的水下。古老的石门消失在人们的视线中，古人究竟采用何种技术开凿了世界第一条隧道，至今仍是一个不解之谜。图 1-13 为近年修复的古褒栈道，图 1-14 为褒斜道石门摩崖石刻遗迹。

图 1-13　修复的古褒栈道

图 1-14　褒斜道石门摩崖石刻

此外，隋朝（581—618年）时期的匠人李春等在赵郡（今河北省赵县）汶河上修建了著名的赵州桥，首创圆弧形空腹石拱桥，是建桥技术上的卓越成就，在世界建桥史上具有重要影响。清朝利用原有驿道修建了长约 15 万 km 的"邮差路线"。在筑路及养路方面也有新的提高，规定很具体。在低洼地段，出现高路基的"叠道"；在软土地区使用的秫秸铺底筑路法，犹如今天的土工织物，对道路建设有不少新贡献。

我国古代的这些道路，大都是砂石或泥土路，还没有用沥青或水泥铺成的道路。直到 20 世纪 20 年代，上海、天津等城市开始出现了沥青和水泥混凝土路面，并有沥青拌和厂及压路机等筑路机械，开始了中国道路建设的现代化进程。

从 20 世纪初到 30 年代，国外的道路建设技术不论在设计理论、材料、路面类型、施工方法和施工机械方面均有较大的进展，我国的道路工作者对国外技术进行了引进和推广。商务印书馆于 1935 年 4 月出版的《道路》一书，参考欧美等国家道路建设技术，对当时道路建设的设计、施工和养护进行了全面的介绍。该书共计 16 章，包括：总论、郊外道路、城市道路、土路、卵石路、碎石路、三合土路、石块路、砖路、木块路、沥青路、沥青碎石路、地沥青片路、地沥青块路、道路之附属构造物、道路之管理。该书几乎涵盖了道路建设涉及的所有问题，如道路分类、道路线形、勘测设计方法、道路材料、路面结构形式、道路施工工艺、施工技术要求、各种路面特点和适用范围等。该书从一个侧面比较真实地反映了 20 世纪 30 年代前后我国道路建设技术发展的现状。

1933—1946 年，我国先后在南京、重庆、昆明、乐山等地进行了水泥混凝土、块石、级配碎石、水泥稳定土、沥青表面处治、弹石等各种类型的路面试验，但受到战争的影响，试验成果很少应用。这个时期只在滇缅公路上修筑了 157km 的双层沥青表面处治路面和 100km 的弹石路面，在乐（山）西（昌）公路修筑了 62km 的级配碎石路面，水泥稳定土路面为数不多。1933—1941 年，曾在南京修建两条试验路，一条主要试验国产材料的筑路技术，另一条主要用进口的沥青材料试验表面处理。1937 年在西兰公路咸阳市附近，试验水泥稳定土壤路面。1940 年在乐西公路乐山附近又修建了级配路面试验路。1941 年在滇缅公路上，修建了沥青表面处治路面 155km，采用筑路机械二百余部，是中国公路机械化施工的开端。但由于机械配件和燃料供应困难，机械化施工技术很难推广应用。在公路养护方面，抗日战争前多数地区的公路没有得到及时养护，只有少数路线建立了养路道班。1938 年，当时的中央政府公布了一些有关养护管理的规章制度，但缺乏技术要求内容。由于路面多是泥结碎石或天然土路，而桥梁又多是木制或石（砖）砌的，各省自订的一些养护技术要求十分简单。1947 年，公路总局颁布了《养路须知草案》，共一百二十多条，包括了路基、路面、桥涵、渡口、房屋等工程设施保养的内容。

四、我国道路工程发展现状及规划

1. 我国道路发展现状

1949 年中华人民共和国成立后，我国公路和城市道路建设均取得快速发展，1978 年我国通车公路里程达到 88 万 km，是 1949 年通车里程的 10 多倍。特别是在这期间，建成了世界上海拔最高的公路之一——青藏公路。

世界的"第三极"——西藏是一个神奇而美丽的地方，一直以来都是许多人向往的佛教圣地。然而，因为地势险峻、高山大川阻隔了它与外界的联系。20 世纪 50 年代初，中国人民解放军挺进西藏，历经艰险，排除万难，在世界屋脊上修通了全长约4360km的川藏和青藏两条公路，西藏人民从此用现代化交通运输取代了千百年来人背畜驮的极其落后的交通方式，开创了西藏交通事业发展的新篇章。青藏公路是西藏与祖国内地联系的重要通道，承担着西藏85%以上进藏物资和90%以上出藏物资运输任务，在西藏经济发展和社会稳定中发挥着重要作用，被誉为西藏的"生命线"。

青藏公路全长1160km，为国家二级公路干线，路基宽10m，坡度小于7%，最小半径125m，最大行车速度60km/h，全线平均海拔在4000m以上。虽然线路的海拔高，但在昆仑山顶，高原表面是古老的湖盆地貌类型，起伏平缓，共修建涵洞474座，桥梁六十多座，总长1347m，初期修建、改建公路和设备购置总投资4050万元，每公里平均造价2.52万元。青藏公路改建工程于1975年开工，是世界上尚无铺筑先例的高寒冻土区铺设黑色路面工程，共投资7.6亿元，是当时中国公路史上规模最大的工程。1985年8月青藏公路全线黑色路面铺筑工程基本竣工，大大提高了运输效率，经济效益明显提高，每年可节约运输成本5000万元，行车密度明显提高，最高车流量每昼夜达三千多辆，行车时速由20km/h提高到60km/h，但还需要对早期铺建的沥青路面、沿线未适应重型车辆的临时性桥涵、多年冻土带热融沉陷及路基翻浆路段进行改建和彻底整治。

改革开放后，我国道路工程建设得到更加快速的发展，公路通车里程持续快速增长，道路铺装率逐渐提高，道路建设和养护质量越来越好。特别是高速公路从无到有，高速公路总里程已居世界第一位。

1984年6月开工建设、1990年9月建成通车的沈大高速公路全长375km，是国家"七五"重点建设项目。沈大高速公路连接沈阳、辽阳、鞍山、营口、大连5个城市，是当时我国公路建设项目中规模最大、标准最高的艰巨工程，全部工程由我国自行设计、自行施工，开创了我国建设长距离高速公路的先河，为20世纪90年代我国大规模的高速公路建设积累了经验。标志、标线和交通监控系统完备，全线路面平坦舒展，行车安全、快捷、舒适。这条公路通车后，年平均交通量增长幅度达16%。

1988年我国第一条高速公路——沪嘉高速公路建成通车。1988年开工、1993年9月建成通车的京津唐高速公路，是我国第一次运用世界银行贷款而修建的高速公路。为了适应世界银行贷款的要求，首次成立了作为独立法人的京津唐高速公路联合公司。这种新体制的形成，给我国公路建设带来了一系列根本性变革。京津唐高速公路也是我国第一次按照国际惯例菲迪克条款建成的高速公路，把高速公路技术标准和质量要求推到了最权威的地位，保证了合同的严肃性。同时，还总结出一整套勘察、设计、施工、监理和建设技术，使我国公路建设管理体制逐步实现了与国际惯例接轨。

随着改革开放的推进和经济社会的需要，社会对交通的需求迅速增加，大多数干线公路、城市出入口和沿海发达地区堵车现象严重。交通部于20世纪80年代末提出了"五纵七横"12条路线（含支线）的规划布局方案，并于1993年正式部署实施。

1999年12月开工建设、2003年8月22日建成通车的榆靖高速公路正线全长115.918km，榆林、横山、靖边三条连接线长18.2561km，项目建设里程全长134.174km，是我国第一条沙漠高速公路。路线主要沿长城布设，大部分路段穿越毛乌素沙漠。正线设计标准为全封闭、全立交、双向四车道高速公路，计算行车速度为100km/h，使榆林至靖边行车时间缩短为一个多小时，仅是原来的1/3。榆靖高速公路的建设，填补了我国沙漠高速公路建设的空白，为我国沙漠高速公路的修筑和养护提供了第一手技术资料，积累了宝贵的经验。榆靖高速公路总投资为18.17亿元，其中用于绿化防沙的投资就达4000万元。公路两旁已基本建成全线绿化、防护林带，这条沙漠公路将成为一条"绿色长廊"。

2. 我国公路发展规划

国道主干线建设大致经历了4个阶段，即规划发布前的起步建设阶段、规划发布后的稳步建设阶段、1998—2003年的加快建设阶段和2003年以来的全面建成阶段。根据国民经济和社会发展战略部署，交通部于"八五"期间提出了公路建设的发展方针和长远目标规划。该规划的内容为：从1991年开始到2020年，用30年左右的时间，建成12条长35000km "五纵七横"国道主干线，将全国重要城市、工业中心、交通枢纽和主要陆上口岸连接起来并连接所有目前100万以上人口的特大城市和绝大多数目前在50万以上人口的中等城市，逐步形成一个与国民经济发展格局相适应、与其他运输方式相协调、主要由高等级公路（高速、一级、二级公路）组成的快速、高效、安全的国道主干线系统。在技术标准上大体以京广线为界，京广线以东地区经济发达，交通量大，以高速公路为主；以西地区交通量较小，以一、二级公路为主。

"五纵"总里程约为155901km，由5条自北向南走向的高等级公路组成：同江—三亚，长约5700km；北京—福州，长约2540km；北京—珠海，长约2310km；二连浩特—河口，长约3610km；重庆—湛江，长约1430km。

"七横"总里程约20300km，由7条自东向西走向的高等级公路组成：绥芬河—满洲里，长约1280km；丹东—拉萨，长约4590km；青岛—银川，长约1610km；连云港—霍尔果斯，长约3980km；上海—成都，长约2770km；上海—瑞丽，长约4900km；衡阳—昆明，长约1980km。

该国道主干线系统建成后，将以占全国2%的公路里程承担占全国20%以上的交通量，在大城市间、省际、区域间形成400～500km当日往返、800～1000km当日直达的现代化高等级公路网络，并将带来相当可观的经济效益。据测算，该交通网络建成后每年可节省当前全国公路运输柴油消耗量的1/10，降低运输成本和减少客货在途时间所带来的直接效益达400亿～500亿元，间接效益达2000亿元以上。

2007年年底，总规模约3.5万km的"五纵七横"国道主干线基本贯通，提前13年完成了《"五纵七横"国道主干线系统规划》建设任务。"五纵七横"国道主干线在经济社会发展中起到了重要的促进作用，主要体现在以下几个方面：一是支撑经济发展，优化了运输布局和服务，提高了生产要素使用效率，推动了产业结构升级和空间布局优化；二是推动社会进步，改善了人民生活质量，推动了城镇化进程，促进了区域经济协调发展；三是改善公共服务，增强了运输可靠性和安全性，增强了政府应对突发事件和提供公共服务的能力；四是服务可持续发展，改善了运输效率和效益，促进了综合运输体系发展，降低了能源消耗，加强了环境保护。

为进一步适应国民经济快速发展和满足人民群众安全便捷出行的需求，在《"五纵七横"国道主干线系统规划》的基础上，交通部编制了《国家高速公路网规划》，2004年经国务院审议通过，这是中国历史上第一个"终极"的高速公路骨架布局，也是中国公路网中最高层次的公路通道。

《国家高速公路网规划》采用放射线与纵横网格相结合的布局方案，形成由中心城市向外放射及横贯东西、纵贯南北的大通道，由7条首都放射线、9条南北纵向线和18条东西横向线组成，简称"7918网"，总规模约8.5万km，其中主线6.8万km，地区环线、联络线等其他路线约1.7万km。

首都放射线7条：北京—上海、北京—台北、北京—港澳、北京—昆明、北京—拉萨、北京—乌鲁木齐、北京—哈尔滨。

南北纵向线9条：鹤岗—大连、沈阳—海口、长春—深圳、济南—广州、大庆—广州、二连浩特—广州、包头—茂名、兰州—海口、重庆—昆明。

东西横向线18条：绥芬河—满洲里、珲春—乌兰浩特、丹东—锡林浩特、荣成—乌海、青岛—银川、青岛—兰州、连云港—霍尔果斯、南京—洛阳、上海—西安、上海—成都、上海—重庆、杭州—瑞丽、上海—昆明、福州—银川、泉州—南宁、厦门—成都、汕头—昆明、广州—昆明。

此外，规划方案还包括辽中环线、成渝环线、海南环线、珠三角环线、杭州湾环线共5条地区性环线，2段并行线和30余段联络线。实现这个规划目标，预计需要30年的时间。

《国家高速公路网规划》充分体现"以人为本"的理念。该规划方案将连接全国所有的省会级城市、目前城镇人口超过50万的大城市及城镇人口超过20万的中等城市，覆盖全国十多亿人口。规划方案将实现东部地区平均30min上高速，中部地区平均1h上高速，西部地区平均2h上高速，从而大大提高全社会的机动性。规划方案将连接国内主要的4A级著名旅游城市，为人们旅游、休闲提供快速通道。

规划方案重点突出"服务经济"的作用。加强了长三角、珠三角、环渤海等经济发达地区之间的联系，使大区域间有3条以上高速通道相连，还特别加强了与香港、澳门的衔接，在三大都市圈内部将形成较完善的城际高速公路网，为进一步加快区域经济一体化和大都市圈的形成，加快东部地区率先实现现代化奠定了基础；将显著改善和优化西部地区及东北等老工业基地的公路路网结构，提高区域内部及对外运输效率和能力，进一步强化西部地区西陇海兰新线经济带、长江上游经济带、南贵昆经济区之间的快速联系，改善东北地区内部及进出关的交通条件，为"以线串点、以点带面"，加快西部大开发和实现东北等老工业基地的振兴奠定坚实基础；将连接主要的国家一类公路口岸，改善对外联系通道运输条件，更好地服务于外向型经济的发展。覆盖地区的GDP（国内生产总值）占到全国总量的85%以上，规划的实施将对促进经济增长、带动相关产业发展、扩大就业等做出重要贡献。

规划方案着力强调"综合运输"，注重综合运输协调发展，规划路线将连接全国所有重要的交通枢纽城市，包括铁路枢纽50个、航空枢纽67个、公路枢纽约140个和水路枢纽50个，有利于各种运输方式优势互补，形成综合运输大通道和较为完善的集疏运系统。

规划方案全面服务"可持续发展"，规划的实施将进一步促进国土资源的集约利用、环境保护和能源节约，有效支撑社会经济的可持续发展。据测算，在提供相同路网通行能力条件下，修建高速公路的土地占用量仅为一般公路的40%左右，高速公路比普通公路可减少1/3的汽车尾气排放，交通事故率降低1/3，车辆运行燃油消耗也将有大幅度降低。

五、我国道路分类、分级与技术标准

（一）道路的分类与分级

由前面的道路发展历史可知，道路是一个比较广义的概念，是指供各种车辆和行人通行的天然路径和工程设施。按道路使用特点，我国将现代的道路分为五类，即公路、城市道路、厂矿道路、林区道路和乡村道路。这些道路使用目的不同，其技术标准和作用也不相同，具有明显的行业特点。

（1）公路　公路是指连接城市、乡村、工矿基地等，主要供汽车行驶的、具有一定技术指标和工程设施的道路。公路按其重要性和作用分为国道、省道、县道及专用公路等，按其技术标准分为高速公路、一级公路、二级公路、三级公路、四级公路5个等级，还有的公路未达到相关技术要求，一般称为等外公路。

（2）城市道路　在城市范围内，供汽车和行人通行的、具有一定技术指标和工程设施的道路为城市道路。现代的城市道路除具有交通功能外，还兼具其他城市服务功能，如构成城市的骨架网络，提供通风、采光通道，提供避难场所，提供绿化场地。此外，城市道路一般是城市各种管线布设的通道，多种管线，如上下水管道、煤气管道、雨水管道、各种电缆等，大多埋设在城市道路的下面。因此，城市道路设计要综合考虑城市功能。

按照道路在城市道路网中的地位、交通功能及对沿线建筑设施、车辆和行人的服务功能，城市道路分为城市快速路、主干路、次干路、支路4个等级，还有一些街巷道路、街区道路主要为当地居民生活服务，不承担城市交通功能，故一般不列入上述4个等级的城市道路范围内。

（3）厂矿道路　厂矿道路是指主要为工厂、矿山运输车辆通行的道路。通常可分为场内道路和场外道路及露天矿山道路。厂矿道路特别是矿山道路，一般车辆的载重量大，但行驶速度相对较低，因此对道路结构承载力和稳定性的要求更高，对道路舒适性方面的要求则处于相对次要地位。

（4）林区道路　林区道路是指修建在林区，主要供各种林业运输工具通行的道路。由于主要为林业运输服务，具有一定的行业特点，其建设标准与普通公路有所不同。

（5）乡村道路　乡村道路是指修建在乡村、农场，主要供行人及各种农用运输车辆和工具通行的道路。乡村道路主要为农业生产服务，一般不列入国家公路等级标准。

（二）道路技术标准

1. 公路

公路等级划分标准和原则如下：

高速公路，一般能适应的年平均日设计交通量为15000辆小客车以上，具有特别重要的政治、经济意义，专供汽车分方向、分车道高速行驶，并全部控制出入的多车道公路。

一级公路，一般能适应的年平均日设计交通量为15000辆小客车以上，连接重要政治、经济中心，通往重点工矿区，可供汽车分方向、分车道行驶并可根据需要控制出入的多车道公路。

二级公路，一般能适应年平均日设计交通量为5000~15000辆小客车，连接政治、经济中心或大工矿区等地，可供汽车行驶的双车道公路。

三级公路，一般能适应年平均日设计交通量为2000~6000辆，沟通县及县以上城市，可供汽车、非汽车交通混合行驶的双车道公路。

四级公路，为供汽车、非汽车交通混合行驶的双车道或单车道公路。双车道四级公路年平均日设计交通量宜在2000辆小客车以下；单车道四级公路年平均日设计交通量宜在400辆小客车以下。

根据《公路工程技术标准》(JTG 1301—2014)的规定，各等级公路主要技术指标见表1-15。

表1-15 各等级公路主要技术指标

公路等级		高速公路			一级公路			二级公路		三级公路		四级公路
设计速度		120	100	80	100	80	60	80	60	40	30	20
车行道宽度/m		3.75	3.75	3.75	3.75	3.75	3.5	3.75	3.5	3.5	3.25	3.0(单车道时为3.5)
左侧路缘带宽度/m		0.75	0.75	0.50	0.75	0.50	0.50	0.50	0.50	—	—	—
右侧硬路肩宽度/m	一般值	3.0(2.5)	3.0(2.5)	3.0(2.5)	3.0(2.5)	3.0(2.5)	0.75	1.5	0.75	—	—	—
	最小值	1.5	1.5	1.5	1.5	1.5	0.25	0.75	0.25	—	—	—
土路肩宽度/m	一般值	0.75	0.75	0.75	0.75	0.75	0.75	0.75	0.75	0.75	0.5	0.25(双车道)0.5(单车道)
	最小值	0.75	0.75	0.75	0.75	0.75	0.5	0.5	0.5			
不设超高最小半径/m	$i_{路拱} \leq 2.0\%$	5500	4000	2500	4000	2500	1500	2500	1500	600	350	150
	$i_{路拱} > 2.0\%$	7550	5250	3350	5250	3350	1900	3350	1900	800	450	200
停车视距/m		210	160	110	160	110	75	110	75	40	30	20
最大纵坡/%		3	4	5	4	5	6	5	6	7	8	9
桥涵设计汽车荷载等级		公路—Ⅰ级						公路—Ⅱ级				

注：1. 高速公路和作为干线的一线公路以通行小客车为主时，右侧路肩宽度可采用括号内数值。
2. 一级公路以集散功能为主时，设计速度为80km/h，右侧硬路肩宽度和土路肩宽度可采用二级公路同等速度时的数值。
3. 二级公路作为集散公路且交通量小时，其桥涵设计可采用公路-Ⅱ级荷载。

2. 城市道路

根据《城市道路设计规范》（2016年版）（CJJ 37—2012），城市道路的等级划分如下：

快速路，应为城市中大交通量、长距离、快速交通服务的道路，一般在特大城市和大城市中设置。快速路应中央分隔、全部控制出入、控制出入口间距及形式，应实现交通连续通行，单向设置不应少于两条车道，并应有配套的交通安全和管理设施。快速路两侧不应设置吸引大量车流、人流的公共建筑物出入口。

主干路，应为连接城市各主要分区的干路，以交通功能为主，负担城市的主要客货运交通。自行车流量较大时，宜采用机动车、非机动车分隔的三幅路或四幅路道路断面形式。主干路两侧不宜设置吸引大量车流、人流的公共建筑物出入口。

次干路，应与主干路结合组成道路网，起集散交通的作用，兼有服务功能。次干路两侧可以设置公共建筑出入口，机动车、非机动车停车场，公共交通站点等设施。

支路，宜与次干路和居住区、工业区、交通设施等内部道路连接，解决局部地区交通，以服务功能为主。支路是街区通向次干路、主干路的道路，应避免与城市快速路直接连接。

城市具有不同的规模、不同的交通方式、不同的地理和自然条件，因此《城市道路设计规范》（2016年版）（CJJ 37—2012）对城市进行了规模划分。按照市区和近郊区非农业人口总数划分，总人口在50万以上的城市为大城市，总人口在20万~50万的城市为中等城市，总人口不足20万的城市为小城市。除城市快速路外，其他城市道路可按城市不同规模采用不同的设计标准。大城市采用各类道路中的Ⅰ级标准，中等城市采用Ⅱ级标准，小城市采用Ⅲ级标准。

根据《城市道路技术规范》的规定，各级城市道路的主要技术指标见表1-16。

表1-16 各级城市道路主要技术指标汇总

类别项目	级别	设计速度/(km/h)	双向机动车车道数/条	机动车道宽度/m	分隔带设置	横断面采用形式
快速路		60~80	≥4	3.75	必须设	双、四幅路
主干路	Ⅰ	50~60	≥4	3.75	应设	单、双、三、四
主干路	Ⅱ	40~50	3~4	3.75	应设	单、双、三
主干路	Ⅲ	30~40	2~4	3.5~3.75	可设	单、双、三
次干路	Ⅰ	40~50	2~4	3.75	可设	单、双、三
次干路	Ⅱ	30~40	2~4	3.5~3.75	不设	单
次干路	Ⅲ	20~30	2	3.5	不设	单
支路	Ⅰ	30~40	2	3.5	不设	单
支路	Ⅱ	20~30	2	3.5	不设	单
支路	Ⅲ	20	2	3.5	不设	单

注：1. 各类道路根据城市规模、交通量、地形分为Ⅰ、Ⅱ、Ⅲ级，大城市采用Ⅰ级，小城市采用Ⅲ级。
2. 设计年限，快速路和主干路为20年，次干路为15年，支路10~15年。

街区道路和小区道路还没有统一的设计规范，有些省市和地区根据实际情况制定了当地的设计和建设标准，但大多数情况下，参照公路技术标准和城市道路技术标准进行设计和施工。某些街区小路和小区道路有固定的产权单位，则一般按照工程招标文件规定进行设计和建设。

3. 厂矿道路

1987年我国有关部门颁布了《厂矿道路设计规范》（GBJ 22—1987），对厂矿道路设计和建设进行了规定。厂矿道路是为某一厂矿企业生产运输和生产流程的需要而修建的专用道路，它的布线应按照厂矿企业的总图设计来考虑，通常分为厂外公路、厂内公路和露天矿山公路三类。

厂外公路是工业企业与国家公路、车站、码头、原料基地衔接的公路，以及连接其他企业之间和工业企业若干区、点之间的公路。根据使用任务和性质，交通量、厂矿规模和车型条件分为三级：一级公路适用于运输繁忙的大中型厂矿企业的重要交通和运输特别繁忙的小型厂矿企业的重要交通，或几个厂矿企业共同使用的运输繁忙的交通；二级公路适用于大中型厂矿的重要交通，以汽车运输为主、运输繁忙的小型厂矿、运输繁忙的各类工业企业的次要交通；三级公路适用于各类工业企业的次要交通。

厂内公路为一个工厂（包括港口、仓库、露天矿的机修场、矿井井口场地等）内部的公路。厂内公路分为主干道（全厂性的主要出入门道路）、次干道（车间与车间、仓库之间的主要运输道路）、辅助道路、车间引道等四类车行道。厂内道路的设计，应有利于生产，方便生活，注意与厂内铁路、管线及其他建筑物相协调，并符合卫生、消防、人防和防振动等相关规定的要求。

露天矿山公路指露天采矿场经常行驶矿用自卸汽车的固定的生产道路。露天矿山道路一般分为以下几种：生产干线——采矿场各开采台阶通往卸矿点或废石场的共用道路；生产支线——由开采台阶或废石场与生产干线相衔接的道路，或由开采段直接到卸矿点或废石场的道路；联络线——经常通行露天矿生产所用自卸汽车的其他道路；辅助线——通往附属厂、辅助设施，行驶各种汽车的道路。露天矿山道路等级根据矿区性质、交通量（主要为汽车的单向小时交通量）确定。主要技术指标根据道路等级、车型等确定。道路技术指标中的车型均按矿用自卸汽车车型确定。一型车载重量3.5~12t，计算宽2.5m；二型车载重量15~20t，计算宽3.0m；三型车载重量25~32t，计算宽3.0m；四型车载重量60t，计算宽4.5m。

厂矿公路的等级和技术标准的选用，应根据道路性质及所承担的年运量，并考虑将来的发展而确定。对厂矿基建期间的大件、重件运输及其他特殊需要，也应适当照顾。路线设计应合理利用地形地势，综合平、纵、横三方面要求。在工程量增加不大时，尽可能采用较高的技术指标，不应任意采用极限指标。路线位置注意不设在工业企业爆破作业危险界限内，要尽量避开矿藏资源及地下活动采空区，并尽量避免穿越不良地质地段和居民区内部。

厂外公路应尽量避免与运输繁忙的铁路和重要公路相交。当厂矿公路与除高速公路、一级公路以外的各级公路交叉时，一般为平面交叉。平面交叉应尽可能为正交，斜交的交角应大于45°；交叉地点宜设在平缓地段。厂内公路布线一般与建筑线相平行，注意与建筑物保持必要的安全最小距离。

厂外公路属于城市道路网规划范围内的，应与城建部门协商后，按《城市道路设计规范》执行；属于公路网规划范围内的，应与交通部门协商后，按《公路工程技术标准》执行。不属于上述范围内的厂外道路，应按《厂矿道路设计规范》执行。设计时，应尽量做到沿线厂矿企业共同使用，并兼顾地方交通运输的需要。

厂矿公路路面类型，根据厂矿生产特点可依如下要求选择：防尘要求较高的生产区，宜选用各种沥青路面或水泥混凝土路面；经常开挖检修的地下管线的路段，可选用水泥混凝土预制块路面或石块铺筑的块料路面；经常通过履带车的道路，可选用块石路面、碎石路面；临时性供基建运输用的道路，可采用钢筋混凝土板装配式路面。路面的厚度应根据厂矿使用的重型车辆，考虑当地自然条件，结合路基状况进行计算。

4. 林区道路

林区道路是修建在林区内为发展林业服务的道路，在林区内构成林道网。林道网一般由基本道路和营林道路组成。营林道路又可分为支线和岔路。

基本道路是指从各基本经营单位（林场、乡政府）通往储木场的道路，其主要作用是运输木材，兼有为地方交通运输服务的功能。

营林道路是对林地（主要是指用材林地）及确定改造成为用材林地的荒山、疏林地、灌木林地等进行各项林业经营活动所需的道路。根据其服务目的、道路等级、使用年限等因素，又分为支线和岔路。支线是为全面经营森林服务的，使用年限长，因而要求道路等级高；岔路主要是为集材服务，一般为临时性道路。

根据道路用途和特点，林区道路又可以分为以下几类：

1）运材道路。林业企业在木材装车场或楞场（山场）与储木场之间按照森林经营要求修建的道路。

2）集材道路。林业企业在木材伐区至木材装车场或楞场（山场）之间修建的专供集材作业使用的道路。

3）护林防火道路。以护林防火为主要用途的道路。

4）连接道路。在林区内部，沟通相邻的林业企业和企业内部林场之间交通的道路。

5）冻板道路。冬季寒冷地区，靠地面冻结后达到可承受车辆荷载的、只在冰冻期内使用的季节性道路。

6）木排道。在泥沼地带，用木杆及灌木为主要材料铺筑的道路。

林区道路布线的原则如下：贯彻以营林为基础的方针，线路走向和位置应从全面经营森林的要求出发，满足培育树林、木材生产、森林经营及护林、防火工作的需要；线路尽可能做到吸引资源多、工程量小、投资少、平均运距短、运营条件好；尽量利用现有道路；以林业生产为主，适当考虑地方交通；注意不占或少占农田，少拆民房，方便群众；妥善处理与农田、水利、居民点的关系；尽量避免穿过不良工程地质地带。

5. 乡村道路

乡村道路建设尚无专门规范，应按照国家规定的基本建设程序和有关规定进行。乡村道路建设标准按照交通部颁布的《公路工程技术标准》执行。根据交通部的相关规定，乡村道路目前的基本建设标准如下：

（1）通村油路　路基宽4.5m，路面宽3.5m，路面水稳基层厚18cm，基层强度以3~6MPa为宜，油面层厚度不低于3cm，最大纵坡不高于10%，最小半径15m，每公里设置两三处错车道，桥涵设置配套合理，纵、横向排水畅通。

（2）通村水泥路　路基宽4.5m，路面宽3.5m，基层厚15cm（路基稳定路段可采用级配碎石调平压实处理），路面强度不低于C30，路面厚18cm，其他技术指标与通村油路相同。

（3）通村道路（水泥路面和沥青路面）　总的质量要求除坚持主要技术标准外，同时要求：路面两边各回填50cm宽土路肩并与路面平齐，路面平整，砂石料、水泥、沥青等符合质量要求，软路基应进行换填处理，路面纵、横向排水畅通，路基调平压实稳定性好，实现"安保工程"三同时。

六、我国道路建设存在的问题

（一）公路建设存在的问题

1. 数量少、密度低

与发达国家相比，我国公路网密度相对较低，特别是人均公路面积较低。2016年我国各区域与美国人均公路占有率和路网密度见表1-17。可以看出，东部地区公路网密度超越美国，西部等地区仍存较大差距。目前东部公路网密度已达118km/100km^2，超越美国的71km/100km^2，西部地区公路网密度仅为27km/100km^2，存在较大的差距，未来西部地区公路建设投资具有较大的空间。

我国人口占世界的近1/4，但公路里程只占世界的不到10%。公路基础设施薄弱，公路数量少、密度低，在一定程度上制约了经济的发展，不能满足经济高速发展的需要，特别是西部地区公路建设任务更加繁重。因此，在相当长的一段时间内，进行公路基础设施建设仍是我国主要工作之一。

表1-17 我国各区域与美国公路网密度比较表（2016年）

我国各区域与美国		路网密度/(km/100km^2)	人均道路占有率/(km/万人)
我国	中部地区	118	21
	东部地区	116	33
	东北地区	47	34
	西部地区	27	49
美国		71	211

2. 质量差、标准低

我国的公路设施总体上标准偏低，质量相对较差。2016年，全国等级公路（四级及以上公路）里程422.6万km，新增18万km，其中高速公路0.7万km、一级公路0.8万km、二级公路1.1万km、三级公路0.4万km、四级公路15万km。2016年全国新增里程中，高速公路占比仅4%，但单位建设投资高，投资额占公路固定资产投资总额46%，平均每公里投资1.1亿元。虽然我国高速公路网已初具规模，总里程达到2.5万km，但相对于我国广袤的国土面积和占全球1/5的人口数量，高速公路网的总量仍然不足，覆盖范围需要继续扩大。目前，美国高速公路总里程为8.87万km，是我国的3.5倍。我国以国土面积计算的高速公路密度为0.26km/100km^2，仅为美国的27%、日本的16%、德国的8%；以国土面积和人口计算的高速公路综合密度只有0.23，仅为美国的13%，日本的33%、德国的10%。我国经济总量已经跻身世界前6位，而高速公路的发展水平大大落后于世界发达国家，只有继续加快发展，才能尽快缩小差距。

3. 公路测设和施工水平落后

虽然近几十年来有重大改变，但大规模的人海战术仍在某些地区采用，施工机械化程度相对较低。

4. 交通运输经营管理技术落后

交通运输管理手段、交通运输参与人的自觉意识、我国运输行业存在的诸多问题，对道路建设和养护维修造成较大影响。追求运输经济效益，超载现象屡禁不绝，交管部门没有合适的、合理的有效手段予以控制。运输企业规模小，风险承担能力弱，管理手段落后，造成车辆的超负荷使用，易于发生交通事故。

5. 管理建设速度与经济发展速度不适应

我国经济建设处于高速发展时期，交通运输量增长率与道路面积增长率不相适应，部分道路处于超负荷运营状态，维修养护措施不能及时赶上。

6. 我国公路发展水平不均衡

一方面，东部地区经济发展快，公路建设比较发达，西部地区由于各方面因素的影响，公路建设缓慢。另一方面，东部地区公路利用率高，而西部地区公路利用率低，特别是高速公路的利用率低，经济效益低下。

7. 高速公路建设和管理分散、不联网，规模效益低

当前我国的高速公路系统仍处于各自管理状态，不仅各省各自管理，甚至一个省内的高速公路有几个部门管理。在管理上存在效益低下、资源利用率低等问题，在使用中存在高速公路或高速公路收费系统不联网的问题，人为地降低了高速公路的使用效率，不能发挥应有的规模化效益。

8. 路网服务水平低、抵御灾害的能力弱

近几年来我国的公路建设里程快速增长，但路网服务设施和能力建设没有受到足够重视，特别是信息化、智能化建设水平远落后于发达国家，使公路的效益不能得到充分的发挥。同时，对于公路防灾、抗灾工作重视不够，在公路设计、施工和维修养护工作中没有引入防灾、抗灾理念，使公路交通运输在自然灾害面前变得非常脆弱，一旦出现地震、雨、雪、浓雾等灾害或恶劣天气，公路经常陷入瘫痪、断行状态，严重影响国民经济建设和人们的正常出行活动。

（二）城市道路建设存在的问题

1. 城市道路规划具有局限性、导致道路交通不畅

目前城市道路不畅已经成为社会热点，许多城市上下班高峰期很容易发生拥堵。在城市道路的建设中，一些地区未按照城市的整体规划，宏观把控道路建设，着眼于眼前的一条路设计施工方案，导致城市中的道路主干线承担着城市交通的绝大部分的重担，而各个主干线之间又没有形成接连，城市总体主路以碎片式、断链式的状态存在，本身应设计的分流支线，也都"各自为政"，没有起到分担主干线交通的实质作用。部分旧城改造项目长时间得不到实施，而一些新道的建设难以结合其他城区的需求规划，只能关注眼前的利益，对于飞速发展的城市来说，新道很快就变成旧道，凸显出弊端。由于整个城市几乎都是靠着主路运输行驶，那么一旦出现主路路面窄、道路中断、路途出现交通事故等任何一种问题，就会引发种种交通障碍。

我国城市道路和发达国家相比差距显著（见表1-18）。目前我国机动车保有量正以15%高速增长，而城市道路的增长率仅为3%左右，经济的高速发展和城市化进程的加快，使我国的交通基础设施承受着巨大压力。

表1-18　各国城市道路占地率比较表（2016年）

城市	城市道路占地率
北京	10.8%
华盛顿	45%
伦敦	35%
东京	23%

2. 城市道路施工制度不完善，导致道路的质量不达标

城市道路作为城市发展的基础性建设，对于工程质量的要求十分严格，但在实际施工中，仍时有地基处理不当、路面结构容易遭到破坏等质量问题发生。究其原因，通常都是施工技术不专业、工艺差、对施工质量没有严格的制度约束、缺乏监督管理、沥青或混凝土路面凹凸不平而后续缺乏维护造成。

3. 受到人为因素的制约，道路施工发挥不出预估效果

对于城市道路这种有益于城市居民的大型工程，一般资金的投入上基本都有保证，但是最终是否能够发挥出预计的效果还有待考证，一些交通的建设缺乏大局观念，试图通过几次大型的道路建设缓解交通压力，而对于公共交通的投入不足，缺乏整体的交通战略部署。

第一章　道路工程发展现状

思考题

1. 什么是高峰小时交通量？什么是设计小时交通量？它们的作用各是什么？
2. 设计车速与行程速度有何区别与联系？
3. 地点车速调查需要考虑哪几个主要因素？
4. 什么是交通密度？用什么参数来表征交通密度？
5. 小论文：结合所在城市的实际情况查阅相关资料，实例分析交通拥堵产生的原因。
6. 引发交通事故的5个关键因素是什么？交通管理的作用是什么？
7. 查阅资料，收集、了解相关道路交通标志、交通标线，并进行分类。
8. 小论文：查阅相关资料，以国内外道路发展为题，选择某一角度（发展史、设计史、规划史），图文并茂地详细介绍某国的道路发展情况。
9. 简述我国道路建设存在的问题。

第二章 道路规划与勘测设计

第一节 概　　述

一、道路运输的特点

交通运输是国民经济的命脉，它把国民经济各领域各个地区联系起来，在社会财富的生产和分配过程中，在广大人民生活中起着极为重要的作用。世界经济的发展证明，要实现国民经济的现代化，必须实现交通运输的现代化，同时交通运输的现代化程度既反映国民经济的发展水平，也是综合国力的体现。交通运输体系由道路工程、铁路工程、水上运输、航空运输和管道运输五种运输方式组成。

道路运输是交通运输的重要组成部分。道路运输由于其广泛性、机动性和灵活性，已经广泛深入到人们的社会生活和生产领域的各个方面。道路运输与其他运输方式相比，具有投资少、见效快、经济效益高、机动灵活、适应性强、商品流通周期短、资金周转快的特点，可以实现"户到户"的直达运输，运输损耗少，特别是高速公路的快速发展，使运输速度显著提高、运量进一步加大，可以预见，随着我国道路网的建设和完善，道路运输将起到越来越重要的作用。

铁路运输运距大、运量大、成本低，是大动脉，是运输的骨干，一般用于大宗长距离及人流的运输，但其基础设施投资大，只能沿钢轨附近作业，需其他交通系统与其配合运转，才能最终完成运输任务。

水运利用天然水资源，只需稍加整治就能具有通过能力大、运量大、耗能低、运输成本少的优点。但其受航道限制，受自然环境影响大，运输连续性差，速度慢。同样需其他运输系统与其配合才能最后完成运输任务。

航空速度快，舒适性好，一般用于长途旅行，国际往来及鲜活、高档货物的运输，但其运输成本高，受自然环境影响大，不稳定因素较多。只能实现点到点的运输，需要道路运输为其集散运输。

管道运输不仅运输量大、连续、迅速、经济、安全、可靠、平稳以及投资少、占地少、费用低，并可实现自动控制。除广泛用于石油、天然气的长距离运输外，还可运输矿石、煤炭、建材、化学品和粮食等，应用较为广泛。

二、公路通行能力与服务水平

1. 公路通行能力

公路通行能力是指公路设施在正常的公路条件、交通条件和驾驶行为等情况下，在一定的时间内（通常为1小时）可能通过设施的最大车辆数。将这些条件用于服务水平标准来衡量时，就得到各级服务水平下的服务交通量。公路通行能力反映了公路设施所能疏导交通流的能力，作为公路规划、设计和运营管理的重要参数。通行能力根据使用性质和要求，通常定义为以下三种形式：

1）基本交通能力。基本交通能力是指"理想条件"下，公路设施在四级服务水平时所能通行的最大小时交通量，即理论上所能通行的最大小时交通量。

2）设计通行能力。设计通行能力是设计某一公路设施时，根据对交通运行质量的要求，即在一定服务水平要求下，公路设施所能通行的最大小时交通量。因此，设计通行能力与选取的服务水平级别有关。

3）实际通行能力。实际通行能力是指设计或评价某一具体路段时，根据该设施具体的公路几何构造、交通条件以及交通管理水平，对不同服务水平下的服务交通量（如基本通行能力或设计通行能力），按实际公路条件、交通条件等进行相应修正后的小时交通量。

2. 公路服务水平

《公路路线设计规范》（JTG D20—2017）规定，服务水平是用路者在不同的交通流状况下，得到的速度、舒适性、经济性等方面的服务程度，即在某种交通条件下公路为驾驶员和乘客提供的运行服务质量。服务水平通常由速度、交通密度、行驶自由度、交通中断情况、舒适性和便利程度来描述和衡量。

服务水平划分为四级。高速公路、一级公路以车流密度作为主要指标；二、三级公路以延误率和平均运行速度作为主要指标；交叉口则用车辆延误来描述其服务水平。各级服务水平的含义是：

1）一级服务水平。驾驶员能较自由地选择行车速度并以设计速度行驶，行驶车辆不受或基本不受交通流中其他车辆的影响，交通流处于自由流状态，超车需求远小于超车能力，被动延误少，为驾驶者和乘客提供的舒适便利程度高。

2）二级服务水平。随交通量的增大，速度逐渐减小，行驶车辆受到别的车辆或行人的干扰较大，驾驶员选择行车速度的自由度受到一定限制，交通流状态处于稳定流的中间范围，有拥挤感。到二级下限时，车辆间的相互干扰大，开始出现车队，被动延误增加，为驾驶者提供的舒适便利度程度下降，超车需求等于超车能力。

3）三级服务水平。当交通需求超过二级服务水平对应的服务交通量后，驾驶者选择车辆行驶速度自由度受到很大限制，行驶车辆受其他车辆的干扰很大，交通流处于稳定流的下半部分，并已接近不稳定流范围，流量稍有增长就会出现交通拥挤，服务水平显著下降。到三级下限时行车延误的车辆达到80%，所受的限制已达到驾驶者所允许的最低限度，超车需求超过了超车能力，但可通行的交通量尚未达到最大值。

4）四级服务水平。交通需求继续增大，行驶车辆受到其他车辆的干扰更加严重，交通流处于不稳定的状态，靠近下限时每小时可通行的交通量达到最大值，驾驶者已无自由选择速度的余地，交通流变成强制状态。所有车辆都以相对均匀一致的速度行驶，一旦上游交通需求和来往车强度稍有增加，或交通流出现小的扰动，车流就会出现走走停停的状态，此时能通过的交通流很不稳定，其变化范围从通行能力到零，时常发生交通阻塞。

《公路路线设计规范》（JTG D20—2017）中规定了各级公路的基本交通能力和设计通行能力，见表2-1~表2-4。

表2-1 各级公路设计服务水平

公路技术等级	高速公路	一级公路	二级公路	三级公路	四级公路
服务水平	三级	三级	四级	四级	—

表2-2 高速公路路段服务水平分级

服务水平	V/C 值	设计速度/(km/h)		
		120	100	80
		最大服务交通量/[pcu/(h·ln)]	最大服务交通量/[pcu/(h·ln)]	最大服务交通量/[pcu/(h·ln)]
一	V/C≤0.35	750	730	700
二	0.35<V/C≤0.55	1200	1150	1100
三	0.55<V/C≤0.75	1650	1600	1500
四	0.75<V/C≤0.90	1980	1850	1800
五	0.90<V/C≤1.00	2200	2100	2000
六	V/C>1.00	0~2200	0~2100	0~2000

注：V/C 是在基准条件下，最大服务交通量与基准通行能力之比。基准通行能力是五级服务水平条件下对应的最大服务交通量。

表2-3 一级公路路段服务水平分级

服务水平	V/C 值	设计速度/(km/h)		
		100	80	60
		最大服务交通量/[pcu/(h·ln)]	最大服务交通量/[pcu/(h·ln)]	最大服务交通量/[pcu/(h·ln)]
一	V/C≤0.3	600	550	480
二	0.3<V/C≤0.5	1000	900	800
三	0.5<V/C≤0.7	1400	1250	1100
四	0.7<V/C≤0.9	1800	1600	1450
五	0.9<V/C≤1.0	2000	1800	1600
六	V/C>1.0	0~2000	0~1800	0~1600

表2-4 二级、三级公路路段服务水平分级

服务水平	延误率(%)	设计速度/(km/h)									
		80				60				≤40		
		速度/(km/h)	V/C 禁止超车区(%)			速度/(km/h)	V/C 禁止超车区(%)			速度/(km/h)	V/C 禁止超车区(%)		
			<30	30~70	≥70		<30	30~70	≥70		<30	30~70	≥70
一	≤35	≥76	0.15	0.13	0.12	≥58	0.15	0.13	0.11		0.14	0.12	0.10
二	≤50	≥72	0.27	0.24	0.22	≥56	0.26	0.22	0.20		0.25	0.19	0.15
三	≤65	≥67	0.40	0.34	0.31	≥54	0.38	0.32	0.28		0.37	0.25	0.20
四	≤80	≥58	0.64	0.60	0.57	≥48	0.58	0.48	0.43		0.54	0.42	0.35

（续）

服务水平	延误率(%)	设计速度/(km/h)									
		80				60				≤40		
		速度/(km/h)	V/C 禁止超车区(%)			速度/(km/h)	V/C 禁止超车区(%)			V/C 禁止超车区(%)		
			<30	30~70	≥70		<30	30~70	≥70	<30	30~70	≥70
五	≤90	≥48	1.00	1.00	1.00	≥40	1.00	1.00	1.00	1.00	1.00	1.00
六	>90	<48	—	—	—	<40	—	—	—	—	—	—

注：延误率为车头时距小于或等于5s的车辆数占总交通量的百分比。

三、道路勘测设计程序

道路工程建设属于国家基本建设，必须按规定的建设程序进行。基本建设程序一般分为三个阶段，即建设前期（规划与研究阶段）、投资建设期（设计及建设阶段）及生产运营期。

建设前期是指从投资意向形成到项目评价决策的全过程。这一时期的中心任务是对项目进行科学论证和决策，对项目进行由粗到细的可行性研究，确认了项目在技术上、经济上和环境上有生命力及竞争力时，才做出投资决策。这一过程一般要经过规划研究、项目建议书及可行性研究等环节。

1. 可行性研究

可行性研究是建设前期工作的重要组成部分，是建设项目立项、决策的主要依据。

可行性研究的任务：在充分调查研究、评价预测和必要的勘测工作基础上，对项目建设的必要性、经济合理性、技术可行性、实施可能性，提出综合的研究论证报告。可行性研究按其工作深度，分为工程预可行性研究和工程可行性研究。

预可行性研究，重点阐明建设项目的必要性，通过踏勘和调查研究，提出建设项目的规模、技术标准，进行简要的经济效益分析。工程可行性研究，通过必要的测量、地质勘探，在深入调查研究的基础上，对不同建设方案从经济上、技术上进行综合论证和方案比选，提出推荐建设方案。

可行性研究一般由下级单位编制后按规定上报审批。可行性研究一般包括以下内容：

1）区域或地方综合运输网交通运输现状，现有公路在综合运输网中的地位和作用。
2）现有公路状况及存在的问题。
3）公路建设项目提出的背景，建设的必要性、紧迫性及社会经济意义。
4）公路项目所在地区的经济特征及其与建设项目的关系，包括历年地区国民经济部门结构、布局、发展趋势和地区的城镇发展规划、交通运输结构、发展趋势，以及地区经济结构和经济指标与公路客货运输量、交通量增长的关系，其他有关因素与公路运输量、交通量的关系。
5）公路运输量、交通量预测。
6）公路建设规模与技术标准，如公路等级和建设方案、建设里程、技术标准、主要技术指标及其与互通式立交连接道路的改善情况等。

7) 建设条件，如工程项目的地理位置，地质、气候、水文条件，有关研究、试验的结论，沿线筑路材料来源、分布及运输条件分析，社会环境分析等。

8) 路线走向、方案比选和主要控制点。

9) 主要工程数量，征地、拆迁数量及水利、电力、通信、铁路等部门的拆迁协调等。

10) 投资估算和资金筹措，包括主体工程的投资和使用计划，附属、配套工程的投资和使用计划，建设总投资，拟利用外资的工程及计划，资金来源及筹措方式等。

11) 建设安排和实施计划，包括工期安排和资金安排。

12) 经济评价，内容包括国民经济评价参数的确定，国民经济评价的计算及评价结果，以及敏感性分析。

13) 收费公路的财务分析，如收费制式、收费标准及收费收入，财务分析，国内贷款偿还能力等。

14) 环境影响评价。

进行可行性研究要进行大量的调查、勘察和测绘工作，包括经济调查，交通量调查，路况调查，地形图或航测照片定线，路线桥、隧的勘测，地质调查，建筑材料调查，必要的路线、桥、隧测量和地质勘察、钻探等工作，要有专门人员组织和实施。

2. 勘测设计阶段

可行性研究评估后，一般正式进入建设阶段，包括工程设计及建设施工阶段，即具体建设工程的阶段。道路工程设计一般采用两阶段设计，即两阶段初步和两阶段施工图设计。对于技术简单、方案明确的小型建设项目，可采用一阶段设计，即一阶段施工图设计；技术上复杂、基础资料缺乏和不足的建设项目或建设项目中的机电设备等，必要时采用三阶段设计，即三阶段初步设计、三阶段技术设计和三阶段施工图设计。

初步设计应根据批复的可行性研究报告，测设合同和初测、初勘或定测、详勘资料编制。

一阶段施工图设计应根据批复的可行性报告，测设合同和定测、详勘资料编制。两阶段设计时，施工图设计应根据批复的初步设计，测设合同和定测、详勘（含补充定测、详勘）资料编制。三阶段设计时，技术设计应根据批复的初步设计，测设合同和定，测详勘资料编制。施工图设计应根据批复的技术设计、测设合同和补充定测、补充详勘资料编制。

采用一阶段设计的建设项目，编制施工图预算。采用两阶段设计的建设项目，初步设计编制设计概算；施工图设计编制施工图预算。采用三阶段设计的建设项目，初步设计编制设计概算；技术设计编制修正概算；施工图设计编制施工图概算。

3. 设计文件的组成

初步设计、技术设计和施工图设计的设计文件的组成稍有不同，一般包括以下内容：总体设计，路线，路基、路面、桥梁、涵洞、隧道，路线交叉，交通工程及沿线设施，环境保护与景观设计，其他工程，筑路材料，施工方案（或施工组织计划），设计概算（或修正概算、施工图预算），及附件（基础资料）。

改建公路的初步设计计划文件除按上述规定编制外，尚应增加下列内容：

1) 原有公路的等级、历史、现状，现有交通量及其组成，交通量增长率和适应情况，以及存在问题等的简要说明。

2）原有公路现状表，列出公路路基、路面现状和不符合改建技术标准路段的最小平曲线半径、最大纵坡及坡长等。

3）原有公路构造物现状表，列出构造物位置（桩号和地名等）、构造物名称、结构类型，设计标准及各主要尺寸、修建年月、是否利用等，并附简要说明。

4）改建的设计原则、技术标准和利用原有公路的情况。

5）对原有桥梁等重要构造物应进行技术鉴定或荷载试验。根据鉴定确定利用（包括加固、加宽）或改建，并按实际需要增加必要的图表和简要说明。

第二节　道路规划设计

一、路网规划

1. 路网基本概念

道路网是指一定地域内的道路系统，公路网则指一定区域的公路系统。在公路系统中，城市和集镇以及其他运输集散点（大型工矿、农业、军事基地等）构成节点，各节点之间以一定等级的道路连接，由此形成网状整体，即公路网。

（1）公路网　公路网具有以下基本特征：

1）集合性。区域公路网由点（运输点）和线（公路路线）按一定方式和要求组合而成。根据运输点自身特点（规模、重要性）以及点与点之间的联系强度等因素，公路路线的连接方式及级别也有不同，由此构成不同组合形式及级别的公路网系统。国道网和省道网分别构成全国和省域的公路网主骨架，形成全国和省域的道路交通主动脉，县乡道路作为上一级道路网的补充和加密，与众多的大交通集散点直接连接，三者共同组成一个有机整体。

2）关联性。组成公路网的所有运输点和路线，构成相互联系、相互制约和具有一定规律的整体。公路网的布局和结构与所在地区的自然条件、经济、政治、军事等诸多因素相关，满足必需的交通需求，具有良好的整体功能和效益。路网中任何一个运输点或路线的变动都会对其他相关点、线的作用和效益等产生影响，同时也受到公路网内其他相关点、线的影响和制约。

3）目的性。区域公路网应满足区域内道路交通运输需求，保证区域内道路交通便捷、通达、快速、高效；提供安全、舒适的区域道路交通服务。

4）适应性。公路网规划必须服从于同一区域的交通规划，在区域交通中充分发挥自身的特点和优势，与其他交通形式形成互补，共同承担区域交通需求。

（2）城市道路网　城市道路网由各类各级城市道路（不包括居住用地内的道路）所组成，城市道路网大体上确定了城市土地利用的发展轮廓。城市道路网规划是城市交通规划的继续。城市道路网具有如下特点：

1）城市道路网（主要指干路网）构成城市用地的基本骨架。

2）城市道路网功能多样，道路组成复杂。因此城市道路网除了具有交通功能外，还兼有形成城市结构、公共空间、防灾减灾等多项功能。

3）景观艺术要求高。

2. 路网规划的基本原则

(1) 公路网规划的基本原则　公路网规划是国土规划、综合运输网规划的重要组成部分，是制定公路建设中长期规划、编制五年计划、选择建设项目的主要依据，属于公路建设的前期工作。公路网规划要提出规划期公路发展的总目标和大布局；划分不同路线的性质、功能及技术等级，拟定主要路线的走向和主要控制点，列出分期实施的建设序列；提出确保实现规划目标的政策和措施，科学地预测发展要求，细致地研究合理的布局。

(2) 城市道路网规划的基本原则

1) 应与城市总体规划用地发展紧密结合，并带有超前性。

2) 应分析影响城市道路交通发展的外部环境，从社会政治经济发展、人口增长、有关政策的制定和执行，建设资金的变化等方面来确定城市道路交通发展的目标和水平，预估未来城市道路网的客货流量、流向，确定道路网的布局、规模和位置等。

3) 应满足客货运输需求和人流的安全通畅，反映城市的风俗、历史、和文化传统，同时满足市政工程管线铺设、日照通风、城市救灾避难等要求。

4) 应能够适应城市将来的扩展以及交通结构的变化和要求，认真考虑实施规划的可能性。通过对城市的地形、地物、工程技术水平、城市经济发展特点及建设财力等方面深入研究、分析，结合各种规划构思，寻求适用、经济的网络方案。

3. 路网交通量预测

路网交通量预测采用4阶段法进行，即由发生吸引交通量预测、OD分布交通量预测、交通方式划分和交通量分配4个步骤进行远景交通量预测。

(1) 发生吸引交通量预测　在调查得到现状发生吸引交通量的基础上，采用适当的弹性系数确定交通量的增长率，并以此计算规划年份的发生吸引交通量，这种预测方法称为弹性系数法。弹性系数法由下式计算

$$E_x = i_y / i_x \tag{2-1}$$

式中　E_x——弹性系数；

i_y、i_x——交通量发展速度和国民经济基础发展速度（%）。

其他预测方法如增长率法、原单位系数法及相关分析法等，可参阅有关交通工程类书籍。

(2) OD分布交通量预测　分布交通量可由现状出行分布和增长系数通过迭代收敛计算得到（如平均增长系数法、弗雷特法），称为"现在模式法"。另外还可以根据区间、距离或费用等因素与交通量的关系，通过迭代收敛计算得到，称为"综合模式法"，如重力模型法。

(3) 交通方式划分　交通方式是指使用的交通工具。交通方式划分指将出行量转换成不同交通方式的交通量，进一步在道路网上进行交通量的分配。交通方式划分，通常先根据建立的交通方式分担率模型，预测各交通方式的不同分担率后，得到各交通方式的分担交通量。

1) 交通方式划分模型的影响因素

① 出行特征，包括交通目的、行程时间、交通费用、舒适程度和安全程度等。行程时间指由出发点到目的地需要的时间，指评价交通方式的首要条件。

② 个人及家庭特征，指职业、性别、年龄、收入、支出、家庭成员数和住房条件等。

③ 地区特征，指城市规模、居民密度、停（存）放车条件及交通条件等。

④ 时段特征，由不同时段（如上、下班高峰时段），结合道路阻塞、交通目的等条件，往往对交通方式的选择产生影响。

⑤ 交通方式特征，指各种交通方式的速度、载客量、机动性、准时程度等。

2) 交通方式划分模型。一般常用的有转移曲线模型、概率模型和回归模型等。

① 转移曲线模型。较为简单、直观的交通方式划分预测模型是转移曲线模型图。转移曲线是根据大量调查统计资料汇制出的各种交通方式分担率与其影响因素间的关系曲线，利用转移曲线可直接得出各交通方式的分担率。

② 概率模型。假定交通方式选择以各种交通方式需要的时间、费用等阻抗参数构成的各种交通方式的阻抗大小为基础。

③ 回归模型。建立交通方式分担率与各种相关因素之间的回归公式，作为预测交通方式的模型。该模型较为粗糙，且需要大量的现状调查数据资料才能建立。

(4) 交通量分配　路线交通量分配预测是将区间分布交通量按一定的分配原则分配到与区间有关的若干条路线上，其计算过程如下：

1) 分配率公式

$$\beta_{i,j,k} = Q_{i,j,k} / Q_{i,j} \tag{2-2}$$

式中　$\beta_{i,j,k}$、$Q_{i,j,k}$——i、j 分区间第 k 条路线的交通量分配率及交通量；

$Q_{i,j}$——i、j 分区间分布交通量。

2) 分配方程

$$\beta_{i,j,k} = f(E_{i,j,k}) \tag{2-3}$$

式中　$E_{i,j,k}$——i，j 分区间第 k 条路线评价值（$k=1, 2, \cdots, m$）。

3) 评价方程

$$E_{i,j,k} = G(T_{i,j,k}, C_{i,j,k}, K_{i,j,k}, P_{i,j,k}) \tag{2-4}$$

式中　$T_{i,j,k}$、$C_{i,j,k}$、$K_{i,j,k}$、$P_{i,j,k}$——i、j 分区间第 k 条路线的行驶时间、运输成本、舒适性水平及安全度。

4) 相关函数方程

① 行驶时间函数

$$T_{i,j,k} = \sum_{e=1}^{s} \frac{L_{i,j,k,e}}{V_{i,j,k,e}} \tag{2-5}$$

② 运输成本函数

$$C_{i,j,k} = \sum_{e=1}^{s} C_{i,j,k,e} \tag{2-6}$$

③ 舒适性水平，可采用实际抽样调查分析的方法确定。

④ 安全度函数

$$P_{i,j,k} = 1 - D_{i,j,k} \tag{2-7}$$

以上各式中，$L_{i,j,k,e}$、$V_{i,j,k,e}$、$C_{i,j,k,e}$、$D_{i,j,k}$ 分别表示 i、j 分区间第 k 条路段的里程、平均技术车速、运输成本及事故率。

二、路网规划方案设计

路网规划方案设计是指根据规划期内预测的交通量及建设资金状况制定路网布局方案和实施方案。

1. 路网建设规划布局方案设计

路网建设布局方案设计即路网的平面轮廓设计，以确定规划期末路网建设应达到的布局和规模，主要考虑网络性质和等级结构组合等的整体优化。有经验调查法、数理解析法以及系统分析法三类路网布局设计方法。

经验调查法由若干理论与实践经验丰富、对规划区较熟悉的专家构思，经有限调查测算，共同研究确定路网布局方案。该方法所得成果较粗略，一般只限于短期修建计划。

数理解析法在一定范围内结合经济原理，以数学计算为依据，有一定的使用价值，但缺乏系统分析和整体优化。

系统分析法克服了前两种方法的缺陷和不足，使路网规划的科学性和系统性得到体现，是交通规划和路网规划的较先进的方法，应用较为广泛。

(1) 支线的连接　支线连接的基本依据是公路运输费用小，适用于公路支线与公路干线的连接。

(2) 干道方向法　首先在规划区域内各运输节点中选定主要干线走向，并以此为公路网主骨架，应用支线连接法将有关节点与干线相连，从而形成路网平面布局。可采用力多边形法或索多边形法。力多边形运用力多边形求合力的方法，以各运输节点间的客、货运输量 Q，运输周转量 W，交通量 N 或行程时间为"权"，作出力多边形，其合力方向即为公路干线方向。

(3) 星形组合法　在规划区内无明显运输集散点，且各点之间的运输量也大的情况下，可采用"星形组合法"进行路网布局方案设计。该方法将相邻三点组成三角形，按运输最佳原则求出该三角形的最佳方向点，将该方向点再与邻近运输点组成新三角形，寻求新的最佳方向点，各最佳方向点相连得到路线走向，构成路网的布局方案。

2. 路网建设实施方案设计

路网建设实施方案设计，是指确定路网建设布局方案中各建设项目在规划期的实施时间。将路网建设布局方案确定的各个建设项目按不同的五年计划安排实施顺序，要求达到现规划期内总体建设效益最大的目的。

(1) 路网建设投资优化　在原有路网的基础上，以路网整体最优化为目标，根据可能的投资条件，决策需要新建和改建的路段。

目标：整个路网上总运行时间（或费用）最小。

约束条件：交通流分配约束、边界约束（主要为投资约束）。

路网的新建和改建项目决策过程，是以交通量分配为基础，而交通量分配又受制于路网布局结构。由系统工程原理，可将投资优化分解为路网交通分配和路网决策两个子问题，用试算法分别解决问题，直至达到或接近最优结果。

路网的投资决策由备选决策和实际决策构成。备选决策又包括专家决策、前一轮决策和适应性分析决策三部分。

1) 专家决策。专家决策是指对规划区域的政治、经济、社会、地理及交通、路网等方面情况都比较了解和熟悉，从事道路网建设、具有丰富经验的工程技术专家或决策人员，在综合考虑各方面因素的基础上，参考前一轮决策和适应性分析决策做出的决策。

2) 适应决策。适应决策在路网适应性分析评价基础上，利用适应性评价指标 V/C，通过交通分配，选择 V/C 值大于允许值的路段，组成可能的决策项目。第一轮 V/C 决策在原有路网交通分配的基础上进行，依次逐步修改决策方案，弥补前一轮决策的不足。

3）实际决策。适应决策在无资金约束的情况下进行，而在实际决策中，必须考虑资金筹措水平，在有资金约束的情况下进行，在备选决策提供的新建或改建的路段中，根据可提供的总投资约束，选出路网总运行时间最节省的待建路段。

（2）路网建设项目排序　区域中路网建设资金不受限制时，则不需要编制项目实施计划，每个项目都可成立即建设。但实际资金总是有限的，项目不可能同时建设。路网建设项目排序是以规划期内总建设效益最大为目的，对规划方案中的各个建设项目实施的先后顺序进行排序，为最佳投资方向和项目建设最佳时机提供决策依据。项目排序有全部可能排序、一次性比较排序、滚动排序和阶段滚动排序等方法。

1）全部可能排序法。在若干个实施项目中，将有可能的实施顺序全部进行比较，总效益最大的方案优先。

2）项目一次性比较排序法。对各个建设项目只进行一次评价，按这一次评价得到的评价指标从优到劣的顺序确定路网建设实施方案。

3）项目滚动排序法。模拟路网建设过程，以现状路网为最初时刻，通过评价比较，找出最优建设项目，从而修改当前路网。继续重复滚动比较，直到滚动到某一时刻所有的建设项目建设完为止。

4）阶段滚动排序法。当若干个项目同时实施时，在滚动比较中可以选出多个项目，将建设期划分为若干个阶段，依次按各个建设阶段滚动，对各个阶段的建设项目排序。

三、路网建设方案综合评价

路网建设方案的综合评价，包括技术评价、经济评价及对规划实施后可能产生的社会效果、国防安全效果和环境影响的说明，并提出存在的问题和不足。

1. 技术评价

技术评价是从路网的技术性能方面，分析其内部的结构和功能，揭示路网的使用质量，为编制路网规划方案、验证方案的合理性、进行方案的优化和决策提供技术方面的依据。

（1）公路网技术指标

1）公路网拥挤度。指公路网交通量与公路网通行能力之比。其中，公路网交通量是组成公路网的各级公路路段交通量按里程加权的平均值；公路网通行能力是组成公路网的各条线路按现行《公路工程技术标准》规定的适应交通量的上限按里程加权的平均值。

2）公路网等级水平。指构成公路网的不同等级路段的加权平均值。该指标可描述公路网平均等级状况，其表达式如下

$$J = \frac{\sum_{i=1}^{5} J_i}{L_N} L_i \tag{2-8}$$

式中　J——公路网等级水平；

　　　J_i——道路技术等级系数，对应高速公路、一级、二级、三级和四级公路，J_i 分别取 1、2、3、4、5；

　　　L_i、L_N——各等级公路的里程长度及公路网总里程（km）。

该指标从整体上反映了公路网的技术等级水平，J 值越小，公路网整体技术等级越高。

3) 公路网服务水平。是描述交通运行条件及其对汽车驾驶者和乘客感觉的质量标准，指道路使用者从道路状况、交通条件、道路环境等方面可能得到的服务质量，由下式计算

$$F = \sum_{i=1}^{n} F_i X_i / \sum_{i=1}^{n} X_i \quad (2\text{-}9)$$

$$F_i = A_i / D_i \quad (2\text{-}10)$$

式中　F——公路服务水平（min/km）；

　　　n——公路网中路段个数；

F_i、X_i——i 路段服务水平（min/km）和平均交通量（pcu/d）；

A_i、D_i——i 路段汽车平均行驶时间（min）和里程（km）。

4) 公路网密度。指公路网当量里程与区域面积之比。当量里程以标准二级公路为 1.0，其他各级公路按适当交通量的上限换算成当量二级公路的总里程，由下式表示

$$\theta = \sum \left(\frac{V_i}{V_0} \times L_i \right) / F \quad (2\text{-}11)$$

式中　θ——公路网密度（km/km^2）；

V_i、V_0——各级公路和标准二级公路适应交通量的上限（pcu/d）；

　　　L_i——各级公路的里程长度（km）；

　　　F——规划区域面积（km^2）。

(2) 城市道路网技术评价指标

1) 道路网密度。道路网密度是道路总长度与城市用地总面积的比值。根据我国城市道路的分类标准，按各类道路分别表示，其表示形式为

$$\theta_i = \sum L_i / \sum F \quad (2\text{-}12)$$

式中　θ_i、L_i——各类道路网密度和道路长度（km）；

　　　F——城市用地总面积（km^2）。

表 2-5 和表 2-6 为我国《城市道路交通规划设计规范》（GB 50220—1998）对各类道路网密度的具体规定。

表 2-5　大中城市道路网密度指标表

城市规模与人口 /万人		道路网密度/(km/km^2)			
		快速路	主干路	次干路	支路
大城市	>200	0.4~0.5	0.8~1.2	1.2~1.4	3.0~4.0
	≤200	0.3~0.4	0.8~1.2	1.2~1.4	3.0~4.0
中等城市		—	1.0~1.2	1.2~1.4	3.0~4.0

表 2-6　小城市道路网密度指标表

城市人口/万人	道路网密度/(km/km^2)	
	干路	支路
>5	3~4	3~5
1~5	4~5	4~6
<1	5~6	6~8

2) 道路面积密度。仅用路网密度指标还不足以全面衡量城市道路对城市交通的适应性，还需考虑不同车道条数具有的不同通行能力的差异，该指标可用道路面积密度表示。

城市道路面积密度是城市各类道路占地面积与城市用地总面积之比，即

$$r = \frac{\sum (L_i \times B_i)}{F} \tag{2-13}$$

式中 r——道路面积密度（%）；
L_i、B_i——道路长度及宽度（m）；
F——城市用地总面积，包括广场和公共停车场面积（km²）。

3) 人均占有道路用地面积。是城市道路用地总面积与城市人口总数的比值，即

$$\lambda = \frac{\sum L_i B_i}{N} \tag{2-14}$$

式中 λ——人均道路用地面积（m²/人）；
L_i、B_i——各类道路长度和宽度（m）；
N——规划城市人口（人）。

4) 非直线系数。衡量道路便捷程度的指标（又称曲度系数路线增长系数），是道路起、终点间的实际长度与其空间直线距离的比值，即

$$\rho = L_\text{实} / L_\text{空} \tag{2-15}$$

式中 ρ——非直线系数；
$L_\text{实}$、$L_\text{空}$——道路起、终点的实际长度和空间直线距离（km）。

2. 经济评价

经济评价主要是计算项目投资将产生的效益，通过对多种规划方案的经济可行性和合理性进行比较，为项目的科学决策提供依据，常用的评价指标如下：

(1) 净现值 NPV 净现值是规划方案的效益现值与规划方案的费用之差，是反映路网对国家贡献的一项绝对效益指标，可按指定的社会折现率，将路网建设在设计年限或规定年限中各年的净现值折现到基准年的现值之和。若 NPV>0，说明该方案的投资收益率超过了规定的折现率，NPV 越大，经济效益越显著；若 NPV<0，则说明该方案投资达不到预定的收益率，经济效益不好。

(2) 内部收益率 IRR 内部收益率表示建设方案在规划期内各年净现值累计和等于零时的折现率，即使用折现率可使方案的费用现值总额等于效益现值总额。从 IRR 的意义可知，若 IRR 值大于最低可接受的折现率，则此方案将出现盈余，可以采用；若 IRR 小于最低可接受的折现率，则该方案将出现亏损，不得采纳。若两个或两个以上的 IRR 值都大于最低可接受的折现率，则应选择其中 IRR 值比较大的方案，或综合考虑其他指标值的大小以确定最佳方案。

(3) 效益费用比 BCR 规划年限内各年效益现值总和与各年费用现值总和的比值，即效益费用比，也称成本效益比。显然，当 BCR>1 时，效益大于费用，方案可取；反之则方案不可取。

(4) 投资回收期 N 即以规划方案的净收益累计总额抵偿该方案建设总投资所需要的时间（以年计）。投资回收期应包括建设期。计算时应考虑资金的时间价值，采用动态的投

资回收期计算,即建设投资费用和建设项目产生的效益均采用同一折现率折为现值,然后计算效益与费用相抵的年限,即投资回收期。投资回收期若小于或等于国家规定或要求的回收期,则方案可行。

3. 社会效益评价

路网建设方案社会效益的综合评价应从以下方面进行:

1) 对开发地区自然资源的效益。
2) 对发展地区经济、扩大工农业和发展商品经济的效益。
3) 对增加地区就业人员和工资收入的效果。
4) 对缩小区域间发展不平衡差距(文化、卫生、科学、技术、经济及政治等)的效果,对减少物资消耗、物资运输损耗的效果,以及对环境保护、国防安全的效果等。

路网建设方案最终应在经济效益和社会效益评价的基础上,从方案的国民经济、社会效益及研究过程中对方案的推荐意见、存在的问题及建议三方面做出综合评价报告。

4. 环境评价

环境评价,指分析路网系统对规划区域环境的作用和影响,包括是否促进国土资源的开发利用,对水土保持和环境保护条件的改善,以及对区域内政治、经济和文化等方面的影响。

经济环境、政策环境、文化环境、生活环境和生态环境是影响环境评价的主要因素,其中经济环境、政策环境和文化环境具有正面和促进作用,生活环境和生态环境方面则多为负面的和破坏性的影响。

5. 综合评价方法

路网建设方案综合评价系统由技术评价、经济评价和环境评价三个子系统组成。各子系统又包括若干评价系统,分别从各个方面描述道路网系统的特性。在多种路网综合评价的方法中,最常用的有价值分析法、层次分析法等。

(1) **价值分析法** 价值分析法是考虑各单项指标对系统总体的影响程度,确定各单项指标在系统综合评价中的权重,通过加权得出综合评价指标,其公式如下

$$V = \sum_i (W_i V_i) = \sum_i [W_i \cdot f_i(X_i)] \tag{2-16}$$

式中 V_i——综合评价指标;

W_i——第 i 项指标的权重;

$f_i(X_i)$——以第 i 项指标为标准时,该项指标子系统的价值。

(2) **层次分析法** 层次分析法根据系统工程的原理进行。方案决策分为确定目标、拟订方案和选择最佳方案三个步骤。首先将整个系统划分为目标、准则和方案三个层次,然后将方案进行比较,运用判断矩阵做相对评价,最终进行综合评价,排出各个方案的优劣次序。

1) 明确目标。路网方案综合评价的最终目标是选择最佳方案,为此需要对技术评价、经济评价、环境评价三个子系统以及这三个子系统包括的各因素(单项指标)进行定性和定量分析,对各因素在总系统中的作用大小和影响程度做出相应判断。

2) 建立层次结构。根据对单项指标的分析,将各因素按性质分类并建立目标层(A)、准则层(C)和方案层(P)。

3）层次总排序。以准则为依据，经正规化求和，排列出不同准则下各方案的优劣程度，最后做目标判断。

四、路网规划方案跟踪调整

公路网规划实施过程中，由于经济发展速度、生产力布局、投资结构或国家有关政策发生较大变化，出现运输结构和公路运输量的发展与预期不符的情况时，应区别情况，对公路网规划进行全网、区域、局部或个别路线的调整，使运输供给最大可能满足运输需求的变化，其工作内容包括建立数据库和跟踪调整两方面。

1. 建立数据库

公路建设信息系统应存储规划区内与公路建设有关的所有信息和数据，如规划区域内国民经济发展与之的各项指标、运输基础结构网络的详细情况、运输服务设施、服务质量和运输需求情况等。在规划实施期内，还应通过跟踪调查不断收集、补充相关资料，掌握规划实施情况，及时发现变化和导致变化的影响因素。

2. 跟踪调查

公路网规划的主要依据是预测的远景运输量和交通量，当实时调查得到的资料信息结论与规划预测的状况发生较大变化时，路网规划应随之调整。

1）国家重点建设转移和投资方向转移使经济发展速度和生产力布局发生变化，运输量、运输空间的分布以及各种运输方式都将发生变化，应根据影响范围，对规划做全网或区域性网络调整。

2）经济发展速度变化使运输量的速度发生变化时，可保持路网结构基本不变，对施工期进行调整，个别路线可视具体情况对规划等级进行调整。

3）由于工业、能源等行业规划调整，大型厂矿、电站的建设规模发生重大变化或新建项目的选址变更，应对受影响的路线等级、施工期做相应调整。

4）由于铁路、水运等运输行业规划调整，原规划的某些公路建设失去意义，可对相关路线进行检验，取消或推迟建设效益较小的路线，新增或提前建设效益较大的路线。

5）由于资金筹措发生困难，或材料采购、施工组织等因素影响，规划实施进度不能按期进行时，应调整项目的施工期。

五、选线

（一）概述

1. 选线的步骤

一条道路的起点、终点确定后，它们之间的走法有很多种，选线的任务就是在众多的走法中选出一条符合设计要求、经济合理的最优方案。影响选线的因素很多，而这些因素有的相互矛盾，有的相互制约，所以不可能一次就能找出最合理的方案，需要经过多次的比较分析才能完成。一般选线经过三个步骤：

（1）全面布局　解决路线的基本走向，即在路线的总方向（路线的起点、终点和任务书规定经过的中间控制点）之间，寻找出最合理的"通过点"作为大的控制点，这项工作通常先在（1∶2.5万~1∶10万）的地图上进行。这样，路线的基本走向就确定了下来。

(2) 逐段安排　解决局部性路线方案。在路线基本走向确定的前提下，根据沿线的地形、地质、水文等自然条件结合技术标准进一步加密控制点，连接这些控制点即构成路线带，这一步骤通常在"初测"中进行。

(3) 具体定线　确定公路中线的具体位置进程。经过上述两步工作后，路线的基本雏形就已被勾勒出来了。定线过程就是根据技术标准和自然条件进行路线的平、纵、横综合设计，具体定出道路中线的工作。

由此可见，选线是一个调查范围由大到小、工作深度由粗到细的工作过程，是一项涉及面广、影响因素多、政策性和技术性都很强的工作。

2. 影响道路线形的自然因素

影响道路的自然因素主要有地形、气候、水文、地质、土壤及植物覆盖等因素。

(1) 地形因素　地形是影响道路线形的主要因素，并在很大程度上影响道路的技术标准。我国幅员辽阔，按地形形态、高差、自然坡度及平整度可将地形划分为以下几类。

1) 平原、微丘地形。平原地形指一般平原、山间盆地（高平原）等，地形平坦，无明显起伏，地面自然坡度一般在3°以内。微丘地形指起伏不大的丘陵，地面自然坡度在20°以下，相对高差在100m以下，布线一般不受地形限制。对于河湾顺适、地形开阔且有连续的宽缓台地的河谷地形，河床坡度大部分在5°以下，地面自然坡度在20°以下，沿河设线一般不受限制，路线纵坡平缓或略有起伏，也属于平原微丘地形。

2) 山岭、重丘地形。山岭地形指山脊、陡峻山坡、悬崖、峭壁、峡谷、深沟等，地形变化复杂，地面自然坡度大部分在20°以上，路线平、纵、横线形大部分受地形限制。重丘地形指连续起伏的山丘，且有深谷和较高的分水岭，地面自然坡度一般在20°以上，路线平、纵、横线形大部分受地形限制。高原地带的深侵蚀沟，以及明显分水线的绵延较长的高地，地面自然坡度多在20°以上，路线平、纵、横面大部分受地形限制。

(2) 气候因素　气候因素直接或间接地影响地面水的数量、地下水位的高度、降雨、降雪、路基水温状况、泥泞期和冰冻。这些因素不但影响施工条件，而且还直接影响道路的运营安全。

(3) 水文条件　水文情况决定排水结构的数量和大小，不但直接影响路线的高度和位置，而且对路基的稳定性也会造成影响。

(4) 地质条件　地质构造决定地基及路基附近岩层的稳定性，确定有无滑坍的可能，也决定了土石方工程施工难易和筑路材料的影响。

(5) 土壤和植物覆盖　土是路基和路面基层的材料，它影响路基的形状和尺寸，也影响路面的形式和结构。路线的植物覆盖影响暴雨径流、水土流失程度，并在一定程度上影响路基土壤水温状况。

上述所有自然情况都是密切联系又相互制约的，并且处于相互作用和不断变化的过程中。因此，道路选线时要进行细致的调查与实地勘察，充分考虑自然条件，并注意到今后的自然变化和道路建成后的影响，保证道路在复杂的自然条件下的坚固稳定与交通运输的流畅。

3. 选线的一般原则

道路设计除受自然因素影响外，还受到诸多社会因素的制约，选线时要综合考虑多方面因素，妥善处理好各方面的关系，并遵循以下原则：

1）应根据公路的性质和任务，综合考虑沿线国民经济发展情况和远景计划，正确处理好远期和近期的关系，使路线在路网中发挥较好的作用。

2）在道路设计时，应认真领会任务书的精神，贯彻国家的各项方针、政策，运用各种技术手段对路线方案进行深入细致的研究，不遗漏任何一个有价值的方案。

3）贯彻工程经济和运营经济相结合的原则，在不过分增加工作量的前提下，尽量采用较高的技术指标；在不降低技术指标的前提下，尽量降低工程造价。

4）注意同农田基本建设相配合，做到少占田地，并尽量不占高产田、经济作物田和经济林。

5）注意路线与桥梁相配合。在处理路桥关系时，对于大中桥，原则上应在服务路线总方向的前提下尽量满足桥头线形要求，不应只顾路线而使桥位不合适；对于小桥涵，原则上应服从路线走向，在不降低技术指标的前提下，尽量照顾小桥涵的位置合理性。

6）选线时应对路线的自然条件做深入调查，弄清它们对道路的影响，对严重不良地质路段应尽量避让，当必须穿过时，应选择合适位置，缩小穿越范围，并采取必要的工程措施。

7）正确运用技术标准，充分利用当地的地形、地质等自然条件，做好平、纵、横断面综合设计，线形要考虑行车舒适性，并与沿线环境协调。

8）重视环境建设及保护工作。一条公路除为用路者提供交通服务之外，还必须具有广泛的作用。必须把公路看作是整个环境的一个组成部分。这里所说的环境是指人们周围环境的总体：社会的、物质的、自然的和人为的，它包括人类、植物和动物三类群体以及对这三类群体起作用的各种力量。公路的选线及设计可以而且应该使其环境更加完美，并作为改善环境的促进因素。

上述原则对于各级公路都适用。但在具体操作时应根据道路的特点有不同的侧重。如高等公路是为重要的控制点提供快速直达交通服务的，故它的基本走向不能偏离总方向过远，需要与沿线城镇联系时，用支线连接，即靠城不进城。而低等级道路主要是为地方交通服务的，所以选线应注意尽量多联系一些城镇。

（二）选线方案

选线是包括路线方案的选择、路线布局和路线位置具体确定的全过程，其工作内容由粗到细，研究范围由大到小。选线是整个路线设计的关键，它对道路使用质量、工程造价和运输效率都有很大的影响。

大的路线方案的选择，关系到路线的全局，是路线设计中最根本的问题。基本走向的选择是否合理，不但直接关系到公路本身的工程投资和运输效率，更影响到公路能否满足国家政治、经济、国防的要求。路线基本走向是以控制点来体现的，控制点有全局性和局部性之分。如一条公路的起终点或两控制点之间可能沿某河、越某岭；可能走某河的这一岸，靠近某城镇，也可能走对岸避开某城镇等均属于全局性控制点。而越同一道岭，从哪一个垭口通过；沿哪一条河，为避开难点工程或改善地形，走哪一岸还是跨河等则属于局部性控制点。但是，全局性的问题不能脱离局部而存在，全局是由它的一切局部构造构成的，有些局部方案会直接影响路线方案的选择；相反，有的路线方案也有可能因局部的严重病害不能绕避或受其他因素的干扰而放弃。

选择路线方案一般应综合考虑以下主要因素：

1）路线在政治、经济、国防上的意义，国家或地方建设单位对路线使用任务、性质的要求，以及战备、支农、综合利用等重要方针的贯彻与体现程度。

2) 路线在铁路、公路、航道、空运等交通网中的作用，与沿线地区工矿、农业、城镇等规划的关系，以及与沿线农田、水利等建设的配合及用地情况。

3) 沿线地形、地质、水文、气象、地震等自然条件的影响；要求路线技术等级与实际可能达到的指标（包括对低限指标的采用），以及对路线使用任务、性质的影响；路线增长系数（两控制点间路线实际长度与空间支线距离的比值）、筑路材料来源、施工条件、工程量、三材（钢材、水泥、木材）用量、造价、工期、劳动力等情况及其对运营、施工、养护等方面的影响。

4) 其他如与沿线革命史迹、历史文物、风景区的联系等。

影响路线方案的因素是多方面的，各因素又是相互联系和相互影响的，要根据路线的使用任务和性质综合考虑，分清主次、全面衡量。最主要的是要在满足既定的路线使用任务、性质要求的前提下，综合考虑自然条件、技术标准、工程投资、施工工期和施工设备等因素，通过多方面比较和精心选择，提出合理的推荐方案。

（例）某省级公路干线，根据公路网规划要求按二、三级路线标准进行调查（图2-1），共调查了四个方案供路线基本走向选择，比选结果为第三、四方案路线过于偏离总方向，比第一、二方案长100～150km，虽然多联系了两三个县市，但对发展地区经济的作用不大；第三方案线形指标较低，后期改造也很难提高；第四方案与现有高压电缆线连续干扰，不易解决，因而第三、四方案采用的可能性很小。第二方案虽然路线最短，但与铁路严重干扰，于战备不利，且用地较多，不宜采用。故路线基本合理、线形标准高、用地省、投资也较经济的第一方案成了最终选择。

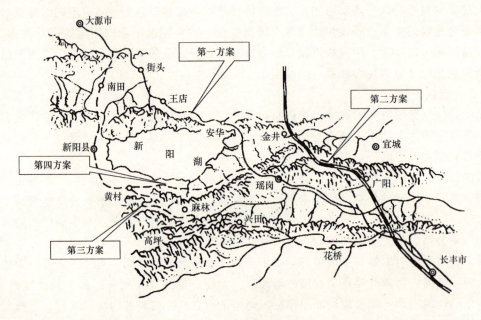

图 2-1　路线方案比选

（三）选线要点和路线布局

1. 地形分类

我国幅员辽阔，地形、地质复杂，为了便于分析不同地形、地质条件和方便选线，将地形划分为平原、丘陵和山岭三种地区。下文将分别说明选线要点。

平原、丘陵和山岭三种地区的地形条件如下：

（1）平原　比较平坦的地面，地面切割深度不大，一般小于30m。

（2）丘陵

1）微丘。相对高差小于200m，坡形和缓，境内除丘陵分布外，还有近50%左右的低平地分布。

2）重丘。相对高差在200～500m，并且坡形比较陡峻，丘陵比较密集。

（3）山岭

1）低山。绝对高差小于1000m，相对高差200～500m。

2）中山。绝对高差1000～3000m，相对高差500～1000m。

3）高山。绝对高差大于3000m，相对高差大于1000m。

山岭的切割深度一般都超过200m。

2. 平原区选线

（1）平原区地形、地质及路线特征　平原是地面高度变化微小的地区，有时有轻微的波状起伏或倾斜。平原地区除泥沼、淤泥、河谷漫滩、草原、戈壁、沙漠等外，一般多为耕地，且分布有各种各样建筑设施，居民点较密；在天然河网湖区，还有湖泊、水塘、河汊等。平原地区路线布线容易，选线时主要解决平面线形与地物障碍的矛盾；平面线形顺直，以直线为主；弯道偏角小、半径大；放纵平缓，一般以低路堤为主。但要注意排水，以保障路基稳定。虽然平原地区比较平坦，路线平面、纵断面等几何线形较容易达到较高的技术标准，但往往受当地自然条件、地物障碍及支农需求的影响，选线时要考虑的因素是多方面的。

（2）平原地区路线布局要点

1）注意标准的合理采用。平原地区路线应力求顺直、短捷，尽可能应用较高的技术指标，但在具体指标应用时应注意：

① 合理选用直线长度。平原地区路线应以直线为主，当必须采用直线时，应作好平、纵组合设计，以消除长直线的弊端。

② 直线和半径的关系。长直线的尽头不得连接急弯，有时尽管所接的曲线并不小，但不一定与前面所接的直线相适应。

③ 保证路基稳定。平原地区路线纵坡设计时应注意路基的最小填土高度；做好路基的排水设计；横向排水不利时，应保障最小排水纵坡度的要求。最小排水纵坡度一般在0.5%，最小不小于0.3%。

2）处理好路线与农业的关系。

① 平原区路线应尽量不占或少占耕地，尤其尽量不占或少占高产田。一般应避免直穿农田，必要时可适当绕避，以减少对灌溉或耕作的影响，必须穿越农田的地段，路基高度除应根据当地土质、水文条件处理外，还应满足灌溉要求。图2-2所示为某公路通过某河附近时，为了少占20km附近的高产棉田和解决路线穿田取土的困难，将路线移向坡脚，虽然里程略有增加，桥位也略有偏斜，但避开了大片高产田，而且路线移向坡脚后，路基为半填半挖，既省了土方，又避免了填方借土的远运。

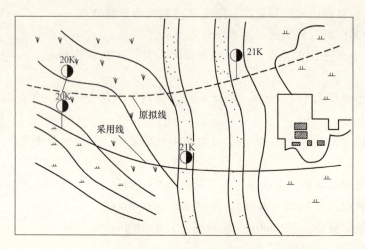

图 2-2 线位比较图

② 路线应与农田水利相配合，尽量不与灌溉相交，尽量布置在上方或尽头，同向时渠路结合、桥闸结合，以减少占田和便利灌溉。图 2-3 所示为某一公路的一段，利用人工运河堤与路堤结合，减少了桥涵数量，节省了占地，且路线平顺。

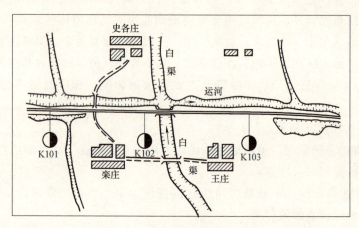

图 2-3 河堤与路堤结合的条件

3）处理好路线与城镇的关系。路线穿过城镇居民区时，有直穿与绕行两种方案。

① 一般高等级公路及国防公路不过村镇，但不宜过分偏离村镇，可以修支线连接。做到靠城不进城，利民不扰民。

② 对于沟通县、乡、村直接为农业服务的县乡路，经过地方同意可以穿过村镇，但要有足够的路基宽度和停车视距，以确保行车安全。

③ 路线要尽量避开重要的电力、电信设施，当非要靠近时要保障足够的距离和净空。

4）处理好路线与桥渡的关系

① 大中桥位一般为路线的控制点，其位置在服从路线总方向和桥头引线顺直的原则下，路线应综合考虑。避免出现只顾桥位不顾路线，或只顾路线顺直不顾桥位的情况。图 2-4 所示为某桥位比选图，就桥位而言，Ⅱ方案桥位正交，跨河条件好，但路线弯曲，对行车不利；Ⅲ方案路线顺直但桥位位于河曲处，对桥梁不利；Ⅰ方案桥位虽略有斜交，路线较Ⅲ略

长，但路线顺适，是平原可取方案。

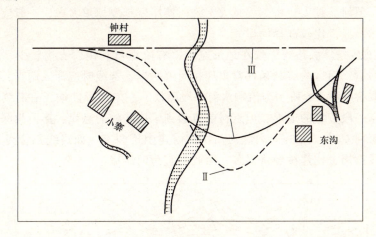

图 2-4 桥位方案比选

② 小桥涵位置应服从走向，但遇到斜交过大或河沟过于弯曲时，则可采取措施或改移路线，调整路线与流向的夹角，以免过分增加施工困难和加大工程投资。同时，应考虑桥涵的位置、高度、选用形式等技术、经济的合理性，以及满足农田灌溉的要求。

③ 路线跨河修建渡口时，应在路线走向基本确定后选择渡口位置。渡口应避开浅滩、暗礁等不良地段，两岸地形应适宜修建码头。

5）注意水文土壤条件。平原地区一般土壤、水文条件较差，地下水位高，特别是河网湖区，路基稳定性差，路线一般选择较高的地带通过，以满足排水和路基最小填土高度的要求。

此外路线设计不应损坏重要历史文物，通过古迹、名胜、风景区的公路应注意与周围环境、自然景观相协调，保障美观。同时注意利用乡间旧路及注意就地取材。

3. 山岭区选线

（1）山岭区地形特点 山岭地区山高谷深、坡陡流急、地形复杂，但山脉水系清晰，又有日温差和年温差较大、暴雨多、河流水位幅度大等特点。山岭地区路线，按其经过的地带的部位和地形特征，又分为沿河（溪）线、越岭线、山脊线、山腰线、山脚线等。因为山腰线、山脚线的内容在沿河（溪）线、山脊线中都有涉及，所以在此只讲述沿河（溪）线、越岭线、山脊线三种线形。

（2）沿河（溪）线布局要点 沿河（溪）线的平面主要取决于河谷的形状，纵坡一般比较平缓，起伏不大，线形标准一般较山岭区其他线形高，便于为分布在溪河两岸的居民点及工农业生产服务，施工、养护及运营条件好，且傍山隐蔽利于备战需要。因此，当有与路线同方向的河谷时是首选方案。但其一般防护工程量大，占地矛盾突出，且工程艰巨（如峡谷、峭壁段勘测施工不便）。

沿河（溪）线应处理好河岸的选择、线位高低和跨河换岸地点三者间的关系。

1）河岸选择。由于河谷两岸情况各有利弊，选线时应比较两岸地形、地质、水文等条件及农田水利规划等因素，避难就易，充分利用有利的一岸。对于中小型河流，当建桥工程不复杂时，为了避开不利地形条件和不利地质地带或为了缩短里程和提高路线标准，可考虑跨河换岸布线，但河流越大建桥工程越大，跨河换岸就越要慎重考虑，一般应综合考虑下列因素，经过技术、经济比较选择河岸。

① 地形、地质条件。路线应选在地形宽坦，有阶地可利用，支沟较少、较小，水文地质条件良好的一岸，而这些有利条件常出现在河流两岸，选线时应深入调查，综合比较，全面权衡，决定取舍。图 2-5 所示为沿响水河一段路线，左岸地形陡峻，有断续悬崖。乙方案跨河利用了右岸一段较好的地形，但夏村前方遇到了更陡峻的悬崖，崖前为深潭，不宜占河设线，只能再跨回左岸，在 3km 内跨河两次，需建中桥两座。如路线不跨河（甲方案）则需集中开挖一段石岗，比建桥经济得多，因此不宜跨河换岸。

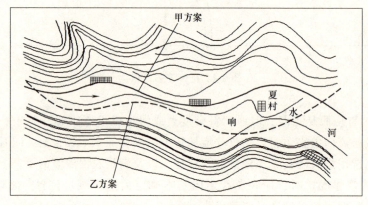

图 2-5 跨河换岸的比较

② 积雪和冰冻地区的选岸。积雪和冰冻地区的阳坡和阴坡、迎风面和背风面的气候条件差别很大，阴坡积雪及涎流冰都比较严重且持续时间较长，选岸时，在不影响整体布局的条件下尽可能选在阳坡和迎风面的一岸，以减少积雪、涎流冰等病害。有的即使阳坡工作量大些，也应从延长通车时间和保证行车安全方面考虑选择阳坡一岸。

③ 考虑村镇和居民点的联系。除国防公路外，一般路线应尽可能选在村镇多、居民点较密的一岸，但要避免穿过村庄，如存在革命遗迹、历史文物、风景区等则要创造便于联系的条件。

2）路线高度。沿河（溪）线的线位高低，是根据河岸地形、地质条件及水流情况，结合路线等级标准和工程经济来选定的。当然最好将路线设在地质、水文条件良好，不受洪水影响的平整阶地上。但在 V 形河谷的傍山临河的路线，往往缺乏这种有利地形，因此路线的高低必须慎重考虑。

低线位一般指高出设计洪水位（包括浪高加安全高度）不多，路基临水侧边坡常受洪水威胁的路线；高线位一般指高出洪水位较多，基本上不受洪水威胁的路线。

低线位平、纵面线形比较顺直、平缓，易争取较高标准，一般土石方工程也较省，边坡低，塌方少；路线活动范围较大，便于利用有利地形、地质和避让不良地形、地质；便于在沟口直跨支流，必须跨主流时也较容易处理；防护工程较低；养护材料及用水方便。但在低线位受洪水威胁大，防护工程多，且占地矛盾突出。

高线位一般适宜有大段较高可供布线的情况，基本不受洪水威胁，弃方容易处理。但高线位往往路线曲折、纵坡曲折、线形差、工程大，跨河较难，避让不良地形、地质困难。

两种线形互有利弊,一般低线位优点多,在满足设计水位的前提下,一般路线越低工程越经济,线形标准也越高。采用低线位的成功经验很多,但也有不少水毁的教训。因此,在采用低线位时,要特别注意洪水位的调查,搜集可靠的水文资料,把路线放在安全的高度上,同时也要采取切实的防洪措施,以保障路基稳定和安全。如图 2-6 所示,原线为了避让沿河约 1.7km 断续的陡崖,崖顶线位提得过高,由沿河低线位提高到崖顶,升坡路段很长,且弯急坡陡,行车不安全。经局部放线,坡度有所改善,但增加了小半径曲线,线形更加弯曲,最后改为低线位,直穿陡崖,路线平、纵指标显著提高,缩短里程 760m,行车顺畅,可见采用高线位并不合适。

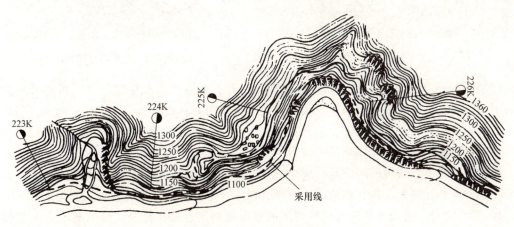

图 2-6 高低线位的比较

3) 桥位选择。按路线与河流的关系,有跨支流与跨主流两类桥位。跨支流的桥位选择一般属于局部方案问题,而跨主河的桥位选择多属于路线布局的问题。跨主河的桥位选择往往是路线的控制点,并与河流选择两者相互依存、相互影响。当路线受地形、地质的限制需要换岸时,如果桥位选择不好,勉强跨河,不是造成线形差,就是要增加桥梁工程及影响路线的整个布局。因此,在选择河岸的同时,要研究处理好桥头路线的布设问题。

路线跨越主河,由于路线走向与河流接近平行,桥头布线一般比较困难。因此,在选择桥位时,除了应满足桥梁本身的基本要求及桥位水文、地质等条件外,尤其要注意桥头路线的舒顺和处理好桥位与路线的关系。桥位选择通常有以下几种情况:

① 在 S 形河段不跨河,以争取桥的轴线与河流有较大交角,路桥较易配合。图 2-7 所示为中小桥跨河的方案,斜桥位是可取的。

② 在河湾附近选择有利位置跨河,能使路桥较好配合,但应注意河湾水流对桥位的影响,采取有效防护措施,如图 2-8 所示。

③ 在与路线接近平行的顺直河段上跨河,桥头引道难以舒顺。

路线跨越支河是局部方案问题,可在沟口直跨,这样路线短、线形顺,或绕进支河(沟)上游跨越,这样路线增长、线形差。选择哪种方案,要根据路线等级、跨河(沟)条件、施工条件通过技术比较确定。一般高等级路宜直穿,低等级路可绕跨。

根据不同的地形、地质条件,路线布设有不同的方式,但都必须保证不过分改变水流状态,保证路基稳定及尽可能采用较高的技术标准。

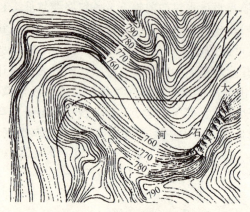

图 2-7　在 S 形河段腰部跨河

图 2-8　在河湾处跨河

（3）越岭线布局要点　沿分水岭一侧爬上山脊，在适当地点穿过垭口，再沿另一侧山坡而下的路线称为越岭线，当两主要控制点之间横隔山岭，或有的沿河绕行太远时，须采用越岭。越岭线的特点是上而复下，需要克服较大高差，线位与路线长度取决于纵坡的安排。因此，在越岭线选线时，须以路线纵坡为主导。

越岭线布局主要解决的问题是：垭口选择、过岭标高的选择和垭口两侧路线展线方案的拟定，它们是相互联系、相互影响的，布局时要综合考虑，处理好三者之间的关系。

1）垭口选择。垭口是体现越岭线方案的重要控制点，应在符合路线的基本走向的较大范围内选择，要全面考虑垭口的位置、标高、地形条件、地质情况和展线条件。

① 不同位置既要基本符合路线走向，同时垭口两侧侧坡还要便于展线。首先可考虑靠近直连线、侧坡连线容易的，其次考虑稍偏路线大方向，但连接良好，且不至于过分增加路线长度的其他垭口。

② 垭口展线条件选择。山坡是越岭线的主要组成部分，而山坡坡面的曲折程度、横坡陡缓、地质条件好坏等与线形指标和工程量有直接关系。因此，选择垭口必须结合山坡展线条件一起考虑。如有地质较好、地形平缓、利于展线降坡的垭口，即使较高也不轻易放弃。

2）过岭标高的选择。过岭标高是越岭线布局的重要控制因素，不同的过岭标高就有不同的展线方案。

① 浅挖低填。过岭地段山坡平缓，垭口宽而厚（有时达 1~2km，有时还有泥沼存在）的地段，可采用浅挖低填的形式过岭，过岭标高基本上就是垭口的标高。

② 深挖垭口。当垭口比较瘦削时，常采用深挖的方式过岭。至于深挖程度，应根据地形、地质、气象条件及展线方案对垭口标高的要求等确定。一般挖深在 20m 以内，地质状况良好时还可深些。但由于垭口地质薄弱，挖深需以不危及路基稳定为前提。深挖垭口工程量集中，往往要处理大量弃方，施工条件差，施工工期受影响，但由于降低了标高，相应缩短了里程，总工程量不一定增加，即使有所增加，也可以从改善行车条件、节约运营费用中得到补偿，在过岭标高确定时应充分考虑。

③ 隧道穿越。当垭口挖深为 20~25m 时，采用隧道能大大降低路线爬升的高度，缩短里程，提高路线指标，在经济上非常合算。对于克服严重不良地质以及减轻或消除高山严重积雪、结冰对公路的不良影响，采用隧道是有效措施。

3) 垭口两侧路线的展线。

① 展线布局。越岭线高差主要是通过垭口两侧山坡上的展线来克服的，尽管山坡地形千差万别，线形多种多样，但路线平、纵、横断面三方面的结合要以纵断面为主导。因此，展线布局必须从安排纵坡开始，其步骤一般如下：

a. 拟定大致走法。在已定的控制点间进行广泛勘察，调查周围地形及地质情况，以带角手水准粗略勘定坡度作为指引，注意利用有利地形、地质，拟定路线可能的大致走法。

b. 试坡布线。试坡的目的是进一步落实初步拟定的路线的大致走法的可能性，发现和加密中间控制点，发现局部比较方案，拟定路线布局。方法是由已定控制点开始，通常先固定垭口，从上而下，视野开阔，便于争取有利地形。

试坡以固定坡度（一般用平均坡度）指引，做好坡度折减。在试坡过程中，遇到必须让开的地物、工程艰巨及地质不良地段，以及拟用作回头的地点，选最好位置，作为中间控制点；若纵坡过大，可进行调整或返回重新试坡；若调整后的路线经过的地段仍不理想，则需另找比较线，进行重新展线。

② 展线方式。展线方式主要有自然展线、回头展线、螺旋展线三种。

a. 自然展线。自然展线是以适当的坡度，顺着自然地形，绕山嘴、侧沟来延展距离，克服高差。其优点是符合路线基本走向，纵坡均匀，路线短，线形好，技术指标一般较高；缺点是避让艰巨工程或不良地质地段的自由度不大。自然展线一般适用于垭口一侧有较长的整齐山坡，无较大割裂地形而地质又稳定的情况。

b. 回头展线。回头展线是利用适于布设回头曲线的地形布设回头曲线的展线方式。回头曲线指在同一面山坡上做方向相反的回头展线，一般成对出现。这种展线方式适用于两控制点间的高差较大，靠自然展线无法取得所需距离以克服高差，或因地形、地质条件不宜采用自然展线时的情况。

回头曲线的往返两支可以在同一平面上，也可不在同一平面上；可在同一面山坡上，也可不在同一面山坡上。在同一山坡而不在同一平面的回头曲线，因为路基是上切下填，工程量大，易遭破坏，对行车、施工、养护均不利。因此，选择适宜的地形和采用相应的线形对路线使用质量和工程量至关重要。

c. 螺旋展线。当路线受到限制，需要在某处集中提高或降低到某一高度才能充分利用前后有利地形时，可采用螺旋展线，一般多在山脊，利用山包盘旋，以旱桥或隧道跨线或在峡谷内，路线就地迂回，但需要建隧道或架桥。采用螺旋展线时，应根据道路性质与任务与回头曲线做详细的比较。

(4) 山脊线布局要点　大体上沿分水岭布设的路线称为山脊线。路线特点是路线起伏曲折，其程度取决于分水岭的形状、控制垭口间的高差和具体地形；边坡不陡，排水良好，人工构筑物少，工程量小，水文地质条件较好，路基病害少；线位较高，远离居民点，施工、养护不便，不利战备，且积雪、冰冻及云雾对行车不利。显然分水岭顺直平缓、起伏不大、岭脊肥厚是布设山脊线的理想地形，路线可大部分或全部设在分水岭上。但高山地区的分水岭常常是峰峦、垭口相间排列，有时相对高差很大，这时山脊线沿分水岭的侧坡在垭口之间穿行，线位大多位于山腰上。

山脊线方案能否成立应考虑以下因素：分水岭的方向不能偏离路线总方向太远，分水岭平面不能过于迂回曲折，纵面上各垭口之间的高差不能过于悬殊；控制垭口间的山坡地质条件良好，地形不过于陡峻凌乱；上下山脊的引线要有适合的地形可以利用。由于完全具备上述条件的山脊不多，所以长的山脊线比较少，而多是作为沿河线或山腰线的局部比较线及越岭线的两侧路线的连接线。

选定山脊线时主要要解决以下问题：

1）控制垭口的选择。每一组控制垭口代表着一个山脊线的方案，因此选择控制垭口是山脊线选择的关键。分水岭方向宽厚、起伏不大时，每个垭口均可暂定为控制点；地形复杂、起伏较大且较频繁，各垭口标高悬殊时，宜以低垭口作为控制点，突出的高垭口可以舍去；在有支脉横隔时，对相距不远、并排的几个垭口，应选择其中一个与前后联系好的垭口作为控制垭口。控制垭口的选择还必须联系分水岭两侧的布线条件考虑，在侧坡选择和试坡布线中，对初选的控制点加以取舍、修正，最后落实。

2）侧坡的选择。当分水岭宽厚、起伏不大、路线以设在分水岭顶部为宜。当不具备这些条件时，分水岭的侧坡是山脊线的主要布线带。坡面整齐，横坡平缓，地质情况好，积雪、冰冻和支脉分布较少的向阳山坡是较为理想的布线坡面。

3）控制垭口间的平均坡度。两控制垭口之间应力求距离短捷，坡度平缓，若控制垭口间的坡度超过规定，则应视整体地形、地质条件，采用深挖、旱桥、隧道等工程措施，也可利用侧坡、山脊有利地形展线。图 2-9 所示为山脊线展线示意。

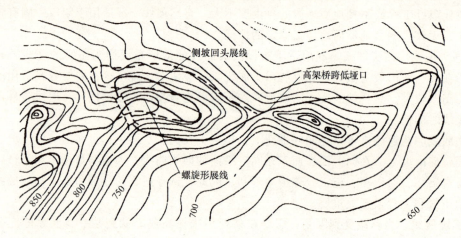

图 2-9 山脊线展线示意

4. 丘陵区选线布设

丘陵区是介于平原和山岭之间的地形，其特点是：山丘连绵，岗坳交错，此起彼伏，山形迂回曲折；岭低脊宽，山坡较缓；丘谷相对高差不大，常存在路路可通的情况。丘陵区根据地形起伏轻重不同和对路线布设的限制程度不同可分为重丘区和微丘区。前者起伏较大，山丘谷沟分布较密，坡形较陡，相对高差较大，技术指标的掌握与山岭区相近；后者近似于平原地区地形，技术指标的掌握近似于平原区。但是，丘陵区毕竟有它本身的特点，局部方案多，为适应地形，路线纵断面有起伏，平面以曲线为主。在选线方面，应按丘陵区地形特点进行路线合理布设。

（1）丘陵区选线特点

1）局部方案多。这是由于丘陵区的山岗、谷地较多，路线走向灵活性大，路线沿哪片谷地伸展，靠哪边山坡布设，往往需进行几个方案的比较后才能确定。

2）注意平、纵、横断面三方面协调。选线时避免不顾纵坡起伏，片面追求长直线；或不顾平面过于曲折，片面追求平缓纵坡的倾向。若布置得当，可提高路线技术指标。

3）横断面布置多为半填半挖形式，布线同时注意纵向土石方平衡，以减少弃方和借方，尽可能少破坏自然景观。

4）尽量和当地的整田造地及水利规划密切配合，选择既有利于支农，又能提高路线标准的路线方案。

（2）丘陵区路线的布线方式

依据不同的地带类型，一般有如下三种布线方式：

1）平坦地带——走直线。两个已知控制点间地势平坦，应按平原区以方向为主导的原则，以直线相连，如遇地物、地质或风景等障碍，视为中间控制点，在相邻控制点之间仍以直线相连，在路线转折处，加以长而缓的曲线。

2）斜坡地带——走匀坡线。路线通过斜坡地带，如两控制点间无特殊障碍，路线宜沿匀坡线布设，如遇地形、地质、地物等障碍，视为中间控制点，在各个控制点之间仍走匀坡线。匀坡线是顺自然地形均匀升降坡的地面点的连线。如图 2-10 所示，匀坡线通常需经过多次试放取得。

3）起伏地带——走直连线与匀坡线之间。起伏地带也属于斜坡地带，只不过是上下坡的组合，为丘陵区特有。当已知控制点之间包含一组起伏时（即路线交替跨越丘梁和坳谷，在两个相邻的梁顶或谷地间出现一组起伏），如走直连线，路线短但起伏大，为减缓起伏势必出现深切高填，如走匀坡线，坡度好但路线较长。可见这两种做法均不合理。此时走匀坡线与直连线之间，选择平面顺适、纵坡均衡的地段穿过较为合适，但路线具体位置要根据地形起伏程度及路线等级要求确定。一般低级路工程可偏离直连线稍远些（如图 2-11 中的方案Ⅱ），高等级公路可将路线定的离直连线近些。当两已知控制点间有多组起伏时，每组分别定出控制点，然后按前述的一组起伏处理。

丘陵区选线，一般可选方案较多，各方案之间优缺点不很突出。因此更需要多跑、多看、多问，经过详细分析比较，然后定出一条最合适的路线方案。

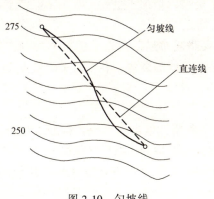

图 2-10　匀坡线

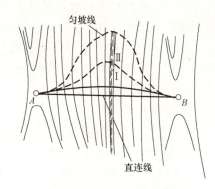

图 2-11　起伏地带路线选择

六、定线

定线就是按照已定的技术标准，在选线布局阶段选定的路线带范围内，结合细部地形、水文、地质条件，综合考虑平、纵、横断面三方面的合理安排，定出路线准确的中线位置。

定线是公路设计中很关键的一步，它不仅要解决工程、经济方面的问题，而且公路与周围环境的配合，公路与生态平衡的关系，公路本身线形的适用、美观，以及驾驶员的视觉和心理反应等问题都必须在定线过程中给予充分考虑。

公路定线除受地形、地质及地物等制约外，还受技术标准、国家政策、社会影响、美学及其他因素的制约。因此，要求定线人员除必须具有广博的知识和娴熟的定线技巧外，还需要具有精益求精的工作精神，充分掌握路线的任务、性质及要求，吃透路线所经地区的地形、地质情况，反复试线，多做方案比较，以求在众多相互制约的因素中得出一条最佳的路线方案。影响定线的因素很多，涉及的知识面很广，必须征询当地有关部门的意见，同时应吸收桥梁、水文、地质等专业人员参加。

公路定线根据公路等级、要求和条件，一般采用现场纸上定线和直接定线两种方法，现在分述如下。

（一）纸上定线

纸上定线是指在大比例尺（1∶500～1∶2000）地形图上确定道路中线位置。对定线来说。不同的地形条件有不同的主要矛盾。如选线一节所述，平原微丘地区，地形平坦，路线不受纵坡限制，一般以平面控制为主；而重丘、山岭地区，地形复杂，横坡陡峻，定线时一般以纵断面安排为主。这些因地形而异的原则，并不因所采用的定线方法不同而不同。现以平、纵、横断面三方面均受限较严的越岭线为例说明纸上定线的工作步骤。

1. 纸上定线

为了缩短里程，越岭线必须用足坡度，开始一般以平均坡度控制，按《公路工程技术标准》规定，$i_{均} = 5\% \sim 5.5\%$，并视地形曲折程度而定，用 $i_{均}$ 的意义在于对整条路线或某一长度范围内的路线起控制作用。其目的是满足陡坡的坡长限制与接缓坡的规定，保障实际坡度不过大；定线过程中由于曲线的插设、穿线的需要，对放坡路线有所减短；为了合成坡度的规定，因为地形首先标准不高，造成半径不大，在半径较小的情况下，超高坡度较大，路线纵坡一般较小。

一条越岭线定线后的均坡如果过缓，说明浪费了陡坡，增加了里程，造成了经济上的浪费，所以 5%～5.5% 的均坡也是衡量一条越岭线的指标之一。

（1）定导向线　在大比例尺地形图上，仔细研究路线布局阶段选定的主要控制点的地形、地质条件，选择有利地形，如平缓、顺直的山坡，平阔的侧沟，利用回头的低点等，拟定路线各种可能的走法。

（2）修正导向线

1）设计理想纵坡。参照导向线平面试线，插设平曲线，量出地形变化特征点桩号及地面标高，绘制出纵断面图，参考地面线设计理想纵坡，量各桩的概略设计标高。

2）一次修正导向线。在平面试线各桩的横断面方向上点出与概括设计标高相应的点，这些点的连线是有理想纵坡、不填不挖的折线，称为一次导向线。

3）二次修正导向线。在一次修正导向线各桩的横断面上，用路基模板逐点找出最经济或起控制点作用的最佳路基中线位置及其可以活动的范围。根据最佳位置点的性质分别用不同符号标注在平面图上，这些点的连线是一条有理想纵坡、横断面上位置最佳的平面折线，称为二次修正导向线（小比例尺地形图上，最佳位置点显示不出者，可以不做）。

(3) 定线　纸上定线应该既符合该级路规定的几何标准，又能充分适应当地地形，避开尽可能多的障碍物。为此定线必须在分析研究二次修正导向线（小比例尺地形图上，最佳位置点显示不出未做二次修正导向线时为一次修正导向线）上各特征点的性质和可活动范围的基础上，结合横坡的变化情况，确定必须通过的点，反复试线才能得到满意的结果。根据实际地形、地物情况，试线可采用先定直线，再插设曲线（简称直线型定线法），或先设置合适的曲线，再以直线或缓和曲线相连（简称曲线型定线法）。随着定线手段的改进和计算机的使用，曲线型定线法已经得到广泛的使用。

(4) 设计纵断面

1) 纵断面设计。量出路线穿过每一等高线处的桩号及高程，绘制路线地面线的纵断面。设计者根据地形图，把竖向需要控制的各特征点（如为保证桥涵净空的最小高度等）的标高分别用不同符号标注在纵断面图上作为填挖控制点，然后模仿平面试线的方法确定纵坡设计线。定纵坡设计线应参考试线时的理想纵坡，纵坡要符合该级公路的技术标准，尽量满足各种竖向控制及纵坡线形与平面线形的配合。

2) 检查路线的可行性。根据设计纵坡，检查所定路线是否经济合理，如填挖过大，应进行修改。修改调整纵坡还是改移中线，或两者都改，应对平、纵、横断面三方面充分研究后确定。越岭线上，一般纵向纵坡灵活性不大，常常要平面、纵断面同时考虑。

纸上定线是一个反复试验的过程，在某限度内，试线越多，最后的成果越好。直到无论采取什么措施都不能显著节省工程成本或增加美感时，才可认为纸上定线工作已告完成。

2. 实地放线

实地放线就是将纸上定好的路线敷设到实际地面上，供详细测量及施工之用。实地放线的方法很多，应根据路线的复杂程度和精度要求、测量仪器设备、地形难易等条件选用。

(1) 穿线交点法　穿线交点法是根据平面图上的路线与测量地形图时敷设的控制导线之间（以下简称导向线）的关系，独立地把纸上的路线的每一条边放到实地上，延伸这些直线而交出路线的交点。放线的方法分为支距法和解析法两种。

1) 支距法。穿线交点法一般指此法，适用于地形不太复杂、路线离开导线不远的地段。

2) 解析法。解析法是用坐标计算纸上所定路线与原测图导线的关系，此法比较准确，在地形复杂或直线较长，路线位置需要准确控制时常用此法。

(2) 拨角法　拨角法根据纸上路线在平面图的位置与导线的关系，用坐标计算每一条的距离、方向、转向角和各控制桩的里程，放线时按照这些资料直接拨角量距，不穿线交点，外业工作比较迅速，但此法有累计误差，且依据的资料要可靠准确。

(3) 直接定交点法　在地形平坦、视线开阔、路线受限不十分严格、路线位置能根据地面目标明显确定的地区，可依纸上路线和地貌的关系，现场直接将交点定出。

上述三种方法中，穿线交点法和直接定交点法，放线资料大都来自图解，准确度不高，适用于活动余地较大的路线。拨角法放线资料虽较为准确，但是误差积累也影响进度。三种方法都只用于路线导线的标定，路线的曲线部分还须用传统的曲线敷设方法标定。随着测设方法的改进及高等级道路测设精度的要求，可采用坐标法实地放线。坐标法指先建立一个贯穿全线的坐标系（这个坐标系采用国家坐标系统），根据路线地理位置和几何关系计算出道路中线的统一坐标，编制逐桩坐标表，然后根据逐桩坐标实地放线。

(二) 直接定线

1. 直接定线的工作步骤

直接定线就是设计人员直接在现场定线,定线的指导原则与纸上定线一样,如山岭区路线仍须从安排纵坡入手,只是定线条件变了,工作步骤应做相应的改变。现仍以山区越岭线为例,阐明工作步骤如下:

(1) 分段安排路线　在路线布局定下的主要控制点之间,沿拟定方向用试坡方法粗定出沿线应穿应避的一系列中间控制点,拟定路线轮廓方案。

(2) 放坡,定导向线　放坡是要解决控制点间纵坡合理安排问题,实质上就是现场设计纵坡。纵坡安排和选择坡值应考虑如下几点:

1) 纵坡线形要符合《公路工程技术标准》要求(如坡长限制、设置缓坡、合成坡度等),并力求两控制点间坡度均匀(缓变、少变),避免设反坡。

2) 要结合地形选用坡度,尽可能不用极限坡,但也不应太缓,一般以接近控制点间平均坡度为宜,地形整齐地段可稍大,曲折多处宜稍缓。

放坡由受限较严的控制点开始,一人用带角手水准,对好与选用坡度相当的角度,立于控制标高处指挥另一持有花杆的人在山嘴、山坳等地形变化处、计划变坡处及顺直山坡上每隔一定距离定点,做好标记。如果一边放坡一边插线,必须先放完一定长度(一般不应少于 4~5 条导线边长)的坡度点之后,定线人员再利用返程进行下一步工作。

(3) 修正导向线　坡度点就是概略的路基设计标高,由于各点的坡度陡缓不一,放线放上放下对路基的稳定和填挖工程量影响很大,故应根据路基设计的要求,在各坡点的横断面方向上选定最合适的中线位置,插上标志。

(4) 穿线交点　将修正导向线为具有合理纵坡、横断面上位置最佳的一条折线。穿线要从平面线形要求着手,尽可能多地靠近或穿过导向线上的特征点,特别要注意控制严的点,裁弯取直,使平、纵、横断面三面恰当结合,穿出与地形适应的若干直线,延伸这些直线定出交点,即为路线导线。

(5) 曲线插设　地形复杂的山区路线,曲线在路线总长中占很大比重,且常常是地形困难处,正是需要设置曲线的地方,因此必须研究曲线的插设方法。

1) 单交点法。单交点法是曲线插设的主要方法之一,适用于交角不大、线位控制不严的地方。

2) 虚交点法。虚交点法适用于交角较大、交点过远或交点处难以安仪器的地方。先在前后直线上设辅助交点,然后依据辅助交点的插设位置及现场实际地形情况确定曲线半径。

3) 多交点法。多交点曲线可作成单圆曲线和多圆曲线,单圆曲线可按虚交点法确定,多圆曲线定线时一般是先定一个曲线半径,然后计算确定其他曲线半径。

(6) 纵断面设计　直线定线的纵坡设计,一般是在对平面线做了某种程度的肯定之后进行的。这就要求设计纵坡不仅能简单地满足工程经济指标和技术标准的规定,还担负着实现平面、纵断面线形配合的主要责任。这就等于给纵坡设计又增添了一些限制因素,因此必须反复检查修改,才能得出满意的结果。具体做法是:先按常规拉坡办法,借用横断面,并参考定线时的设想,逐桩拟定最合适的填、挖高度,并按控制松严的程度分别用不同符号标注在纵断面图上。按照"注意重点,照顾多数"的原则试定纵坡,试坡应符合《公路工程技术标准》要求,设置竖曲线。然后检查平面、纵断面线形配合情况,可能出现如下几种情况：
1) 只需调整纵坡即能满足要求时，按需要调整纵坡。
2) 靠调整纵坡无法满足要求时，应综合考虑确定调整方案。
3) 工程经济与平面、纵断面线形配合的矛盾很大时，应结合路线等级、工程量大小等因素具体分析，确定调整方案。

多次检查、反复修改后的纵坡经现场核实无误后就是最后结果。

2. 直接定线与纸上定线的比较

直接定线，面对实际地形、地物、地质及水文等，只要定线人员有一定的经验，不怕辛苦，不怕麻烦，肯多跑、多看、多调查，掌握充分资料，反复试插，多次改进，就能把路线定在比较合适的位置上。路线纵坡设计也采用试验改进的方法，做到不仅符合标准、工程经济，而且平面、纵断面线形能较好地配合。

经过多次试验修改后的路线，应该说已具有较好质量，但是直接定线有两个根本弱点。

1) 研究利用地形的不彻底性。直接定线时，定线人员对地形、地质、水文等情况的了解，全靠自己去跑、去调查。而现场工作条件不允许对每一处的自然状况都深入研究，而且由于视野受到限制，定线时难免顾此失彼，虽经过多次试验，但毕竟准确度还是有限的。

2) 平、纵面线形配合问题很难彻底解决。直线定线的平面设计是在现场进行的，而纵断面的精细设计则在室内，尽管设计路线平面时，已充分考虑了纵断面，但那毕竟是粗略的。从分析纵坡中常可以发现，如果平面上略加调整，就有可能使路线更加适应地形，或者平面、纵断面配合得更好。但是因为修改平面要重新钉桩，纵断面也要重做，定线者往往不愿承担"返工"的压力而勉强接收原方案，所以直接定线就其性质来讲，基本上是要求"一次成功"的定线，它与选线者的实际工作经验有直接关系，这显然是不能确保质量的。

纸上定线是指在定线过程中采用的一种重要的中间步骤，代替直接在实地定线。定线者或定线组先要取得"定线走廊"范围内的大比例尺地形图。从图上可以俯视较大范围的地形，不像直接定线那样视野受到限制，可以较容易地找出所有控制地形的特征点，从而定出平面试线和试线的纵坡设计线，经过平面、纵断面反复试验修改，直至得到满意的方案为止。

由于纸上定线不受野外因素的限制，定线者在室内想做多少就做多少修改工作，能使工程节省和平面、纵断面线形的配合做到尽善尽美。纸上定线有利于发挥定线组的集体作用，其他专业人员的有益观点都能反映到方案中来，不像直接定线，大量的工作都依靠个别定线者的技术能力在现场简单判断。自从计算机引入公路勘测设计以后，过去被认为烦琐而缓慢的工作（如土石方计算、汇透视图等）变得轻而易举，这为利用地形图进行定线和方案优选开辟了更加美好的前景。

总之，多年来的实践表明，纸上定线比直接定线有明显的优势，应该大力推广。现阶段的问题是纸上定线需要精度较高的大比例尺地形图，目前在我国取得这类图纸还有一定困难，所以只能在地形复杂、路线等级高时才采用此法。随着我国航空摄影测量的发展，当取得大比例尺地形图变得不再困难时，纸上定线法将会被广泛采用。

在一定条件下，如地形障碍不多的平坦地区或路线等级不高时，只要定线人员肯下功夫，直接定线也能得到比较满意的成果。所以直接定线在今后相当长的时期内，仍将是低等级道路及地方道路一个重要的定线方法。

第三节 道路勘测设计

道路是由路基、路面、桥梁、涵洞、隧道和沿线设施组成的线状构造物，是三维的空间实体。而平时所说的路线是指道路中线的空间位置。在工程设计中，一般将三维空间实体分解表达为平面、纵断面和横断面。

路线在水平面的投影称为路线的平面；沿中线竖直剖切再展开在立面上的投影是路线的纵断面；中线上任意点的法向切面是道路在该点的横断面。因此路线设计是指确定路线在平、纵、横三维体上各部位尺寸的工作。

一、道路平面线形设计

无论是公路还是城市道路设计，都要受到社会经济、自然地理和技术条件等因素的制约，设计者必须掌握大量的实际资料，进行深入的调查研究才能设计出符合一定技术标准、满足行车要求、工程造价最合理的路线来。在设计的顺序上，一般是在尽量满足纵横断面平衡及横断面稳定的前提下先确定平面线形。

当公路受地形、地物等障碍的制约时，必须要设置转折避让障碍，也就是在转折处设置曲线或是曲线的组合。另外，为使线形美观和保证汽车行驶顺畅，应在直线和圆曲线或不同半径的圆曲线之间插入曲率不断变化的过渡曲线（称为缓和曲线）。由此可见，直线、圆曲线、缓和曲线是平面线形的组成要素。在平原区，直线作为主要线形是适宜的，它具有汽车在行驶中视觉最好、距离最短、运营经济、行车舒适、线形容易选定等特点，但过长的直线又容易引起驾驶员的单调疲劳、超速行驶、对跟车距离估计不足而导致交通事故。圆曲线是平面线形主要要素之一，采用平缓而适当的圆曲线既可引起驾驶员的注意又可美化线形。在直线和圆曲线之间或在不同半径的两圆曲线之间，为缓和汽车的行驶，符合汽车行驶轨迹，采用曲率不断变化的缓和曲线是较为合理的。

在平面线形中，基本线形是和汽车的行驶方向相对应的，具有如下性质：

1）直线。曲率为零，汽车车身轴向与汽车行驶方向的夹角为零。
2）圆曲线。曲率为不为零的常数，汽车车身轴向与汽车行驶方向的夹角为固定值。
3）缓和曲线。曲率为变数，汽车车身轴向与汽车行驶方向的夹角为变数。

现代道路的平面线形正是由上述三种线形——直线、圆曲线和缓和曲线构成的，称为"平面线形三要素"。

（一）直线

1. 直线的运用

直线在道路设计中的应用是比较广泛的。一般在下列情况下可以使用直线：

1）不受地形、地物限制的平坦地段或山间的开阔谷地。
2）市镇及其近郊或是规划方正的农耕区以直线线形为主的地区。
3）含有较长的桥梁、隧道等构筑物的路段。
4）路线交叉点及前后的路段。
5）双车道公路提供超车的路段。

在直线的使用中，值得注意的是有关直线长度的问题，一般来说对直线的长度应该有所限制。当不得已采用过长直线时，为弥补景观单调的缺陷，应结合沿线具体情况采取相应的技术措施予以处理。但还要注意以下几个问题：

1) 在长直线上纵坡不宜过大。因为长直线再加下陡坡行驶，更容易导致超速行驶造成交通事故。

2) 长直线适合与大半径凹形竖曲线组合。

3) 当道路两侧地形过于空旷时，应采取一定的技术措施改善单调的景观。

4) 长直线或长下坡尽头，宜连接大半径的平曲线。

"长直线"的量化是一个正在研究的课题。各国的规定各不相同，德国和日本规定直线的最大长度（以 m 计）为设计速度（以 km/h 计）的 20 倍，即 72s 的行程，前苏联规定不大于 8km，美国规定为 3min 的行程。

我国地域广阔，地形条件、气候条件都有很大的差异，因此做出统一的规定具有很大的难度。但通过对道路现状和交通事故的调查以及对驾驶员和乘客的心理反应的调查，也得出带有普遍意义的结果：

1) 位于城市附近的道路，由于建筑物和城市风光的映衬，一般对于直线长度没有太多的限制。

2) 对于乡间的公路，由于道路周围的环境过于单调，如果直线过长，就会使人的情绪受到影响，驾驶员就会希望快速驶离直线，这时极易导致驾驶员超速行驶造成交通事故，且事故危害程度随直线的增长而增大。

3) 对于大戈壁、大草原等地域开阔的地区，有时直线长度会达数十公里。在这样的地区行车，驾驶员极易疲劳，也容易超速行驶，但除了选择直线以外别无选择，如果人为地设置曲线往往不能改善景观的单调，反而会增加路线长度和驾驶操作的难度。

由此看来，对于直线的使用一定要因地制宜，不能片面地追求长直线，也不能人为地设置过多的弯曲，应该做到宜直则直、宜曲则曲。

2. 直线的最小长度

为保证线形的连续性和行车舒适，在两相邻曲线之间应有一定的直线长度。或者将相邻同向曲线作成一个大曲线或把相邻曲线相连作成复曲线。当两个圆曲线直线相连时为二圆复曲线，三个以上圆曲线直线相连时为多圆复曲线。

（1）同向曲线间的最小直线长度 同向曲线是指转向相同的相邻两曲线，同向曲线间插入短直线的线形组合在工程上称为断背曲线，这种曲线容易让驾驶员产生错觉，直线两端的曲线容易被看成反向曲线，甚至看成一个曲线，破坏了线形的连续性，极易造成驾驶员判断和操作的失误，如图 2-12 所示，设计中应尽量避免采用。在《公路路线设计规范》中明确规定：同向曲线之间的直线长度以不小于设计速度（以 km/h 计）的 6 倍为宜。设计速度小于或等于 40km/h 时，可以参照实际情况，放宽此要求。如果条件允许，也可以插入大半径的

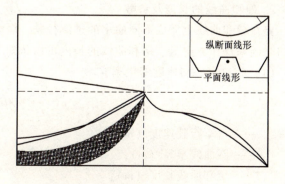

图 2-12 同向曲线之间插入短直线

曲线或组成复曲线。

(2) 反向曲线间直线的最小长度　在反向曲线之间，为满足设置超高、加宽的需要，应有一定长度的直线。《公路路线设计规范》中明确提出反向曲线之间的直线最小长度以不小于设计速度（以 km/h 计）的 2 倍为宜。当受到地形、地物等各方面的限制时，可将反向缓和曲线首尾相连，但此时要注意路面排水的问题。

直线的长度主要是根据驾驶员的视觉和心理上的承受能力来确定的，但有时由于各种自然环境的限制，难以满足上述要求，这时就要求设计人员根据地物、自然景观以及设计经验来进行判断确定。

(二) 缓和曲线

1. 缓和曲线的作用和性质

(1) 缓和曲线的作用

1) 缓和曲线通过其曲率逐渐变化，可更好地适应汽车转向的行驶轨迹。汽车在转弯过程中，其行驶轨迹是一条曲率连续变化的轨迹线。它的形式和长短，根行车速度、曲率半径和驾驶员转动方向盘的快慢而定。从安全角度出发，缓和曲线的合理设计有利于车辆在行驶过程中不致偏离车道，从而保证交通安全。

2) 汽车从一曲线过渡到另一曲线的行驶过程中，离心加速度会发生变化。汽车行驶在曲线上会产生离心力，离心力的大小与曲线的曲率成正比。从直线驶入圆曲线，如果不设置缓和曲线，曲率发生突变，在一定的车速情况下，乘客会有不舒适的感觉。设置了缓和曲线，曲率是直线到圆曲线逐渐过渡的，离心加速度也是逐渐过渡的，乘客就不会有不舒服的感觉。

3) 缓和曲线可以作为超高和加宽变化的过渡段。路线在弯道上要设置超高和加宽，从双面横坡过渡到单面横坡，和由直线上的正常宽度过渡到圆曲线上的加宽宽度，这一过程变化一般是在缓和曲线长度内完成的。

4) 缓和曲线的设置可使线形美观连续，在曲率变化处用缓和曲线进行过渡，消除了视觉上的不连续感，使线形平顺、圆滑、顺适，增加线形的美学效应，同时也增加了行车安全感。

(2) 缓和曲线的性质　汽车行驶轨迹是圆滑的，最大宽度由前外轮后内轮决定。轨迹的几何特征具有三个特性：一是轨迹曲线是连续的，二是轨迹曲线的曲率是连续的，三是轨迹曲率的变化是连续的。

2. 缓和曲线的长度及参数

要在缓和曲线上完成不同曲率的过渡行驶，缓和曲线应有足够的长度，以使驾驶员有足够的时间来操作方向盘。缓和曲线的长度可以从如下几个方面来确定：

(1) 控制离心加速度变化率 p

$$p = \frac{a}{t} = v^3/lR \tag{2-17}$$

式中　v——汽车行驶速度（m/s）；

R——圆曲线半径（m）；

l——缓和曲线长度（m）；

t——汽车在缓和曲线上的行驶时间（s）。

公路设计中一般取 $p=0.6\text{m/s}^3$，代入上式，则缓和曲线的最小长度为

$$L_s = 0.036V^3/R \tag{2-18}$$

式中　V——设计速度（km/h）⊖。

设计时可根据实际情况选用不同的 p 值，一般快速路可小些，慢速路可大些。

（2）保证驾驶员操作反应时间

$$L_s = vt = \frac{Vt}{3.6} \tag{2-19}$$

缓和曲线长度应使驾驶员在路上行驶时操作从容，不能过于匆忙，一般情况下以 3s 行程控制，代入上式有

$$L_s = \frac{3V}{3.6} = \frac{V}{1.2} \tag{2-20}$$

（3）行车道外侧因超高产生的附加坡度不过大　曲线外侧由于设置超高而抬高，造成路线纵坡变化，纵坡变化过大对路容及行车舒适产生不利影响，所以对因超高产生的附加坡度宜加以控制。

绕边线旋转

$$L_s = \frac{Bi_h}{p} \tag{2-21}$$

绕中轴旋转

$$L_s = \frac{B}{2P}(i_h + i_G) \tag{2-22}$$

式中　B——路面宽度（m）；

　　　i_h——超高率（%）；

　　　i_G——路拱坡度（%）；

　　　P——超高附加坡度渐变率，其值见表 2-7。

表 2-7　超高附加坡度渐变率

设计速度/(km/h)	超高旋转轴位置	
	中线	边线
120	1/250	1/200
100	1/225	1/175
80	1/200	1/150
60	1/175	1/125
40	1/150	1/100
30	1/125	1/75
20	1/100	1/50

3. 缓和曲线参数 A 的确定

（1）依汽车在缓和曲线缓和行驶确定参数 A　由 $p=v^3/LR$ 得 $A^2=v^2/p$，则

$$A = \sqrt{\frac{0.0214}{p}} \cdot \sqrt[3]{V}$$

⊖　在行业规范和工程实践中，以 V 代表以 km/h 表示的行车速度。

可以依据 p 确定缓和曲线的参数 A。

（2）依行驶时间确定缓和曲线的参数 A　从安全和心理的角度出发，要求汽车在缓和曲线上行驶的最小时间为 $t(s)$，汽车的速度保持匀速 $v(m/s)$，则有 $L=vt$，所以

$$A=\sqrt{RL}=\sqrt{Rvt}=\sqrt{R\frac{1}{3.6}Vt}=\sqrt{\frac{RVt}{3.6}} \tag{2-23}$$

取 $t=3s$，则

$$A=\sqrt{\frac{RV}{1.2}} \tag{2-24}$$

（3）依据视觉条件确定缓和曲线的参数 A　确定合理的缓和曲线参数 A，可以使线形达到顺适与美观的要求。根据跟踪驾驶员的视觉发现，当缓和曲线角小于 3°时，曲线极不明显，在视觉上容易被忽略。当缓和曲线角大于 29°时，曲线过于弯曲很难与相接的圆曲线顺接。保持缓和曲线角 β 在 3°~29°，就可以确定合适的 A 值。

$\beta_0=\dfrac{L_s}{2R}$，则 $L_s=2R\beta_0$，所以

$$A=\sqrt{RL_s}=\sqrt{R\cdot 2R\beta_0}=R\sqrt{2\beta_0}$$

将 $\beta_0=3°$ 和 $\beta_0=29°$ 代入上式，可得到下面的关系

$$\frac{R}{3}\leq A\leq R \tag{2-25}$$

上述关系只适用于 R 在某种范围内。当范围较大时（$R\geq 3000m$），即使 A 小于 $\dfrac{R}{3}$，在视觉上也是没有问题的。

4. 缓和曲线的省略

当圆曲线的半径大到一定程度时，缓和曲线的内移值很小，即使直线与圆曲线直接衔接，汽车也能正常行驶，所以在这样的段落可以省略缓和曲线。因此规范规定，在下列情况下可不设缓和曲线：

1）当圆曲线半径大于或等于所列的不设缓和曲线的最小半径时。

2）半径不同的同向圆曲线径向连接处应设置缓和曲线，但符合下列条件时可以不设缓和曲线。

① 小圆半径大于不设缓和曲线的最小半径时。

② 小圆半径大于表 2-8 所列半径，且符合下列条件之一时：小圆曲线按规定设置相当于最小缓和曲线长度的回旋线时，其大圆与小圆的内移值之差不超过 0.10m；设计速度大于或等于 80km/h，大圆半径（R_1）与小圆半径（R_2）之比小于 1.5；设计速度大于或等于 80km/h，大圆半径（R_1）与小圆半径（R_2）之比小于 2。

表 2-8　复合曲线中小圆临界曲线半径

设计速度/(km/h)	120	100	80	60	40	30
临界圆曲线半径/m	2100	1500	900	500	250	130

（三）圆曲线

各级公路和城市道路不论转角大小均应设置平曲线，而圆曲线是平曲线中的主要组成部

分。路线平面线形中常用的单曲线、复曲线、双交点或多交点曲线、虚交点曲线、回头曲线等中一般均应包含圆曲线。圆曲线具有易于地形相适应、可循环性好、线形美观、易于测设等优点，使用十分普遍。

行驶在曲线上的汽车由于受离心力作用其稳定性受到影响，而离心力的大小又与曲线半径密切相关，半径越小越不利，所以选择平曲线半径时应尽可能采用较大的值，只有在地形或其他相关条件受到限制时才可使用较小的曲线半径。

1. 圆曲线半径的计算与影响因素

为保证汽车在圆曲线上的行驶稳定性，可采用下式计算圆曲线半径 R

$$R = \frac{V^2}{127(\mu + i_1)} \tag{2-26}$$

当设超高时

$$R = \frac{V^2}{127(\mu + i_h)} \tag{2-27}$$

式中　V——设计速度（km/h）；

　　　μ——横向力系数；

i_h、i_1——超高横坡度、路面横坡度。

在设计车速 V 下，最小 R_{min} 决定于允许的最大横向力系数 μ_{max} 和该曲线的最大超高 $i_{h(max)}$。

1) 横向力系数 μ　横向力的存在对行车产生种种不利影响，μ 越大越不利，表现在以下方面：危及行车安全；增加驾驶操作的困难；增加燃料消耗和轮胎磨损；行车不舒适

2) 最大超高　在车速较大的情况下为了平衡离心力要用较大的超高，但道路行驶车辆的速度并不一致，特别是混合交通的道路上，不仅要照顾快车，还要考虑慢车的安全。对于慢车及因故暂停在弯道上的车辆，其离心力接近于 0 或者等于 0。如超高率过大，超出轮胎与路面间的横向摩阻系数，车辆有沿着路面最大合成坡度下滑的危险，因此必须：

$$i_{h(max)} \leq f_w \tag{2-28}$$

式中　f_w——一年中气候恶劣季节路面的横向摩阻系数。

《公路工程技术标准》和《公路路线设计规范》指出，超高的横坡度应根据设计速度、圆曲线半径、路面类型、自然条件和车辆组成等情况确定，必要时应按运行速度予以验算。对公路最大超高的规定见表2-9。

表2-9　各级公路圆曲线最大超高值

公路等级	高速公路、一级公路	二级公路、三级公路、四级公路
一般地区(%)	8 或 10	8
积雪冰冻地区(%)	6	
城镇区域(%)	4	

注：一般地区公路，圆曲线最大超高应采用8%；以通行中、小型客车为主的高速公路和一级公路，最大超高可采用10%。

各级公路圆曲线部分的最小超高值应与该公路直线部分的正常路拱坡度值一致。二级公路、三级公路、四级公路接近城镇且混合交通量较大的路段，车速受到限制时，其最大超高值的规定见表2-10。

表2-10 车速受到限制时最大超高值

设计速度/(km/h)	80	60	40	30	20
超高值(%)	6	4	2		

2. 最小半径确定

1) 极限最小半径 极限最小半径是各级公路按设计速度行驶的车辆能保证安全行车的最小允许半径。根据最大横向力系数 μ_{max} 和最大超高值 i_{max}，即可计算出极限最小半径。极限最小半径是路线设计中的极限值，是在特殊困难的条件下不得已才使用的，一般不轻易采用。

2) 一般最小半径 一般最小半径是指各级公路按设计速度行驶的车辆能保证安全、舒适行车而建议采用的最小允许半径。

3) 不设超高的最小半径 路面上不设超高，对于行驶在曲线外侧车道上的车辆来说是"反超高"，其 i_h 值应为负，大小与路拱坡度相同。从舒适和安全的角度考虑，μ 也应取尽可能小的值，以使乘客在曲线上有与行驶在直线上大致相同的感觉。《公路工程技术标准》制定的"不设超高的最小半径"是取 $\mu = 0.035$，$i_{max} = -0.015$ 是按式（2-27）计算取整得来的。

如前所述，选取圆曲线半径时，在与地形等条件相适应的前提下应尽量采用大半径，但半径大到一定程度时，其几何性质和行车条件与直线无太大区别，容易给驾驶人员造成判断上的错误，反而带来不良后果，同时也会增加计算和测量上的麻烦。所以《公路路线设计规范》规定圆曲线的最大半径不宜超过1万m。

（四）行车视距

为了行车安全，驾驶员需要能及时看到前方相当长一段距离，以便发现前方障碍物或来车，及时采取措施，保证行车安全，这一距离称为行车视距。行车视距是道路使用质量的重要指标之一，行车视距是否充分将直接关系到行车的安全和快速。

根据驾驶员采取的措施不同，行车视距分为如下几种：

1) 停车视距。汽车行驶时，从驾驶员发现前方障碍物时起，至障碍物前能安全制动停车所需的最短距离。

2) 会车视距。在同一车道上，两对向行驶的汽车在发现对方后，采取刹车措施安全停车，防止碰撞所需的最短距离。

3) 错车视距。在无明确分道线的双车道道路上，两对向行驶的汽车在发现对方后，采取措施避让安全错车所需的最短距离。

4) 超车视距。在双向行驶的双车道道路上，后面的快车超越慢车时，从开始驶离原车道，到完成超车回到自己的车道所需的距离。

《公路工程技术标准》中规定高速公路、一级公路应满足停车视距的要求；其他各级公路一般应满足会车视距的要求。根据计算分析得知，会车视距约是停车视距的两倍。

1. 停车视距

停车视距由驾驶者在反应时间内行驶的距离 S_1、开始制动到刹车停止所行驶的距离 S_2 组成。另应增加安全距离 5~10m，以保证汽车在障碍物前安全地停下来而不至于冲到障碍物上。停车视距 S_T 按下式计算

$$S_T = S_1 + S_2 \tag{2-29}$$

驾驶员的反应时间是指驾驶员发现障碍物后,进行判断直至制动措施生效的时间。反应时间与驾驶员有直接的关系,根据测定的资料,设计上采用反应时间 1.5s、制动生效时间 1.0s 是比较合适的,也就是总的反应时间是 2.5s。在这个时间内汽车行驶的距离为

$$S_1 = vt = \frac{V}{3.6}t \tag{2-30}$$

制动距离是指汽车在制动生效到汽车完全停止这段时间内行驶的距离。根据车的制动性或功能守恒原理得

$$S_2 = V^2/254(\Psi \pm r) \tag{2-31}$$

式中 Ψ——路面与轮胎之间的纵向摩阻系数;

r——道路阻力系数,$\Psi=f+i$,f 为道路滚动阻力系数;i 为道路坡度,上坡为"+",下坡为"-"。

一般情况下,$\Psi=f+i$ 对视距计算值的影响在 5% 左右,计算中可略去其对视距的影响。综上所述,停车视距的计算公式应为

$$S_T = S_1 + S_2 = \frac{V}{3.6}t + \frac{V^2}{254r} \tag{2-32}$$

依上式计算,路面处于潮湿状态的小客车停车视距见表 2-11。

表 2-11 各级公路停车和超车视距

设计速度 /(km/h)	行驶速度 /(km/h)	r	停车视距/m		超车视距 /m
			计算值	规定值	
120	102	0.29	212.0	210	—
100	85	0.30	153.7	160	—
80	68	0.31	105.9	110	550(350)
60	54	0.33	73.2	75	350(250)
40	36	0.38	38.3	40	200(150)
30	30	0.44	28.9	30	150(100)
20	20	0.44	17.3	20	100(70)

注:当条件受限时,超车视距可采用括号内的极限值。

城市道路视距计算与公路相仿,取值相同。

2. 超车视距

在对向行驶的双车道公路上,当视线高为 1.2m、障碍物高为 1.2m 时,后面的快车超越前面的慢车的过程中,从开始驶离原车道起,至可见逆向来车并能超越慢车后安全驶回原车道所需的最短距离为超车视距,如图 2-13 所示。为了超车的安全,驾驶员必须看到前面足够长度的车流空隙,以便保证超车时的交通安全。

全超车视距 S_c 可分为 4 部分,如下式

$$S_c = S_1 + S_2 + S_3 + S_4 \tag{2-33}$$

式中 S_1——超车汽车加速行驶的距离;

S_2——超车汽车在对向车道上行驶的距离;

S_3——超车汽车完成超车时，与对向车之间的安全距离；
S_4——在整个超车过程中，对向汽车的行驶距离。

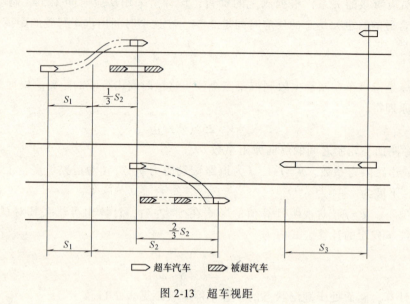

图 2-13 超车视距

1) 超车汽车加速行驶的距离。当欲超车的快车认为有超车可能时，于是加速行驶移向对向车道，在进入对向车道前行驶的距离就是超车汽车加速行驶的距离

$$S_1 = \frac{V_0}{3.6}t_1 + \frac{1}{2}at_1^2 \tag{2-34}$$

式中　V_0——被超车的行驶速度（km/h），可认为较设计速度低 5~20km/h；
　　　t_1——加速时间（s），一般为 2.7~4.5s；
　　　a——平均加速度（m/s²），0.60~0.66m/s²。

2) 超车汽车在对向车道上行驶的距离

$$S_2 = \frac{V}{3.6}t_2 \tag{2-35}$$

式中　V——超车汽车在加速后的速度（km/h），可认为是设计车速；
　　　t_2——在对向车道上行驶的时间（s），一般为 7.5~11.4s。

3) 超车后，超车汽车与对向汽车之间的安全距离。这个安全距离根据不同等级公路上的计算行车速度的不同而采用不同的值，一般取 20~100m。

4) 超车汽车从开始超车到完成超车的过程中，对向汽车行驶的距离

$$S_4 = \frac{V}{3.6}(t_1 + t_2) \tag{2-36}$$

在实际的超车过程中，不需要这样理想化的全超车视距，并且在地形较为复杂的地段实现这一目标也较为困难。实际上在超车汽车加速追上被超汽车后，一旦发现有对向来车而距离不足时，还可以回到原来的车道。这个时间一般可以取 $\frac{2}{3}t_2$，行驶的距离为 $\frac{2}{3}S_2 = \frac{2V}{10.8}t_2$；对向来车的行驶距离只考虑超车汽车进入对向车道后的时间就能够保证交通安全了。所以保

证超车安全的最小超车视距为 $\frac{2}{3}S_2+S_3+S_4$。《公路工程技术标准》的制定过程中充分考虑了超车时的各种因素，确定了各级公路的最小超车视距。

对向行驶的双车道公路，应根据需要并结合地形，在适当的距离内设置具有超车视距的路段。

3. 平面视距的保证

汽车在弯道上行驶时，弯道内侧的树木、建筑物、路堑边坡或是其他障碍物会遮挡驾驶员的视线。因此，在路线设计时必须检查平曲线的视距是否得到保证，将阻碍视线的障碍物清除，如图 2-14 所示。

一般来说，检查弯道内平面视距能否保证的方法有两种，一种是视距曲线法，一种是横净距法。

（1）视距曲线法 如图 2-15 所示，AB 是行车轨迹线，从汽车行驶轨迹线上的不同位置（图中的 1、2、3、…各点）引出一系列弧长等于需要的最短视距 S 的视线（图中的 1—1′、2—2′、3—3′等），与这些视线相切的曲线（包络线）称为视距曲线。在视距曲线与轨迹线之间的空间范围，是应保证通视的区域，在这个区域内如有障碍物则要予以清除。

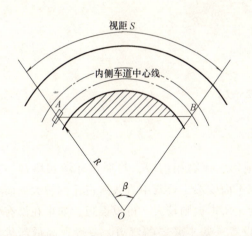

图 2-14 弯道内平面视距障碍物的清除

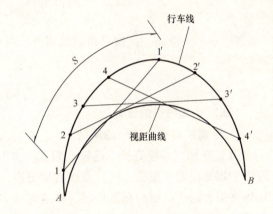

图 2-15 弯道内侧应保证的区域

（2）横净距法 在弯道各点的横断面上，汽车轨迹线与视距曲线之间的距离称横净距。计算横净距的方法有两种，一是曲线长度大于视距的情况，二是曲线长度小于视距的情况，如图 2-16 所示。

当 $L>S$ 时

$$Z = R_S - R_S \cos\frac{\beta}{2} = R_S\left(1-\cos\frac{S}{2R_S}\right)$$

将 $\cos\dfrac{S}{2R_S}$ 按三角级数展开，可得到

$$Z \approx S^2/8R_S \tag{2-37}$$

当 $L<S$ 时

$$Z = Z_1+Z_2 = R_S\left(1-\cos\frac{a}{2}\right)+\frac{S-L}{2}\sin\frac{a}{2}$$

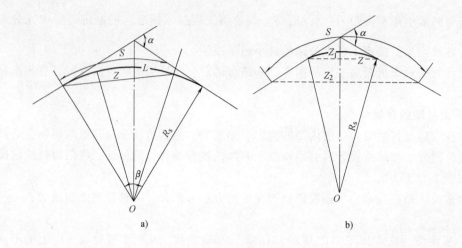

图 2-16 弯道横净距计算
a）当 $L>S$ 时 b）当 $L<S$ 时

$$= R_S\left(1-\cos\frac{L}{2R_S}\right)+\frac{S-L}{2}\sin\frac{L}{2R_S}$$

将 $\cos\dfrac{L}{2R_S}$ 和 $\sin\dfrac{S}{2R_S}$ 按三角级数展开，可得到

$$Z \approx \frac{L}{8R_S}(2S-L) \tag{2-38}$$

（五）平面线形的设计

1. 平面线形设计的一般原则

（1）平面线形应直捷、连续、顺适，并与地形、地物相适应，与周围环境相协调 在地势平坦开阔的平原微丘区，路线直捷舒顺，在平面线形三要素中直线所占比例较大。而在地势有很大起伏的山岭和重丘区，路线弯曲多变，所占比则较大。可以设想，如果在没有任何障碍物的开阔地区（如戈壁、草原等）故意设置一些不必要的弯道，或者在高低起伏的山区硬拉长直线都会令人产生不协调的感觉。路线要与地形相适应，这是集美学、经济和保护生态环境于一体的问题。直线、圆曲线、缓和曲线的选用与合理组合取决于地形、地物等具体条件，片面强调路线要以直线为主或以曲线为主，或人为规定三者的比例都是不合理的。

（2）应满足驾驶员和乘客视觉和心理上的要求 高速公路、一级公路及设计速度大于 60km/h 的公路，应注重立体线形设计，尽量做到线形连续、指标均衡、视觉良好、景观协调、安全舒适。设计速度越高，线形设计要考虑的因素就更应周全。对于设计速度小于 40km/h 的公路，首先应在保证行车安全的前提下，使用平面线形要素最小值，但应在条件允许也不过多增加工程量的情况下力求做到各种线形要素的合理组合，并避免和减少不利的组合，以期充分发挥投资效益。

（3）保持平面线形的均衡与连贯 为使一条公路上的车辆尽量以均匀的速度行驶。以下几点在设计时应充分注意：

1) 长直线尽头不能接以小半径曲线。长的直线和长的大半径曲线会导致较高的车速，若突然出现小半径的曲线，会因减速不及而造成事故。特别是长下坡方向的尽头更要注意，若由于地形限制小半径曲线不能避免时，中间应插入过渡性曲线，并使纵坡不至过大。

2) 高、低标准之间要有过渡。同一等级的公路由于地形的变化在指标的采用上会有变化，或同一条公路按不同设计速度设计的各路段之间也会形成技术标准的变化。遇有这种高、低标准变化的路段，除满足有关设计路段在长度和梯度上的要求外，还应结合地形的变化，使路线的平面线形指标逐渐过渡，避免出现突变，不同标准路段相互衔接点，应选在交通量变化处，或者驾驶员能够明显判断前方需要改变行车速度的地方。

（4）应避免连续急弯的线形　这种线形给驾驶员造成不便，给乘客的舒适性也带来不良影响。设计时可在曲线间插入足够长的直线或缓和曲线。

（5）平曲线应有足够的长度　如平曲线太短，汽车在曲线上行驶时间过短会使驾驶操纵来不及调整，一般应控制平曲线（包括圆曲线及其两端的缓和曲线）的最小长度。

道路弯道在一般情况下是由两段缓和曲线（或超高、加宽缓和段）和一段圆曲线组成，缓和曲线的长度不能小于该级公路对其最小长度的规定，中间圆曲线的长度宜有大于 3s 的行程。当条件受限时，可将缓和曲线在曲率相等处对接，此时的圆曲线长度为零。道路平曲线最小长度见表 2-12。

表 2-12　各级道路平曲线最小长度

设计车速/(km/h)		120	100	80	60	40	30	20
平曲线最小长度/m	一般值	600	500	400	300	200	150	100
	最小值	200	170	140	100	70	50	40

注："一般值"为正常情况下的采用值；"最小值"为条件受限时可采用的值。

路线转角的大小反映了路线的舒顺程度。但如果转角过小，即使设置了较大的半径也容易把曲线看成比实际的要短，造成急转弯的错觉。偏角越小这种倾向越显著，将造成驾驶者枉做减速转弯的操作。一般认为，公路转角小于或等于 7° 时属于小转角弯道。对于小偏角弯道应设置较长的平曲线，其长度应大于表 2-13 中规定的"一般值"。但受地形及其他特殊情况限制时，可减短至表中的"最小值"。

表 2-13　公路转角等于或小于 7° 时的曲线长度

设计速度/(km/h)		120	100	80	60	40	30	20
平曲线长度/m	一般值	$1400/\theta$	$1200/\theta$	$1000/\theta$	$700/\theta$	$500/\theta$	$350/\theta$	$280/\theta$
	最小值	200	170	140	100	70	50	40

注：θ 为路线转角，当 $\theta<2°$ 时，按 2° 计算。

2. 平面线形要素的组合与衔接

（1）基本形　按直线—缓和曲线—圆曲线—缓和曲线—直线的顺序组合，如图 2-17 所示。基本形中的缓和曲线参数、圆曲线最小长度都应符合有关规定。两缓和曲线参数可以相等，也可以根据地形条件设计成不相等的非对称型曲线。从线形的协调性看，宜将缓和曲线、圆曲线、缓和曲线的长度比设计成 1∶1∶1。

（2）S 形　两个反向圆曲线用回旋线连接的组合，如图 2-18 所示。S 形中相邻两个缓和曲线参数宜相等。当采用不同的参数时，A_1 与 A_2 之比宜小 1.5。此外，在 S 形曲线上，两个

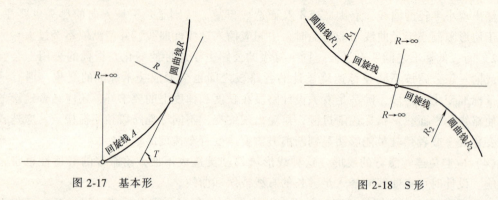

图 2-17 基本形   图 2-18 S 形

反向缓和曲线之间不应设置直线；不得已插入直线时；必须尽量地短，其短直线长度或重合段的长度 l 应符合下式

$$l \leqslant \frac{A_1+A_2}{40} \tag{2-39}$$

S 形两圆曲线半径之比不宜过大，一般控制在

$$\frac{R_1}{R_2} = 1 \sim 1/3 \quad (R_2 > R_1) \tag{2-40}$$

（3）卵形 用一个缓和曲线连接两个同向圆曲线的组合，如图 2-19 所示。卵形上的缓和曲线参数 A 不应小于该级公路关于缓和曲线最小参数的规定，同时为满足视觉要求，宜控制在下列范围之内

$$\frac{R_1}{2} \leqslant A \leqslant R_1 \quad (R_1 \text{ 为小圆半径}) \tag{2-41}$$

两圆曲线半径之比应控制在下列范围内

$$0.2 \leqslant \frac{R_1}{R_2} \leqslant 0.8 \quad (R_2 > R_1) \tag{2-42}$$

（4）凸形 在两个同向缓和曲线之间不插入圆曲线而相衔接的组合，如图 2-20 所示。凸形的缓和曲线的参数及其连接点的曲率半径，应分别符合容许最小缓和曲线参数和圆曲线一般最小半径的规定。

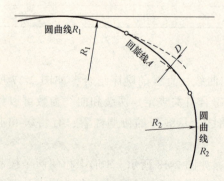

图 2-19 卵形

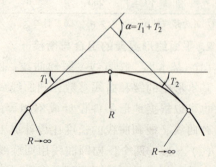

图 2-20 凸形

凸形曲线尽管在各衔接处的曲率是连续的，但因中间的圆曲线的长度为零，对驾驶操纵还是会产生一些不利因素，所以只有在布设路线特别困难时方可采用凸型。

(5) 复合形　两个以上同向缓和曲线间在曲率相等处相互连接的方式，如图 2-21 所示。复合形的两个缓和曲线参数比应控制在：$A_1 : A_2 = 1 : 1.5$。复合型回旋线除了受地形和其他特殊条件限制外一般很少使用，多出现在互通式立体交叉的匝道线形设计中。

(6) C 形　同向曲线的两回旋线在曲率为零处相衔接的形式，如图 2-22 所示。其连接处的曲率为零，相当于两个基本型的同向曲线中间直线长度为零，这种线形对行车也会产生不利影响。因此，C 形曲线只有在特殊地形条件下方可采用。

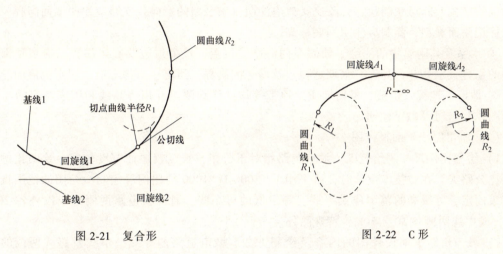

图 2-21　复合形　　　　　　　　　　图 2-22　C 形

(六) 道路平面设计成果

完成道路平面设计时即完成了各种图表的计算填写与绘制。平面设计包括的主要设计图有路线平面设计图、路线交叉设计图、平面布置图等，主要表格有直线、曲线及转角表、路线交点坐标表、逐桩坐标表、路线固定点表、总里程及断链桩号表等。各种设计图的绘制和各种表格的填写都应符合交通部颁发的"设计文件图表示例"中的要求。

1. 路线平面设计图

(1) 公路路线平面设计图　路线平面设计图是道路设计文件的重要组成部分。该图全面、清晰地反映了道路平面位置和经过地区的地形、地物等，它是设计人员设计意图的重要体现。

1) 平面图的比例尺。公路路线平面图是指包括道路中线在内的有一定宽度的带状地形图。若用于工程可行性研究、初步设计阶段的方案研究与比选，可采用 1:5000 或 1:10000 的比例尺测绘（或向国家测绘部门和其他工程单位搜集）。但作为初步设计、施工图设计的设计文件组成部分应采用更大的比例尺，一般常用的是 1:2000，在平原微丘区可用 1:5000。地形特别复杂地段的路线初步设计、施工图设计可用 1:1000。若为纸上移线，则比例尺更大。

2) 路线平面图的内容及绘制方法。

① 导线及道路中线的展绘。在展绘导线或中线以前，需按图幅的合理布局，绘出坐标方格网，坐标方格网尺寸采用 5cm 或 10cm，要求图廓网格的对角线长度和导线点长度误差

不大于 0.05m。然后按导线/点（或交点，下同）坐标精确地点绘在相应的位置上。每张导线图展绘完毕后，用三棱尺逐点复核各点间距，再用半圆仪校核每个角度是否与计算相符，复核无误后，再按"逐桩坐标表"提供的数据展绘曲线，并注明各曲线主要点以及公里桩、百米桩、断链桩位置。对导线点、交点逐个编号，注明路线在本张图中的起点和终点里程等。

② 控制点的展绘。各种比例尺的地形图均应展绘和测出等级三角点、导线点、图根点、水准点等，用规定的符号表示。

③ 各种构造物的测绘。各类建筑物、构造物及其主要附属设施应按《工程测量规范》的规定测绘和表示。各种线状物，如管线、高低压线等应实测其支架或电杆的位置。道路及其附属物应按实际形状测绘，公路交叉口应注明每条公路的走向。铁路应注明轨面高程，公路应标记路面类型，涵洞应注明洞底标高。

④ 水系及其附属物的测绘。如海洋的海岸线位置，水渠顶边及底边高程，堤坝顶部及坡脚的高程，水井井台高程，水塘塘顶边及塘底的高程。河流、水沟等应注明水流流向。

⑤ 地形、地貌、植被、不良地质、地带等均应详细测绘并用等高线和国家制定的"地形图图式"符号及数字注明。

(2) 城市路线平面设计图

1) 绘图比例尺和测绘范围。城市道路相对于公路，长度较短而宽度较宽，绘图比例尺一般比公路大。在做技术设计时，可采用 1:500~1:1000 的比例尺绘制。绘图的范围视道路等级而定，等级高的范围应大一些，等级低的可小些。通常在道路两侧红线以外各 20~50m，或中线两侧各 50~150m，特殊除外。

2) 城市道路平面设计图的内容及绘制方法。城市道路的导线、中线及路线两侧的地形、植物、水系、植被等的绘制方法与公路相同，不再重复，下面就城市道路中线各种设施的绘制方法做一介绍。

① 规划红线。道路红线是道路用地与城市其他用地的分界线，红线之间的宽度也就是城市道路的总宽度，所以当道路的中心线画出以后，应按城市道路的规划宽度画出道路红线。如果有远期规划和近期规划，都应画出并注明。

② 坡口、坡脚线。新建道路由于原地面高低起伏必然有填有挖。填方路段在平面图中应画出路基的坡脚线；挖方路段画出路基的坡口线。路基的坡口线与坡脚线在一般公路平面图中由于比例尺较小不易表达，但在高速公路和一级公路中有时也要求绘制。

③ 车道线。城市道路的车道线是城市道路平面设计图的重要内容。在路幅宽度内，有机动车道、非机动车道，在机动车道中还分快车道、慢车道等。各种车道线的位置、宽度可在横断面布置图中查得，一一画在平面图中。车道的曲线部分应按设计的圆曲线半径、缓和曲线长度绘制。各车道之间的分隔带、路缘带等也应绘出。

④ 人行道、人行横道线、交通岛。按设计绘出人行道、人行横道线和交通岛的位置及尺寸。

⑤ 管线及排水设施。按设计绘制地上、地下管线的走向和位置，雨水进水口，窨井、排水沟等都应在图中标出。必要时，需分别另绘出排水管线平面图。

⑥ 交叉口。平面交叉口、立体交叉口虽然有专门的交叉口设计图，但在平面设计图中也应该按平面图的比例尺画出并详细注明交叉口的各路去向、交叉角度、曲线元素及路缘石

转弯半径。

一张完整的平面设计图，除了清楚而正确地表达上述设计内容外，还可以对某些细部设施或构件画出大样图。最后在图中的空白处进行一些简要的工程说明，如工程范围、采用坐标系、引用的水准点位置等。

2. 逐桩坐标表

高等级公路的线形指标一般较高，具体表现就是圆曲线半径较大，缓和曲线较长，在测设和放线过程中要求使用坐标法，以保证测量精度。因此，在设计文件中提供逐桩坐标表是十分必要的。逐桩坐标是每个中桩的坐标，一般按如下步骤进行计算：

（1）计算导线点坐标　采用两阶段勘测设计的公路或一阶段设计但遇地形困难的路段，一般都要先做平面控制测量，而路线的平面控制测量多采用导线测量的方法，在有条件时可优先采用全球定位系统（简称 GPS）测量的方法。导线测量的方法有经纬仪导线法、光电测距仪法和全站型电子速测仪法。其中全站仪可以直接读取导线点的坐标，其他方法可以在测得各边边长及其夹角后，用坐标增量法逐点推算其坐标。用 GPS 定位技术观测，则可在测站之间不通视的情况下，高精度、高效率地获得测点的三维坐标。

（2）计算交点坐标　在导线点的精度满足要求并经平差后，即可展绘在图纸上，用以测绘地形图（纸上定线），或以导线点为依据在现场直接测得路线各交点的坐标（直接定线）。纸上定线的交点坐标可以在图纸上量取，而直接定线的交点坐标若是用全站仪测量也可以很方便地获得（见工程测量相关教材）。

（3）计算各中桩坐标　可先计算直线和曲线主要点坐标，然后计算缓和曲线、圆曲线上每一个中桩的坐标。有关中桩坐标的计算方法，参见工程测量相关教材。

二、道路纵断面设计

（一）纵坡及坡长设计

1. 纵坡设计的一般要求

为使纵坡达到经济合理的目的，必须全面掌握勘测资料，结合选线的意图进行综合分析、比较，确定较为合理的坡度及坡长。因此，纵坡设计应满足如下的要求：

1) 纵坡设计必须满足《公路工程技术标准》中关于纵坡的各项规定。

2) 保证驾驶的安全性，纵坡应具有一定的平顺性，起伏不宜过大和频繁。尽量避免采用极限坡值。山区道路垭口处的纵坡应尽量放缓一些。连续升坡或降坡时，应尽量避免设置反坡。

3) 纵坡设计应对沿线的自然条件，如地形、土壤地质、水文、气候等做综合考虑，具体情况具体处理，最大限度地保证路基的稳定和道路交通的畅通。

4) 填挖平衡是纵坡设计的重要控制因素，尽量就近挖填以减少借方，节省土石方数量和其他工程量，降低工程造价。

5) 纵坡设计时应充分考虑农田水利方面的需要，尽量照顾当地民间运输工具、农业机械等运输条件的要求。

6) 尽量减少道路的修建对环境的影响。

2. 纵坡设计的基本规定

道路纵断面设计线的起伏状况以坡度及坡长表示，坡度的大小及坡长的长短直接与行驶的车辆有关。为了保证车辆行驶的安全、快速与舒适,纵坡设计必须满足车辆行驶的要求。

(1) 最大纵坡 最大纵坡是指在进行纵坡设计时,各级公路允许采用的最大纵坡值。它是纵坡设计的一项重要控制指标。在地形起伏较大的地区,最大纵坡的控制将直接影响路线的长短、使用质量、运输成本及工程造价。各级道路的最大纵坡一般根据汽车的动力特性、道路等级、自然条件等因素确定的。

1) 汽车的动力特性。按照道路上行驶的车辆的类型及其动力特性来确定汽车在规定的速度下的爬坡能力,最后确定道路的最大设计纵坡。

2) 道路等级。道路等级越高,交通密度越大,行车速度越高,要求纵坡设计越平缓;相反,较低等级的道路,则可采用较大的纵坡值。

3) 自然因素。道路经过地区的地形起伏情况、海拔高度、气候条件等因素均对汽车的行驶产生影响,因此在进行纵坡设计时应充分考虑以保证汽车行驶的安全。

针对上述情况,充分考虑各级道路的行驶条件,《公路工程技术标准》中对各级道路的最大纵坡做了相应的规定,见表2-14。

表2-14 公路最大纵坡

设计速度/(km/h)	120	100	80	60	40	30	20
最大纵坡(%)	3	4	5	5	7	8	9

纵坡过大对行车危害极大。汽车沿较大坡度上坡行驶时,因要克服较大阻力需增大牵引力,车速将降低,若坡长过长,汽车水箱可能出现开锅、汽阻的情况,严重时还可能使发动机熄火,使驾驶条件变坏;下坡行驶时,制动次数增加,制动器容易发热、失效,容易引发车祸。当道路泥泞时,情况更加严重。

各级公路的设计最大纵坡必须满足规定。设计速度为120km/h、100km/h、80km/h的高速公路,受地形条件或其他特殊情况限制时,经技术经济论证,最大纵坡可增加1%;公路改扩建中,设计速度为40km/h、30km/h、20km/h的利用原有公路的路段,经技术经济论证,最大纵坡可增加1%。

《城市道路工程设计规范》对机动车道最大纵坡做了规定,见表2-15,并要求:

1) 新建道路应采用小于或等于最大纵坡一般值;改建道路、受地形条件和其他特殊情况限制时,可采用最大纵坡极限值。

2) 除快速路的其他等级道路,受地形条件或其他特殊情况限制时,经技术经济论证后,最大纵坡极限值可增加1.0%。

3) 积雪或冰冻地区的快速路最大纵坡不应大于3.5%,其他等级道路最大纵坡不应大于6.0%。

表2-15 机动车道最大纵坡

设计速度/(km/h)		100	80	60	50	40	30	20
最大纵坡(%)	一般值	3	4	5	5.5	6	7	8
	极限值	4	5	6	6	7	8	8

(2) 高原坡度折减 高原地区空气稀薄会使汽车的功率和汽车的驱动力降低,从而导致汽车的爬坡能力下降;另外,高原地区汽车水箱中的水易沸腾会导致汽车的冷却系统破

坏。因此在高原地区宜采取措施使汽油充分燃烧，避免随海拔增高而使车辆功率降低过大，道路纵坡设计中宜采用较小的最大纵坡。设计速度小于或等于 80km/h 且位于海拔 3000m 以上高原地区公路，最大纵坡应按表 2-16 的规定予以折减。最大纵坡折减后若小于 4%，则仍采用 4%。

表 2-16　高原纵坡折减值

海拔高度/m	3000～4000	>4000～5000	5000
折减值(%)	1	2	3

（3）平均纵坡　平均纵坡是指在一定的长度范围内，路线在纵向克服的高差与水平距离之比，是衡量纵断面线形好坏的重要指标。在纵坡设计中，特别是地形较为复杂的地区，设计者可能多次使用最大纵坡，但如何控制最大纵坡的使用频率，使纵断面线形在整体上满足规范的要求，《公路工程技术标准》规定：二、三、四级公路越岭线的连续上坡（或下坡）路段，相对高差为 200～500m 时，平均纵坡不应大于 5.5%；相对高差大于 500m 时，平均纵坡不应大于 5%。任何连续 3km 路段的平均纵坡不应大于 5.5%。城市道路的平均纵坡可以相应地减小 1%。对于海拔高度在 3000m 以上的高原地区，平均纵坡应低于规定值 0.5%～1.0%。

平均纵坡的计算公式：

$$i_p = \frac{H}{L} \times 100 \tag{2-43}$$

式中　i_p——平均坡度（%）；
　　　L——路线长度（m）；
　　　H——路线长度 L 两端的高差（m）。

山区高速公路连续下坡路段平均纵坡的路线长度大于表 2-17 中的值时为连续长陡下坡路段，其长度按以下原则确定：平均纵坡小于 2% 时，不限坡长，称为长缓坡；当连续下坡中出现长度较短的反坡或缓坡时，仍应作为一个连续长陡下坡路段；连续长陡下坡路段两端延长线的平均纵坡应小于 2%。

表 2-17　山区高速公路连续长陡下坡路段的界定标准

分类	平均纵坡度(%)						
	2.0	2.5	3.0	3.5	4.0	4.5	5.0
路线长度/km	15	7.5	3.5	3.0	2.5	2.0	2.0

在山区高速公路连续长陡下坡路段的平均纵坡度控制中，注意以下各点：

1）高速公路和一级公路的连续下坡路段，任意连续 3km 的平均纵坡不宜大于 4.0%，相对高差大于 300m 时，平均纵坡不宜大于 2.5%。

2）连续长陡下坡路段各种平均纵坡度的路线长度宜小于表 2-18 中的一般值；特别困难地区，且大车所占比例较少时，经论证通过限制车辆下坡的速度，设置相应的安全防护措施，行车安全基本有保障时可考虑采用表 2-18 中的最小值。

3）在积雪冰冻地区不允许采用表 2-18 中最小值。

4）连续下坡过程尽量设置较长的缓坡，有条件时最好设置反坡。当设置反坡后出现某一种或一种以上平均坡度的路线长度大于表 2-18 中的一般值,应该设置下坡方向缓坡或长缓坡。

5)连续长陡下坡路段均应设置交通工程安全设施,严禁驾驶员采用空挡下坡,并应控制合理的下坡速度。

表 2-18 平均纵坡度与路线长度建议值

分类	平均纵坡度(%)						
	2.0	2.5	3.0	3.5	4.0	4.5	5.0
一般值/m	15	9.5	4.0	3.5	3.0	2.5	2.0
最小值/m	—	12.0	4.5	4.0	3.5	3.0	2.5

(4)坡长限制 坡长限制主要有两个方面的内容,即最小坡长的限制和最大坡长的限制。

1)最小坡长限制。在纵坡设计中,如果不限制最小坡长,会造成变坡点过多,车辆行驶颠簸、频繁变化,在增重和失重时使乘客感觉不舒适,这种情况在车速高时表现得更加突出。从路容上看,相邻两竖曲线的敷设和纵断面视距保证等条件也要求坡长应设置最短长度。各级公路的最小坡长可以按照表 2-19 选用,但平面交叉口、立体交叉的匝道以及过水路面可不在此限制之列。

表 2-19 各级公路最小坡长

设计速度/(km/h)	120	100	80	60	40	30	20
公路最小坡长/m	300	250	200	150	120	100	60

2)最大坡长限制。各级公路不同纵坡最大坡长见表 2-20。

表 2-20 各级公路不同纵坡最大坡长

	设计速度/(km/h)	120	100	80	60	40	30	20
纵坡坡度(%)	3	900	1000	1100	1200	—	—	—
	4	700	800	900	1000	1100	1100	1200
	5	—	600	700	800	900	900	1000
	6	—	—	500	600	700	700	800
	7	—	—	—	—	500	500	600
	8	—	—	—	—	300	300	400
	9	—	—	—	—	—	200	300
	10	—	—	—	—	—	—	200

《城市道路工程设计规范》对最大坡长进行限制,见表 2-21。

表 2-21 城市道路不同纵坡时的最大坡长

设计速度/(km/h)	100	80	60			50			40		
纵坡(%)	4	5	6	6.5	7	6	6.5	7	6.5	7	8
最大坡长/m	700	600	400	350	300	350	300	250	300	250	200

(5) 缓和坡段 在设计中，当纵坡的设计达到限制坡长时，应设置一段缓坡，用以恢复在陡坡上降低的速度。缓和坡段的坡度不大于3%，一般情况下缓和坡段宜采用小于或等于2.5%的坡度，其长度应符合纵坡长度的规定。

缓和坡段的具体位置应结合纵向地形起伏情况，尽量减少填挖方工程量。一般情况下，缓和坡段应设置在直线或较大的平曲线上，最大限度地发挥缓和坡段的作用。当有必要在较小半径的平曲线上设置缓和坡段时，应适当增加缓和坡段的长度，使缓和坡段端部的竖曲线位于平曲线之外。

在实际设计中，有时某一坡度坡长未达到限制坡长时可变换坡度，但其长度应按坡长限制的规定进行折算。如一条设计速度为60km/h的公路，一段纵坡为5.0%，长500m，该长度是限制坡长的5/8，如相邻坡段的坡度是6.0%，其坡长则不应超过600×3/8m=225m。

(6) 桥上及桥头纵坡

1) 小桥与涵洞处的纵坡应随路线纵坡设计。

2) 大桥的纵坡不宜大于4%，桥头引道纵坡不宜大于5%，引道紧接桥头部分的线形应与桥梁线形匹配。

3) 位于城镇混合交通繁忙处的桥梁，桥上纵坡及桥头引道纵坡均不得大于3%。

4) 对于易结冰、积雪的桥梁，桥上纵坡宜适当减小。

(7) 隧道及洞口两端路线的纵坡

1) 隧道内的纵坡应控制在0.3%~3%，但短于100m的隧道不受此限制。

2) 高速公路、一级公路的中、短隧道，当条件受限时，经技术经济论证、交通安全评价后最大纵坡可适当加大，但不宜大于4%。

3) 隧道的纵坡宜设置成单向坡，地下水发育的隧道及特长、长隧道宜采用人字坡。

(8) 互通式立交范围内主线的纵坡 互通式立交范围内主线的最大纵坡规定见表2-22。当主线以较大的下坡进入互通式立交叉，且减速车道也为下坡，随后匝道线形指标较低时，主线纵坡不得大于括号内的值。

表2-22 互通式立交区主线最大纵坡

设计速度/(km/h)		120	100	80	60
最大纵坡 (%)	一般值/m	2	2	3	4.5(4.0)
	最大值/m	2	3(2)	4(3.5)	5.5(4.5)

(9) 城镇附近路线纵坡 位于市镇附近非汽车交通比例较大的路段，纵坡可根据具体情况适当放缓；平原、微丘区宜不大于2%~3%；山岭、重丘区宜不大于4%~5%。

(二) 爬坡车道、变速车道及避险车道设计

1. 爬坡车道

爬坡车道是在陡坡路段主线外侧增设的供载重汽车使用的专用车道。

在纵坡较大的路段，由于载重汽车爬坡时需要克服较大的坡度阻力，致使汽车的速度下降，能较大程度地影响小汽车的行驶自由度，从而导致道路的通行能力降低，这时应该设置爬坡车道。特别是高等级公路为消除这种不利影响，更应在陡坡路段设置爬坡车道。把重车从车流中分离出去，既确保了交通安全，又增大了该路段的通行能力。

设置爬坡车道仅是权宜之计，应追求的是设计最理想的纵坡。但有时要从经济、技术角

度出发,权衡两个方面的利益,选择最合适的方案。

(1) 爬坡车道的设置条件 《公路工程技术标准》中规定:高速公路、一级公路及二级公路的连续上坡路段,当通行能力、运行安全受到影响时,应设置爬坡车道。爬坡车道宽度不应小于3.5m。这只是一般规定,在实际使用中还应充分考虑爬坡路段大型车的混入率对降低路段通行能力的影响程度以及其他各方面的因素,根据分析结果来决定是否设置爬坡车道。通过论证分析,对符合下列情况者,可以设置爬坡车道:

1) 沿上坡方向载重汽车的行驶速度降低到表2-23所列的允许最低速度以下时。

表2-23 上坡方向允许最低速度

设计速度/(km/h)	120	100	80	60
允许最低速度/(km/h)	60	55	50	40

2) 上坡路段的设计通行能力小于设计小时交通量时。

3) 经设置爬坡车道与改善主线纵坡不设爬坡车道技术比较论证,设置爬坡车道的效益费用比、行车安全性较优时。

对于双向六车道以上的高速公路可以不设爬坡车道,当处于不利地形条件时,可以将外侧车道作为爬坡车道使用。

山岭地区的高速公路,由于地形条件较复杂,纵坡设计的控制因素较多,设计速度一般控制在80km/h以下,对于是否设置爬坡车道应从工程的任务、性质以及投资、规模和工程技术出发,综合考虑建设条件,进行详细的论证以后再确定。

(2) 爬坡车道的设计 爬坡车道的起点应设于陡坡路段上坡方向载重汽车的运行速度降低到表2-23的允许最低速度处。爬坡车道的终点应设于载重汽车爬经陡坡路段后恢复至允许最低速度处,因此载重汽车爬坡完后,应设置一段附加长度以便于载重车辆恢复速度至最低允许速度。陡坡路段后延伸的附加长度规定见表2-24。

表2-24 陡坡路段后延伸的附加长度

附加路段的纵坡(%)	下坡	平坡	上坡			
			0.5	1.0	1.5	2.0
附加长度/m	100	100	200	250	300	350

爬坡车道的起、终点的具体位置还应充分考虑与线形的关系。通常应设在通视条件良好的路段,容易辨认,并且容易与主线连接顺适。

爬坡车道起、终点应分别设置分流渐变段和汇流渐变段,渐变段长度用以使驶离及驶入正线的车辆分别顺势进入爬坡车道及正线。分流、汇流渐变段长度规定见表2-25。

表2-25 爬坡车道分流、汇流渐变段长度

公路等级	分流渐变段长度/m	汇流渐变段长度/m
高速公路、一级公路	100	150~200
二级公路	50	90

爬坡车道的总长度应由分流渐变段长度、爬坡车道长度(含附加长度)和汇流渐变段长度组成。

2. 变速车道

变速车道是加速车道和减速车道的总称。加速车道是为了使车辆在进入主线之前,能安全地加速以保证汇流所需的距离而设的变速车道。减速车道是为了保证车辆驶出高速公路时能安全减速而设置的变速车道。

(1) 变速车道的布置条件 《公路工程技术标准》中明确规定:高速公路、一级公路的互通式立体交叉、服务区、停车区、公共汽车停靠站、管路与养护设施等与主线衔接出入口处,应设置加减速车道。其宽度应为 3.50m。枢纽互通式立体交叉的加减速车道宽度宜为 3.75m。

(2) 变速车道的设计 变速车道有直接式和平行式两种。一般加速车道多采用平行式,减速车道原则上采用直接式。变速车道的横断面形式与一般车道相同,布置在主线的右侧。设置加减速车道路段,路基应相应加宽,不得占用硬路肩宽度。变速车道的平面由加(减)速车道和三角端组成,主要设计尺寸包括加(减)速车道的长度、三角端的长度和流入(出)角。

1) 加(减)速车道的长度。加速车道的长度是指车辆从匝道加速到驶入到主线进行合流必需的长度;减速车道的长度是指从主线驶出的车辆驶入匝道前减速必需的长度。一般按下式计算

$$L = \frac{V_2^2 - V_1^2}{26a} \tag{2-44}$$

式中 V_1——匝道设计速度(km/h);

V_2——主线设计速度(km/h);

a——汽车平均的加(减)速度(m/s²),一般加速度 $a = 2 \sim 3 \text{m/s}^2$,减速度 $a = 0.8 \sim 1.2 \text{m/s}^2$。

2) 流入(出)角。流入(出)角是指直接式变速车道中线与主线的夹角。匝道出入口端部的设置应使车辆变速圆滑而安全地进行,并使匝道端部处主线与匝道线形相协调,相互通视且易于识别。

(三) 道路平、纵线形组合设计

1. 视觉分析

(1) 视觉分析的意义 道路设计时除应充分考虑自然条件、汽车运动力学等方面的要求以外,还必须考虑驾驶员的心理和视觉上的反应。汽车在道路上快速行驶时,驾驶员通过视觉、运动感觉来判断道路线形条件、路面条件及其他交通信息,因此,视觉是连接道路与汽车的重要媒介。从运动视觉出发研究道路的空间线形与周围景观的配合,是较先进的设计理论,这样能充分地保持线形的连续性,使行车具有足够的舒适感和安全感。

(2) 驾驶员的视觉规律 驾驶员的视觉规律与车速密切相关,车速越高,则视线的集中点越远,视角越小。国内外的研究表明:驾驶员的注意力集中和心理紧张程度随车速的增加而增加。在汽车高速行驶时,驾驶员对前景细节的视觉开始变得模糊不清,视角也随车速的增加逐渐变窄。

综上所述,驾驶员在高速行车时,主要注意力是用来观察视点较远路段的线形状况,因此,必须使驾驶员能准确地了解线形,避免由于判断失误而导致交通事故。

2. 道路平、纵线形组合设计

道路的线形状况是指道路的平面和纵断面组成的立体形状。线形设计首先从路线规划开始，然后按照选线，平面线形设计，纵断面线形设计和平、纵线形组合设计的过程进行，最终展现在驾驶员面前的是平、纵、横三者组合的立体线形，特别是平、纵线形的组合对立体线形的优劣起着至关重要的作用。

平、纵线形组合设计是指在满足汽车动力学和力学要求的前提下，研究如何满足视觉和心理方面的连续、舒适，与周围环境的协调和良好的排水条件。在高等级公路的设计中必须注重平、纵线形的合理组合。

(1) 平、纵线形组合设计的一般原则

1) 在视觉上能自然地诱导驾驶员的视线，并保持视线的连续性。任何使驾驶员感到迷惑和判断失误的线形都有可能导致操作的失误，最终导致交通事故。

2) 保持平、纵线形的技术指标大小均衡。它不仅影响线形的平顺性，而且与工程费用密切相关，任何单一提高某方面的技术指标都是毫无意义的。

3) 为保证路面排水和行车安全，必须选择合适的合成坡度。

4) 注意和周围环境的配合，以减轻驾驶员的疲劳和紧张程度。特别是在路堑地段，要注意路堑边坡的美化设计。

(2) 平曲线和竖曲线的组合

1) 平曲线和竖曲线应相互重合，且平曲线应稍长于竖曲线。这种组合是使平曲线和竖曲线相互对应，竖曲线的起终点落在平曲线的两个缓和曲线，即"平包竖"。这种立体线形不仅能起到诱导视线的作用，而且可以取得平顺而流畅的效果。但在实际生产中往往不能完全达到这一点，如果平、竖曲线的顶点错开不超过曲线长度的1/4，即可取得较好的视觉效果。

2) 平、竖曲线大小应保持均衡。平、竖曲线的线形，其中一方大而平缓时，另一方切忌不能多而小。一条长的平曲线内有两条以上的竖曲线，或一条长的竖曲线内含有两条以上的平曲线，从视觉上都会形成扭曲的形状。德国统计资料表明，如果平曲线的半径小于1000m，竖曲线的半径为平曲线的10~20倍时，可以达到均衡的目的。

3) 明、暗弯与凹、凸形竖曲线的组合。明弯与凹形竖曲线及暗弯与凸形竖曲线的组合是合理的，比较符合驾驶员的心理反应和视觉反应。对于明弯与凹形竖曲线及暗弯与凸形竖曲线的组合，当坡差较大时，一般给人留下舍缓坡、近路不走，而故意爬坡、绕弯的感觉。山区公路设计有时难以避免这种情况，但只要坡差不大，对行车的影响也不是太大。

4) 避免的组合。平、竖曲线的组合设计能够满足以上要求是最好的，但有时往往受各种条件的限制不能满足，这时应注意：

① 要避免使凸形竖曲线的顶部或凹形竖曲线的底部与反向平曲线的拐点重合。二者都存在不同程度的扭曲外观，前者会使驾驶员操作失误，引起交通事故；后者虽无视觉诱导问题，但路面排水困难，易产生积水。

② 小半径竖曲线不宜与缓和曲线重叠。凸形竖曲线诱导性差，事故率较高；凹形竖曲线路面排水不良。

③ 设计速度大于40km/h的道路，应避免在凸形竖曲线顶部或凹形竖曲线底部插入小半径的平曲线。前者失去诱导视线的作用，驾驶员须接近坡顶才能发现平曲线，导致不必要的

减速或交通事故；后者会出现汽车高速行驶时急转弯，行车极不安全。

（3）直线与纵断面的组合　平面的长直线与纵断面的直坡线配合，对双车道道路超车方便，在平坦地区易与地形相适应，但行车单调乏味，容易使驾驶员产生疲劳。直线上只有一次变坡是很好的平、纵组合，从美学观点讲以包括一个凸形竖曲线为好，而包括一个凹形线次之；直线中短距离内二次以上变坡会形成反复凸凹的"驼峰"和"凹陷"，看上去线形既不美观也不连贯，使驾驶员的视线中断。因此，只要路线有起有伏，就不要采用长直线，最好使平面线形随纵坡的变化略加转折，并把平、竖曲线合理地组合。尽量避免驾驶员一眼能看到路线方向转折两次以上或纵坡起伏三次以上。

（4）平、纵线形组合与景观的协调配合　道路作为一种人工构造物，应将其视为景观对象来研究。修建道路会对自然景观产生影响，有时还会产生一定的破坏。道路两侧的自然景观反过来又会影响道路上汽车的行驶，特别是对驾驶员的视觉、心理以及驾驶操作等产生很大影响。

平、纵线形组合必须是在充分与道路所经地区的景观相配合的基础上进行。否则，即使线形组合满足有关规定也不一定是良好设计。对于驾驶员来说，只有看上去具有顺滑优美的线形和景观，才能称为舒适和安全的道路。对设计速度高的道路，平纵线形组合设计与周围景观配合尤为重要。

（四）纵断面设计步骤和应注意的问题

1. 纵断面设计的步骤

1）准备工作。纵坡设计（俗称拉坡）之前在厘米格图纸上，按比例标注里程桩号和点绘地面线，填写有关内容。同时，收集和熟悉有关资料，并领会设计意图和要求。

2）标注控制点。控制点是指影响纵坡设计的标高控制点。如路线起、终点，越岭垭口，重要桥涵，地质不良地段的最小填土高度、最大挖深，沿溪线的洪水位，隧道进出口，平面交叉和立体交叉点，铁路道口，城镇规划控制标高及受其他因素限制路线必须通过的标高控制点等。山区道路还有根据路基填挖平衡关系控制路中心填挖值的标高点，称为"经济点"。它是用"路基断面透明模板"在横断面图上得到的。在使用时将"模板"扣在横断面图上使中线重合，上下移动，使填、挖面积大致相等，此时"模板"上路基顶面到中桩地面线的高差为经济填、挖值，将此值按比例点绘到纵断面相应桩号上即经济点。平原区道路一般无经济点问题。

3）试坡。在已标出"控制点""经济点"的纵断面图上，根据技术指标、选线意图，结合地面起伏变化，本着以"控制点"为依据，照顾多数"经济点"的原则，在这些点位间进行穿插与取直，试定出若干直坡线。对各种可能坡度线方案反复比较，最后定出既符合技术标准，又满足控制点要求，且土石方较省的设计线作为初定坡度线。将前后坡度线延长交会出变坡点的初步位置。

4）调整。将所定坡度与选线时坡度的安排比较，二者应基本相符。若有较大差异应全面分析，权衡利弊，决定取舍。然后对照技术标准检查设计的最大纵坡、最小纵坡、坡长限制等是否满足规定，平、纵组合是否适当，以及路线交叉、桥隧和接线等处的纵坡是否合理，若有问题应进行调整。调整方法是对初定坡度线平抬、平降、延伸、缩短或改变坡度值。

5）核对。选择有控制意义的重点横断面，如高填深挖、地面横坡较陡路基、挡土墙、重要桥涵及其他重要控制点等，在纵断面图上直接读出对应桩号的填、挖高度。用"模板"在横断面图上"戴帽子"，检查是否填挖过大、坡脚落空或过远、挡土墙工程过大、桥梁工程过高或过低、涵洞过长等情况，若有问题应及时调整纵坡。在横坡陡峻地段核对更显重要。

6）定坡。经调整核对无误后，逐段把直坡线的坡度值、变坡点桩号和标高确定下来。坡度值可用三角板推平行线法确定，要求取值到 0.1%。变坡点一般要调整到 10m 的整桩号上，相邻变坡点桩号之差为坡长，变坡点标高是由纵坡度和坡长依次推算得到的。

7）设置竖曲线拉坡时已考虑了平、纵组合问题，根据技术标准、平纵组合均衡等确定竖曲线半径，计算竖曲线要素。

2. 纵坡设计应注意的问题

1）设置回头曲线地段，拉坡时应按回头曲线技术标准先定出该地段的纵坡，然后从两端接坡。应注意在回头曲线地段不宜设竖曲线。

2）大中桥上不宜设置竖曲线，桥头两端竖曲线起、终点应设在桥头 10m 以外。

3）小桥涵允许设在斜坡地段或竖曲线上，为保证行车平顺，应尽量避免在小桥涵处出现"驼峰式"纵坡。

4）注意平面交叉口纵坡及两端接线要求。道路与道路交叉时，一般宜设在水平坡段，其长度不应小于最短坡长规定。两端接线纵坡应不大于 3%，山区工程艰巨地段不应大于 5%。

（五）城市道路纵断面设计的一般原则

城市道路纵断面设计，除了前面讲述的最大和最小纵坡、坡长限制、平均纵坡、竖曲线最小半径和最短长度、平纵组合的要求以外，还应满足由城市道路的特点决定的具体要求。

1）纵断面设计应参加城市规划设计标高，适应临街建筑立面布置，以及沿路范围内地面水的排除。

2）应与相交道路、街坊、广场和沿街建筑物的出入口有平顺的衔接。

3）山城道路及新建道路的纵断面设计应尽量使土石方平衡。

4）旧路改建宜尽量利用原有路面，若加铺结构层时，不得影响沿路范围的排水。

5）机动车与非机动车混合行驶的车行道，最大纵坡宜不大于 3%，以满足非机动车爬坡能力的要求。

6）道路最小纵坡应不小于 0.3%，当遇特殊困难纵坡小于 0.3%时，应设置锯齿形边沟或采取其他综合排水能力措施。

7）道路纵断面设计必须满足城市各种地下管线最小覆土深度的要求。

三、道路横断面设计

（一）道路横断面组成

1. 公路横断面组成

公路横断面的组成和各部分的尺寸要根据设计交通量、交通组成、设计车速、地形条件等因素确定。在保证必要的通行能力、交通安全与畅通的前提下，尽量做到用地省、投资少，使道路能发挥其最大的经济效益和社会效益。

（1）路幅的构成　路幅是指公路路基顶面两路肩外侧边缘之间的部分。路幅有两种布置方式，一种是有分隔带，一种是无分隔带。等级高、交通量大的公路（如高速公路、一级公路）适用于第一种方式。分隔的方式有两种：一种是用分隔带分隔，另一种是将上、下行车道放在不同的平面上加以分隔。前者称整体式断面，后者称分离式断面。整体式断面包括车道、中间带（中央分隔带及左侧路缘带）、路肩（硬路肩及土路肩）及紧急停车带、爬坡车道、加（减）速车道等组成部分。分离式断面包括行车道、路肩（硬路肩及土路肩）及紧急停车带、爬坡车道、加（减）速车道等组成部分。不设分隔带的整体式断面二级公路的路基横断面包括行车道、路肩、爬坡车道等组成部分；二级公路位于中、小城市城乡接合部、混合交通量大的连接线路段，实行快、慢车道分开行驶时，可根据当地经验设置右侧硬路肩；三、四级公路的路基横断面包括行车道、路肩以及错车道等部分，应根据道路的实际情况选用。

公路的小半径曲线路段与直线路段的宽度有所不同，在小半径曲线上，路幅宽度还包括行车道加宽的宽度。

为了迅速排除路面和路肩上的降水，将路面和路肩做成有一定横坡的斜面，直线路段的路面中间高、两边低呈双向倾斜，称作路拱。小半径曲线上为了抵消部分离心力，路面做成向弯道内侧倾斜的单一横坡，称作超高。

（2）路幅布置形式

1）单幅双车道。单幅双车道公路指的是整体式的双车道公路。这类公路的交通量范围大，最高达7000辆/昼夜，行车速度可以从20km/h至80km/h。二级公路、三级公路和一部分四级公路都属于这一种。此类公路的最大缺点是混合交通造成的交通干扰。

2）双幅多车道。四车道、六车道和更多车道的公路，中间一般都设中间带或做成分离式路基而构成"双幅"路，有些分离式路基为了利用地形或处于风景区等原因甚至做成两条独立的单向行车的道路。这种类型的公路设计车速高、通行能力大，每条车道能担负的交通量比一条双车道公路还多，而且行车顺适，事故率低。《公路工程技术标准》中的高速公路和一级公路属于此种类型。

高速公路和一级公路的主要差别在是否全立交和全封闭，以及各种服务设施、安全设施、环境美化等方面的完备程度。

3）双向单车道。对交通量小、地形复杂、工程艰巨的山区公路或地方性道路，可采用单车道，《公路工程技术标准》中山区四级公路路基宽度为4.5m，路面宽度为3.50m的就属于此类。此类公路虽然交通量很小，但仍然会出现错车和超车，为此，应在不大于300m的距离内选择有利地点设置错车道，使驾驶员能够看到相邻两错车道驶来的车辆。错车道处的路基宽度不小于6.5m，有效长度不小于20m。

（3）路基宽度 公路路基宽度为车道宽度与路肩宽度之和。当设有中间带、紧急停车带、爬坡车道、加（减）速车道、错车道时，还应该包括这些部分的宽度。

2. 城市道路横断面组成

城市道路横断面设计应在城市规划的红线宽度范围内进行。横断面形式、布置、各组成部分尺寸及比例应按道路等级、设计车速、设计年限的机动车与非机动车交通量和人流量、交通特性、交通组织、交通设施、地上杆线、地下管线、绿化、地形等因素统一安排，以保障车辆和行人交通的安全畅通。

城市道路的交通性质和组成比较复杂，尤其表现在行人和各种非机动车较多，各种交通工具和行人的交通问题都需要在横断面设计中综合解决，所以城市道路路线设计中的横断面设计是矛盾的主要方面，一般都放在平面和纵断面设计之前进行。

城市道路上供各种车辆行驶的部分统称为行车道。在行车道断面上，供汽车、无轨电车、摩托车等机动车行驶的部分称为机动车道；供自行车、三轮车等非机动车行驶的部分称为非机动车道。此外，还有供行人步行使用的人行道和分隔各种车道（人行道）的分隔带及绿带。

城市道路各组成部分相互联系和影响，其位置的安排和宽度的确定必须首先保证车辆和行人的安全通畅，同时要与道路两侧的各种建筑及自然景观协调，并能满足地面、地下水和各种管线埋设的要求。横断面设计应注意近期与远期相结合，使近期工程成为远期工程的组成部分，并预留好管线位置，以免造成"拉链"。路面宽度及高度等均应有发展的余地。

影响城市道路横断面形式与组成部分的因素众多，应综合考虑城市规模、道路红线宽度、交通量、设计速度、地理位置、排水方式、结构物的位置、相交道路交叉形式等。断面横向布置常见的形式有单幅路、两幅路、三幅路及四幅路。

(1) 单幅路　俗称"一块板"断面，各种车辆在车道上混合行驶。在交通组织上可以有以下几种方式：

1) 划出快、慢车行驶分车线，快车在中间行驶，慢车和非机动车靠两侧行驶。

2) 不划分车线，车道的使用可以在不影响安全的条件下予以调整。如只允许机动车辆沿着同一方向行驶的"单车道"；限制载重汽车和非机动车行驶，只允许小客车和公共汽车通行的街道；限制各种机动车辆、只允许行人通行的"步行道"等。上述措施可以是相对不变的，也可以是按规定的周期变换的。

单幅路适用于交通量不大的次干路、支路以及用地不足、拆迁困难的旧城区道路。

(2) 两幅路　俗称"两块板"断面，在车道中心用分隔带或分隔墩将车行道分为两半，上、下行车辆分向行驶，各自再根据需要决定是否划分快、慢车道。两幅路机动车与非机动车混合行驶，适用于单向两条机动车道以上，非机动车较少的道路，对绿化、照明、管线敷设均较有利，如中心商业经济开发区、风景区、高科技园区或别墅区道路、郊区道路、城市出入口道路。

两幅路适用于机动车交通量不大、非机动车较少的主干路；红线宽度较宽的次干路；对横向高差较大的特殊地形路段，宜采用上下分行的两幅路。两幅路单向机动车车道数不应少于2条。

快速路两侧不设置辅路时，应采用两幅路。

(3) 三幅路　俗称"三块板"断面，中间为双向行驶的机动车道，两侧为靠右侧行驶的非机动车道。三幅路实现了机动车（设置辅路时，为主路机动车）与非机动车的分隔行驶，保障了交通安全，提高了机动车的行驶速度。这种横断面布置形式适用于机动车及非机动车交通量大，红线宽度大于或等于40m的道路。主辅分行适用于两侧机动车进出需求大、红线宽度大于或等于50m的主干路。主、辅路或机、非之间需设分隔带，可采用绿化带分割。

三幅路适用于机动车和非机动车交通量较大的主干路；需设置辅路的主干路；红线宽度较宽的次干路。

(4) 四幅路　俗称"四块板"断面，在三幅路的基础上，再将中间机动车道分隔为二，分向行驶。四幅路实现了机动车（设置辅路时，为主路机动车）与非机动车的分隔行驶，保障了交通安全，提高了机动车的行驶速度。适用于机动车车速高、单向机动车车道两条以上、非机动车多的快速路与主干路。当有较高景观要求时，人行道、两侧带、中央分隔带的宽度可适当增加。四幅路适用于需设置辅路的快速路和主干路；机动车和非机动车交通量较大的主干路。

城市道路的路侧带可由人行道、绿化带、设施带等组成。分车带按其在横断面中的不同位置及功能，可分为中间分车带（简称中间带）及两侧分车带（简称两侧带），分车带由分隔带及两侧路缘带组成。

高架路是城市快速路或主干路布置的一种形式。在进行横断面设计时，根据不同地形条件和交通组织设计，可采用整体式、分离式、双层式或组合形式，应因地制宜选用，灵活掌握。

整体式高架路一般适用于城市建筑密集区、用地拆迁受限制、红线宽度较窄、交通流量大、路口间距较小的快速路或主干路，应按城市总体规划交通发展、用地范围、地形条件、立交设置、出入口设置，以及环境等因素，经技术经济综合比较后选用。

分离式高架路主路交通功能较好，上下行交通不在同一断面上，行车安全，可减少夜间眩光的干扰，有利于车辆快速疏解；两幅独立的桥位于地面道路两侧，两桥间留出采光空间，便于桥下铺路布设；但地面道路交通组织较复杂，需增加相应的交通设施引导交通。

当路线高程受限，或遇到无法动迁的障碍物，或是敏感性地区及有特殊环保景观要求时，道路只能从地下以路堑式或隧道形式穿越。

路堑式横断面中的地面以下路堑部分应为主路，地面两侧或一侧宜设置铺路。

（二）横断面各组成部分设计

1. 路肩

（1）路肩的作用

1) 保护行车道等路面结构的稳定。
2) 供发生故障的车辆临时停车。
3) 提供侧向余宽，有利于安全，增加舒适感。
4) 可供行人、自行车通行。
5) 为设置路上设施提供位置。
6) 作为养护操作的工作场地。
7) 在不损坏公路构造的前提下，也可作为增设地下设施的位置。
8) 挖方路段，可增设弯道视距。
9) 精心养护的路肩可增加公路的美观。
10) 较宽的路肩，有的国家作为警察的临时专用道路。

（2）路肩的宽度　根据我国的土地状况和路肩的功能，在满足路肩功能最低需要的条件下，应采用较窄的路肩。路肩从结构功能上又分为硬路肩和土路肩。硬路肩指进行了铺装的路肩，它可以承受汽车荷载的作用力；土路肩指不进行铺装的土质路肩，它起着保护路面和路基的作用。

《公路工程技术标准》，明确规定了各级公路的路肩宽度。

1) 设计速度为 120km/h 的高速公路，宜采用 3.00m 的右侧硬路肩。

2）高速公路和一级公路应在右侧硬路肩宽度内设右侧路缘带，其宽度一般为0.5m。

3）八车道高速公路，宜设置左侧硬路肩，其宽度宜采用2.50m。左侧硬路肩宽度内含左侧路缘带宽度。

4）高速公路、一级公路为分离式断面时，应设置左侧硬路肩，其左侧路肩宽度规定见表2-26。

表2-26 高速公路、一级公路分离式断面左侧路肩宽度

设计速度/(km/h)	120	100	80	60
左侧硬路肩宽度/m	1.25	1.00	0.75	0.75
左侧土路肩宽度/m	0.75	0.75	0.75	0.50

5）高速公路、一级公路为分离式断面且设置左、右侧硬路肩时，应在左、右侧硬路肩宽度内分别在靠车道边设路缘带。

（3）紧急停车带 高速公路和一级公路，当右侧硬路肩的宽度小于2.50m时，应设紧急停车带。紧急停车带的设置间距不宜大于500m，紧急停车带的宽度包括硬路肩在内为3.5m，有效长度不小于40m，如图2-23所示。

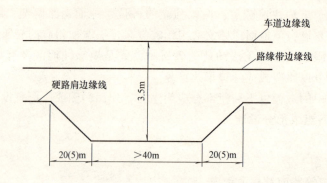

图2-23 紧急停车带

二级公路为避免急需停靠的车辆占道，根据需要可设置紧急停车带，其间距不宜大于500m。

高速公路和一级公路的特大桥梁、隧道，可根据需要设置紧急停车带，其间距为750m左右，过渡段长度一般采用20m，工程特别艰巨时，最小可采用5m。当采用最小值时，为使过渡段的外形不出现明显的折线，可用反向圆曲线连接，使之圆滑，如图2-24所示。

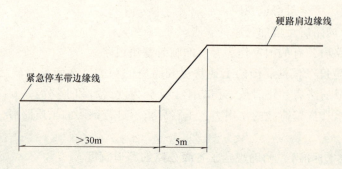

图2-24 桥梁、隧道中的紧急停车带过渡段

(4) 紧急出口　控制出入的公路,在能提供消防、急救、道路养护及处理交通事故等条件的地点可设置紧急出口。紧急出口的位置应选择在通视良好,与外部一般公路连接方便的地点。紧急出口与外部公路的连接公路,可按三级公路设计。

(5) 路肩横坡

1) 直线路段的硬路肩横坡。直线路段的硬路肩一般应设置向外倾斜的横坡,其坡度值可与车道横坡度相同;路线纵坡平缓,且设置拦水带时,其坡度值宜采用3%~4%。

2) 曲线路段的硬路肩横坡。对全铺式硬路肩,曲线内、外侧硬路肩横坡度的方向及其横坡度:当曲线超高不大于5%时,应与相邻的车道相同;当曲线超高>5%时,横坡度不大于5%。处于加减速车道路段的硬路肩,当加、减速车道的走向需设置与车道超高方向相反的横坡度时,应控制超高过渡段的转移拱顶线两侧的反向横坡度的差值不大于8%。

3) 平坡区段或直线向曲线过渡段的硬路肩横坡。对平坡区段或直线向曲线过渡段的硬路肩,采用与邻近车道相同的横坡度进行过渡,并控制硬路肩横坡度过渡的纵向渐变率为1/330~1/50。

4) 土路肩横坡。直线或位于曲线较低一侧的土路肩横坡度,当行车道或硬路肩横坡度大于或等于3%时,应与行车道或硬路肩横坡度相同,否则应比行车道或路肩横坡度大1%或2%。曲线或过渡段位于较高一侧的土路肩横坡度,应采用3%或4%的反向横坡度。

大中桥梁、隧道区段硬路肩的横坡度值,应与行车道相同。

2. 中间带

(1) 中间带的作用　高速公路和一级公路应设置中间带,中间带的作用可归纳如下:

1) 分隔往返车流,避免因快速驶入对向车道造成严重的交通事故,又能减少公路中线附近的交通阻滞而增加通行能力。

2) 可以防止在不分隔的多车道公路上因误驶入对向车道而引起事故。

3) 可以避免车辆中途调头,消灭紊乱车流,减少交通事故。

4) 可在不妨碍公路建设限界的前提下,作为设置公路标志牌及其他交通管理设施的场地。

5) 设置一定宽度的中间带,夜间行车可不灭远光灯,即使宽度小一些。如果有植树或设防眩设施也可不灭远光灯,从而保证行车安全。

6) 具有一定宽度的中间带可以埋设管线设施等。

(2) 中间带的组成　中间带一般有两条左侧路缘带和中央分隔带,以路缘石线等设施分界,在构造上起着分隔往返车辆的作用。在中央分隔带两侧设置左侧路缘带,中央分隔带由防护设施和两侧的余宽组成。左侧路缘带和余宽既可引导驾驶的视线又增加了交通安全,还能保证行车必需的侧向余宽,提高行车道的使用效率。

(3) 中间带的宽度　中间带的宽度是根据行车带以外的侧向余宽,防止驶入对向车道的护栏、种植、防眩网、交叉公路的桥墩等所需的设置宽度确定的。

1) 高速公路和一级公路整体式断面必须设置中间带。

2) 高速公路和作为干线的一级公路,中央分隔带宽度应根据公路项目中央分隔带功能确定。

3) 作为集散的一级公路,中央分隔带宽度应根据中间隔离设施的宽度确定。

4) 左侧路缘带宽度:设计速度为120km/h、100km/h时,取0.75m;设计速度为

80km/h、60km/h 时，取 0.70m。设计速度为 120km/h、100km/h，受地形、地物限制的路段或多车道公路内侧车道仅限小型车辆通行的路段、左侧路缘带可论证采用 0.50m。

5）高速公路、一级公路的一般路基路段和中小型桥梁构造物路段，考虑到前后线形的顺畅，应避免因采用不同的中央分隔带宽度引起公路线形和转面行驶轨迹的频繁变化。对于路基和整体式结构的桥梁路段，在采用不同的中央分隔带（宽度）前后，均应设置必要的过渡段，以保持行车轨迹的连续性。

（4）城市道路分车带及路侧带

1）城市道路分车带除了中间带，还有两侧带，《城市道路工程设计规范》规定了城市道路分车带的最小宽度，见表 2-27。

表 2-27 城市道路分车带最小宽度

类别		中间带		两侧带	
设计速度/(km/h)		≥60	<60	≥60	<60
路缘带宽度/m	机动车道	0.50	0.25	0.50	0.25
	非机动车道	—	—	0.25	0.25
安全带宽度 W_{sc} /m	机动车道	0.25	0.25	0.25	0.25
	非机动车道	—	—	0.25	0.25
侧向净宽 W_l /m	机动车道	1.00	0.50	0.75	0.50
	非机动车道	—	—	0.50	0.50
分隔带最小宽度/m		1.50	1.50	1.50	1.50
分车带最小宽度/m		2.50	2.00	2.50(2.25)	2.00

注：1. 侧向净宽为路缘带宽度与安全带宽度之和。
2. 两侧带分隔带宽度中，括号外为两侧均为机动车道时取值；括号内数值为一侧为机动车道，另一侧为非机动车道时的取值。
3. 分隔带最小宽度值是按设施带宽度为 1m 考虑的，具体应用时，应根据设施带实际宽度确定。

2）位于城市道路行车道两侧的人行道、绿带、公用设施等统称为路侧带。路侧带的宽度应根据道路类别、功能、行人流量、绿化、沿街建筑性质及布设公用设施要求等确定。

① 人行道主要是供行人步行使用，同时也是植物、立杆的场地。人行道的地下空间还可以埋设管线等。其宽度必须满足人行道的安全和通畅。人行道上靠行车道的一侧种植行道树。行道树的株距为 4~6m，树池采用 1.5m 的正方形或 1.2m×1.8m 的矩形。人行道靠行车道一侧也有种植草皮和花丛的。

② 设施带宽度包括设置行人护栏、照明灯柱、标志牌、信号灯等的宽度。红线宽度较窄及条件困难时，设施带可与种植带合并，但应避免各种设施与树木间的干扰。设施带常用宽度为 0.25~0.5m，杆柱 1.0~1.5m。

（5）分离式断面之间地带的处理

1）不同高度的分离式断面两相邻路基边缘之间的距离不做限制，该地段可随地形变化灵活应用，不必等宽，且各断面行车道也不必等宽，而应与地形、景观等相配合；各分离式断面行车道左侧应设置左路肩（包括硬路肩及土路肩）。

2）整体式断面分离为分离式断面后与分离式断面汇合为整体式断面前的一段距离内，当分离式断面两相邻路基边缘之间的中间距离小于中间带宽度时，应设置不同宽度的中间带。

3) 分离式路基应在适当位置设横向连接道，以供养护、维修或抢险时使用。

(6) 不同宽度中间带的过渡　中间带的宽度一般情况下宜保持等宽度。当中间带宽度受地形条件及其他特殊情况限制而减窄或增宽时，应设置过渡段，中间带宽度在一般值与最小值之间变动的过渡段以设在回旋线范围内为宜，长度应与回旋线长度相等。

(7) 中央分隔带形式

1) 中央分隔带的形式根据缘石形状、分隔带表面形式及其处理方式确定。

2) 中央分隔带缘石的形式分为平齐式、斜式两种，前者用于宽度≥4.5m 的中间带，后者用于宽度<4.5m 的中间带。中央分隔带不应设凸起的缘石，由于排水或其他原因而需要设置时，应采用不会引起车辆弹起的低而圆外形的斜式缘石。斜式缘石高度宜采用 0.10～0.15m。不得在高速公路、一级公路中央分隔带上采用栏式缘石。

3) 中央分隔带表面形式分为凹形和凸形两种，前者用于宽度≥4.5m 的中间带，后者用于<4.5m 的中间带。

4) 中央分隔带表面处理可采用植草皮或铺面封闭等方式。一般情况下，宽度≥4.5 的中间带宜采用栽灌木或铺面封闭。

(8) 中央分隔带开口

1) 为了养护作业以及公务车辆的专用，中央分隔带应按一定的距离设置开口。开口应设置在通视条件良好的路段。若开口位于曲线路段，其曲线半径宜大于 600m。

2) 互通式立体交叉、隧道、特大桥、服务区等设施的前后，必须设置中央分隔带开口。短隧道的前后宜设置中央分隔带开口。

3) 中央分隔带开口端部形状，根据中央分隔带宽度确定。当其宽度<3.0m 时可采用半圆形；当宽度≥3.0m 时宜采用弹头形。

4) 中央分隔带开口不得用作车辆调头转弯。

3. 边沟和边坡

(1) 边沟　边沟的作用是排除由边坡及路面汇集来的地表水，以确保路基与边坡的稳定。在路堑、低填方路段一般应设置边沟。

边沟的形式很多，归纳起来有梯形、角形两大类。边沟形式的选定取决于以下几个方面：

1) 公路性质。如国防公路宜用三角形，以便于车辆横越边沟。

2) 土壤性质。渗透性良好的土壤，可用梯形或三角形边沟；渗透性不良的土壤，宜用梯形边沟；岩石路基做成矩形或三角形边沟。

3) 排水量的大小。排水量小的边沟可选用三角形；反之可采用矩形或梯形。

4) 施工技术情况。机械化施工时，一般做成三角形边沟。

边沟的深度根据路基宽度和土壤类别确定。

边沟的边坡值，内侧一般规定为 1：1～1：1.5，当用机械化施工时，土方三角形边沟内侧可用 1：2～1：3；边沟外侧边坡通常与挖方边坡一致，边沟的底宽与深度一般都不应小于 0.4m。

边沟的纵坡，除出水口附近外，通常与路线纵坡一致。但是为了使沟渠中的水流不产生淤积的流速，最小纵坡一般不小于 0.5%，在工程困难地段不应小于 0.3%。另一方面，若边沟的纵坡过大,致使沟渠中水流速度大于冲刷流速时,应对边沟进行加固。

(2) 边坡

1) 路基边坡。路基边坡是路基的一个重要组成部分,它的陡缓程度直接影响到路基的稳定和路基土石方的数量。就一般公路而言,所谓路基横断面设计,主要就是设计合理的路基边坡值。在侧坡较陡的山坡上,路基填方边坡较高,伸出较远,填筑困难,而附近又有较多挖方填料,可修筑砌石路基。砌石路基是一种路基支挡构造物,是比较经济的干砌石工程。它能支挡填方,稳定路基,但与挡土墙不同,它的砌体与路基几乎是一个整体,不像重力式挡土墙那样不依靠路基也能独立稳定。

2) 路堤边坡。其坡度,应根据填料的物理力学性质、气候条件、边坡高度,以及基底的工程地质和水文地质条件进行合理的选定。对于受水浸淹的路堤,其边坡应放缓,一般采用1:1.75~1:2,在常水位以下部分采用1:2~1:3,并应视水流情况采取边坡加固及防护措施。填方路堤处,如果原地面的自然横坡陡于1:5,在填筑前须将地面挖成台阶,台阶宽度不小于1m,台阶顶面应做成2%~3%的反向横坡,以防路基滑动而影响其稳定。

3) 路堑边坡。其坡度应根据当地自然条件、土石类型及其结构、边坡高度和施工方法等确定。在砂类土、黄土、易风化碎落的岩石和其他不良的土质路堑中,其边沟外边缘与边坡坡脚之间宜设置碎落台。其宽度视边坡高度和土质确定,一般不小于0.5m。当边坡已适当加固或其高度小于2m时,可不设碎落台。当路堑较深,穿过几个不同的土、石层时,其各层的边坡坡度值应作相应变化。

(三) 路拱及超高设计

1. 路拱及路肩的横坡度

为了利于路面横向排水,将路面做成由中央向两侧倾斜的拱形,称为路拱,其倾斜大小以百分率表示。对于不同类型的路面,由于其表面的平整度和透水性不同,应结合当地的自然条件选用不同的路拱坡度,见表2-28。

表2-28 路拱横坡

路面类型	路拱横坡度(%)	路面类型	路拱横坡度(%)
水泥混凝土路面	1.0~2.0	半整齐石块	2.0~3.0
其他黑色路面	1.5~2.5	碎、砾石路面	2.5~3.5

高速公路和一级公路由于其路面较宽,迅速排水路面降水尤为重要,所以此种公路处于降雨强度较大的地区时应采用高值,在降雨强度很大的地区,路拱坡度可适当增大。

分离式路基,每侧行车道可设置双向路拱,对排除路面积水有利。在降水量不大的地区也可以采用单向横坡,并向路基外侧倾斜,对排除路面积水有利。在降水量不大的地区也可以采用单向横坡,并向路基外侧倾斜。在积雪冻融地区,应设置双向路拱。

路拱的形式一般有抛物线形、直线抛物线形、折线形等。

土路肩的排水远低于路面,其横坡度路面宜增大1.0%~2.0%,硬路肩视具体情况(材料、宽度)可与路面同一横坡,也可稍大于路面。

2. 超高

为抵消车辆在曲线路段上行驶时产生的离心力,将路面做成外侧高于内侧的单向横坡的形式,这就是曲线上的超高。合理地设置超高,可以全部或部分地抵消离心力,提高汽车行驶在曲线上的稳定性和舒适性。

超高横坡度由直线段的双坡路拱，过渡到与圆曲线半径适应的单向横坡的路段，称做超高缓坡或超高过渡段。

（1）超高横坡度的计算确定　超高横坡度可由平曲线最小半径公式确定，由式（2-27）得

$$i_h = \frac{V^2}{127R} - \mu$$

《公路工程技术标准》中规定：各级公路圆曲线半径小于不设超高最小半径的平曲线均应设置超高。超高的横坡度按计算行车速度、半径大小，结合路面类型、自然条件和车辆等情况确定。高速公路、一级公路的最大超高横坡度应采用10%。一般地区，最大超高横坡度应采用8%。

在积雪冰冻地区，最大超高横坡度应取6%，当应设置超高横坡度的计算值小于路拱横坡度时，应设置路拱横坡度的超高。

二、三、四级公路混合交通量较大且接近城镇路段，或通过城镇作为街道使用的路段，当车速受到限制，按规定设置超高有困难时，可按表2-29规定设置超高。

表2-29　市区路段最大超高横坡度

设计速度/(km/h)	100,80	60,50	40,30,20
最大超高横坡度(%)	6	4	2

（2）超高的过渡方式

1）无中间带的道路超高过渡。无中间带的道路，无论是双车道还是单车道，在直线段的横断面处均是以中线为脊，向两侧倾斜的路拱。路面要由双向倾斜的路拱形式过渡到具有单向倾斜的超高形式，外侧需要逐渐抬高。在抬高的过程中，行车道外侧是绕中线旋转的，若超高横坡度等于路拱坡度，则直至与内侧横坡相等为止。

① 绕内侧边缘旋转。先将外侧车道绕路中线旋转，待达到与内侧车道构成单向横坡后，整个断面绕未加宽的内侧车道边缘旋转，直至超高横坡度。

② 绕路中线旋转。先将外侧车道绕路中心旋转，待达到与内侧车道构成单向横坡后，整个断面一同绕路中线旋转，直至超高横坡度。

③ 绕车道外侧边缘旋转。先将外侧车道绕车道外侧边缘旋转，与此同时，内侧车道随中线的降低而相应降坡，待达到单向横坡后整个断面继续绕外侧车道边缘旋转，直至超高横坡度。

上述各种方法中，由于行车道内侧不降低，绕内侧边缘旋转有利于路基纵向排水，一般新建工程多用此法。绕中线旋转可保持中线标高不变，且在超高坡度一定的情况下，外侧边缘的抬高值较小，多用于旧路改建工程。而绕外侧边线旋转是一种比较特殊的设计，仅用于某些为改善路容的地点。

2）有中间带公路的超高过渡

① 绕中间带的中心线旋转。先将外侧车道绕中间带的中心线旋转，待达到与内侧车道构成单向横坡后，整个断面一同绕中心线旋转，直至超高横坡值。此时中央分隔带呈倾斜状。

② 绕中央分隔带边缘旋转。将两侧车道分别绕中央分隔带边缘旋转，使之各自成为独立的单向超高断面，此时中央分隔带维持原有水平状态。

③ 绕各自车道中线旋转。将两侧车道分别绕各自的中心线旋转，使之各自成为独立的单向超高断面，此时中央分隔带两边缘分别升高与降低而成为倾斜断面。

三种方式的优缺点与无中间带的公路相似。中间带宽度较窄的（≤4.5m）可采用①法；各种中间带宽度都可以用②法；车道数大于四的公路可采用③法。城市道路的超高过渡方式与公路相同。分离式断面的道路由于上、下车道是各自独立的，按无分隔带的道路分别予以处理。

3）分离式公路。分离式断面公路的超高过渡方式可视为两条无中间带的公路分别予以处理。

(3) 超高缓和长度的确定　为了行车的舒适、路容的美观和排水的通畅，必须设置一定长度的超高缓和段，超高的过渡是在超高缓和段全长范围内进行的。双车道公路超高缓和段长度按下式计算

$$L_C = \frac{B \Delta i}{\Delta p} \tag{2-45}$$

式中　L_C——超高缓和段长（m）；

　　　B——旋转轴至行车道（设路缘带时为路缘带）外侧边缘的宽度（m）；

　　　Δi——超高坡度与路拱坡度的代数差（%）；

　　　Δp——超高渐变率，即旋转轴与行车道（设路缘带时为路缘带）外侧边缘之间的相对坡度，其值见表2-30。

表2-30　超高渐变率

设计速度/(km/h)	超高旋转轴的位置		设计速度/(km/h)	超高旋转轴的位置	
	中轴	边轴		中轴	边轴
120	1/250	1/200	40	1/150	1/100
100	1/225	1/175	30	1/125	1/75
80	1/200	1/150	20	1/100	1/50
60	1/175	1/125			

前面讲到缓和曲线已经考虑了超高缓和段所需的最短长度，所以一般情况下，超高缓和段与缓和曲线长度相等。但有时因照顾到线形的协调性，在平曲线中配置了较长的缓和曲线，则超高的过渡可仅在缓和曲线某一区段中进行，但其超高起点设在曲率半径大于不设超高半径处。全超高断面宜设在缓圆点和圆缓点处。因为过小的渐变率对路面排水不利。从利于排除路面降水考虑，横坡度由2%（或1.5%）过渡到0的路段的超高渐变率不得不小于1/330。

四级公路不设缓和曲线，但在圆曲线上若设有超高，则因设置超高缓和段，超高的过渡在超高缓和段的全长上进行。

(四) 道路横断面设计方法

1. 公路横断面的设计方法

(1) 公路横断面设计要求　公路横断面的组成除了上述与行车有关的路幅宽度以外，

还有与路基工程、排水工程、环保工程有关的各种设施,这些设施的位置和尺寸均应在横断面设计中有所体现。路基横断面形式和尺寸实际上在确定路线平面位置时就已经有了考虑,在纵断面设计中又根据路线标准和地形条件对路基的合理高度,特别是工程艰巨路段已经做了分析研究,拟定了横断面设计图,作为计算土石方数量和日后施工的依据。

横断面设计,必须结合地形、地质、水文等条件,本着节约用地的原则,选用合理的断面形式,以满足行车顺适、工程经济、路基稳定且便于施工和养护的要求。

(2) 路基标准横断面　在具体设计每个横断面之前,先确定路基的标准横断面(或称"典型横断面")。标准横断面图一般包括:路堤、路堑、半堤路堑、砌石路基等,断面中的边坡坡率、边沟尺寸、挡墙断面等,必须按现行《公路路基设计规范》的规定处理。对于高填、深挖、特殊地质、浸水路堤等应单独设计,详见相关章节。

(3) 横断面设计方法

1) 在计算纸上绘制出横断面的地面线。地面线是在现场测绘的,若是纸上定线,可从大比例尺的地形图上内插获得。在计算机辅助设计中,可以通过数字化仪或键盘向计算机输入横断面各变化点相对于中桩的坐标,由绘图机自动绘制。横断面图的比例尺一般是 1:200。

2) 从"路基设计表"中抄入路基中心填挖高度,对于有超高和加宽的曲线路段,还应抄入"左高""右高""左宽""右宽"等数据。

3) 根据现场调查得到的"土壤、地质、水文资料",参照"标准横断面图",画出路幅宽度,填或挖的边坡坡线,在需要设置各种支挡工程和防护工程的地方画出该工程结构的断面示意图。

4) 根据综合排水设计,画出路基边坡、截水沟、排灌渠等的位置和断面形式。必要时须注明各部分尺寸。此外,取土坑、弃土堆、绿化等也应尽可能画出。

对于分离式断面的公路和具有变速车道、紧急停车车道的断面,可参照上述步骤绘制。

一条道路的横断面图数量极大,花费的时间和精力是比较大的。现在为提高工作效率,逐渐推广使用"路线 CAD"来绘制路基横断面图,它不但能准确自动绘制横断面,而且能自动解算横断面面积。

上文介绍的横断面设计,是一般横断面设计的方法和程序,形象化地称为"戴帽子"。对特殊情况下的横断面,则必须按照路基课程中讲述的原理和方法进行特殊设计,绘图比例尺也应该按需要采用。

2. 城市道路横断面设计

(1) 横断面设计图　当按照城市道路的交通性质、地形条件以及近期和远期相结合的原则确定了横断面的组成和宽度以后,即可绘制横断面设计图。城市道路的横断面设计图与公路横断面图的作用是相同的,即指导施工和计算土石方数量。城市道路横断面设计图一般采用 1:100 或 1:200 比例尺,在图上应绘制出红线宽度、车行道、人行道、绿带、照明、新建或改建的地下管道等各组成部分的位置和宽度,以及排水方向、路面横坡等。

(2) 横断面现状图　沿道路中线每隔一定距离绘制横断面地面线。若属旧街道的改建,实际上就是横断面的现状图。图中包括地形、地物、原街道的各组成部分、边沟、路侧建筑等，比例尺为 1：100 或 1：200。有时为了更加明显地表现地形和地物高度的变化，也可采用纵、横不同的比例尺绘制。

（3）横断面施工图　在完成道路纵断面设计之后，即可知道各中线的填挖高度。将这一高度绘在相应的横断面现状图上，然后将设计横断面以相同的比例尺绘于其上。

四、路基土石方的计算与调配

路基土石方是公路工程的一项主要工程量，不论在方案比选阶段还是在路线设计阶段，路基土石方数量的多少都是评价公路测设质量的主要技术经济指标之一。在编制公路施工组织计划和工程概预算时，还需要确定分段和全线的路基土石方数量。

地面形状是很复杂的，填挖方并不是简单的几何体，所以其计算只能是近似的，计算的精确度取决于中桩间距、测绘横断面时采点的密度和计算方式与实际情况的接近程度等。计算时一般应按工程的要求，在保证使用的前提下力求简化。

1. 土石方数量计算

路基填挖的断面积，是指断面图中原地面线与路基设计线包围的面积，高于地面线者为填，低于地面线者为挖，两者应分别计算。

若相邻两断面均为挖方且面积大小相近，则可以视两断面之间为一棱柱体。其体积的计算公式为

$$V=\frac{1}{2}(F_1+F_2)L \tag{2-46}$$

式中　V——体积，即土石方数量（m^3）；

F_1、F_2——相邻两断面的面积（m^2）；

L——相邻断面之间的距离（m）。

此法计算简单，较常用，一般称为"平均断面法"。

若 F_1 和 F_2 差距甚大，则与棱台更为接近。其计算公式为

$$V=\frac{1}{3}(F_1+F_2)L\left(1+\frac{\sqrt{m}}{1+m}\right) \tag{2-47}$$

式中　m——比例系数，$m=\dfrac{F_1}{F_2}$。

第二种方法的精度较高，应尽量采用，特别是用计算机计算时。

用上述方法计算的土石方体积包含了路面的体积，故应根据路线设计的实际情况，在设计当中扣除路面体积或增加路面体积。

2. 路基土石方调配

土石方调配的目的是为了确定填方用土的来源、挖方弃土的去向，以及计价土石方的数量和运量等。通过调配合理地解决路段土石方平衡与利用问题，将从路堑挖出的土石方，在经济合理的调运条件下移挖作填，达到填方有所"取"，挖方有所"用"，避免不必要的路外借土和弃土，以减少占用耕地以降低公路造价。

（1）土石方调配原则

1）在半填半挖断面中，应首先考虑在本路段内移挖作填进行横向平衡，然后再做纵向

调配，以减少总运输量。

2）土石方调配应尽量考虑桥涵位置对施工的影响，一般大沟不作跨越调运，同时尚应注意施工的可能与方便，尽可能避免和减少上坡运土。

3）为使调配合理，必须根据地形情况和施工条件，选用适当的运输方式，确定合理的经济运距，用以分析工程用土是调运还是外借。

4）土方调配"移挖作填"固然要考虑经济运距问题，但这不是唯一的指标，还要综合考虑弃方或借方占地，赔偿青苗损失及对农业生产的影响等。有时移挖作填虽然运距超出一些，运输费用可能稍高一些，但如能少占地，少影响农业生产，整体来说也未必是不经济的。

5）不同的土方和石方应根据工程需要分别进行调配，以保证路基稳定和人工构造物的材料供应。

6）位于山坡上的回头曲线路段，要优先考虑上下线的土方竖向调运。

7）土方调配对于借土和弃土应事先同地方商量，妥善处理。借土应结合地形、农田规划等选择借土地点，并综合考虑借土还田、整地造田等措施。弃土应不占或少占耕地，在可能条件下宜将弃土平整为可耕地，防止乱弃乱堆，或堵塞河流、损坏农田。

(2) 土石方调配方法　土石方调配方法有多种，如累计曲线法、调配图法及土石方计算表调配法等，目前生产多采用土石方计算表调配法，该法不需绘制累计曲线与调配图，直接可在土石方表上进行调配，其优点是方法简捷，调配清晰，精度符合要求。具体调配步骤是：

1）土石方调配是在土石方数量计算与复核完毕的基础上进行的，调配前应将可能影响运输的桥涵位置、陡坡、大沟等注在表旁，供调配时参考。

2）弄清各桩号间路基挖方情况并做横向平衡，明确利用、填缺与挖余数量。

3）在做纵向调配前，应根据施工方法及可能采取的运输方式定出合理的经济运距，供土石方调配时参考。

4）根据填缺挖余分布的情况，结合路线纵坡和自然条件，本着技术经济和支农的原则，拟定具体调配方案。方法是逐桩逐段地将毗邻路段的挖余就近纵向调运到填缺内加以利用，并把具体调运方向和数量用箭头标明在纵向利用调配栏中。

5）经过纵向调配，如果仍有填缺或挖余，则应会同所在地政府协商确定借土或弃土地点，然后将借土或弃土的数量和运距分别填注到借方或弃方栏内。

6）土石方调配后，应按下式进行复核检查：

$$横向调配+纵向调配+借方=填方$$
$$横向调配+纵向调配+弃方=挖方$$
$$挖方+借方=填方+弃方$$

以上检查一般是逐页复核的，如有跨页调配，须将其数值考虑在内，通过复核可以发现调配与计算过程有无错误。经过核证无误后，可分别计算计价土石方数量、运量和运距等，为编制施工预算提供土石方工程数量。

(3) 关于调配计算的几个问题

1）经济运距。填方用土来源，一是路上纵向调运，二是就近路外借土。一般情况调运路堑挖方来填筑距离较近的路堤还是比较经济的。但如果调运的距离过长，以致运价超过了在填方附近借土所需的费用时，移挖作填就不如在路堤附近就地借土经济，因此，采取"调"还是"借"有个限度距离问题，这个限度距离即经济运距 $l_{经}$，其值按下式计算

经济运距
$$L_{经} = \frac{B}{T} + L_{免} \tag{2-48}$$

式中　B——借土单价（元/m³）；

　　　T——远运运费单价（元/m³·km）；

　　　$L_{免}$——免费运距（km）。

由上可知，经济运距是确定借土或调运的限界，当调运距离小于经济运距时，采取纵向调运是经济的，反之则可考虑就近借土。

2）平均运距。土方调配的运距，是指从挖方体积的重心到填方体积的重心之间的距离。在路线工程中为简化计算起见，这个距离可简单地按挖方断面间距中心至填方断面间距中心的距离计算，称平均运距。在纵向调配时，当其平均运距超过定额规定的免费运距，应按其运距计算土石方运量。

3）运量。当其平均运距超过定额规定的免费运距，应按其超运运距计算土石方，土石方运量为平均运距与土石方调配数乘积。在生产中，工程定额是将平均运距划为一个运输单位，称为"级"，20m 为两个运输单位，称为二级，余类推。在土石方计算表内可用符号①、②表示，不足 10m 时，仍按一级计算或四舍五入。于是

$$总运量 = 调配（土石方）方数 \times n$$

式中　n——平均运距单位（级），其值为

$$n = \frac{L - L_{免}}{10} \tag{2-49}$$

式中　L——平均运距。

4）计价土石方。在土石方调配中，所有挖土方无论是"弃"或"调"，都应予以计价。但对于填方则不然，要根据用土来源来决定是否计价。如果是路外借土，则应计价，倘若是移挖作填调配利用，则不应再计价，否则形成双重计价。因此计价土石方必须通过土石方调配表来确定其数量

$$计价土石方数量 = 挖方数量 + 借方数量$$

一般工程上所说的土石方总量，实际上是指计价土石方数量。一条公路的土石方总量一般包括路基工程、排水工程、临时工程、小桥涵工程等项目的土石方数量。对于独立大中桥梁、长隧道的土石方工程数量应另外计算。

五、道路建筑界限与道路用地

1. 道路建筑限界

在道路横断面设计中，必须充分研究行车道与各种道路设施之间所处的空间关系，合理安排，正确设计。公路标志、护栏、照明灯柱、电杆、行道树及跨线桥的桥台、桥墩等的任何部分不得侵入公路建筑限界之内。

中央分隔带和路肩上的桥墩或门架支柱，不得紧靠建筑限界设置，应留有设置附近防护

栏位置不小于0.25m的余地。

(1) 建筑限界的规定

1) 设置加（减）速车道、爬坡车道、慢车道、紧急停车带、错车道等的路段，建筑界限应包括相应部分的宽度。

2) 八车道及以上整体式路基的高速公路，设置左侧路肩时，建筑界限应包括相应部分的宽度。

3) 桥隧、隧道设置检修道、人行道时，建筑限界应包括该部分的宽度。

4) 检修道、人行道在行车道上分开设置时，其净高应为2.50m。

5) 高速公路、一级公路、二级公路的净高应为5.00m；三级公路、四级公路的净高应为4.50m。

(2) 道路建筑限界的边界线的确定原则

1) 建筑限界的上缘边界限：一般路拱路段，上缘边界线为水平线；设置超高的路段，其两侧边界线与路面超高横坡垂直。

2) 建筑限界两侧的边界线 一般路拱路段，其两侧边界与水平线垂直；设置超高的路段，其两侧边界线与路面超高横坡垂直。

(3) 净空高度

1) 根据公路在路网的地位与位置，同一公路应采用相同的净空高度。

2) 一、四级公路的路面采用沥青灌入、沥青碎石、沥青表面处置或为砂石路面时，考虑今后路面面层需要改造提高，净空高度宜预留20cm。

3) 中央分隔带或路肩上设置桥梁墩台、标志立柱时，其前缘除不得入侵公路建筑限界外，还不得紧贴建筑物设置，应留有护栏缓冲变形的余宽。

4) 构造物位于凹形竖曲线上方时，鞍式列车通过会形成圆弧上的一条弦而降低构造物下的有效净高，应保证有效净空高度满足各级公路规定的净空高度要求。

5) 公路下穿梭宽度较宽或斜交角度较大的跨线构造物时，其路面距跨线构造物下缘任一点净高均应符合相应净空高度的规定。

2. 公路用地范围

公路用地是指为修建、养护公路及其公路沿线设施而依照国家规定征用的用地范围。公路用地的征用应遵循国家有关的土地法规。确定公路用地既要根据公路建设的需要，保证必需的用地，又要考虑农业生产及照顾到群众利益尽可能节省用地。公路用地范围内，不得修建非路用建筑物，如开挖渠道，埋设管道、电缆、电杆及其他设施。

1) 公路及沿线设施的用地，应根据公路建设的需要保证必需的土地，也应考虑农业生产等尽可能在设计和施工时节约用地。

2) 为了减少用地，在工程设计中要依靠科技，创新理念，优化方案，提高设计水平；在路线平、纵、横指标选择上，在满足交通要求的情况下，尽量选用中、低值；做到与环境相协调，少占或不占高产田，尽量占用荒地、废弃地、劣质地；条件允许时可尽量减低路基高度，设置挡土墙、护坡等；合理调配土石方，布置取土及弃土地点；适当选择服务区设置地点，合理确定服务区的功能和规模，原则上不占用农田，公路工程通讯、监控、供电等系统的管线，在条件允许的情况下应共沟设置，且尽可能布置在公路用地范围内。

3）公路用地应遵照保护、开发土地资源，合理利用土地，切实保护耕地，促进社会经济可持续发展的原则，合理拟定公路建筑规模、技术指标、设计方案，确定公路用地范围。

3. 城市道路红线及用地

城市道路红线是划分城市道路用地、城市建筑用地和生产用地及其他备用地的分界控制线。红线之间的宽度即道路用地范围，也称为道路的总宽度或规划路幅。

规划道路红线是一项划定道路建设与城市建设分界线的重要工作，是关系到城市建设百年大计的问题。红线的作用是控制街道两侧建筑（包括围墙）不能侵入道路规划用地红线，不但是道路设计的依据，也是城市公用设施各项管线工程的用地依据。

根据道路的功能与性质，考虑适当的横断面形式，定出机动车道、非机动车道、人行道、绿化带、分车带等组成部分的合理宽度，确定道路的总宽度，即红线宽度。确定道路总宽度时，要充分考虑"近远结合，以近为主"的原则，根据各城市各时期在城市交通和城市建设中的特点，有区别地适当留有发展余地。红线宽度规划得太窄，不能满足日益发展的城市交通和其他方面的要求，会给以后道路改进时带来困难；反之，规划得太宽，会造成城市用地的浪费。

划定道路红线应综合考虑以下因素：道路的位置及沿路两旁建筑物的性质。

道路两旁的建筑物高度（h）和道路总宽度（B）应有一定的关系，其值根据以下因素确定：

1）从日照、通风要求出发。为了使道路两旁的建筑物有足够的日照和良好的通风，道路的总宽度和沿路建筑物的高度要有适当的比例。同样的日照要求，则东西向道路宽度一般比南北向的要求宽些。此外，日照要求相同，道路方向相同，则热带城市宽度要求比温带城市的可窄些。但对通风的要求，热带城市要求的道路宽度比温带城市的大些。

2）从防空、防火、防震的特别情况出发。可考虑在道路一边发生房屋倒塌后，仍能保证有一定的地带继续维持交通。当然特殊的高层建筑例外。

3）从建筑艺术上的要求出发。道路的总宽度应能保证沿路建筑物有良好的能见度，一般当 $h/B = 1/2$ 时，能够清楚地看到各座建筑物的立面和相当大一段道路的建筑物。大于此比例，就显得房屋太高，路太窄，视觉效果不好。

思 考 题

1. 什么是公路的通行能力？它有那几种形式？公路的服务水平如何衡量？共分为几级？
2. 简述公路网和城市道路网的基本特征。
3. 为什么要进行交通方式的划分？影响交通方式划分的主要因素有哪些？
4. 路网建设方案评价包括哪几方面？
5. 公路选线的应考虑的主要因素有哪些？
6. 查阅相关资料，结合案例说明平原地区选线、山岭区选线、丘陵区选线的特点（任选一种地形）。
7. 直接定线和纸上定线各有何优缺点？
8. 平面线形三要素是什么？各有什么特点？
9. 在平面线形设计中，使用直线要注意哪些问题？缓和曲线有哪些作用？圆曲线最小半径如何确定？
10. 什么是行车视距？公几种？不同视距在什么情况下需要满足？
11. 简述平面线形设计的一般原则。简述平面线形组合与衔接的基本形式。

12. 控制道路最大纵坡、最小纵坡、最大坡长、最小坡长的理论依据和实际意义是什么？"凡陡坡都要限制其长度"对吗？为什么？
13. 在高原地区，汽车行驶会遇到什么特殊困难？为何要降低允许最大纵坡值？
14. 简述平纵线形组合设计的一般原则。
15. 绘图说明整体式断面和分离式断面的组成。
16. 简述中间带的作用，如何确定中间带的宽度？
17. 简述横断面设计的方法与步骤。
18. 简述路基土石方的调配原则。

第三章 路基工程

第一节 概 述

路基是按照路线位置和一定技术要求修筑的作为路面基础的带状构造物,是铁路和公路的基础。路基是用土或石料修筑而成的线形结构物。路基基本构造如图3-1所示。路基作为道路工程的重要组成部分,是路面的基础,是路面的支撑结构物。同时,路基与路面共同承受交通荷载的作用,路基质量的好坏,必然反映到路面上来,路面损坏往往与路基排水不畅、压实度不够、温度低等因素有关。建造路基的材料,不论填或挖,主要是土石类散体材料,所以,路基是一种土工结构,经常受到地质、水、降雨、气候、地震等自然条件的侵袭和破坏,抵抗能力差,因此,路基应具有足够的坚固性、稳定性和耐久性。

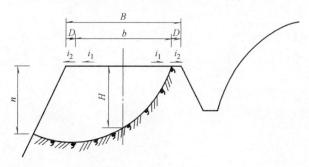

图3-1 路基基本构造
H—路基填挖高度 B—路基宽度 D—路肩宽度 b—路面宽度 i_1—路面横坡 i_2—路肩横坡

路基主要由路基主体、排水、防护等组成。路基从材料上可以分为土路基、石路基、土石路基三种。由于路基高程与原地面高程有差异,且各路段岩土性质经常变化,各处附属设施的布置不尽相同,因此各路段的路基横截面形状差别很大。路基横断面形式的选定和各项附属设施的设计都是路基设计的基本内容,具体来说,主要包括以下内容:

1) 做好沿线自然情况的勘察工作,收集必要的设计资料,作为路基设计的依据。

2) 根据路线纵断面设计确定的填挖高度,结合沿线地质、水文调查资料,进行路基主体工程(路堤、路堑、半挖半填路基及有关工程等)设计。一般路基,可以根据《公路路基设计规范》(JTG D30—2015)的规定,按照路基典型断面直接绘制路基横断面图。对下列情况需进行单独设计:工程地质、水文条件复杂或边坡高度超过《公路路基设计规范》规定高度的路基;修筑在陡坡上的路堤;各种特殊条件下的路基,如浸水路堤,采用大爆破施工的路基及软土或震害严重地区的路基等。

3) 根据沿线地面水流及地下水埋藏情况,进行路基排水系统的总体布置,以及地面和地下排水结构物的设计与计算。

4) 路基防护与加固设计,包括坡面防护、冲刷防护与支挡结构物等的布置与计算。

5) 路基工程其他设施的设计,包括取土坑、弃土堆、护坡道、碎落台及辅道等的布设与计算。

路基施工质量好坏直接影响道路的使用品质,根据实际情况选择适当的施工方法,确保路基的施工质量,施工主要内容有以下几项:

1) 进行现场调查,研究和核对设计文件;编制施工组织计划,确定施工方案,选择施工方法,安排施工进度;完成施工前的组织、物质和技术准备工作。

2) 开挖路堑,填筑路堤,修建排水及防护加固结构物,进行路基主体工程及其他工程的施工。

3) 按照设计要求,对各项工程进行检查验收,绘制路基施工竣工图。

一、路基工程的特点与要求

路基工程的特点:工艺较简单,工程数量大(微丘区三级公路的土石方数量为 8000~10000m^3/km,山岭重丘区为 20000~60000m^3/km),耗费劳力多,涉及面较广,耗资也较多。路基是一项线形工程,决定了路基工程复杂多变的特点,给施工带来了很多难度。路基施工改变了沿线原有自然状态,挖填借弃土石方涉及当地生态平衡、水土保持和农田水利。土石方相对集中或条件比较复杂的路段,路基工程往往是施工期限的关键之一。

为了保证公路与城市道路最大限度地满足车辆运行的要求,提高车辆行驶速度,增强安全性和舒适性,降低运输成本和延长道路使用年限,路基不仅应具有足够的承载能力、良好的稳定性和耐久性,还应具有一定的表面平整度。

1. 承载能力

汽车在路面行驶时,车辆通过车轮把垂直荷载和水平荷载传递给路基;在路基结构内部产生应力、应变及位移。如果路基结构的强度或抗变形能力不足以抵抗这些应力、应变及位移,则路基结构会出现沉陷,路面表面会出现波浪或车辙,使路况恶化,服务水平下降。因此,要求路基结构整体具有与行车荷载相适应的承载能力,即具有足够的强度和刚度。

路基结构承载能力,主要包括强度和刚度两个方面,这是两个既相互联系又相互区别的力学特征。路面结构应具有足够的强度,以抵抗车轮荷载引起的各个部位的各种应力,保证路基不发生压碎、拉断、剪切等各种破坏。路基应具有足够的刚度,使得在车轮荷载作用下发生的变形不至于过大,保证不发生沉陷等病害。

2. 稳定性

在天然地表面建造的道路结构物,改变了原来的自然平衡,在达到新的平衡状态之前,道路结构物处于一种暂时不稳定状态。新的路基结构暴露在大气之中,经常受到大气温度、降水与温度变化的影响,其物理状态、力学性质随之发生变化而处于另一种不稳定状态。路基结构保持工程设计要求的几何形态及物理力学性质的能力,称为路基结构的稳定性。

在地表上开挖或填筑路基时,必然会改变地面地层的结构和受力状态。原来处于稳定状态的地层结构,有可能由于填挖筑路而引起不平衡,从而导致路基失稳。如在软土地层上修筑高路堤,或者在岩质或土质山坡上开挖深路堑时,有可能由于软土层承载力不足,或者由于坡体失去支承，而出现路堤的沉陷或坡体坍塌。路线如果选择在不稳定的地层上，则填筑或开挖路基会引发滑坡或坍塌等病害的出现。因此，在道路的选线、勘测、设计和施工中，应给予足够的重视，并采取必要的工程措施，以确保路基具有足够的稳定性。

降水会使路基结构的内部湿度状态发生较大变化，如果低洼地带的路基排水不良，造成长期积水，会使低路堤发生软化，失去承载能力。如果是山坡路基，有时还会因排水不良引发滑坡或边坡滑塌。

大气温度周期性的变化对路面结构的稳定性有着重要影响。在严重冰冻地区，低温引起的路基不稳定体现在多方面，如低温会引起路基收缩裂缝，地下水源丰富的地区，低温会引起路基冻胀变形，路基上面的路面结构也会随之断裂。在春天升温融冻季节，在交通繁重的路段，有时会引发翻浆，路基路面发生严重的破坏。

3. 耐久性

高等级公路的路基标准高、距离长、宽度大，不仅工程量巨大，投资也非常高，从规划、勘测、设计、施工到建成通车需要较长的时间。这种大型工程应有较长的使用年限，一般道路工程的使用年限至少数十年，因此，路基工程应具有良好的耐久性能。

路基的稳定性在长期经受自然因素的侵袭后逐年削弱。因此，提高路基的耐久性，保持其强度刚度和良好的几何形态，除了精心设计、精心施工和精选材料之外，还要把长年的养护、维修、恢复路用性能的工作放在非常重要的位置。

4. 平整度

路基的平整度虽没有路面平整度的要求那么高，但在路面标高一定的情况下，路基的平整度直接影响路面结构层的厚度，路面结构层的厚度对承载能力和路面结构层的使用寿命会产生影响。同时，路基的平整度会影响工程造价，平整度差会造成投资的增加。

二、公路自然区划

为区分不同地理区域自然条件对公路工程影响的差异性，并在路基、路面的设计、施工和养护中采取适当的技术措施和采用合适的设计参数，以保证路基、路面的强度和稳定性，我国制定《公路自然区划标准》（JTJ 003—1986）。

（一）公路自然区划原则

由于我国地幅辽阔，各地气候、地形、地貌、水文地质条件等相差很大，而自然条件与公路建设密切相关，各种自然因素对公路构造物产生的影响和造成的病害也各不相同，因此，在不同地区的路基设计中，应考虑的问题也各有侧重，如季节性冰冻地区的道路病害主要是冻胀和翻浆，干旱地区的主要病害则是路基的干稳性问题。因此，根据各地自然条件特点对路线勘测、路基路面的设计、筑路材料选择、施工方案的拟定等问题进行综合考虑是十分必要的。根据我国各地自然条件及其对公路建筑影响的主要特征，相关部门提出中国公路自然区划，绘制成了《中华人民共和国公路自然区划图》。

根据影响公路工程的地理、地貌及气候的差异特点，公路自然区划按照以下三项原则进行划分：

1）道路工程特征相似性原则，即在同一区划内，在同样自然条件下筑路具有相似性，如北方不利季节主要是春融时期，有翻浆病害，南方不利季节在雨季，有冲刷、水毁等病害。

2) 地表气候区域差异性原则，即地表气候是地带性差异与非地带性差异的综合结果。通常，地表气候随当地纬度变化，如北半球，北方寒冷，南方温暖，称为地带性差异。除此之外，还与高程变化有关，即沿垂直方向变化，如青藏高原由于海拔高，与纬度相同的其他地区相比，气候更加寒冷，称为非地带性差异。

3) 自然气候因素既综合又有主导作用的原则，即自然气候的变化是各种因素综合作用的结果，但其中又由某种因素起主导作用。如道路冻害是水和热综合作用的结果，但在南方，有水而没有寒冷气候的影响，就不会有冻害，说明温度起主导作用；西北干旱地区与东北潮湿区，同样都有负温，但前者冻害轻于后者，说明水起主导作用。

(二) 公路自然区划划分

根据《公路自然区划标准》的规定，我国公路自然区划分为三个等级。一级区划首先将全国划分为多年冻土、季节冻土和全年不冻三大地带，再根据水热平衡和地理位置，划分为冻土、温润、干湿过渡、湿热、潮暖、干旱和高寒七个一级区。二级区划是在一级区划基础上以潮湿系数为主进一步划分。三级区划是在二级区划内划分更低一级的区划或类型单元。

1. 一级自然区划

根据不同地理、气候、地貌界限的交错和重叠，全国七个一级区的代号与名称为：Ⅰ—北部多年冻土区；Ⅱ—东部温润季冻区；Ⅲ—黄土高原干湿过渡区；Ⅳ—东南湿热区；Ⅴ—西南潮暖区；Ⅵ—西北干旱区；Ⅶ—青藏高寒区。一级区划的特征与指标见表3-1，一级区划的自然条件和对公路设计的要求见附录A。

表 3-1 一级区划的特征与指标

代号	一级区名	平均温度 /℃	平均最大冻深 /cm	潮湿系数 K	地势阶梯	新构造特征	土质带
Ⅰ	北部多年冻土区	全年<0	>200	0.50~1.00	东部1000m等高线两侧	大面积中等或微弱上升，差异运动不大	棕黏性土
Ⅱ	东部温润季冻区	一月<0	10~200	0.50~1.00	东部1000m等高线以东	大面积下降，差异运动强弱不一	棕黏性土，黑黏性土，冲积土，软土
Ⅲ	黄土高原干湿过渡区	一月<0	20~140	0.25~1.00	东部1000m等高线以西，西南3000m等高线以东	大面积上升，幅度不大，夹有长条形中等沉降	黄土
Ⅳ	东南湿热区	一月>0,全年14~22	<10	1.00~2.25	东部1000m等高线以东	大部地区上升，局部地区下降差异运动微弱	下蜀土，黄棕黏性土，红黏性土，砖红黏性土，软土
Ⅴ	西南潮暖区	一月>0,全年14~22	<20	1.00~2.00	东部1000m等高线以西，西南3000m等高线以东	大面积中等上升，差异运动强弱不一	紫黏性土，红色石灰土，砖红黏性土
Ⅵ	西北干旱区	全年<10,山区垂直分布	东部100~250,西部40~100	东部0.25~0.5,西部<0.25	东部1000m等高线以西，西南3000m等高线以北	大面积或长条形上升与盆地下降相同	粟黏性土，砂砾土，碎石土
Ⅶ	青藏高寒区	全年<10,一月<0	除南端外40~250	0.25~1.50	西南3000m等高线以西以南	大面积强烈上升，差异运动显著	砂砾土，软土

1) 一级区划的主要依据与指标。以全国性的纬向地带性和构造区域性为依据，根据对公路工程具有控制作用的地理、气候因素来拟定。对纬向性的，特别是东部地区的界线，采用了气候指标；对非纬向性的，特别是西部地区的界线，则较多地强调构造和地貌因素；中部个别地区则采用土质为指标。

2) 一级区划的主要指标。根据我国地理、地貌、气候等因素，以均温等值线和三阶梯的两条等高线作为一级区划的标志。

3) 全年均温-2℃等值线。在一般情况下，地面大气温度达到-2℃时，地面土开始冻结。因此，它大体上是区分多年冻土和季节冻土的界线。

4) 一月份均温0℃等值线，是区分季节冻土和全年不冻的界线。

5) 我国地势的三级阶梯的两条等高线。

① 1000m等高线：走向北偏东，自大兴安岭，南下太行山、伏牛山、武当山、雪峰山、九万山、大明山至友谊关而达国境。

② 3000m等高线：走向自西向东，后折向南。西起帕米尔，沿昆仑山、阿尔金山、祁连山、南下西倾山、岷山、邛崃山、夹金山、大小相邻、锦屏山、雪山、云岭而达国境。

由于三级阶梯的存在，通过地形的高度和阻隔，使其气候具有不同的特色，也成为划分一级区划的主要标志。

2. 二级区划

二级区划是在一级区划范围内进一步划分，其主要依据是潮湿系数 K。潮湿系数是指年降雨量 R 与年蒸发量 Z 之比，即 $K=R/Z$，据此划分为6个潮湿等级。同时，结合各大区的地理、气候特征（如雨季、冰冻深度）、地貌类型和自然病害等因素，将全国划分为33个二级区和19个二级副区。它们的区界与名称如下（各二级区自然条件对公路工程的影响见附录B）。

1) 北部多年冻土区有Ⅰ1连续多年冻土区、Ⅰ2岛状多年冻土，区划的特征与指标见表3-2。

表3-2 北部多年冻土区的特征与指标

二级区名（包括副区）	水热状态						地表情况		
	潮湿系数 K	年降水量 /mm	雨型	多年平均最大冻深 /cm	最高月平均地温 /℃	地下水埋深 /m	地貌类型	地表切割深度 /m	土质和岩性
Ⅰ1 连续多年冻土区	0.75~1.00	400~600	夏雨、秋雨	>300	<30	1~3	湿润丘陵、重丘、低山和中山	北部<200 南部200~500	棕黏性土，砂性土，粗粒岩
Ⅰ2 岛状多年冻土区	0.5~1.00	400~600	夏雨、秋雨	230~300	<30	1~3	湿润重丘、低山和中山	200~500	黏性土和砂性土为主，粗粒岩

2) 东部温润季冻区有Ⅱ1东北东部山地润湿冻区、Ⅱ1a三江平原副区、Ⅱ2东北中部山前平原重冻区、Ⅱ2a辽河平原冻融交替副区、Ⅱ3东北西部润干冻区、Ⅱ4海滦中冻区、Ⅱ4a冀北山地副区、Ⅱ4b旅大丘陵副区、Ⅱ5鲁豫轻冻区、Ⅱ5a山东丘陵副区。区划的特征与指标见表3-3。

表 3-3　东部温润季冻区的特征与指标

二级区名（包括副区）	水热状态						地表情况		
	潮湿系数 K	年降水量 /mm	雨型	多年平均最大冻深 /cm	最高月平均地温 /℃	地下水埋深 /m	地貌类型	地表切割深度/m	土质和岩性
Ⅱ1 东北东部山地润湿冻区	0.75~1.50	600~1200	夏雨	80~250	<30.0	一般>0 洼地、谷地 1~1.5	湿润重丘低山为主，其次为冲积平原和沼泽	大部为 200~500	棕黏性土、砂性土、粗粒岩
Ⅱ1a 三江平原副区	0.75~1.00	600~800	夏雨	150~200	<30.0	<1	沼泽、平原为主	除完达山外大部分为平原	内陆软土
Ⅱ2 东北中部山前平原重冻区	0.25~1.25	400~600	夏雨	120~240	<30.0	一般>3 谷地 1~3	冲积平原阶地或洪积扇	大部分为平原	黑黏性土、内陆软土
Ⅱ2a 辽河平原冻融交替副区	0.75~1.25	600~800	夏雨	80~120	<30.0	一般 1~2 海滨<1	冲积平原或海边软土平原	大部分为平原	冲积土和沿海软土
Ⅱ3 东北西部润干冻区	0.50~0.75	200~600	夏雨	100~240	<30.0	一般 1~3 山前>3	重丘、低山冲积平原、阶地，并有沙地分布	大部分为平原或高差为 200~500 的丘陵	粟黏性土、冲积土和砂砾土，粗粒花岗岩流纹岩
Ⅱ4 海滦中冻区	0.50~0.75	400~800	夏雨、秋雨	40~100	30~32.5	一般 1~4 海滨<1	大部分为冲积平原、三角洲，海边为软土平原	大部分为平原	冲积土和沿海软土
Ⅱ4a 冀北山地副区	0.75~1.00	600~800	夏雨、秋雨	100~120	<30	一般>4 谷地 2~4	湿润中山，低山和重丘	200~500	冲积土、粗粒岩和细粒岩
Ⅱ4b 旅大丘陵副区	0.75~1.00	600~800	夏雨、秋雨	60~80	<30	>3	湿润丘陵	微丘	棕黏性土、粗粒岩
Ⅱ5 鲁豫轻冻区	0.50~1.00	600~800	夏雨、秋雨	10~40	30~32.5	一般 2~3 海滨<2	冲击平原	平原	冲积土
Ⅱ5a 山东丘陵副区	0.75~1.25	600~1000	夏雨、秋雨	30~50	<30	一般>3 谷地、海滨<3	湿润丘陵、重丘和低山局部为中山	<200 或 200~500	棕黏性土和砂砾土粗粒岩和可溶岩

3) 黄土高原干湿过渡区有Ⅲ1 山西山地、盆地中冻区，Ⅲ1a 雁北张宣副区，Ⅲ2 陕北典型黄土高原中冻区，Ⅲ2a 榆林副区，Ⅲ3 甘东黄土山地区，Ⅲ4 黄渭间山地、盆地轻冻区。区划的特征与指标见表3-4。

表3-4 黄土高原干湿过渡区的特征与指标

二级区名（包括副区）	水热状态						地表情况		
	潮湿系数 K	年降水量 /mm	雨型	多年平均最大冻深 /cm	最高月平均地温 /℃	地下水埋深 /m	地貌类型	地表切割深度/m	土质和岩性
Ⅲ1 山西山地、盆地中冻区	0.5~1.00	400~600	夏雨、秋雨	40~100	25~30	一般>3 盆地1~3	湿润中山和冲积平原	山地500~1000,盆地部分为平原	黄土和黄土状土；粗粒岩、可溶岩
Ⅲ1a 雁北张宣副区	0.5~0.75	400~600	夏雨、秋雨	100~140	25~30	一般>3 盆地1~3	湿润中山和冲积平原	山地500~1000,盆地部分为平原	黄土状土；粗粒岩、可溶岩
Ⅲ2 陕北典型黄土高原中冻区	0.5~1.00	400~600	夏雨、秋雨	40~100	25~30	河谷<3 塬>20	黄土峁、梁、塬为主	大部<200 局部200~500	黄土和黄土状土
Ⅲ2a 榆林副区	0.50~0.75	400~600	夏雨、秋雨	100~120	25~30	河谷<3 塬>20	黄土峁、梁、塬为主、局部流砂	大部200~500	黄土和黄土状土、砂砾土
Ⅲ3 甘东黄土山地区	0.25~0.75	200~600	夏雨、秋雨	80~100	25~30	河谷<3 塬>20	黄土梁、塬为主	<200	黄土和黄土状土、山区为细粒岩
Ⅲ4 黄渭间山地、盆地轻冻区	0.50~1.00	600~800	夏雨、秋雨	15~40	30~32.5	一般>3 河谷<1.5	湿润重丘,低山和中山、黄土梁和冲积平原分布其中	边缘山地500~1000部分为平原	黄土状土和黄土粗粒岩

4) 东南湿热区有Ⅳ1 长江下游平原润湿区，Ⅳ1a 盐城副区，Ⅳ2 江淮丘陵、山地润湿区，Ⅳ3 长江中游平原中湿区，Ⅳ4 浙闽沿海山地中湿区，Ⅳ5 江南丘陵过湿区，Ⅳ6 武夷南岭山地过湿区，Ⅳ6a 武夷副区，Ⅳ7 华南沿海台风区，Ⅳ7a 台湾山地副区，Ⅳ7b 海南岛西部润干副区，Ⅳ7c 南海诸岛副区，区划的特征与指标见表3-5。

表 3-5 东南湿热区的特征与指标

二级区名（包括副区）	水热状态							地表情况		
	潮湿系数 K	年降水量 /mm	雨型	最高月 K 值	最大月雨期长度	最高月平均地温 /℃	地下水埋深 /m	地貌类型	地表切割深度/m	土质和岩性
Ⅳ1 长江下游平原润湿区	1.00~1.50	1000~1400	春雨、梅雨	2.0~3.0	2.5~3.5	30~35	一般1~2 海滨湖滨<1	海滨和内陆为软土平原，冲积平原和三角洲	平原	沿海软土和内陆软土、冲积土
Ⅳ1a 盐城副区	1.00~1.40	930~1150	夏雨、秋雨	1.8~2.2		31.5~32.8	一般1~2 海滨湖滨<1	海滨和内陆为软土平原，冲积平原和三角洲	平原	沿海软土和内陆软土、冲积土
Ⅳ2 江淮丘陵、山地润湿区	1.00~1.50	1000~1600	夏雨、秋雨、梅雨	1.5~2.5	3.0~3.5	30~35	一般>3 丘陵间盆地1.5~2.0	冲积平原阶地和湿润丘陵，重丘与低丘为主，局部为中山	大部为≤200 或200~500 局部为500~1000	黄棕黏性土、下蜀土、粗粒岩
Ⅳ3 长江中游平原中湿区	1.25~1.75	1200~1800	春雨、梅雨	2.5~4.0	3.6~4.0	32.5~35	一般1~2 湖滨<1	冲积平原和内陆软土平原	平原	冲积土和内陆软土，局部为下蜀土
Ⅳ4 浙闽沿海山地中湿区	1.00~2.00	1400~2200	台风暴雨	2.0~3.5	3.0~4.5	≥35	谷地1~3 山岭>5	湿润重丘低山，局部为中山	大部为200~500	红黏性土，局部为沿海软土，粗粒岩
Ⅳ5 江南丘陵过湿区	1.5~2.25	1400~2000	梅雨、秋雨、伏旱	3.5~5.0	4.0~4.5	25~32.5	谷地2~3	湿润丘陵局部分布有山地	一般≥200 局部为200~500	红黏性土、细粒岩
Ⅳ6 武夷南岭山地过湿区	1.5~2.25	1400~2000	春雨、夏雨	3.0~4.5	3.5~4.5	30~35	谷地2~3 山岭>5	湿润中山和低山重丘	大部为500~1000 局部为≥1000	红黏性土粗粒岩、细粒岩、可溶岩
Ⅳ6a 武夷副区	1.75~2.25	1800~2600	梅雨、夏雨	3.5~4.5	4.0~5.0	25~32.5	>5	湿润中山	>1000	红黏性土、粗粒岩
Ⅳ7 华南沿海台风区	0.75~2.0	1600~2600	夏雨、台风暴雨	2.0~3.0	2.5~4.5	30~32.5	一般>3 海滨<1	湿润丘陵重丘、低山、沿海有三角洲平原	平原或≤200 局部为200~500	砖红色黏性土、沿海软土、粗粒岩

(续)

二级区名(包括副区)	水热状态						地表情况		
	潮湿系数 K	年降水量 /mm	雨型	最高月 K 值	最大月雨期长度	最高月平均地温 /℃	地下水埋深 /m	地貌类型	地表切割深度/m	土质和岩性
Ⅳ7a 台湾山地副区	1.50~2.75	2000~2800	夏雨、台风暴雨	>3.0	2.5~3.0	≤30	>3	湿润中山高山地	500~1000或≥1000	北部为红黏性土，南部为砖红黏性土，细粒岩、粗粒岩
Ⅳ7b 海南岛西部润干副区	0.50~0.75	800~1600	台风雨	<3.0	<3.0	32.5~35.0	1~3	沿海为稀林草原阶地	平原或<200	砖红色黏性土
Ⅳ7c 南海诸岛副区		1600~2000	对流雨、台风雨			32.5~35		珊瑚岛	平原	砖红色黏性土

5）西南潮暖区有Ⅴ1秦巴山地润湿区，Ⅴ2四川盆地中湿区，Ⅴ2a雅安、乐山过湿副区，Ⅴ3三西、贵州山地过湿区，Ⅴ3a滇南、桂西润湿副区，Ⅴ4川、滇、黔高原干湿交替区，Ⅴ5滇西横断山地区，Ⅴ5a大理副区。区划的特征与指标见表3-6。

表3-6 西南潮暖区的特征与指标

二级区名(包括副区)	水热状态						地表情况		
	潮湿系数 K	年降水量 /mm	雨型	最高月 K 值	最大月雨期长度	最高月平均地温 /℃	地下水埋深 /m	地貌类型	地表切割深度/m	土质和岩性
Ⅴ1 秦巴山地润湿区	1.00~1.50	800~1400	夏雨、秋雨	2.0~3.0	3.0~3.5	25~32.5	埋深不定	湿润中山局部为高山	大部分为500~1000,局部为<200	黄棕黏性土，粗粒岩为主
Ⅴ2 四川盆地中湿区	1.25~1.75	1000~1400	夏雨、秋雨	2.0~3.0	3.5~4.5	30~32.5	丘陵>2 谷地成都平原1~2	冲积平原和湿润丘陵，边缘为重丘、低山	大部为<200 东南部为500~1000 西部为平原	紫黏性土，细粒岩为主
Ⅴ2a 雅安、乐山过湿副区	1.75~2.75	1200~2200	全年多雨秋雨量多	3.0~4.5	4.0~5.5	<30	—	湿润中山和丘陵盆地	大部分500~1000	紫黏性土，细粒岩、粗粒岩
Ⅴ3 三西、贵州山地过湿区	1.50~2.00	1000~1400	全年多雨	2.5~4.0	4.0~5.0	20.0~32.5	埋深不定	湿热喀斯特山地和波状高原，湿润重丘、低山和中山	大部分为200~500 局部<200或500~1000	红色石灰岩、红黏性土、可溶岩

第三章 路基工程

(续)

二级区名 (包括副区)	水热状态						地表情况		
	潮湿系数 K	年降水量 /mm	雨型	最高月 K 值	最大月雨期长度	最高月平均地温 /℃	地下水埋深 /m	地貌类型	地表切割深度/m	土质和岩性
V 3a 滇南、桂西润湿副区	1.00~1.50	1000~1600	夏雨、秋雨	1.5~3.0		3.0~4.0	25~30	谷地2~4山岭>5	湿热喀斯特山地	大部分为200~500局部<200或500~1000	砖红黏性土,可溶岩
V 4 川、滇、黔高原干湿交替区	0.50~1.00	600~1000	夏雨、秋雨	1.5~2.5		4.5~5.0	25~30	—	湿润中山或高山,湿热喀斯特波状高原,坝子分布其间	西北部为500~1000中部<200南部为200~500	红黏性土,粗粒岩
V 5 滇西横断山地区	1.00~2.00	1200~1600	夏雨	2.0~5.0		5.0~12.0	20~30	—	湿润中山和高山,有坝子零星分布	大部分>1000南部为500~1000	粗粒岩、细粒岩、可溶岩
V 5a 大理副区	1.00~1.50	800~1800	夏雨	2.0~4.0		4.0~5.5	20~30	—	湿热中山和坝子	大部分>1000,南部为500~1000	砖红黏性土、细粒岩、粗粒岩

6) 西北干旱区有Ⅵ1 内蒙草原中干区,Ⅵ1a 河套副区,Ⅵ2 绿洲—荒漠区,Ⅵ3 阿尔泰山地冻土区,Ⅵ4 天山—界山山地区,Ⅵ4a 塔城副区,Ⅵ4b 伊犁河谷副区。区划的特征与指标见表 3-7。

表 3-7 西北干旱区的特征与指标

二级区名 (包括副区)	水热状态						地表情况		
	潮湿系数 K	年降水量 /mm	雨型	多年平均最大冻深 /cm	最高月平均地温 /℃	地下水埋深 /m	地貌类型	地表切割深度 /m	土质和岩性
Ⅵ1 内蒙草原中干区	0.25~0.50	150~400	夏雨	140~240	<30	一般2~4;谷地洼地1~2	干旱残积平原、丘陵、沙漠局部分布溶岩台地和冲积平原	大部为平原,或≤200	粟黏性土和砂砾土,粗粒岩
Ⅵ1a 河套副区	<0.25	150~200	夏雨	100~140	<30	<1.5	冲积平原	平原	黏性土和砂性土

(续)

二级区名（包括副区）	水热状态						地表情况		
	潮湿系数 K	年降水量 /mm	雨型	多年平均最大冻深 /cm	最高月平均地温 /℃	地下水埋深 /m	地貌类型	地表切割深度 /m	土质和岩性
Ⅵ2 绿洲—荒漠区	<0.25 其中塔里木至甘西 <0.05	<150 其中塔里木至甘西 ≤50	夏雨或"无雨"	<100	30~40	绿洲≤3，荒漠≥5	沙漠、岩漠、砾漠、干旱残积平原、盐碱化湖积平原和冲积平原	大部分为平原	砂砾土和黏性土为主，局部有黄土，粗粒岩为主
Ⅵ3 阿尔泰山地冻土区	0.25~0.50	200~400	夏雨	≥150	<30	>3	高山	>1000	粗粒岩
Ⅵ4 天山—界山山地区	0.25~1.00	200~600	夏雨	100~150	≤30	≥5	高山和冰川雪山，局部有高寒砾漠	500~1000 或≥1000	砂砾土和黏性土为主，局部有黄土，粗粒岩为主
Ⅵ4a 塔城副区	0.25~0.50	≤200	夏雨	≤100	<30	3~5	冲积平原和山地	平原或500~1000	黏性土为主，砂性土和黄土状土为次，粗粒岩为主
Ⅵ4b 伊犁河谷副区	0.5~0.75	200~400	夏雨	50~100	>30	<3	冲积平原和阶地或洪积扇	平原	黏性土和砂性土

7）青藏高寒区有Ⅶ1祁连—昆仑山地区、Ⅶ2柴达木荒漠区、Ⅶ3河源山原草甸区、Ⅶ4羌塘高原冻土区、Ⅶ5川藏高山峡谷区、Ⅶ6藏南高山台地区、Ⅶ6a拉萨副区，区划的特征与指标见表3-8。

表 3-8　青藏高寒区的特征与指标

二级区名（包括副区）	水热状态						地表情况		
	潮湿系数 K	年降水量 /mm	雨型	多年平均最大冻深 /cm	最高月平均地温 /℃	地下水埋深 /m	地貌类型	地表切割深度 /m	土质和岩性
Ⅶ1 祁连—昆仑山地区	0.25~0.50	100~400	夏雨	—	<30	山地>5，山前洪积3~5.0	高山和冰山雪地	>100	粗粒岩、细粒岩

（续）

二级区名 （包括副区）	水热状态					地表情况		
	潮湿系数 K	年降水量 /mm	雨型	多年平均最大冻深/cm	最高月平均地温 /℃	地下水埋深/m	地貌类型	地表切割深度 /m	土质和岩性
Ⅶ2 柴达木荒漠区	<0.25	<50	夏雨或"无雨"	100~200	—	西部荒漠3~5，东部盐沼≤3	岩漠、盐碱化湖冲积平原南部边缘为沙漠	大部分为平原	砂砾土为主，局部为内陆软土、细粒岩
Ⅶ3 河源山原草甸区	0.5~1.50	200~600	夏雨、秋雨		<30	一般≥3，洼地<1	高寒山原、高寒丘陵、台源和沮洳地	200~500或500~1000	以粉性土和变质岩为主
Ⅶ4 羌塘高原冻土区	<0.50	<200	夏雨、秋雨	有多年冻土存在，北部呈连续分布，南部呈岛状分布（以安多为界）	<30 年平均温度低于-4℃	冻结层上水发育，在河谷平原一般<1.0米最高仅为0.2~0.3米呈片状连续分布	高寒丘陵、台原和高山，局部分部有砾漠凹地、沼泽湿地	台原丘陵≤200，山地为200~1000	以细粒岩可溶岩为主
Ⅶ5 川藏高山峡谷区	0.75~1.50	400~1000	春雨、夏雨	—	<30	>3	高山和峡谷，局部分布有冰川、雪山	>1000	以粉性土和变质岩为主
Ⅶ6 藏南高山台地区	<0.50	200~600	夏雨		<30	阶地3~5	高山、冰川和雪山、台地和冲积平原	谷地或>1000	粗粒岩和细粒岩，河谷为砂砾土
Ⅶ6a 拉萨副区	0.25~0.75	400 左右	夏雨	—	<30	>3	高山、冰川和雪山、台地和冲积平原	谷地或>1000	粗粒岩和细粒岩，河谷为砂砾土

8）二级区划的主导因素与标志。二级区划仍以气候和地形为主导因素，但具体标志与一级区划有显著差别。一级自然区有共同标志，即气候因素是潮湿系数 K 值，地形因素是独立的地形单元。二级区的划分则需因区而异，将上述标志具体化或加以补充，其标志是以潮湿系数 K 为主的一个标志体系。

潮湿系数 K 值按全年的大小分为六个等级：过湿区，$K>2.00$；中湿区，$2.00 \geqslant K>1.50$；湿润区，$1.50 \geqslant K>1.00$；润干区，$1.00 \geqslant K>0.50$；中干区，$0.50 \geqslant K>0.25$；过干区，$K<0.25$。

有关潮湿系数 K 值和蒸发力的计算公式规定如下

$$K=R/Z \tag{3-1}$$

式中　R——年降水量（mm）；

Z——年蒸发量（mm）。

年蒸发量 Z 无法直接测定，只能用蒸发力（可能的蒸发量）ET 来代替 Z 计算。蒸发力 ET 的计算，采用 H. L. 彭曼公式

$$ET = FE_0 \tag{3-2}$$

式中　F——季节系数，见附录 B；

　　　E_0——水面蒸发量（mm）。

3. 三级区划

三级区划的划分方法有两种，一种是以水热、地理和地貌为依据，分为若干个具有相似性的区域单元；另一种是以地表的地貌、水文和土质为依据分为若干个类型单元。三级区划未列入全国性的区划中，由各省区结合当地自然情况自行划分。

各级区划的范围不同，在公路工程中的应用也各有侧重，一级区划主要为全国性的公路总体规划和设计服务；二级区划主要为各地的公路路基路面设计、施工、养护提供较全面的地理、气候依据和有关参数，如路基和路面材料的回弹模量、路基临界高度、路基压实标准等。

三、路基的干湿类型

引起路基湿度变化的水源主要有大气降水，通过路面、路肩和边坡渗入路基；边沟水及排水不良时的地表积水，以毛细水的形式渗入路基；靠近地面的地下水，借助毛细作用上升到路基内部；在土粒空隙中流动的水汽凝结成的水分。

各种水源对路基的影响，因路基所在地的地形、地质与水文等具体条件而不同，同时也随路基结构、断面尺寸、排水设施及施工方法而变化。

路基的强度与稳定性不但与土质有关，而且与干湿状态密切相关，并在很大程度上影响路面结构及厚度的确定。因此，确定路基干湿类型对路面结构设计具有重要的意义。在路基路面设计中，把路基干湿类型划分为干燥、中湿、潮湿和过湿。由于土的稠度 w_c 较准确地表示了土的各种形态与湿度的关系，稠度指标综合了土的塑性特性，包含了液限 w_L 与塑限 w_P，全面直观地反映了土的软硬程度，物理概念明确，因此，用稠度作为划分路基干湿类型的指标。其计算公式如下

$$w_c = (w_L - w)/(w_L - w_P) \tag{3-3}$$

式中　w——土的含水率。

$w_c = 1$，即 $w = w_P$，为半固体与硬塑状的分界值；$w_c = 0$，即 $w = w_L$，为流塑与流动状的分界值；$0 < w_c < 1$，即 $w_P < w < w_L$，土属于可塑状态。

以稠度作为路基干湿类型的划分标准是合理的，但是不同的自然区划，不同土的分界稠度是不同的。在公路勘测设计中，确定路基的干湿类型需要在现场进行勘察，对于原有公路，按不利季节路槽底面以下 80cm 深度内土的平均稠度 $\overline{w}_c$ 确定。在路槽底面以下 80cm 内，每 10cm 取土样测定其天然含水率、塑限含水率和液限含水率，$\overline{w}_c$ 按照下列公式计算

$$w_{ci} = (w_{Li} - w_i)/(w_{Li} - w_{Pi}) \tag{3-4}$$

$$\overline{w}_c = \frac{\sum_{i=1}^{8} w_{ci}}{8} \tag{3-5}$$

式中 w_i——路槽底面以下 80cm 内，每 10cm 为一层，第 i 层上的天然含水率；

w_{Li}、w_{Pi}、$\overline{w}_c$——第 i 层土的液限含水率、塑限含水率、稠度。

根据 $\overline{w}_c$ 判别路基土的干湿类型，要按照道路所在的自然区划和路基土的类别按表 3-9 所列区划界限确定道路的路基干湿类型。

表 3-9 路基干湿类型

路基干湿类型	路基平均稠度 $\overline{w}_c$ 与分界相对稠度的关系	一 般 特 性
干燥	$w_{c1} \leq \overline{w}_c$	路基干燥稳定，路面强度和稳定性不受地下水和地表积水影响，路基高度 $H \geq H_1$
中湿	$w_{c2} \leq \overline{w}_c \leq w_{c1}$	路基上部土层处于地下水或地表积水影响的过渡带区内，路面高度 $H_2 < H < H_1$
潮湿	$w_{c3} \leq \overline{w}_c \leq w_{c2}$	路基上部土层处于地下水或地表积水毛细影响区内，路基高度 $H_3 \leq H < H_2$
过湿	$\overline{w}_c \leq w_{c3}$	路基极不稳定，冰冻区春融翻浆，非冰冻区软弹，路基经处理后方可铺筑路面，路基高度 $H < H_3$

注：H_1 对应于 w_{c1}，为干燥和中湿状态的分界标准；H_2 对应于 w_{c2}，为中湿与潮湿状态的分界标准；H_3 对应于 w_{c3}，为潮湿和过湿状态的分界标准。w_{c1}、w_{c2}、w_{c3}、H_1、H_2、H_3 均可查相关表得到。

新建道路的路基尚未建成，不能得到路槽底以下 80cm 范围内路基的平均含水率，这时路基的干湿类型可以用路基临界高度为标准来确定。

路基临界高度是指在最不利季节，当路基分别处于干燥、中湿或潮湿状态时，路槽底距地下水位或长期地表积水水位的最小高度，如图 3-2 所示。图中，H 为最不利季节路槽底距地下水位的高度，H_1、H_2、H_3 分别为路基处于干燥、中湿、潮湿状态时的临界高度 m。若以 H 表示路槽底距地下水位的高度，当路基的高度 H 变化时，平均含水率 w_m 将变化，土的平均稠度随之改变，路基的干湿状态相应变化。路基高度、临界高度、土的平均稠度 $\overline{w}_c$ 与路基干湿类型的关系见表 3-9。

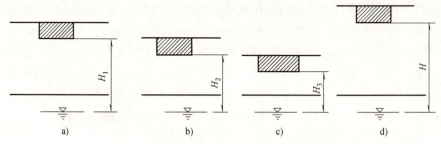

图 3-2 路基临界高度与路基干湿类型关系

四、土质路基（土基）的受力与强度

土基的力学表征取决于采用何种地基模型表示土基的受力状态和性质。

1. 土基的受力

路基在工作过程中，受到由路面上传递下来的车辆荷载及路基和路面的自重作用，如图 3-3 所示为土基受力时，不同深度 z 范围内的应力分布图。

计算路基土在车轮荷载作用下产生的垂直应力 σ_z 时，先假定车轮荷载为一圆形均布垂直荷载，路基为一弹性均质半空间体，近似计算按下式计算

$$\sigma_z = K \frac{p}{z^2} \qquad (3-6)$$

式中　p——一侧轮轴荷载（kN）；
　　　K——系数，一般取 $K=0.5$；
　　　z——荷载中心下应力作用点的深度（m）。

路基土本身自重在路基内深度为 z 处引起的垂直应力 σ_B，按下式计算

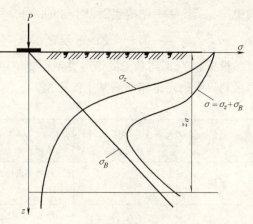

图 3-3　路基临界高度与路基干湿类型关系

$$\sigma_B = \gamma z \qquad (3-7)$$

式中　γ——土的重度（kN/m³）；
　　　z——应力作用点深度（m）。

因此，土基中任一点受到的竖向压应力按下式计算

$$\sigma = \sigma_z + \sigma_B = K \frac{p}{z^2} + \gamma z \qquad (3-8)$$

式中　σ_z——车辆荷载引起的应力；
　　　σ_B——土基自重引起的应力；
　　　σ——应力之和。

由式（3-6）和式（3-7）可见，车辆荷载产生的垂直应力 σ_z 随深度的增加而减小，自重应力 σ_B 则随深度的增加而增大，因此，车轮荷载在土基中产生的应力与土基自重应力比 σ_z/σ_B 随之急剧变小。如果在某一深度 z_B 处，行车荷载在土基中产生的应力仅为土基自重应力的 1/10~1/5，与土基自重引起的应力 σ_B 相比，车辆荷载在 z_B 以下土基中产生的应力已经很小，可忽略不计，则该深度范围内的路基称为路基工作区。工作区范围内的路基对支承路面结构和车轮荷载影响较大，工作区范围以外的路基影响逐渐减小。路基工作区内，土基强度和稳定性对保证路面结构的强度和稳定性极为重要，对工作区深度范围内的土质选择、路基压实度应提出更高的要求。当工作区深度大于路基填土高度时，行车荷载的作用不仅施加于路堤，而且施加于天然地基的上部土层，因此，天然地基上部土层和路堤应同时满足工作区的要求，都应充分压实，保证工作区内原地面下部土层具有足够的强度和稳定性，使天然地基下部土层和路堤同时满足路基工作区的设计要求。

路基是路面结构的支承体，车轮荷载通过路面结构传至路基，所以，路基土的应力-应变特性对路基路面结构的整体强度和刚度有很大影响。路基土的变形包括弹性变形和塑性变形两部分。路基土的塑性变形将引起板块断裂，在路面结构总变形中，土基的变形占很大部分，占 70%~95%，所以，提高路基土的抗变形能力是提高路基路面结构整体刚度和强度的重要保证。

2. 土基的强度

路基作为路面结构的基础，其抵抗车轮荷载的能力的大小主要取决于路基顶面在一定应

力级位下抵抗变形的能力。所以，路基的承载能力采用一定应力级位下的抗变形能力来表示。路基强度可以用回弹模量、地基反应模量和加州承载比（CBR）等来表示。

（1）回弹模量 回弹模量是指路基在荷载作用下产生的应力与其相应的应变的比值。土基回弹模量表示土基在弹性变形阶段内，在垂直荷载作用下，抵抗竖向变形的能力，如果垂直荷载为定值，土基回弹模量值越大则产生的垂直位移就越小；如果竖向位移是定值，回弹模量值越大，因此，路面设计中采用回弹模量作为土基抗压强度的指标。以回弹模量表征土基的承载能力，可以反映土基在瞬时荷载作用下的可恢复变形性质，因而，可以应用弹性理论公式来描述荷载与变形之间的关系。回弹模量作为表征土基承载能力的参数，可以在以弹性理论为基本体系的设计方法中得到应用。为了模拟车轮印迹的作用，通常都以圆形承压板压入土基的方法测定回弹模量，如图3-4所示。

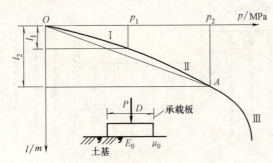

图 3-4　土基的应力-应变关系曲线

根据弹性力学原理，用圆形刚性承载板测试计算土基回弹模量的计算公式为

$$E_0 = \frac{\pi}{4} \frac{pD}{l} (1-\mu_0^2) \tag{3-9}$$

式中　E_0——土基的回弹模量（MPa）；
　　　l——承载板下的土基回弹变形值（m）；
　　　D——承载板的直径（m）；
　　　μ_0——土的泊松比，一般取0.35；
　　　p——承载板压强（MPa）。

设计中，以此回弹模量作为设计标准。但由于承载板测试回弹模量的野外测试速度较慢，因此，工程中常用标准汽车做前进卸载试验，根据测得的回弹变形（回弹弯沉l_0）计算土基回弹模量值。其计算公式为

$$E_0' = \frac{pd}{l_0}(1-\mu_0^2) \times 0.712 \tag{3-10}$$

式中　p——标准试验车的轮胎压力（MPa）；
　　　d——试验车轨迹当量圆直径（cm）；
　　　μ_0——土的泊松比，一般取0.35；
　　　l_0——土基不利季节的计算弯沉值，取平均值加两倍方差（cm）。

与用承载板做加载测试相比，两者结果相差不大，但后者测试工作大为简化，且两个回弹模量之间可以建立关系进行换算，也可以根据下列经验公式直接计算承载板标准回弹模量

$$E_0 = 2430 \times l_0^{-0.7} \tag{3-11}$$

(2) 地基反应模量 在刚性路面设计中,除用弹性模量表征土基强度(刚度)外,也常用土基反应模量 K_0 作为指标。该力学模型假设地基上任一点的反力与该点的挠度成正比,而与其他点无关,即土基相当于由互不联系的弹簧组成,如图 3-5 所示。这种地基力学模型首先由捷克工程师温克勒提出,因此,又称温克勒地基力学模型。地基反应模量 K_0 为压力 p 与沉降 l 之比,见式 (3-12)

$$K_0 = \frac{p}{l} \tag{3-12}$$

地基反应模量 K_0 的值由承载板试验确定。承载板的直径规定为 76cm。测试方法与回弹模量测试方法类似,但采用一次加载法,施加的最大荷载由两种方法控制:当地基较软弱时,用 0.127cm 的沉降控制承载板的荷载;若地基较坚硬,沉降难以达到 0.127cm 时,以单位压力 $p=70$kPa 控制承载板的荷载。

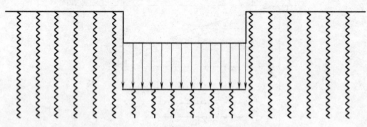

图 3-5 温克勒地基力学模型

(3) 加州承载比 加州承载比 (CBR) 是美国加利福尼亚州提出的一种评定土基及路面材料承载能力的试验方法。承载能力以材料抵抗局部荷载压入变形的能力表征,并采用标准碎石的承载能力为标准,以相对值的百分数 (CBR 值) 表示。这种方法后来也用于评定土基的强度。由于 CBR 的试验方法简单,设备造价低廉,在许多国家得到广泛应用。加州承载比是评定土基材料承载能力的指标。CBR 试验设备有室内试验与室外试验两种。室内试验装置如图 3-6 所示。

试验时,用一个端部面积为 19.35cm² 的标准压头,以 0.127cm/min 的速度压入土中。记录每贯入 0.254cm (0.1in) 时的单位压力,直到总深度达到 1.27cm 为止,此时的贯入单位压力与达到该贯入深度时的标准压力之比即土基的 CBR 值,即

图 3-6 CBR 试验装置

$$CBR = \frac{p}{p_s} \tag{3-13}$$

式中 p——对应于某一贯入深度的土基单位压力 (MPa);

p_s——与土基贯入深度相同的标准单位压力 (MPa),见表 3-10。

表 3-10 标准压力值

贯入深度/cm	0.254	0.508	0.762	1.016	1.270
标准压力/MPa	7.03	10.55	13.36	16.17	18.23

试件按照路基施工时的含水量及压实度要求在试筒内制备,并在加载前浸泡在水中饱水 4d。为模拟路面结构对土基的附加应力,在浸水过程及压入试验时,在试件顶面施加环形砝

码,其质量根据预计的路面结构质量确定,但不得小于45.3N。试件浸水至少淹没顶部2.54cm。CBR值的野外试验方法与室内试验基本相同,但其压入试验直接在土基顶面进行。

五、路基破坏形式与原因

1. 路基的破坏形式

路基在自然因素及荷载的作用下,产生不断累积的变形,最后导致破坏,这就是路基的病害现象。路基病害的形式多种多样,常见的路基病害现象有以下几种:

1) 路堤沉陷。塌方路基下沉导致路基,断面尺寸改变的病害现象称为路堤沉陷。沉陷是不均匀的,严重时会破坏局部路段造成交通中断。它有路堤本身的下陷和地基的沉陷两种,如图3-7和3-8所示。

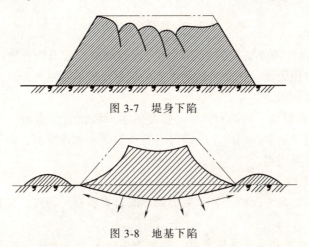

图3-7 堤身下陷

图3-8 地基下陷

2) 边坡的塌方。边坡的塌方是常见的病害,也是水毁的普遍现象,尤其在山区新建公路上,几乎是普遍的病害现象。塌方的具体表现形式有剥落、碎落、滑塌和崩塌,如图3-9所示。

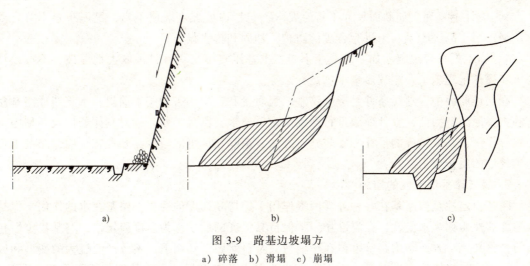

图3-9 路基边坡塌方
a) 碎落 b) 滑塌 c) 崩塌

3) 路基沿山坡的滑动。在较陡的山坡上填筑路基,如果原地面较光滑,未经处理,坡脚处又未进行必要的支撑，特别在受到水的浸润后，填方路基与原地面之间摩擦力减小，在荷载、自重作用下，路基整体或局部有可能沿地面移动，路基失去整体稳定性，如图3-10所示。

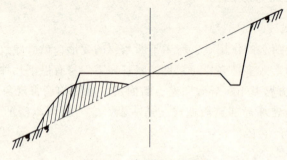

图 3-10　路基沿山坡滑动

4）不良的地质水文条件造成的路基破坏。巨型滑坡、泥石流、地震、特大暴雨等，都可以导致路基的大规模毁坏。在公路勘测中，要求尽可能避开这些地区或采取相应的技术措施，保证公路的正常使用。

5）剥落、碎落和崩塌。剥落和碎落是指路堑边坡风化岩层表面，在大气温度和湿度的交替作用及雨水冲刷和动力作用之下，表层岩石从坡面上剥落下来，向下滚落。大块岩石脱离坡面沿边坡滚落称为崩塌。

2. 路基破坏的原因

路基破坏的原因是多方面的，各种变形破坏既具有各自的特点，又具有共同原因，大致可以归纳为以下几个方面：

1）不良的工程地质和水文地质条件。如地质构造复杂、岩层走向及倾角不利、岩性松软、风化严重、土质较差、地下水位较高及其他特殊不良地质灾害等。

2）不利的水文与气候因素。如降雨量大、洪水猛烈、干旱、冰冻、积雪或温差特大等。

3）设计不合理。如断面尺寸不符合要求，包括边坡坡度取值不当，挖填布置不符合要求，最小填土高度不足，未进行合理的防护、加固和排水设计等。

4）施工不符合规定。如填筑顺序不当、土基压实不足、盲目采取大型爆破、不按设计要求和操作规程施工、工程质量不满足标准等。

在上述原因中，地质条件是影响路基工程质量和产生病害的基本前提，水是造成路基病害的主要原因。为此，设计前应进行详细的地质与水文勘察工作，针对具体条件及各种因素的综合作用，采取正确的设计方案与施工方法，消除和尽可能减少路基病害，确保路基工程达到规定的质量要求。

3. 保证路基稳定性的措施

路基稳定性是指路基在各种外界因素作用下保持其强度的性质。路基在水的作用下保持其强度的性质称为水稳性，在温度作用下保持其强度的性质称为温度稳定性。路基稳定性包括两种含义：一方面是指路基整体在车辆荷载及自然因素作用下，不致产生过大的变形和破坏，称为路基整体稳定性；另一方面是指路基在水温等自然因素的长期作用下保持其强度，称为路基强度稳定性。

路基的整体稳定性，一方面取决于路基土的强度；另一方面取决于路基与基底的结合情况（路堤）或边坡岩层的稳定性（路堑）。根据水温状况对路基强度的影响，在进行路基设计时，必须充分考虑当地的自然环境条件，采取有效措施，保证路基在各种气候条件下具有足够的强度和稳定性。

为保证路基强度和稳定性，必须进行深入的调查研究，细致分析各种自然因素与路基之间的关系，抓住主要问题，采取有效措施。一般采取的措施如下：

1) 合理选择路基断面形式，正确确定边坡坡度。
2) 选择强度和水、温稳定性良好的土填筑路堤，并采取正确的施工方法。公路路基用土将土分成砂土、砂性土、粉性土、黏性土及重黏土五大类。作为路基材料，砂性土最优，粉性土次之，黏性土属于不良材料，最容易引起路基病害，重黏土特别是蒙脱土也是不良路基土。
3) 充分压实土基，提高土基的强度和水稳定性。
4) 搞好地面排水，保证水流畅通，防止路基过湿或水毁。
5) 保证路基有足够高度，使路基工作区保持干燥状态。
6) 设置隔离层或隔温层，切断毛细水上升，阻止水分迁移，减少负温差的不利影响。
7) 采取边坡加固与防护措施并修筑支挡结构物。

第二节 路 基 设 计

一般路基指在良好的水文地质等条件下，填方高度不超过 20m 或挖方深度不超过 30m，可以结合当地的地形、地质情况直接选用长期生产实践和科学研究总结拟定的典型横断面图或设计规范进行设计，而不必进行个别论证和验算的路基。对于超过相关规范规定高度的高填、深挖路基及特殊水文地质条件下的路基（即特殊路基），必须进行个别设计和验算，合理选择路基断面形式，正确确定边坡坡度，并采取相应的防护和加固结构。

为了确保路基的强度与稳定性，使路基在各种外界因素作用下不致产生不允许的变形，路基的整体结构设计中还必须包括路基排水、路基防护与加固、与路基工程直接相关的附属设施（如弃土堆、取土坑、护坡道、碎落台、堆料坪和错车道等）的设计。因此，路基横断面结构形式的确定、路基排水设施、路基防护与加固结构物的设计都是路基设计的基本内容。

一、路基基本构造

路基本体由路基宽度、高度和边坡坡度三者组成。路基宽度取决于公路技术等级；路基高度取决于路线的纵坡设计及地形；路基边坡坡度取决于土质、地质构造、水文条件及边坡高度，并由边坡稳定性和横断面经济性等因素比较确定。路基宽度、高度和边坡是路基本体设计的基本要素，就路基稳定性和横断面经济性的要求而论，路基边坡坡度及相应的防护、加固措施，是路基本体设计的基本内容。

1. 路基宽度

路基宽度为行车道路面及其两侧路肩宽度之和。路基宽度组成如图 3-11 所示。当设有中间带、紧急停车带、爬坡车道、变速车道、错车道时，路基宽度还包括这些部分的宽度。

路面供机动车辆行驶,两侧路肩可以保护路面稳定,并兼供错车、临时停车及行人和非机动车通行。路面宽度根据设计通行能力及交通量大小确定,一般每个车道宽度为3.50~3.75m,技术等级高的公路及城镇近郊的一般公路,路肩宽度尽可能增大,一般取1~3m,并铺筑硬质路肩,以保证路面行车不受干扰。《公路路基设计规范》(JTG D30—2015)要求各级公路的路基宽度的要求见表3-11。《公路工程技术标准》(JTG B01—2014)取消了对路基总宽度的指标规定,只规定公路路基横断面中各部分宽度,包括发挥各部分基本功能和与行车安全密切关联的"最小值"指标,以鼓励根据项目综合建设条件,因地制宜选用横断面布置形式和宽度。

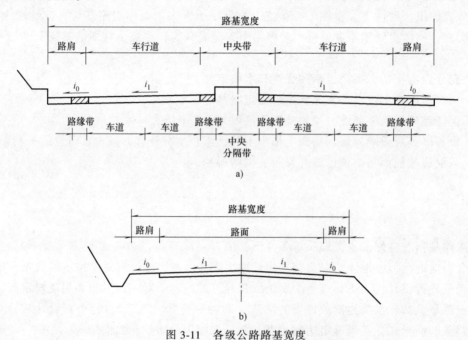

图3-11 各级公路路基宽度
a)高速公路和一级公路 b)二、三、四级公路

表3-11 各级公路路基宽度

公路等级		高速公路、一级公路								
设计速度/km·h^{-1}		120			100			80		60
车道数		8	6	4	8	6	4	6	4	—
路基宽度	一般值	45.0	34.5	28.0	44.0	33.5	26.0	32.0	24.5	23.0
	最小值	42.0	—	26.0	41.0	—	24.5	—	21.5	20.0
公路等级		二级公路、三级公路、四级公路								
设计速度/km·h^{-1}		80		60		40		30		20
车道数		2		2		2		2		2或1
路基宽度	一般值	12.0		10.0		8.5		7.5		6.5(双) 4.5(单)
	最小值	10.0		8.5		—		—		—

2. 路基高度

路基高度指路堤的填筑高度或路堑的开挖深度,是路基设计标高和地面标高之差。路基

设计标高通常以路肩边缘为准，即路肩边缘标高路基设计标高。对新建公路、高速公路和一级公路采用中央分离带外侧边缘标高，二、三、四级公路采用路基边缘标高，在设置超高和加宽路段则指在设置超高和加宽之前该处的标高。改建公路一般按照新建公路的规定办理，也可采用中央分离带中线或行车道中线标高。对城市道路，路基设计标高一般指车道中心标高。边坡高度指填方坡脚或挖方坡顶标高与路基设计标高之差。当原地面平坦时，路基高度与边坡高度相等，而山坡地面上两者不等，且两侧边坡高度也不相等。

路基高度由路线纵坡设计确定。确定时，要综合考虑地形、地质、地貌、水文等自然条件；重要构造物（如桥梁、涵洞）的控制标高；纵坡坡度应平顺，纵坡设计时要满足"平包竖"的原则；土石方工程数量的平衡，尽量满足挖填平衡的原则；以及路基的强度和稳定性，设计合理的路基高度。

在进行平原或者湖区公路设计时，路基的最小填筑高度应根据临界高度，并结合沿线具体条件、排水及防护措施，按照公路等级及有关的规定确定，一般应保证路基处于干燥或中湿状态。沿河受水浸淹的路基，其高度一般应根据《公路工程技术标准》规定的设计洪水频率确定，见表3-12，求得设计水位，在此基础上再增加0.5m的安全高度，若河道因路堤而压缩河床使上游有壅水，或河面宽阔而有风浪，那么还应增加壅水的高度和波浪冲上路堤的高度。沿河浸水路堤的高度，应高出上述各值之和，以保证路基不被淹没，并据此进行路基的防护加固设计。

表3-12 路基设计洪水频率

公路等级	高速公路	一级公路	二级公路	三级公路	四级公路
设计洪水频率	1/100	1/100	1/50	1/25	依实际情况而定

3. 路基边坡坡度

路基边坡坡度是指边坡高度与边坡宽度的比值，通常取边坡高度为1，用1：m来表示；也可以用边坡角（边坡与水平面的倾角）表示。路基边坡坡度对于路基稳定十分重要，确定边坡坡度是路基设计的重要任务。

路基边坡坡度的大小，取决于边坡的土质、岩石的性质及水文地质条件等自然因素和边坡的高度。一般路基的边坡坡度可根据多年工程实践经验和设计规范推荐的数值采用。填方路基边坡坡度应根据填料种类、边坡高度、水文条件和基底工程地质条件等确定。基底良好时，边坡坡度按《公路路基设计规范》确定。土质挖方边坡设计应根据边坡高度，土的湿度密实程度，地下水、地面水的情况，土的成因类型及生成时代等因素确定。在一般情况下，土质挖方边坡坡度应根据调查路线附近已建工程的人工边坡及自然山坡稳定状况，参照《公路路基设计规范》确定。岩石挖方边坡坡度应根据岩性、地质构造、岩石的风化破碎程度、边坡高度、地下水及地面水等因素综合分析确定。岩石挖方边坡应注意岩体结构面的情况，如受结构面控制的挖方边坡，则应按结构面的情况设计边坡。当岩层倾向路基时，应避免设计高的挖方边坡。在一般情况下，岩石挖方边坡坡度可以参照《公路路基设计规范》来确定。当软质岩层倾向路基，倾角大于25°，走向与路线平行或交角较小时，边坡坡度宜与倾角一致。当挖方边坡高度超过20~30m时，可根据现场情况，调查附近已建工程的人工边坡及自然山坡情况进行边坡稳定性分析，参照《公路路基设计规范》确定。

4. 路拱

为快速地排除路面上的积水需将路面做成一定的横向坡度，称为路拱横坡。路拱横坡坡度的确定既要保证排水通畅，又要保证行车安全，路拱横坡坡度一般根据路面类型和当地自然条件确定。一般情况下，路拱横坡的取值可以参照表3-13确定。

表 3-13 路拱横坡的取值

路 面 类 型	路拱横坡坡度(%)
沥青混凝土、水泥混凝土	1~2
其他黑色路面、整齐石块	1.5~2.5
半整齐石块、不整齐石块	2~3
碎、砾石等粒料路面	2.5~3.5
低级路面	3~4

二、路基附属设施

与一般路基有关的附属设施有取土坑、弃土堆、护坡道、碎落台、堆料坪及错车道等。

1. 取土坑

取土坑指的是在道路沿线挖取土方填筑路基或用于养护所留下的整齐土坑，如图 3-12 所示。取土坑的设置应有统一规划，使之具有规则的形状及平整的底部。取土坑的边坡，内侧宜为 1:1.5，外侧不宜小于 1:1，当地面横坡陡于 1:10 时，路侧取土坑应设置在路基上方一侧。平原地区的高速公路及一级公路不宜设路侧取土坑。取土坑底应设纵、横坡度，以利排水。填方路基设置路侧取土坑，路基边缘与取土坑底的高差大于 2m 时，应设置护坡道。一般公路的护坡道宽度为 1~2m。高速公路、一级公路，护坡道宽度不应小于 3m。取土坑还可以起排水沟渠的作用。取土坑示意如图 3-12 所示。

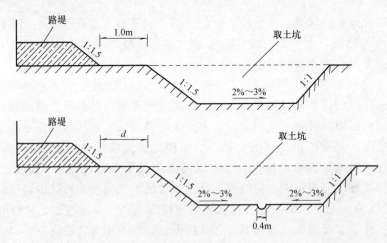

图 3-12 取土坑

2. 弃土堆

弃土堆指的是将开挖路基废弃的土放于道路沿线一定距离的整齐土堆。弃土场应符合设计要求并及时完成防护工程，如图 3-13 所示。

弃土场的位置与高度应保证路堑边坡、山体和自身的稳定，并不得影响附近建筑物、农田、水利、河道、交通和环境等。当不能符合上述要求时，应加设挡护或采取其他措施。弃

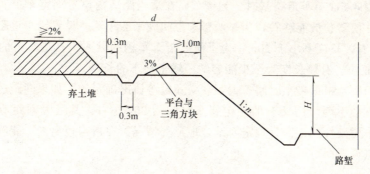

图 3-13 弃土堆

土堆不宜在堑顶设置。弃土堆还应符合下列要求：

1）严禁在岩溶漏斗、暗河口、泥石流沟上游及贴近桥墩、台弃土弃渣。
2）沿河岸或傍山路堑的弃土不得弃入河道、挤压桥孔或涵管口、改变水流方向和加剧对河岸的冲刷，必要时应设置挡护设施。
3）严禁向江、河、湖泊、水库、沟渠弃土、弃渣。

3. 护坡道

护坡道是为保护路基坡脚不受流水侵蚀，保证边坡稳定，而在路基坡脚与取土坑内侧坡顶之间预留的 1~2m 甚至 4m 以上宽度的平台。

当路堤较高时，为保证边坡稳定，在取土坑与坡脚之间或边坡坡面上，沿纵向保留或筑成有一定宽度的平台也称为护坡道。其目的是加宽边坡横距，减缓边坡平均坡度。护坡道越宽，越有利于边坡稳定，但工程量随之增加，根据实际情况，宽度至少为 1.0m，并随填土高度增加而增大。一般公路的护坡道的宽度为 1~2m；高速公路、一级公路的护坡道宽度不应小于 3m。一般情况下，护坡道宽度 d 为：$h = 3.0$m，$d = 1.0$m；$h = 3 \sim 6$m，$d = 2$m；$h = 6 \sim 12$m，$d = 2 \sim 4$m。

4. 碎落台

碎落台指在路堑边坡坡脚与边沟外侧边缘之间或边坡上，为防止碎落物落入边沟而设置的有一定宽度的纵向平台。碎落台设置于容易产生碎落的风化破碎岩石、软质岩石、砾（碎石）类土等地段，主要供零星土石碎块下落时临时堆积之用，以保护边沟不堵塞，也有保护坡道的作用。其宽度视边坡高度和土质而定，最小不得小于 1m，高速公路、一级公路边坡高度超过 12m 时，宽度不宜小于 2m。在砂类土、黄土、易风化碎落的岩石和其他不良的土质路堑中，其边沟外侧边缘与边坡坡脚之间宜设置碎落台。其宽度视边坡高度和土质而定，一般不小于 1m。当边坡已适当加固或其高度小于 2m 时，可以不设置碎落台。如碎落台兼有护坡作用，宽度应适当加大。高度与路肩齐平的碎落台上的堆积物应定期清理。

5. 堆料坪

路面养护用矿质材料，可以就近选择路旁合适地点堆置备用，也可以在路肩外缘设置堆料坪，其面积可以结合地形与材料数量确定。例如，每隔 50~100m 设置一个堆料坪，长为 5~8m，宽为 2m。高级路面或采用机械化养路的路段可以不设置，或另外设置集中备用料场，以维护公路外形的视觉平顺和景观优美。

6. 错车道

错车道是指在单车道道路上可通视的一定距离内，供车辆交错避让用的一段加宽车道。

当四级公路采用4.5m单车道路基时,为错车而在适当距离内设置加宽车道。错车道应设置在有利地点,并使驾驶员能够看到相邻两错车道间驶来的车辆。设置错车道路段的路基宽度不小于6.5m,有效长度不小于20m。为了便于错车车辆的驶入,在错车道的两端应设置不小于10m的过渡段。有效长度为至少能容纳一辆全挂车的长度。

错车道的间距是根据错车时间、视距、交通量等情况确定的,如果间距过长,错车时间长,通行能力就会下降。国外有的规定错车时间为30s左右,其最大间距应不大于300m。我国相关标准未做硬性规记,只规定要结合地形等情况,在适当距离内,能看到相邻两个错车道的有利地点设置即可。

三、路基横断面形式与设计要求

1. 路基横断面形式

路基横断面是指垂直于线路中心线截取的路基断面。根据其所处的地形条件不同,具有各种断面形式。路基按照横断面的挖填情况分为路堤、路堑、半路堤半路堑及不填不挖断面等。在进行路基设计时,先要进行横断面设计,待横断面确定以后,再全面考虑路基工程在纵断面上的配合及路基本体工程与其他各项工程的配合。路基典型横断面的形式包括路堤(填方)、半填半挖和路堑(挖方),如图3-14所示。

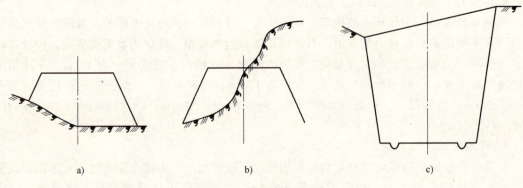

图3-14 路基横断面形式
a)路堤 b)半填半挖 c)路堑

1)路堤是指全部用岩土填筑而成的路基。路堤的常用横断面形式有矮路堤(填土高度低于1.0m)、高路堤[填土高度大于18m(土质)或20m(石质)]、一般路堤(填土高度介于前两者之间)、浸水路堤、护脚路堤、挖沟填筑路堤。

2)当原地面横坡大,且路基较宽,需一侧开挖另一侧填筑时,为挖填结合路基,也称为半填半挖路基。在丘陵或山区公路上,挖填结合是路基横断面的主要形式。

3)路堑是指全部在原地面开挖而成的路基。路堑横断面的基本形式有全挖式路基、台口式路基、半山洞式路基等。

2. 路基设计要求

路基应根据使用要求和当地自然条件(包括地质、水文和材料情况等)并结合施工方案进行设计,既应有足够的强度和稳定性,又要经济合理。影响路基强度和稳定的地面水和地下水,必须采取拦截或排出路基以外的措施,并结合路面排水,做好综合排水设计,形成完整的排水系统。修筑路基时,取土和弃土应符合环保要求,宜将取土坑、弃土堆加以处理,减少弃土侵占耕地,防止水土流失和淤塞河道。通过特殊地质、水文条件地带时,应做调查研究,并结合当地实践经验,进行特别设计。

四、挡土墙设计

挡土墙指支承路基填土或山坡土体、防止填土或土体变形失稳的构造物,如图 3-15 所示。在挡土墙横断面中,与被支承土体直接接触的部位称为墙背;与墙背相对的临空部位称为墙面;与地基直接接触的部位称为墙底;与基底相对的墙的顶面称为墙顶;基底的前端称为墙趾;基底的后端称为墙踵。一般地区,根据挡土墙的设置位置不同,分为路肩墙、路堤墙、路堑墙和山坡墙等,设置在路堤边坡的挡土墙称路堤墙;墙顶位于路肩的挡土墙称为路肩墙;设置于路堑边坡的挡土墙称为路堑墙;设置于山坡上、支承山坡上可能坍塌的覆盖层土体或破碎岩层的挡土墙称为山坡墙。

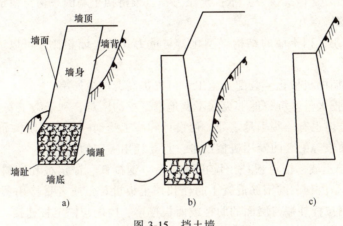

图 3-15 挡土墙
a) 路肩墙 b) 路堤墙 c) 路堑墙

1. 挡土墙的分类

按照挡土墙结构形式,挡土墙可以分为重力式挡土墙、悬臂式及扶壁式挡土墙、锚杆挡土墙、锚定板挡土墙、加筋挡土墙等;按照墙体结构材料,挡土墙可以分为石砌挡土墙、混凝土挡土墙、钢筋混凝土挡土墙、钢板挡土墙等。一般应根据工程需要、土质情况、材料供应、施工技术及造价等因素合理地选择。

(1) 重力式挡土墙 重力式挡土墙依靠墙身自重平衡墙后填土的土压力来维持墙体稳定,一般用块(片)石、砖或素混凝土筑成,如图 3-16a 所示。重力式挡土墙结构简单,易于施工,施工工期短,可以就地取材,适应性较强,应用广泛。重力式挡土墙适用于一般地区、浸水地区、地震地区等边坡支挡工程,但其工程量大,对地基承载力要求高,当地基承载力较低时或地质条件复杂时应适当控制墙高。

(2) 悬臂式及扶壁式挡土墙 悬臂式挡土墙多用钢筋混凝土做成。悬臂式挡土墙由立臂、墙趾板、墙踵板三部分组成,如图 3-16b 所示。它的稳定性主要靠墙踵悬臂以上的土体重力维持。当墙身较高(超过 6m)时,沿墙长每隔一定距离设置一道扶壁连接墙面板及踵板,以减小立臂下部的弯矩,称为扶壁式挡土墙,如图 3-16c 所示。

它们的共同特点是：墙身断面较小，结构的稳定性不是依靠本身的重量，而主要依靠踵板上的填土重量。它们自重轻，圬工省。这类挡土墙适用于墙高较大的情况时，由于它的悬臂部分的拉应力由钢筋来承受，因此需要使用一定数量的钢材。这类挡土墙宜在石料缺乏、地基承载力较低的填方地段使用。

（3）锚杆挡土墙　锚杆挡土墙是一种轻型挡土墙，主要由预制的钢筋混凝土立柱、挡土板构成墙面，与水平或倾斜的钢锚杆联合组成。锚杆挡土墙适用于墙高较大、石料缺乏或挖基困难地区，且具备锚固条件的一般岩质边坡加固工程。

按照墙面构造的不同，挡土墙分为柱板式和壁板式两种。柱板式锚杆挡土墙由挡土板、肋柱和锚杆组成，肋柱是挡土板的支座，锚杆是肋柱的支座，墙后的侧向土压力作用于挡土板上，并通过挡土板传递给肋柱，再由肋柱传递给锚杆，与锚杆与周围地层之间的锚固力即锚杆抗拔力平衡，以维持墙身及墙后土体的稳定。壁板式锚杆挡土墙是由墙面板和锚杆组成，墙面板直接与锚杆连接，并以锚杆为支撑，土压力通过墙面板传给锚杆，依靠锚杆与周围地层之间的锚固力（即抗拔力）抵抗土压力，以维持挡土墙的平衡与稳定。

锚杆挡土墙的特点有：

1）结构质量小，挡土墙的结构轻型化，与重力式挡土墙相比，可以节约大量的圬工，节省工程投资。

2）利于挡土墙的机械化、装配化施工，可以提高劳动生产率。

3）不需要开挖大量基坑，能够克服不良地基开挖的困难，利于施工安全。

但是锚杆挡土墙也有一些不足之处，使设计和施工受到一定的限制，如施工工艺要求较高，要有钻孔、灌浆等配套的专用机械设备，且要耗用一定的钢材。

（4）锚定板挡土墙　锚定板挡土墙由墙面系、钢拉杆、锚定板和填料共同组成，如图3-16d所示。墙面是由预制的钢筋混凝土肋柱和挡土板拼装，或者直接用预制的钢筋混凝土面板拼装而成。钢拉杆外端与墙面的肋柱或面板连接，内端与锚定板连接。

锚定板挡土墙是一种适用于填土的轻型挡土结构，与锚杆挡土墙类似，也是依靠"拉杆"的抗拔力来保持挡土墙的稳定。但是，这种挡土墙与锚杆挡土墙又有明显的区别，锚杆挡土墙的锚杆必须锚固在稳定的地层中，其抗拔力来源于锚杆与砂浆、孔壁地层之间的摩擦力；而锚定板挡土墙的拉杆及其端部的锚定板均埋设在回填土中，其抗拔力来源于锚定板前填土的被动抗力，墙后侧向土压力通过墙面传给拉杆，后者则依靠锚定板在填土中的抗拔力抵抗侧向土压力，以维持挡土墙的平衡与稳定。在锚定板挡土墙中，填土一方面对墙面产生主动土压力，填土越高，主动土压力越大；另一方面又对锚定板的移动产生被动的土抗力，填土越高，锚定板的抗拔力也越大。

从防锈、节省钢材和适应各种填料三个方面比较，锚定板挡土结构都有较大的优越性，但施工程序较复杂。

（5）加筋挡土墙　加筋挡土墙如图3-16e所示，是由填土、填土中布置的拉筋条及墙面板部分组成，在垂直于墙面的方向，按照一定间隔和高度水平地放置拉筋材料，然后填土压实，通过填土与拉筋之间的摩擦作用，把土的侧压力传给拉筋，从而稳定土体。拉筋材料通常为镀锌薄钢带、铝合金、高强塑料及合成纤维等。墙面板一般用混凝土预制，也可以采用半圆形铝板。

加筋挡土墙属于柔性结构，对地基变形适应性大，适用的建筑高度大，通用于填方挡土墙。其结构简单,圬工量少,与其他类型的挡土墙相比,可以节省投资 30%~70%,经济效益大。

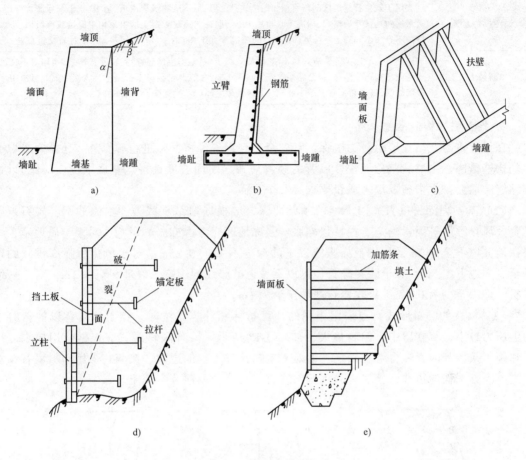

图 3-16 挡土墙主要类型
a)重力式挡土墙 b)悬臂式挡土墙 c)扶壁式挡土墙 d)锚定板挡土墙 e)加筋挡土墙

2. 挡土墙的使用条件

挡土墙类型应综合考虑工程地质、水文地质、冲刷深度、荷载作用情况、环境条件、施工条件、工程造价等因素,按照表 3-14 的规定选用。

表 3-14 各类挡土墙适用条件

挡土墙类型	适 用 条 件
重力式挡土墙	适用于一般地区、浸水地区和地震地区的路肩、路堤和路堑等支挡工程。墙高不宜超过 12m,干砌挡土墙不宜超过 6m,高速公路、一级公路不应采用干砌挡土墙
半重力式挡土墙	适用于不宜采用重力挡土墙的地下水位较高或较软弱的地基上,墙高不宜超过 5m
悬臂式挡土墙	宜在石料缺乏、地基承载力较低的填方采用,墙高不宜超过 5m
扶壁式挡土墙	宜在石料缺乏、地基承载力较低的路段采用,墙高不宜超过 15m
锚杆挡土墙	宜用于墙高较大的岩质路堑地段,可用作抗滑挡土墙,可采用肋柱式或板壁式单级墙或多级墙,每级墙高不宜大于 8m,多级墙的上下级墙体之间应设置宽度不小于 2m 的平台

(续)

挡土墙类型	适用条件
锚定板挡土墙	宜用于缺少石料地区的路肩墙和路堤式挡土墙,但不应建筑于滑坡、坍塌、软土及膨胀土地区。可采用肋柱式或板壁式,墙高不宜超过 10m。肋柱式锚定板挡土墙可采用单级墙或双级墙,每级墙高不宜大于 6m,上下级墙体之间应设置宽度大于 2m 的平台。上下级的肋柱宜交错布置
加筋挡土墙	适用于一般地区的路肩式挡土墙、路堤式挡土墙,但不应修建在滑坡、水流冲刷、崩塌等不良地质地段。高速公路、一级公路墙高不宜大于 12m,二级及二级以下公路不宜大于 20m。当采用多级墙时,每级墙高不宜大于 10m,上、下级墙体之间应设置宽度大于 2m 的平台

3. 挡土墙的构造措施

在设计重力式挡土墙时,为了保证其安全、合理、经济,除进行验算外,还需要采取必要的构造措施。主要从基础埋深、墙背的倾斜形式、墙面坡度选择、基底坡度、墙趾台阶、伸缩缝、墙后排水措施及填土质量要求等几个方面考虑。

(1) 基础埋深 重力式挡土墙的基础埋深,应根据地基承载力、水流冲刷、岩石裂隙发育及风化程度等因素确定。在特强冻胀、强冻地区应考虑冻胀的影响,对于土质地基,一般在地面以下至少 1m,且位于冻胀线以下的深度不少于 0.25m,对于风化后强度锐减的地基至少在地下 1.5m;对于砂夹砾石,可以不考虑冻胀线的影响,但埋深至少 1m;对于一般岩石,埋深至少为 0.6m,松软岩石埋深至少为 1m。

(2) 墙背的倾斜形式 当采用相同的计算指标和计算方法时,挡土墙墙背以仰斜时主动土压力最小,直立居中,俯斜最大,如图 3-17 所示。墙背倾斜形式应根据使用要求、地形和施工条件等因素综合考虑确定。但对于支挡挖方工程的边坡,挡墙宜采用仰斜墙背;对于支挡填方工程的边坡,挡墙宜采用俯斜或直立墙背,以便夯实填土。

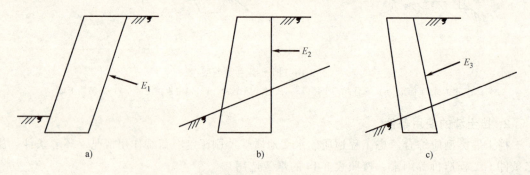

图 3-17 墙背构造模式
a) 仰斜 b) 直立 c) 俯斜

(3) 墙面坡度选择 当墙前地面较陡时,墙面可取 1∶0.05~1∶0.2 的仰斜坡度,也可以采用直立墙面。当墙前地形较为平坦时,对中高挡土墙,墙面坡度可较缓,但不宜缓于 1∶0.4。

(4) 基底坡度 为增加挡土墙墙身的抗滑稳定性,重力式挡土墙可以在基底设置逆坡,但逆坡坡度不宜过大,以免墙身与基底下的三角形土体一起滑动。对于土质地基的基底逆坡坡度不宜大于 1∶10;对于岩质地基,基底逆坡坡度不宜大于 1∶5。

(5) 墙趾台阶 当墙高较大时,为了提高挡土墙抗倾覆能力,可以加设墙趾台阶(图

3-18)。墙趾台阶的高宽比可以取 $h:a=2:1$,$a \geqslant 20\text{cm}$。

(6) 设置伸缩缝　重力式挡土墙应每间隔10~20m设置一道伸缩缝。当地基有变化时宜加设沉降缝。在挡土结构的拐角处，应采取加强的构造措施。

(7) 墙后排水措施　挡土墙因排水不良，雨水渗入墙后填土，使填土的抗剪强度降低，对挡土墙的稳定产生不利的影响。当墙后积水时，还会产生静水压力和渗流压力，使作

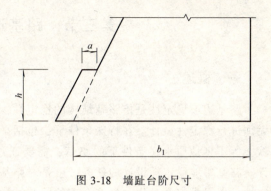

图 3-18　墙趾台阶尺寸

用于挡土墙上的总压力增加，对挡土墙的稳定性更为不利。因此，在设计挡土墙时，必须采取排水措施。

1) 截水沟。凡挡土墙后有较大面积的山坡，则应在填土顶面与挡土墙适当的距离设置截水沟，把坡上径流截断排除。截水沟的剖面尺寸要根据暴雨集水面积计算确定，并应用混凝土衬砌。截水沟出口应远离挡土墙，如图3-19a所示。

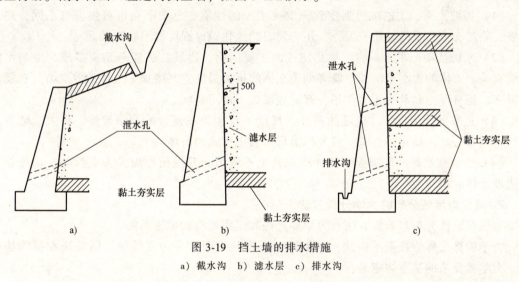

图 3-19　挡土墙的排水措施
a) 截水沟　b) 滤水层　c) 排水沟

2) 泄水孔。已渗入墙后填土中的水，则应将其迅速排出。通常，在挡土墙设置泄水孔，泄水孔的尺寸一般为5cm×10cm、10cm×10cm、15cm×20cm的方孔或直径5~10cm的圆孔。孔眼间距一般为2~3m，排水孔应沿横竖两个方向设置，其间距一般取2~3m，排水孔外斜坡度宜为5%。泄水孔应高于墙前水位，以免倒灌。在泄水孔入口处，应用易渗的粗粒材料做滤水层（图3-19b），必要时做排水暗沟，并在泄水孔入口下方铺设黏土夯实层，防止积水渗入地基，不利于墙体的稳定。墙前也要设置排水沟，在墙顶坡后地面宜铺设防水层，如图3-19c所示。

(8) 填土质量要求　挡土墙后填土应尽量选择透水性较强的填料，如砂、碎石、砾石等，这类土的抗剪强度较稳定，易于排水。当采用黏土做填料时，应掺入适当的碎石。在季节性冻土地区，应选择炉碴、碎石、粗砂等非冻结填料。不宜采用淤泥、耕植土或膨胀土等作为填料。

第三节 路基边坡稳定性计算

一、概述

路基边坡稳定性是指路基结构的稳定性。一般情况下，路基结构按相关规范要求确定，无须进行稳定性设计。在特殊条件下，包括高路堤、深路堑、陡坡路堤、浸水路堤及滑坡与软土等不良地质水文条件下的路基，需要通过稳定性分析与验算，做出合理的路基结构设计。路基边坡稳定性设计的任务，就是对路基边坡的稳定性进行分析与验算，判定边坡的稳定性，以寻求安全可靠、经济合理的路基结构形式和稳定的边坡的加固措施。

路基边坡滑坍是公路上常见的一种破坏现象，它影响到车辆的正常运营和安全，严重者甚至造成事故，中断交通。根据土力学原理，路基边坡滑坍是由于边坡土体中的剪应力超过其抗剪强度时产生的剪切破坏，因此，凡是使土体剪应力增加或抗剪强度降低的因素，都可能引起边坡滑坍。

1. 影响路基边坡稳定性的因素

（1）边坡土质 土的抗剪强度首先取决于土的性质，土质不同抗剪强度也不同，路堑边坡，除与土或岩石的性质有关外，还与岩石的风化破碎程度和形状有关。

（2）水的活动 水是影响边坡稳定性的主要因素，边坡的破坏总是或多或少地与水的活动有关。土体的含水量增加，既降低了土体的抗剪强度，又增加了土体的剪应力。在浸水情况下，还有浮力和动水压力作用，都使边坡处于最不利状态。

（3）边坡的几何形状 边坡的高度、坡度等直接关系到边坡的稳定性，高大、陡直的边坡，因重心高、稳定条件差，易发生滑坍或其他形式的破坏。

（4）活荷载增加 坡脚因水流冲刷或其他不适当的开挖使边坡失去支撑等，均可能加大边坡土体的剪应力。

2. 边坡稳定性分析的力学分析方法

边坡稳定性分析与验算方法有力学验算法和工程地质比拟法两类。

力学验算法称为极限平衡法，根据滑动面形状不同又分为直线法、圆弧法和折线法三种。力学验算法的基本假定是：

1）不考虑滑动土体本身内应力的分布。

2）土的极限平衡状态只在破裂面上达到。

3）极限滑动面位置要通过试算来确定。

用力学验算法进行边坡稳定性分析时，为简化计算，通常都按照平面问题来处理。

工程地质比拟法是根据不同土类或岩体边坡的大量经验数据，拟定出路基边坡稳定值参考表，供设计采用。一般情况下，土质边坡的设计是先按照力学验算法进行验算，再以工程地质比拟法予以校核。岩石或碎石土类边坡则主要采用工程地质比拟法，有条件时也以力学验算法进行校核。

3. 边坡稳定性分析的计算参数

（1）土的计算参数

对路堤边坡为压实后土的重度 γ、内摩擦角 ϕ 和黏聚力 c；对路堑或天然边坡为原状土

的重度 γ、内摩擦角 ϕ 和黏聚力 c。对多层土体组成的边坡,可以采用加权平均法求 ϕ、c、γ

$$c = \frac{\sum_{i=1}^{n} c_i h_i}{\sum_{i=1}^{n} h_i} \tag{3-14}$$

$$\tan\phi = \frac{\sum_{i=1}^{n} h_i \tan\phi_i}{\sum_{i=1}^{n} h_i} \tag{3-15}$$

$$\gamma = \frac{\sum_{i=1}^{n} \gamma_i h_i}{\sum_{i=1}^{n} h_i} \tag{3-16}$$

式中　c_i、ϕ_i、γ_i——各分层土的黏聚力（MPa）、内摩擦角（°）和重度（kN/m^2）；
　　　h_i——各土层厚度（m）。

选用参数需力求与路基使用过程中最不利的实际情况一致。因此,路堑边坡应取原状土样,测定其重度 γ 和抗剪强度参数 c、ϕ 值；路堤边坡应采用与将来实际压实后情况相符的土样重度 γ 及抗剪强度参数 c、ϕ 值。

对于折线形或阶梯形边坡,在进行边坡稳定性分析时,一般取平均值,如图 3-20 所示的折线形边坡和图 3-21 所示的阶梯形边坡,平均坡度取 AB 线。

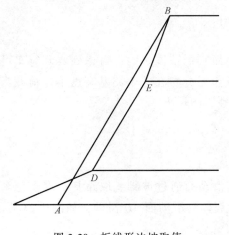

图 3-20　折线形边坡取值

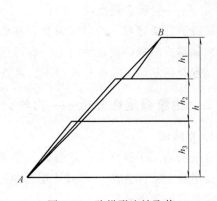

图 3-21　阶梯形边坡取值

（2）汽车荷载当量换算　公路路基除承受自重作用外,还要承受行车荷载作用。在进行边坡稳定性分析时,需要将车辆按照最不利情况排列,并将车辆的设计荷载换算成当量土柱高,即以相等压力的土层厚度来代替车辆荷载,然后连同滑动土体一并进行力学计算,如图 3-22 所示。

当量土柱高度 h_0 的计算公式为

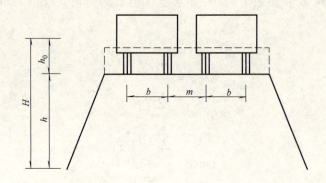

图 3-22 计算荷载换算

$$h_0 = \frac{NG}{\gamma BL}$$

式中 h_0——当量土柱的高度（m）；

N——横向分布车辆数，双车道 $N=2$，单车道 $N=1$；

G——每一辆车的重力（kN）；

L——车辆前后轮胎着地长度，按《工路工程技术标准》规定，标准车辆荷载为 12.8m，再加上轮胎着地长度 0.2m，因此，$L=13$m；

γ——路基填料的重度（kN/m³）；

B——横向分布车辆轮胎外边缘之间的距离，其值为

$$B = Nb + (N-1)m + d$$

b——后轮轮距，取 1.8m；

m——相邻两辆车后轮的中心间距，取 1.3m；

d——轮胎着地宽度，取 0.6m。

荷载的分布宽度，可以认为分布在行车道（路面）的范围之内，考虑到实际行车可能有横向偏移或车辆停放在路肩上，也可认为 h_0 当量土层分布在整个路基宽度上。荷载当量土柱高度与路基填土高度相比很小，对路基的稳定性影响较小。

二、边坡稳定性分析——力学分析法

1. 直线法

直线法适用于砂类土，破裂面为平面，并假定滑动面通过坡脚。取路基长度 1 延米计算，设滑裂土楔体 ABD 与等效土层的总重为 G，滑裂体沿滑动面 AD 滑动，如图 3-23 所示，其稳定系数按照下式计算

$$K = \frac{F}{T} = \frac{G\cos\omega\tan\phi + cL}{G\sin\omega} \tag{3-17}$$

式中 F——滑动面的抗滑力（kN）；

T——沿滑动面的下滑力（kN）；

L——滑动面 AD 的长度（m）；

ω——滑动面对水平面的倾角（°）；

ϕ——路堤土的内摩擦角（°）；

c——填料的黏聚力（kPa）。

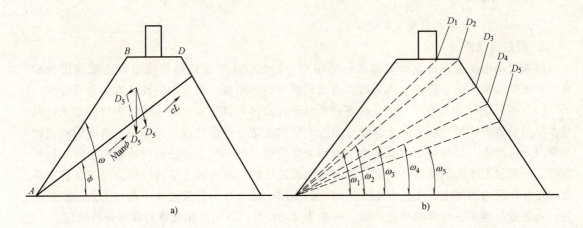

图 3-23 边坡稳定性分析示意图

当路堤的填料为纯净的粗砂、中砂或砾石、碎石时，填料的黏聚力 c 近似为零，边坡稳定性系数 K 按下式计算

$$K = \frac{F}{T} = \frac{G\cos\omega\tan\phi}{G\sin\omega} = \frac{\tan\phi}{\tan\omega} \tag{3-18}$$

使用直线法验算边坡的稳定性时，可以作出不同倾角 ω_i 的破裂面，求出相应的 K_i，画出相应的 K_{i-w_i} 曲线及曲线最低点的水平切线，如图 3-24 所示，曲线的切点即稳定边坡的最小稳定性系数 $K_{\min}$ 值，对应的破裂角为最危险破裂倾角 ω_0 值。通常，以最小稳定系数 $K_{\min}$ 来判定边坡稳定性，若 $K_{\min} \geq [K]$，$[K] = 1.25 \sim 1.50$，则边坡稳定；若 $K_{\min} < [K]$，边坡不安全，此时可减缓边坡，修建挡土墙等，以增加边坡稳定性。

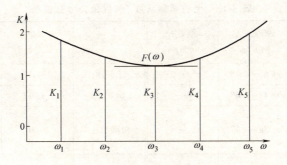

图 3-24 最小稳定性系数计算

利用 $K = F(\omega)$ 的函数关系，对式（3-18）求导数，可求得边坡稳定系数最小值的表达式，用以代替试算法，计算工作可以大为简化。

$$K_{\min} = (2\alpha_0 + f) \cdot \cot\theta + 2\sqrt{\alpha_0(f + \alpha_0)} \cdot \csc\theta \tag{3-19}$$

式中　θ——边坡的坡角（°）；

α_0——参数,$\alpha_0 = \dfrac{2c}{\gamma h}$;

h——边坡的竖向高度(m);

γ——边坡土体的重度(kN/m^3)。

2. 圆弧滑动面法

圆弧滑动面法假定滑动面为圆弧,适用于一般黏性土组成的路堤或路堑边坡稳定性验算。在地基较坚实的条件下,认为边坡滑动圆弧通过坡角点。最常用的计算方法是条分法。

(1) 条分法的基本原理 条分法是圆弧滑动面稳定计算方法中的一种代表性的方法。其基本原理是将圆弧滑动面上的土体划分为若干竖向土条,然后依次计算每一土条沿滑动面的下滑力和抗滑力,最后叠加计算出整个滑动土体的稳定性。用条分法进行边坡稳定性分析计算时,一般假定土为均质和各向同性,滑动面通过坡脚,不考虑土体的内应力分布及各土条之间相互作用力的影响,土条也不受侧向力的作用。条分法的计算精度主要与土条的数量有关,土条数量越多,计算结果越精确,一般为8~10条,以便简化计算和确保计算精度。

(2) 条分法的计算步骤 条分法计算如图3-25所示,其具体计算步骤如下:

1) 通过坡脚任选可能发生的圆弧滑动面AB,半径R,沿路线纵向取单位长度1m。将滑动土体分成若干个一定宽度的垂直土条,宽度一般为2~4m。

2) 计算土条的土体重G_i(包括小段土重和其上部换算为土柱的荷载),G_i可以分解为切向力$T_i = G_i \sin\alpha_i$,法向力$N_i = G_i \cos\alpha_i$,α_i为该圆弧中点的半径线与通过圆心的竖线之间的夹角,$\alpha_i = \arcsin\dfrac{x_i}{R}$($x_i$为圆弧中心点与圆心竖线的水平距离),计算$G_i$时,滑动圆弧线近似取直线,将图形简化为梯形或三角形,$G_i = S_i\gamma$,S_i为面积,γ为土的重度。

3) 计算每一小段滑动面上的反力,即内摩擦力$N_i f = N_i \tan\phi_i$和黏聚力cL_i(L_i为i小段弧长)。填料的内摩擦角和黏聚力值最好通过土工试验求得,一般情况下可以参考表3-15选用。当填料层次明显时,取各层的加权平均值,否则取用代表性土层的有关指标。

表3-15 土的摩擦系数f和黏聚力c数值表

土壤名称	内摩擦角 $\phi/(°)$	摩擦系数 $f=\tan\phi$	黏聚力 c/MPa	土壤名称	内摩擦角 $\phi/(°)$	摩擦系数 $f=\tan\phi$	黏聚力 c/MPa
粗砂	33~38	0.65~0.78	—	干黏土	13~17	0.23~0.31	0.05~0.10
中砂	25~33	0.47~0.65	—	湿黏土	13~17	0.23~0.31	0.05~0.20
细砂、粉砂	20~25	0.36~0.47	—	极湿黏土	0~10	0~0.12	0.60~1.00
干的杂砂土	17~22	0.31~0.40	0.10~0.20	泥煤	0~10	0~0.12	0.05
湿的杂砂土	17~22	0.31~0.40	0.05~0.10	淤泥	0~10	0~0.12	0.02
极湿杂砂土	13~17	0.23~0.31	0.25~0.40	—	—	—	—

4)以圆心 O 为转动圆心,半径 R 为力臂,计算滑动面上各力对 O 点的滑动力矩和抗滑力矩。

5)求稳定系数 $K = \dfrac{M_r}{M_s} = \dfrac{f\sum g_i\cos\alpha_i + cL}{\sum\limits_i^n G_i\sin\alpha_i}$ (α_i 取值圆心竖曲线左侧为负,右侧为正)。

6)假定几个可能滑动面,按照上述步骤计算对应的稳定系数 K,在圆心辅助线上 MI 上绘出稳定系数 K_1,K_2,$\cdots$,K_n 对应于圆心 O_1,O_2,$\cdots$,O_n 的关系曲线 $K=f(O)$,在该曲线最低点作 MI 的平行线,与曲线 $f(O)$ 相切的切点对应的圆心为极限滑动面圆心,对应滑动面为极限滑动面,如图 3-26 所示。极限滑动面相应稳定系数为最小稳定系数 K_{min}。一般情况下,还可以沿圆心辅助线选择 3~5 个圆心,进行条分计算,求得最小稳定系数 K_{min}。

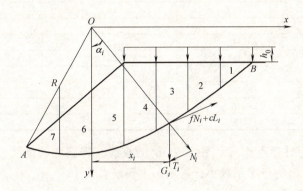

图 3-25 条分法计算稳定性

(3)滑动面圆心辅助线的确定 条分法验算稳定性 K 值曲线与圆心辅助线确定如图 3-26 所示。

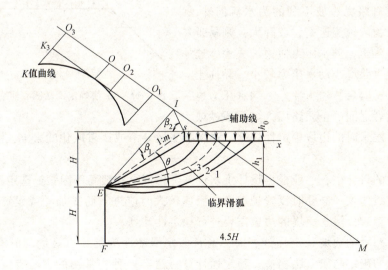

图 3-26 条分法验算稳定性 K 值曲线与圆心辅助线

1) 4.5H法。

① 由坡角 E 向下引垂线，截取 $H = h_0 + h_1$ 得 F 点。

② 由 F 点向右引水平线，在水平线上截取 $4.5H$ 得 M 点。

③ 连接坡角 E 和顶点 S 求得 $i_0 = 1/m$，据此查表3-16得 β_1、β_2 值。由 E 作 SE 成 β_1 角直线，再由 S 作与水平线成 β_2 角的直线，相交得 I 点，连接 MI 得圆心辅助线。

④ 连接两圆弧端点，并作该线段得垂直平分线，与 MI 相交得圆心。

表3-16 黏土边坡有关参数

边坡坡度 i	边坡倾斜角 θ	β_1	β_2
1:0.50	63°26′	29°30′	40°
1:0.75	53°08′	29°	39°
1:1.00	45°00′	28°	37°
1:1.25	38°40′	29°	35°00′
1:1.50	33°41′	26°	35°
1:1.75	29°45′	26°	35°
1:2.00	26°34′	25°	35°
1:2.25	22°45′	25°	35°
1:2.50	21°48′	25°	35°
1:3.00	18°26′	25°	35°
1:4.00	14°02′	25°	36°
1:5.00	11°19′	25°	37°

2) 36°法。由换算土柱顶点作与水平线成36°的直线，即圆心辅助线，如图3-27所示。但4.5H法比较精确，求出的稳定系数小，适用于重要场合。

3. 浸水路堤稳定性验算

浸水路堤除承受自重和行车荷载作用外，还受到水浮力和渗透动水压力的作用。水的浮力取决于浸水深度，渗透动水压力则视水的落差而定。

水位变化对路堤边坡不利的为水流向外，如果落水迅猛，渗透流速高，坡降大，则易带出路堤内的细粒土，动水压力使边坡失稳。透水性强的砂性土路堤，动水压力较小。黏性土路堤经过人工压实后，透水性差，动水压力也不大。介于两者之间的土质路堤，如粉质砂或粉质黏土等，浸水时的边坡稳定性较差。遇水膨胀及易溶或严重风化的岩土，浸水路堤边坡的稳定性更差。

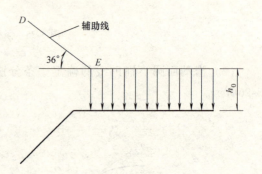

图3-27 36°法确定滑动圆心辅助线示意图

浸水路堤的设计中，一般根据设计洪水位并考虑壅水和浪高等因素，选定路堤高程。浸水部分采用较缓边坡，必要时设置护坡道，流速较大时应进行防护加固或设置导流结构物。为使设置更加合理，浸水路堤的边坡需要进行稳定性计算。

进行浸水路堤的边坡稳定性计算时，通常假定滑动面为圆弧，最危险的滑动面通过坡脚，圆心位置的确定与条分法相似。稳定性计算方法有多种，常用的方法有假想摩擦角法、悬浮法和条分法。

无论采用何种计算方法，浸水路堤的稳定性分析应按照路堤处于最不利的情况进行。其破坏一般发生在高洪水位骤然降落时，边坡稳定性分析的原理和方法与普通路堤稳定性的圆弧法基本相同。当路堤一侧浸水时，只要注意浸水土条基本参数的变化即可。这时浸水路堤除受到普通路堤承受的外力和自重外，还有水的浮力及渗透动水压力，如图 3-28 所示，渗透动水压力为

$$D = I\Omega_B \gamma_0 \tag{3-20}$$

式中 D——作用于浸润线以下土体重心的渗透动水压力（kN/m）；
I——渗透水力坡降（采用浸润线的平均坡降）；
Ω_B——浸润曲线与滑动圆弧之间的面积（m²）；
γ_0——水的重度（kN/m³）。

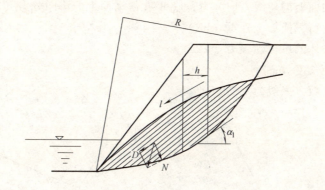

图 3-28　渗透动水压力计算

采用圆弧法进行浸水路堤边坡稳定性分析，其稳定性系数 K 为

$$K = \frac{M_{\text{抗滑}}}{M_{\text{下滑}}} = \frac{(f_C \sum N_C + f_B \sum N_B + c_C L_C + c_B L_B)R}{(\sum T_C + \sum T_B)R + \sum D_n S_n} \tag{3-21}$$

式中 K——稳定系数，一般取 1.25～1.50；
$f_C \sum N_C$——浸润线以上部分沿滑动面的内摩擦力（kN），$f_C = \tan\phi_C$；
$f_B \sum N_B$——浸润线以下部分沿滑动面的内摩擦力（kN），$f_B = \tan\phi_B$；
c_C——浸润线以上部分沿滑动面的单位黏聚力（kPa）；
c_B——浸润线以下部分沿滑动面的单位黏聚力（kPa）；
L_C——浸润线以上部分沿滑动面的弧长（m）；
L_B——浸润线以下部分沿滑动面的弧长（m）；
$\sum T_C$——浸润线以上部分沿滑动面的下滑力（kN）；
$\sum T_B$——浸润线以下部分沿滑动面的下滑力（kN）；
D_n——分段渗透动水压力（kN/m）；
S_n——分段渗透动水压力作用点距圆心的垂直距离（m）。

4. 陡坡路堤稳定性验算

当路堤修建在陡坡上，且原地面横坡陡于 1∶2.5（土质基底）或 1∶2（不易风化的岩石基底）时，路基设计时不仅要分析路堤边坡稳定性，还要分析路堤沿陡坡或不稳定山坡下滑的稳定性。

陡坡路堤下滑的主要原因是地面横坡较陡、基底土层软弱。因此，陡坡路堤下滑的情况有：由于基底接触面较陡或强度较弱，路堤沿着基底接触面产生滑动；由于基底修建在较厚的软弱土层上，路堤连同其下的软弱土层沿基岩下滑。

陡坡路堤稳定性分析一般基于滑动面为直线滑动面和折线滑动面，采用剩余下滑力 E 评定。若 $E \leq 0$，路堤稳定；若 $E > 0$，路堤不稳定。剩余下滑力为下滑力与考虑了某种安全系数的抗滑力的差值。

（1）直线滑动面验算法 陡坡路堤稳定性直线验算法，如图 3-29 所示。其计算公式如下

$$E = T - \frac{1}{K}(N\tan\phi + cL) = W\sin\alpha - \frac{1}{K}(N\cos\alpha\tan\phi + cL) \tag{3-22}$$

式中 E——剩余下滑力（kN）；
$\quad\quad T$——在滑动面上的切线方向分力，或 W 在滑动面上的法向分力（kN）；
$\quad\quad W$——路堤及荷载换算土柱重（kN）；
$\quad\quad c$——边坡土体的单位黏聚力（kPa）；
$\quad\quad L$——滑动面长度（m）；
$\quad\quad K$——稳定系数，一般为 1.25。

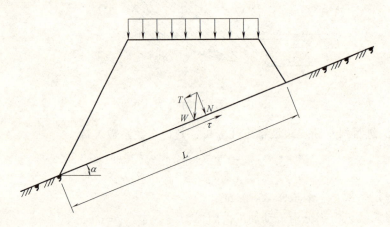

图 3-29 陡坡路堤稳定性直线验算法

（2）折线滑动面演算法 当地面由多个坡度的折线构成，此时采用折线滑动面验算法。如图 3-30 所示，将滑动面以上土体按照折线段划分为若干土条块，由上侧山坡到下侧山坡，逐块计算其相应直线滑动面的剩余下滑力，并将此下滑力传递到下一块土体，但若此时的剩余下滑力为负值，则可以不列入下一块土体的计算。

$$E_n = [T_n + E_{n-1}\cos(\alpha_{n-1} - \alpha_n)] - \frac{1}{K}\{[N_n + E_{n-1}\sin(\alpha_{n-1} - \alpha_n)]\tan\phi_n + c_n L_n\} \tag{3-23}$$

式中 E_n——第 n 个土条剩余的下滑力（kN）；
$\quad\quad E_{n-1}$——第 $n-1$ 个土条剩余的下滑力（kN）；
$\quad\quad \alpha_{n-1}$、α_n——第 $n-1$ 和第 n 个土条滑动面分段的倾斜角（°）；
$\quad\quad T_n$、N_n——第 n 个土条的自重和荷载的切向力和法向力（kN）；
$\quad\quad \phi_n$、L_n、c_n——第 n 个土条滑动面上软土的内摩擦角（°）、滑动面长度（m）和单位黏聚力（kN）。

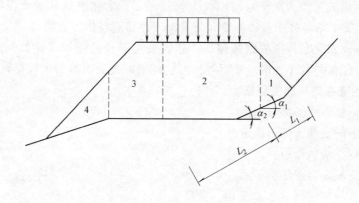

图 3-30 陡坡路堤稳定性折线验算法

滑动面是折线时，先根据滑动面折线的数量确定滑动砌体的数量，由上到下计算各土条的剩余下滑力，根据最后一块的剩余下滑力确定整体稳定性。如果最后一块的剩余下滑力小于 0，则满足稳定性的要求；如果最后一块的剩余下滑力大于 0，则不满足稳定性要求；如果中间一块的下滑力为 0 或负值，则这一块以上的土体是稳定的，可以从下一块开始计算剩余下滑力。

第四节 路基防护

一、路基的主要病害及防治措施

1. 路基的主要病害

路基的变形分为可恢复的变形和不可恢复的变形，路基的不可恢复变形会引起路基标高和边坡坡度、形状的改变。

(1) 路基沉陷 路基沉陷是指路基表面在垂直方向产生较大的沉落，包括路基沉缩和沉陷。因路基填料选择不当，填筑方法不合理，压实度不足，在路基堤身内部形成过湿的夹层等因素，在荷载和水温综合作用之下，引起路基沉缩。原天然地面有软土、泥沼或不密实的松土存在，承载能力极低，路基修筑前未经处理，在路基自重作用下，地基下沉或向两侧挤出，引起路基沉陷。

(2) 边坡病害

1) 溜方。由于少量土体沿边坡向下移动形成的。主要是由于流动水冲刷边坡或施工不当引起的。

2) 滑坡。指一部分土体在重力作用下沿某一滑动面滑动。主要是由于土体的稳定性不足引起的。

3) 碎落。是由软弱石质土风化而成的碎块沿坡面大量向下滚落引起的。

4) 崩塌。是由大块岩石脱离原边坡面并沿边坡面向下滚落引起的。

5) 路堤坍散。其特征是边坡失去正常的形状，且边坡表面下沉。主要原因是路堤填筑方法不正确，采用斜层堆填含水量大的土或用各类不同性质的土杂质堆填。

（3）路堤沿山坡滑动　在陡峭的山坡上修筑路堤，若路基底部被水浸湿，坡脚又未做必要的支撑，则整个路堤可能沿该斜坡向下滑动，使路基整体失去稳定。

（4）不良地质水文条件造成路基破坏　道路通过不良的地质条件如泥石流、溶洞等地区及遇到较大的自然灾害（洪水、暴雨等）时，均可能导致路基的大规模破坏。

2. 路基发生变形破坏的主要原因

1）路基土体整体或一部分不稳定。
2）路基以下的地基土体不稳定。
3）反复的行车荷载作用。
4）填土方法不正确或压实不足。
5）自然因素的作用（含水量变化、温度变化）。

3. 路基病害防治措施

在设计与修建路基时，应采取结构上和技术上的措施使路基土的湿度和温度变化减至最小，以保证路基具有足够的强度与稳定性，防止各种病害的发生。具体从以下几方面考虑：

1）正确设计路基横断面。
2）选择良好的路基用土填筑路堤，必要时对地基上层土壤进行稳定处理。
3）采用正确的填筑方法，不同性质的土分层填筑，充分压实路基，提高土基的水稳定性。
4）适当提高填土高度，防止水分从侧面渗入，或地下水位上升进入路基工作区范围。
5）正确进行排水设计（包括地面排水、地下排水、路面结构排水及地基特殊排水）。
6）必要时设置隔水层以阻断毛细水上升的通路；设置隔温层，减少路基冰冻深度和水分积聚；设置砂垫层以疏干土基。
7）采取边坡加固措施、修筑挡土构筑物以提高路基整体稳定性。

采取这些措施的目的在于限制水分侵入路基，或使水分从路基迅速排出，降低路基土体含水量，提高路基路面整体强度和稳定性。

二、坡面防护

坡面防护有植物防护、灰浆防护、砌体防护和土工合成材料防护等。

1. 植物防护

植物防护是在适于植物生长的路基土质边坡上种草、铺草皮和植树，利用植被覆盖坡面，以其根系固结表土，防止水土流失，调节坡体湿度和温度，提高边坡稳定性，绿化道路和保护环境，是一种常用的坡面防护方法，广泛用于公路、铁路、河坝等的坡面防护，主要有种草、栽草、铺草皮、植树等形式。

（1）种草　直接在边坡上撒播草籽，经浇水、保湿使之成活。通常采用撒播、沟播、喷射和植生袋等方法播种。适用于坡面坡度不陡于1∶1、坡高不大、坡面径流流速缓慢、坡面冲刷轻微且适宜草类生长的土质边坡。防止坡面侵蚀为目的的种草，应采用易成活、生长快、根系发达、茎矮叶茂的多年生耐旱草种；以协调与周围环境的关系为种草目的时，宜采用乡土草种。

不宜种草的坡面，可以先铺5~10cm厚的种植土，再栽植或播种，但种植土与原坡面须结合牢固。暴雨强度较大的地区，可铺设装有草籽、肥料和土拌和均匀的土工织物植生袋。经常或长期浸水的路堤边坡，种草不易生长，不宜采用。

（2）栽草　为了克服边坡种草难以成活的缺点，使植物尽早发挥防护作用，可以在苗圃撒播大批草籽成活后，移栽到路基边坡上。与种草相比，栽草的成活期短，可以较快形成绿化带，较早地发挥防护作用。

（3）铺草皮　已扎根的种草防护，可允许缓慢流水（0.4~0.6m/s）的短时冲刷，但坡面冲刷严重、边坡较陡较高、径流速度大于0.6m/s或边坡需要迅速绿化时，宜铺草皮防护。草皮铺设主要有平行于坡面的平铺、水平叠置、垂直于坡面或与坡面成一定角度的倾斜，如图3-31所示。

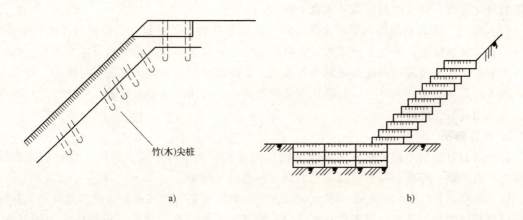

图3-31　铺草皮防护的常用形式
a）平铺　b）水平叠置

2. 灰浆防护

灰浆防护采用拌制水泥、石灰类矿质混合物对边坡封面和填缝，防止软弱岩土表面进一步风化、破碎、剥蚀，避免雨水侵蚀坡体，增强边坡的稳定性，可用于不宜植物防护的坡面。

（1）封面　包括抹面、捶面、喷浆、喷射混凝土等形式。

1）抹面防护。适用于表面比较完整尚未剥落易风化软质岩石挖方边坡。多采用石灰砂浆类（表3-17），厚度根据材料和坡面状况确定，一般为3~7cm。为防止抹面开裂，增强抗冲蚀能力，可在表面涂软化点稍高于当地气温的沥青保护层，使用年限通常为6~8年。坡面防护材料配比见表3-17。

表3-17　坡面防护

材料	石灰炉渣灰浆	石灰煤渣	石灰炉渣三合土	水泥石灰砂浆
配比（体积）	1:2~1:4	1:2~1:4	1:5:1	1:2:9

2）捶面防护。适用于坡度不陡于1:0.5易冲蚀土质边坡和易风化岩石边坡。常用的捶面材料有水泥炉渣和砂的混合料、石灰炉渣三合土、水泥石灰炉渣混合料等。厚度为10~15cm，多采用等厚截面。边坡较高时，也可采用上薄下厚截面，使用年限可达10~15年。

3）喷浆和喷射混凝土防护。适用于易风化、裂隙和节理发育、坡面不平整的岩石挖方边坡。喷浆防护所用砂浆强度不应低于M10，喷浆防护厚度不宜小于50mm。采用强度不低于 C15 的水泥混凝土，喷射混凝土防护厚度不宜小于 80mm。

为防止喷射的砂浆或混凝土硬化收缩产生裂缝或脱落，特别是坡面岩体切割破碎，应在砂浆或混凝土层内设置菱形金属网或高强度聚合物土工格栅，由锚杆或锚固钉固定在边坡上。该防护称为锚喷砂浆、锚喷混凝土防护。高等级公路等对封面的要求高的工程宜选用锚喷混凝土防护。

封面防护应注意排水，间隔 2~3m 交错设置孔径 10cm 的泄水孔。防护工程周边封闭，嵌入未防护的坡面内。大范围封面应设伸缩缝，缝宽 1~2cm，缝内用沥青麻丝等防水材料填塞紧密。抹面及捶面防护伸缩缝间距不宜超过 10m；喷浆和喷射混凝土防护，伸缩缝间距不宜超过 20m。封面不宜在严寒季节、雨天及日照强烈时施工，并应做好洒水养护工作。新开挖的风化岩石，要及时封面以防风化剥落。

（2）填缝 在岩石缝隙内填灌水泥砂浆或水泥石灰砂浆等材料，以修复岩体内的裂隙，保持岩石边坡整体性，避免水分渗入岩石缝隙。适于较坚硬不易风化的岩石挖方边坡。按缝隙的大小和深浅，可采用勾缝和灌缝两种形式。节理裂缝多的岩体，宜采用勾缝式，将水泥砂浆或水泥石灰砂浆嵌入缝中。缝隙较大而深的岩体，可用水泥砂浆灌缝，当缝隙大且很深时，可采用混凝土灌缝。

3. 砌体防护

砌体防护有框格防护、砌石（混凝土块）护坡、护面墙等形式，适用于受自然力影响易发生严重剥落、碎落、冲蚀、溜方等坡面变形的路基防护。

（1）框格防护 采用混凝土砌块、浆砌片石、栽砌卵石等砌成框格或拱形做骨架，并在边坡坡顶和坡脚处用骨架材料砌成 0.4~0.5m 宽条带状加固带，然后在框格内采用铺草皮、种草、植树等植物防护或其他防护措施。骨架能对边坡表层和框格内的其他防护起支撑稳固作用，并可防止边坡受雨水侵蚀产生病害，在降雨量大且集中的地区，骨架可设成沟式，以分流排除坡面水，使边坡免受冲蚀。

不宜采用植物防护和封面防护的土质边坡或风化的岩石挖方边坡，可采用框格防护。风化严重的岩石边坡和较高陡的挖方边坡，宜选用浆砌片石或现浇混凝土做骨架，并在框格的交点处设置固定桩或锚固钢筋。

（2）砌石（混凝土块）护坡 常用于易受水流侵蚀的土质边坡和严重剥落的软质岩石边坡。砌石护坡主要有干砌片石、浆砌片（卵）石和水泥混凝土预制块等形式。

1）干砌片石护坡适用于边坡较缓或经常有少量地下水渗出的坡面。路基边坡较陡的坡面防护采用干砌片石不适宜或效果不好时，可用浆砌片（卵）石护坡，但湿软或冻害严重的土质边坡，应先采取排水措施或压实后再行施工以免护坡变形破坏。砌石层厚度根据边坡高度和坡度确定。砌石下应设碎石或砂砾垫层起整平、反滤和缓冲的作用，坡面土的颗粒级配曲线上粒径大于 0.074mm 的土粒含量超过 85% 时，可用土工织物代替砂砾层作为反滤层。砌石护坡的坡脚应选用较大的石块砌筑墁石基础，基础埋置深度为护坡砌石层厚度的 1.5 倍。若干砌片石护坡的基础与边沟相连，则应改用浆砌片石铺筑。浆砌片（卵）石护坡应每隔 10~15m 设置 2cm 宽的沉降伸缩缝，并设泄水孔。

2）水泥混凝土预制块护坡，施工方便又可拼成各种图案，常用于石料缺乏的地区或需要美化的路段。预制块砌缝内用沥青麻丝、沥青木板或聚合物合成防水材料填塞；预制块护坡底面也应设置碎石垫层或土工织物，垫层厚度与边坡土的潮湿程度有关。

（3）护面墙（护墙） 为墙体形式的坡面防护，适用于坡度较陡（但不陡于1：0.5）又易风化的或较破碎的岩石挖方边坡及坡面易受侵蚀的土质边坡。护墙不承受墙后土体的土压力，其防护的边坡坡度应符合极限稳定边坡的要求。护面墙常采用浆砌片石结构，缺乏石料的地区，也可用现浇或预制混凝土结构。

护面墙基础应埋设在稳固的地基上，并埋置在冻结线以下至少0.25m，墙趾需低于边沟铺砌的底面。沉降缝和泄水孔的布置与浆砌片石护坡相同。松散夹层防护，应设在夹层底部并留出平台，再进行加固。较高的边坡防护，应分级设置护墙，两级之间设置平台并封闭顶部。

边坡较陡时，在板面护墙上间隔设置支撑加劲肋，即形成肋式护墙。肋式护墙有外肋式、内肋式和柱肋式等。边坡不陡于1：0.75时，可用窗孔式护墙。窗孔内干砌片石、植草或捶面；边坡下部岩石较完整而上部边坡需要防护或有局部软弱地段，可设拱形结构跨越部分岩石或局部软弱土，将护墙建在拱圈上，形成拱式护墙；在软弱岩层或局部凹陷处镶嵌填补的石砌圬工，突出的岩层，称为支补墙。

4. 土工合成材料防护

土工合成材料防护目前主要用于土质边坡防护，如土工格栅配合植草作为边坡防护，有较好的效果。该方法比铺草皮防护效果稍差，比撒播草籽防护效果好。

三、堤岸防护

沿河路基和河滩路堤采取的防护措施统称为堤岸防护，又称冲刷防护。有直接防护、间接防护两大类。

1. 直接防护

直接在坡面或坡脚设置防护结构以减轻或避免水流对堤岸的直接冲刷称直接防护。直接防护有植物防护、砌石护坡、抛石防护、石笼防护、浸水挡土墙等形式，防护高度为路基设计水位0.5m以上安全高度。

（1）植物防护 水流方向与路线大致平行、不受各种洪水主流冲刷的季节性浸水路堤坡，可采用植物防护。在河岸漫滩上植树造林，可降低水流速度，促使泥沙淤积，改变水流流向，保护堤岸。但经常漫水的高速公路路堤边坡，一般不采用植物防护。

（2）砌石护坡 水流方向较平顺的河岸滩地边缘或不受主流冲刷的路堤坡可采用干砌片石护坡防护，护坡允许流速为2~4m/s，可按流速大小选用单层或双层铺砌形式。受主流冲刷、波浪作用强烈、有流冰和漂浮物撞击的堤岸边坡可采用浆砌片石护坡防护，允许流速可达4~6m/s，浆砌片石厚度根据水流及波浪大小等因素确定。石料缺乏的地区可采用混凝土板块防护，混凝土板块的尺寸取决于荷载的大小，允许流速可达4~8m/s。

（3）抛石防护 指边坡外侧抛填预定高度的石垛，以保护边坡和坡脚的防护方法，适用于常浸水且水深较大的边坡或坡脚防护以及挡土墙和护坡的基础防护，允许速度可达3~5m/s。抛石防护多用于临时抢险工程，而不作为常规防护措施。特别是在高速公路的新建工程中，一般不单独采用抛石防护，而仅作为一种辅助措施。

（4）石笼防护 用于沿河路堤的坡脚及堤岸防护工程基础，沿河挡墙、护坡基础局部冲刷深度过大时也可采用。一般河段常用钢丝、镀锌钢丝、高强度聚合物土工格栅过竹木石笼；激流滚石河段，可在钢丝笼中灌注细石混凝土，或采用钢筋混凝土框架石笼。石笼内装填的石料应坚硬、未风化且浸水不崩塌，石块尺寸应大于石笼的网孔，单个石笼的大小以不被水流或波浪冲移为宜。用于防止冲刷掏底时，石笼一般在河床上平铺并与坡脚线垂直；坡面较缓时，石笼可平铺于坡面；防护岸坡时，则可用垒码形式。

石笼防护稳定性较好，是抵抗流水冲刷的有效措施。石笼防护的性质基本上与抛石防护相似，属于临时应急措施，仅可作为堤岸防护的辅助方法，以抵御洪水冲击，而不能作为常规的防护措施。若用于高速公路的防护，须经充分论证比较后慎重使用。

(5) 浸水挡土墙　峡谷急流、水流冲刷严重、洪水持续时间长且流向不固定、险岸位置经常发生变化的河段，或为防止路基挤占河床，可采用浸水挡土墙防护。浸水挡土墙多为浆砌片石或混凝土结构，基础埋设在冲刷线以下的坚实地基上，必要时可采取防掏刷措施。

2. 间接防护

为改变河流方向，减轻水流对路基岸边的冲刷，可采用间接防护措施。设置导治结构物、实施改河工程及种植水林带都是间接防护措施。导治结构物以改变水流方向为主，有丁坝、顺坝、格坝等。路基工程中可采用导治结构物，降低防护地段的水流速度或改变水流方向，还可促使部分岸线产生有利于保护路基的淤积等。

(1) 丁坝　丁坝是坝根与河岸相接、坝头伸向河槽、与水流成一定的角度的横向导治结构物。丁坝适用于宽浅变迁性河段，可将水流挑离路基或河岸，以排流和改善河流流态，减轻水流对河岸和路基的冲刷，保护河岸。丁坝有重力式和轻型式两类。重力式丁坝有矶头形、直线形和钩形。矶头形丁坝起挑流和导流作用，适宜于小河弯道，单个布置时宜设在弯顶，多个布置时可用于顺直河段；直线形和钩形丁坝的作用以挑流为主，适用于大、中、小河流的弯道和顺直河段，一般需多个布置。轻型丁坝多采用拱形，同时具有导流和挑流的作用，用于大、中、小河流的弯道和顺直河段。

丁坝的设计长度应按导治线考虑，不宜过多压缩水流断面。丁坝轴线与水流方向的夹角，需按导治线的外形、流速、水深、水流含沙量、河床地层情况及坝长等因素综合考虑。坝根应做适当处理和防护，以免被水冲开。

(2) 顺坝和格坝　顺坝的坝根与河岸相接、坝身与导治线基本重合或平行。具有导流、束水、调整航道曲度、改善流态的作用。顺坝适用于河床断面较窄、不允许过多占用河道以及地质条件较差的沿河路基防护。顺坝的终点与河岸连在一起，通常设计为开口式，以利淤积。格坝建于顺坝与河岸之间，一端与河岸相连，另一端与顺坝坝身相连。格坝可使水反射入主要河床，防止高水位时水流溢入顺坝与河岸间而冲刷其间的河床及坝内坡脚和河岸，并促进淤积。顺坝一般与格坝联合使用。

(3) 改河工程　为避免路线多次跨越局部弯曲河段的河道，可将河道裁弯取直、挖滩改河并清除孤石。改河的起、终点应设置在稳定河段，新河槽应符合原来自然河道的特征，使水流顺利地流入新河道，以免造成冲刷、淤积和漂浮物的撞击，并保证不致使水流重返故道。新河道设计宽度应与原河道的稳定宽度大致相等。新河道的起点处应设置导流结构物，并在原河上修建拦水坝。新河道的河底纵坡将大于原河道，为使其形成不冲不游的稳定纵坡，在地质条件相同的情况下，可将多余纵坡设置在新河道进口段，并做适当加固。新河道出口段纵坡不应缓于原河道纵坡，以满足不淤的要求。

四、支挡结构防护

除各类挡土墙外（见第二节相关内容），路基支挡结构还有能承受坡体侧压力的砌石路基、护肩、护脚和矮墙等。

（1）砌石和护肩路基　较陡山坡上的半填半挖路基，填方较大，边坡伸出较远导致填筑困难，而附近又有较多不易风化的开山石料时，可采用砌石路基，如图 3-32 所示。其表层可选用较大的片石砌筑，内侧填石。砌石高度不超过 2m 时，其内外坡均可直立，即成为护肩。

（2）护脚　护脚适用于地面横坡较陡并有下滑倾向的填方脚，加固和收缩坡脚也可采用护脚。护脚多为高度不超过 5m 的干砌片石梯形断面结构。若地面为坚硬岩层，为节省砌石体积，防止护脚滑动，可将基础设置成台阶形。

（3）矮墙　土质疏松、容易产生碎落或滑坍的挖方坡脚、水稻田地段的填方坡脚，宜设置矮墙保护路基坡脚不受侵蚀，方便养护，少占耕地，如图 3-33 所示。

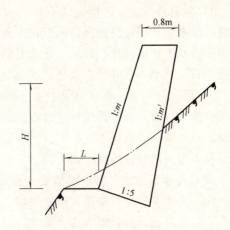

图 3-32　砌石路基

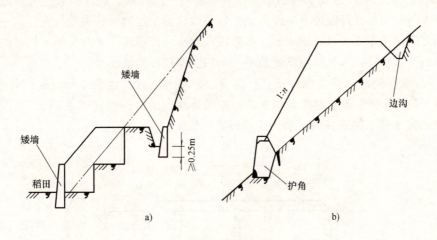

图 3-33　护脚与矮墙

五、地基加固

软弱地基主要指由承载力低、压缩性高的软弱土组成的地基。在软弱地基上填筑路基，施工和使用过程中易产生较大沉降，导致路基路面开裂、拥包、沉陷等变形破坏。常用的软弱地基处理方法有换填法、排水固结法、挤密法、加筋法等。

（1）换填法　换填法又称换土垫层法，是将地基中的软弱土部分或全部挖出，换填以强度较高、透水性好、性能稳定、无侵蚀性的材料作为持力层，以提高地基承载力和减小沉降。换填材料可为碎石土、粗砂、中砂、素土、灰土和煤渣。其施工方式有开挖换填、抛石换填、爆破排淤等。

1）开挖换填法。将需要处理的软弱土层挖出，采用适当的材料回填并压实。可就地取材且施工简便、工期短，软弱土层埋藏较浅（≤3m）时可优先采用。垫层厚度和宽度根据软弱层承载能力验算确定。所用填料应具有良好的压实性，并分层填筑、分层压实。

2）抛石挤淤法。采用块径不小于30cm的片石，沿道路中线向前抛填，再逐次向两侧扩展，或者从软弱层底面由高向低依次抛填，从而将淤泥或泥炭等软弱土挤出。抛石挤淤法适用于排水困难的洼地、软弱土较薄且易于流动、表层无硬壳的情况。施工至抛石外露时，应用小石块填塞平，并碾压紧密，在其上铺设反滤层后再行填土。

3）爆破排淤法。在软土层中适当的位置实施爆破作业，利用强大的爆破冲击力将淤泥或泥炭排走，再用良好的填料进行置换回填。这种方法处理深度大，工效较高，但应注意避免爆破对周围环境造成不良影响。含水量较小、回淤较慢的软土或泥沼，应先爆后填，即含水量较大而回淤较快的软土或泥沼，可先填后爆，以免回淤。

（2）排水固结法　排水固结法又称预压法，对厚的饱和软黏土地基，通过增设某些排水条件、施加预压荷载加速其排水固结，使其在道路施工之前达到要求的承载力和压缩性，减小工后沉降的地基处理方法。为加速排水固结，常设置透水性垫层（如砂垫层）和竖向砂井、袋装砂井、塑料排水管等，以缩短土层的排水距离，减少固结稳定所需时间。目前常用的排水固结方法有堆载预压、砂井堆载预压、袋装砂井堆载预压、塑料排水板预压、真空预压等。

1）堆载预压法。采用路堤填料的自重作为地基的预压荷载，预压荷载应分级施加，前级荷载下的沉降稳定后方可施加下一级荷载，以适应软弱土层的承载力增长速度。一般需在路堤与地基之间铺设厚0.5~1m的中砂、粗砂或砾层作为排水面，并改善施工机械的作业条件。此法适用于软土层较薄、路堤高度较小、加固工期较长的情况。

2）砂井堆载预压法。采取螺旋钻孔、沉管、射水等方式在地基中形成竖向排水井孔，并在孔内灌入粗、中砂，形成排水通道，从而缩短排水固结的过程（图3-34）。适于软土层较厚（一般超过5m）、路堤较高或加固工期较紧的情况。

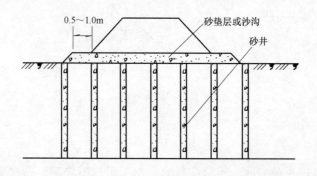

图3-34　砂井堆载预压法

砂井的直径、长度、间距取决于地基条件、路堤高度和施工条件。砂井的平面布置多为等边三角形或梅花形，其长度应能穿过地基的最危险滑动面和主要受力层，若软土层较薄或下卧层透水，则砂井应贯穿整个软土层。砂井中流出的水分则通过地基表面铺设的砂垫层或十字形沟排出。

3) 袋装砂井堆载预压法。将装满砂的透水性土工织物编织袋（砂袋），用导管式振动打桩机成孔后置于井孔中，即形成袋装砂井。袋装砂井具有直径小、材料消耗少、成本低、设备轻、施工速度快等优点，常代替大直径传统砂井。不仅可保证砂井的连续性，避免颈缩现象，提高砂井的质量，还可节省几倍的砂料，明显加速排水固结进程

4) 塑料排水板预压法。以塑料排水板替代砂井作为竖向排水体的堆载预压法。塑料排水板由强度高、导水率大的硬质塑料片（管）、芯材，和孔隙小、孔隙率大、过滤性及透水性强的无纺织物滤套（或滤膜）组成。软土中的孔隙水由滤套渗入到塑料芯板的纵向凹槽后再排入地基表面的砂垫层（图 3-35）。

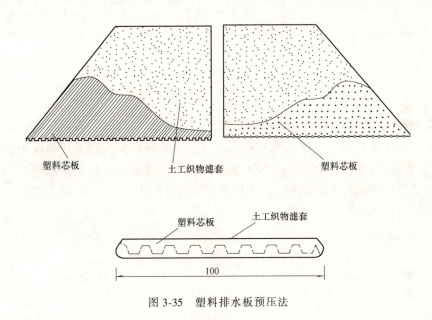

图 3-35　塑料排水板预压法

5) 真空预压法。在待处理的软土地基内设置砂井或塑料排水板，并在表面铺设砂垫层后覆盖不透气的密封膜（四周压紧），通过对预埋在砂垫层内的真空滤管抽出土中气体，由大气压力对地基进行预压加固。

（3）挤密压密法　挤密压密法通过对土体进行挤压，以提高土体密实度和地基承载力，降低土体的压缩性。

1) 表层压密法。由人力或机械对松散地基土进行碾压或夯击，提高土体的密实度，从而提高地基承载力，降低地基压缩性。有机械碾压、重锤夯实、振动压实等方法。一般压实法难以达到要求时，可采用强夯法。强夯法利用强大的重锤（10～40t）从高处（8～60m）落下产生强大冲击功，反复夯击，产生强大的冲击波和动应力使土体密实。

2) 深层挤密法。采用爆破、挤压、冲击和振动等方法在软弱土中成孔，并在孔内填以砂碎石、素土、石灰或其他材料（煤矸石、粉煤灰等），形成桩土复合地基，从而使较大深度范围内的松软地基得以挤密和加固。在软弱地基中设置加筋材料作为增强体，由土体和增强体相互作用，共同承担荷载的人工地基模式称复合地基。复合地基中的桩体有散体材料桩（如砂桩、碎石桩）、柔性桩（如石灰桩水泥土桩）、刚性桩（如粉煤灰混凝土桩）及多元

复合桩等。

（4）加筋土及其他措施　将抗拉强度较大的土工织物、塑料格栅或筋条等材料铺设在路堤的底部，可增加路堤强度，扩散基底压力，阻止土体侧向挤出，从而提高地基承载力，减小路基不均匀沉降。

土工织物可直接铺放于有垂直面的路槽内。加固边坡陡直的路堤时，可多层铺设土工织物，层数由路堤边坡稳定计算确定（图3-36）。

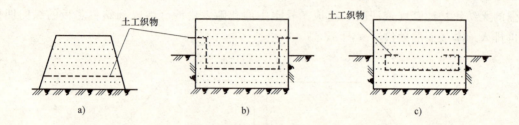

图3-36　土工织物的铺设方式

改变路堤结构、调整地基应力等办法也可对软土路基加固处理。如采用粉煤灰为填料的轻质路堤，可减小基底压力，降低地基应力，有利于提高路堤的稳定性和减小路基的沉降量。图3-37所示为在路堤两侧填筑一定高度和宽度的反压护道，以平衡路堤下地基土的侧向应力，阻止其向两侧挤出的趋势，从而保证路堤的稳定性。

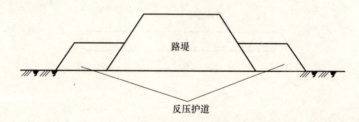

图3-37　反压护道

思考题

1. 简述路基构造形式及特点。
2. 简述土基干湿类型及其划分依据。
3. 路基破坏的形式有哪些？查阅相关资料，以实例说明路基破坏的原因。
4. 路基的基本构造和附属设施分别有哪些？
5. 挡土墙按结构形式分哪几类？各有何特点？
6. 简述路基边坡稳定性因素。
7. 简述路基的主要病害及防治措施。
8. 简述坡面防护类型有哪些？查阅相关资料，结合实例详细分析某一种防护方法的优缺点。
9. 常用的软弱地基处理方法有哪些？查阅相关资料，结合实例详细分析某一种方法的优缺点。

路面工程 第四章

第一节 概 述

路面工程是铺筑在路基以上各种结构层的总称,包括路面结构层、中央分隔带、土路肩及路面排水等项目。

进入 20 世纪,随着交通事业的蓬勃发展,现代化公路的路基路面工程形成了科学完备的系统并开展了相关学科研究。它主要研究公路、城市道路及不同情况下路基路面的科学结构,设计方法,材料性能要求及施工、养护、维修和管理技术等。

在实际工程中,气候对路面的影响很显著。因此,我国对公路进行自然区划、温度区划与降雨区划,将自然条件相近的区域划分为同一区划,这样在同一区划内从事公路规划、设计、施工、管理时,有许多共性因素可供作业者参照。我国现行的《公路自然区划标准》分三级区划,一级区划根据地理、地貌、气候、土质等因素划分为七个大区,二级区划以气候和地形为主要参考因素,三级区划则以政治区域划分。

根据沥青路面的使用要求,对沥青路面的气候(温度及降雨)进行分区,见表 4-1。其中夏炎热区的主要说明如下:

表 4-1 气候分区指标

气候型	型名	温度/℃	
		七月平均最高温度	年极端最低温度
1-1	夏炎热冬严寒	>30	<-37.0
1-2	夏炎热冬寒	>30	-37.0~-21.5
1-3	夏炎热冬冷	>30	-21.5~-9.0
1-4	夏炎热冬温	>30	>-9.0
2-1	夏热冬严寒	20~30	<-37.0
2-2	夏热冬寒	20~30	-37.0~-21.5
2-3	夏热冬冷	20~30	-21.5~-9.0
2-4	夏热冬温	20~30	>-9.0
3-2	夏凉冬寒	<20	-37.0~-21.5

1-1 夏炎热冬严寒区:在我国所占范围很小,仅在新疆北部很小范围(准噶尔盆地为冷中心,极端最低气温<-37℃,气温由此冷中心向盆地四周升高)。

1-2 夏炎热冬寒区:包括内蒙古高原阴山山脉以西地区、西北准噶尔盆地西部、塔里木盆地东部地区，南疆受天山阻挡，冷空气不易侵入，加上纬度较低，因此南疆比北疆暖，塔里木盆地夏季炎热干燥，冬季冷。新疆东部、甘肃的西部，由于冷空气可以侵入，所以冬季要比塔里木盆地冷。

1-3 夏炎热冬冷区：分布在燕山以南，太行山以东华北平原、浙江北部、苏、鲁、皖、鄂、秦岭以北、渭水以南地区。

1-4 夏炎热冬温区：在秦岭山脉、四川盆地以南，因有高山围绕，阻滞北方冷空气，夜间云量又多，地面辐射冷却效应大为减弱，是我国同纬度上冬季最暖的地方，也是我国雨量最多的地方。

沥青路面施工的主要技术要求应根据气候分区确定。除此之外，路面工程在施工时候还有许多因素要进行考虑。

一、路面类型与结构分层

路面是道路的主要工程结构物。路面和路基共同承受行车荷载和自然因素的作用，因此其质量对于道路工程的使用及服务质量影响很大。因此，要根据不同环境因素修筑不同的路面。

（一）路面的分类

1. 按强度分类

（1）高级路面　路面强度大，刚度高，稳定好，整体质量好。高级路面使用寿命长，建造费用较高，但常规的养护费用较少，可承受较大的交通量。一般用于高速公路、城市主干线及公交车车道等车流量较大的道路。

（2）次高级路面　路面强度、刚度及服务质量均低于高级路面，修筑所需费用相对较低，但是养护费用较高，一般用于城市次干路及大型公路支路。

（3）中级路面　相对于高级路面和次高级路面，中等路面强度较低，平整度较差，行驶速度较低，虽然修筑费用不高，但经常需要维修和养护，一般适用于交通量较小的路面。

（4）低级路面　各项性能很差，一般只适用于交通量特别小的乡村道路。

2. 按力学性质分类

（1）柔性基层沥青路面　总体结构刚度较小，但通过合适的结构设置及施工方式可以保证路面承受较大的荷载，同时可通过各结构层的合理连接方式使传递给土基的荷载保持在一个合理的范围内。柔性基层路面的主要组成材料包括各种未经处理的粒料基层和沥青层、碎（砾）石层或块石层。由于其造价较低而且结构合理，是国外发达国家目前主要采用的路面结构。

（2）半刚性基层沥青路面　用水泥、石灰等无机结合料处治的土或碎（砾）石及含有水硬性结合料的工业废渣修筑的基层。半刚性基层沥青路面在前期具有柔性基层的力学性质，后期随着水泥石灰的结合其强度和刚度均有较大幅度的增长，但是最终的强度和刚度仍远小于水泥混凝土。由于这种材料兼具柔性沥青路面和刚性基层沥青路面的性质，因此把这种基层和铺筑在它上面的沥青面层统称为半刚性基层沥青路面。

（3）连续配筋混凝土路面（CRCP）　钢纤维混凝土、预应力混凝土、装配式混凝土、碾压混凝土做基层，沥青混凝土做面层的路面结构。水泥混凝土具有强度高、稳定性好等特点，而沥青混凝土平整度高，能保证行车舒适度，这种复合式路面可以避免各自的缺点，具有良好的使用性能和耐久性。但是在使用这种路面的时候，一定要采用合适的连接方式来保证各层之间的粘结性。

（4）组合式基层沥青路面　沥青路面的基层含有无机结合料稳定材料、水泥混凝土材料等刚度较大或相对较大的材料，但是在沥青层与刚度相对较大的材料之间夹有柔性材料。如沥青混凝土层+级配碎石+无机结合料稳定材料层的路面结构、沥青混凝土层+级配碎石+普通水泥混凝土层的路面结构、沥青混凝土层+级配碎石+碾压式水泥混凝土层的路面结构等。组合式基层沥青路面结构必须认真验算级配碎石基层上各结构层的疲劳性能，以避免由于整体性材料与非整体性材料界面出现的应力或应变突变产生的疲劳破坏。

（二）常见的路面

1. 沥青路面

20世纪60年代初，随着我国石油资源的大规模开发，揭开了使用国产沥青筑路的序幕。早期的沥青路面主要是铺设在现有路面上的薄层表面处置层，为的是改善行车条件。70年代末，形成了以贯入式路面为主的沥青路面承重结构。80年代末，开始兴建高速公路，与此同时关于半刚性基层沥青路面结构和材料的研究开始兴起。半刚性基层沥青路面结构与之前的路面结构相比，强度高而且造价低，与当时我国的实际情况相吻合，因此半刚性基层沥青路面逐渐成为我国高等级公路与城市道路主要的结构形式。在沥青结构和材料研究方面，我国对半刚性基层材料的强度发展规律、强度机理、路用性质等进行了广泛的研究，形成了我国自己的一套半刚性基层沥青路面设计、施工及管理技术。通过几十年实践，目前对于半刚性基层沥青路面的研究已经深入到了路面在重载下的长期使用性能、变形和破坏规律等问题；同时也在开展密级配沥青稳定基层、排水性沥青稳定基层、排水性沥青面层、长久性沥青路面、沥青混凝土+连续配筋水泥混凝土路面结构等的研究及应用工作。

沥青路面采用沥青混合料作为道路的铺筑面层。由于其具有的各种优势，适用于各种交通量的道路，是目前世界运用最为广泛的路面结构。

沥青路面具有以下特性：

1）强度高，可以承受大量的交通和自然荷载。

2）能适应较大的变形和弯沉，弹塑性能较好。

3）能够提供较好的行车舒适度。

4）可再生利用，使用寿命较长。

2. 水泥混凝土路面

水泥混凝土路面结构的出现比沥青路面早得多，在20世纪70年代中期，交通运输发展加快，我国许多地方为提高路面承重能力，相继采用水泥混凝土路面结构。在水泥混凝土路面兴起的同时，我国针对水泥混凝土路面各方面存在的问题，开展了大量的科学研究，从而在我国形成了关于水泥混凝土路面结构的整套技术，包括道路水泥的性能、指标、标准及生产工艺；水泥混凝土路面基层的作用，水泥混凝土路面结构性能与设计方法；接缝构造、工作原理及接缝设计方法；水泥混凝土路面小规模施工和大规模现代化施工成套装备及施工方法；施工组织管理等。

水泥混凝土路面是用水泥混凝土作为铺筑面层的道路。与沥青路面相比，水泥混凝土路面具有以下特点：

1）强度和刚度比沥青路面大，承受荷载及扩散荷载的能力较强。

2）水稳性和温度稳定性都比沥青路面好。
3）耐久性高。
4）抗滑性能好，可以保证车辆在雨雪天气中依然有较好的行驶条件。
5）由于其施工工艺复杂且各板接缝较多，使用一段时间后极易发生错台等病害。
6）铺筑完成后不能立即投入使用，需要一定的养护期。
7）由于整体刚度较大，损害后需要进行整体修复，难度很大。

（三）路面结构分层

行车荷载和自然因素对路基路面的影响，随深度的增加而逐渐减弱。因此，对路面材料的强度、抗变形能力和稳定性的要求也随深度的不同而发生改变。为了应对这一特性，路面结构按照使用、受力、支承、自然等因素的改变分成若干层，分层铺筑。通常，路面结构一般由面层、基层、底基层组成，必要时设置垫层（垫层一般应作为路基的一部分）作为介于路基与基层之间温度和湿度的过渡层。高速公路、一级公路的基层应采用水泥混凝土、水泥稳定粒料、石灰粉煤灰稳定粒料、沥青混合料（包括密级配沥青混凝土 DAC、沥青稳定粒料 ATB、排水型沥青混凝土 TPB、富油沥青疲劳层）或级配碎砾石等材料铺筑。高速公路、一级公路底基层和二级及二级以下公路基层和底基层，除上述类型材料外，也可采用水泥稳定土、石灰稳定土、石灰粉煤灰稳定土、石灰工业废渣、填隙碎石等或当地其他合适的材料铺筑。路面结构分层如图 4-1 所示。

各级公路当需要设置垫层时，一般可采用水稳性好的粗粒料或各种稳定类材料铺筑。

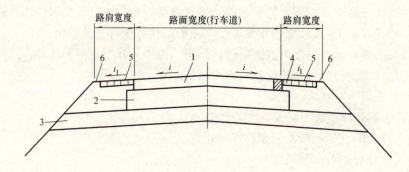

图 4-1 路面结构分层
1—面层（包括上面层、面层下层、磨耗层和联结层） 2—基层（包括底基层）
3—垫层 4—路缘石 5—加固路肩 6—土路肩 i—路拱横坡度 i_1—路肩横坡度

1. 面层

面层是直接与行驶车辆接触的结构层，承受较大的行车荷载，同时面层还受到各种自然因素的直接影响。因此，同其他层次相比，面层应具备较高的结构强度和抗变形能力、较好的水稳定性和温度稳定性，而且还应保证一定的耐磨性及防、透水性；除此之外，面层应该具有较好的平整度来实现较好的行车舒适度。

修筑面层所用的材料主要有水泥混凝土、沥青混凝土、沥青碎（砾）石混合料、砂砾或碎石掺土或不掺土的混合料及块料等。

沥青面层有时分两层、三层或更多的层次铺筑，如高速公路沥青面层总厚度为 18 ~

30cm 时可分为上、中、下或更多的层铺筑，并根据各分层的要求采用不同的级配类型。也有水泥混凝土路面或连续配筋水泥混凝土上加铺 4~10cm 沥青混凝土的复合式结构。

2. 基层

基层主要承受由面层传递下来的车辆荷载的垂直荷载，并由基层扩散到下面的垫层和路基中去，是实际的路面结构中的承重层。因此，它应该具有较好的强度和刚度，以及扩散应力的能力。基层虽然不直接承受外部自然因素的影响，但是仍然有可能遭受地下水和通过面层渗入的雨水的浸湿，所以足够的水稳定性对基层来说至关重要。基层表面虽然不直接供车辆行驶，但是其平整度对面层产生影响，因此，基层也应该具有一定的平整度，这是保证面层平整性的基本条件。修筑基层的材料主要有各种结合料，如各处稳定结合料（如石灰、水泥等），稳定碎（砾）石，贫水泥混凝土，普通水泥混凝土，天然砂砾，各种碎石或砾石、片石、块石或圆石，各种石灰渣等，以及土、砂、石所组成的混合料等。

基层厚度太厚时，为保证工程质量，可分为两层、三层或更多的层次铺筑。当采用不同材料修筑基层时，基层最下层称为底基层，对底基层材料质量的要求可以降低，可使用当地材料来修筑。

虽然半刚性基层强度高、投资少，但整体脆性大，各向稳定差，容易产生裂缝，因此，交通荷载较大的半刚性基层必须定时进行评估来保证其安全性。

3. 垫层

垫层介于土基与基层之间，它的功能是改善土基对湿度和温度的稳定状况，以保证面层和基层在环境因素的影响下其性能不会受到较大的影响。因此，垫层是路基的一部分。垫层的另一个功能是将基层传下的车辆荷载进行扩散，保证基层承受的荷载不会使基层发生较大的变形；同时也能阻止路基土挤入基层中，影响基层结构的性能。

修筑垫层的材料，强度要求不一定高，但水稳定性和隔温性能要好。常用的垫层材料分为两类，一类是由松散粒料，如砂、砾石、炉渣等组成的透水性垫层；另一类是用水泥或石灰稳定土等修筑的稳定类垫层。

（四）路面结构横断面

1. 横断面

一般来说，路面结构横断面由行车道、硬路肩和土路肩组成。路面横断面随道路等级的不同，形式也不尽相同，通常分为槽式横断面和全铺式横断面，如图 4-2 所示。

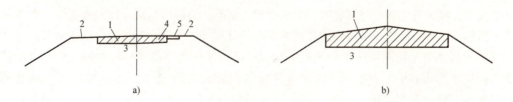

图 4-2 路面横断面形式
a）槽式 b）全铺式
1—土路肩 2—路面 3—路缘石 4—加固路肩 5—路基

（1）槽式横断面 在路基上按路面行车道及硬路肩设计宽度开挖路槽，保留土路肩，形成浅槽，在槽内铺筑路面。也可采用培植方法，在路基两侧培植，或采用半填半挖的方法培植。

（2）全铺式横断面 在路基全部宽度内铺筑路面。在高等级公路建设中，有时为了将路面结构内部的水分迅速排出，在全宽范围内铺筑基层材料，保证水分由横向排入边沟。有时考虑到道路交通的迅速增长，为适应扩建的需要，将硬路肩及土路肩的位置全部按行车道标准铺筑面层。在盛产石料的山区或较窄的路基上，全宽铺筑中、低级路面。

2. 路拱横坡度

为了保证路面上的水分及时排出，不会使路面由于浸润太久而对其使用性能产生较大的影响，一般会将路拱做成斜线或抛物线来增加坡度。等级高的路面，平整度和水稳定性较好，透水性也小，通常采用直线形路拱和较小的路拱横坡度。等级低的路面，为了有利于迅速排除路表积水，一般采用抛物线形路拱和较大的路拱横坡度。表4-2列出了各种不同类型路面的路拱平均横坡。

表4-2 各类路面的路拱平均横坡度

路面类型	路拱平均横坡度(%)
水泥混凝土、沥青混凝土	1~2
厂拌沥青碎石、沥青贯入(砾)碎石、路拌沥青碎(砾)石、沥青表面处治、整齐石块	1.5~2.5
半整齐石块、不整齐石块	2~3
碎石、砾石等粒料路面	2.5~3.5
炉渣土、砾石土和砂砾土等	3~4

二、路面工程要求

现代化的公路要求其具有良好的使用性能，在各种环境条件下都能为车辆提供良好的服务质量及足够的安全性。为了保证公路与城市道路最大限度地满足车辆运行的要求，提高行车速度，增强安全性和舒适性，降低运输成本和延长道路使用年限，要求路面具有下述基本性能。

1. 足够的承载能力

行驶在路面上的车辆，通过车轮把荷载传给路面，由路面传给路基，在路基路面结构内部产生应力、应变及位移。如果路基路面结构整体或某一组成部分的强度或抗变形能力不足以抵抗这些应力、应变及位移，路面有时会出现断裂、沉陷、波浪或车辙，使路况恶化、服务水平下降。因此，要求路基路面结构整体及其各组成部分都具有与行车荷载相适应的承载能力。

结构承载能力是路面结构承受荷载的能力。路面结构整体或某一组成部分应具有足够的强度以抵抗车轮荷载引起的各个部位的各种应力，如压应力、拉应力、剪应力等，使路面各个部位的各种应力在规定的范围内，保证路面结构不发生压碎、拉断、剪切等各种破坏；或者路面结构整体或某一组成部分应能抵抗车轮荷载引起的各个部位的各种应变，如压应变、拉应变、剪应变等，使路面各个部位的各种应变在规定的范围内，在车轮荷载作用下不发生过量的应变或变形，保证不发生车辙、沉陷或波浪等各种病害。路面结构承载能力的判别指标应与相应的破坏模式一致。材料破坏模式的判别标准从材料力学的角度主要是材料强度理论。而材料的强度理论主要有最大拉应力理论、最大拉应变理论、最大剪应力理论、摩尔理论和能量理论,因此,路面的承载能力指标也应主要与最大拉应力指标、最大拉应变指标、最大剪应力指标、摩尔指标和能量指标等关联。

2. 足够的强度和刚度

在汽车荷载的作用下,路面内部产生各种应力、应变及位移,其部分结构将会随之产生位移形变甚至损害,使道路质量严重下降。因此,路面工程应该具有一定的强度和刚度来承受来车辆荷载而不产生较大的变形。

3. 足够的稳定性

路面直接暴露在空气中,经常会受到湿度变化、温度变化及各种环境变化的影响,路面的强度和刚度将随之变化,其变化的幅度称为稳定性。路面结构的稳定性包括高温稳定性、低温稳定性和水稳定性。在天然地表建造的道路结构物改变了自然的平衡,在达到新的平衡状态之前,道路结构物处于一种暂时的不稳定状态。新建的路面结构暴露在大气之中,经常受到大气温度、降水与湿度变化的影响,结构物的物理、力学性质将随之发生变化,处于另外一种不稳定状态。路面结构要经受这种不稳定状态,保持工程设计要求的几何形态及物理性质,保证路面可以长期提供良好的服务质量,因此路面应有良好的稳定性。

在地表上开挖或填筑路基,必然会改变原地面地层结构的受力状态。原来处于稳定状态的地层结构,有可能由于填挖筑路而出现不平衡,导致路基失稳。如在软土地层上修筑高路堤,或者在岩质或土质山坡上开挖深路堑时,有可能由于软土层承载能力不足,或者由于坡体失去支撑而出现路堤沉落或坡体坍塌破坏。路线如选在不稳定的地层上,则修筑或开发路基会引发滑坡或坍塌等病害。因此在选线、勘测、设计、施工中应密切注意,并采取必要的工程措施,以确保路基有足够的稳定性。

大气降水使得路基路面结构内部的湿度状态发生变化,低洼地带路基排水不良,长期积水,会使得矮路堤软化,失去承载能力。山坡路基有时因排水不良,会发生滑坡或边坡滑塌。水泥混凝土路面如果不能及时将水分排出结构层,会发生唧泥现象,冲刷基层,导致结构层提前破坏。沥青混凝土路面中水分的侵蚀会引起沥青结构层剥落,结构松散。砂石路面,在雨季时,会因雨水冲刷和渗入结构层导致强度下降,发生沉陷、松散等病害。因此防水、排水是确保路基路面稳定的重要方面。大气温度的周期性变化对路面结构的稳定性有重要影响,高温季节沥青路面软化,在车轮荷载作用下产生永久性变形,水泥混凝土结构在高温季节因结构变形产生过大内应力,导致路面压曲破坏。北方冰冻地区,在低温冰冻季节,水泥混凝土路面、沥青路面、半刚性基层由于低温收缩产生大量裂缝,最终失去承载能力。在严重冰冻地区,低温引起路基的不稳定是多方面的,低温会引起路基收缩裂缝;地下水源丰富的地区,低温会引起冻胀,路基路面结构也随之发生断裂;春天融冻季节,在交通繁重的路段,有时引发翻浆,路基路面发生严重的破坏。

4. 足够的耐久性

在车辆荷载和环境变化的反复作用下,路面将出现疲劳荷载的累积。同时,路面结构也将出现不可完全恢复的塑性变形。两者对道路的损害都非常大。为保证道路的寿命,应确保路面具有足够的耐久性。

路基路面工程投资昂贵,从规划、设计、施工至建成通车需要较长的时间,大型工程都应有较长的使用年限,一般的道路工程使用年限至少数十年,承重并经受车辆直接碾压的路面部分要求使用年限20年以上,因此路基路面工程应具有耐久的性能。

路基路面在车辆荷载的反复作用与大气水温周期性的重复作用下,路面使用性能将逐年下降,强度与刚度将逐年衰变,路面材料的各项性能也可能老化衰变而引起路面结构的损坏。路基的稳定性也可能在长期经受自然因素的侵袭后逐年削弱。因此,提高路面的耐久性,保持其强度、刚度、几何形态经久不衰,除了精心设计、精心施工、精选材料之外,还要把长年的养护、维修、恢复路用性能的工作放在重要的位置。

5. 路面表面的平整度

路面平整的程度直接决定了行驶车辆的平稳性和舒适度。在进行路面工程建设的时候应注意保持路面的平整度。

路面表面平整性是影响行车安全、行车舒适性及运输效益的重要使用性能。高速公路对路面平整度的要求更高。不平整的道路表面会增大行车阻力,并使车辆产生附加振动。这种振动作用会造成行车颠簸,影响行车的速度和安全、驾驶的平稳和乘客舒适。同时,振动作用还会对路面施加冲击力,从而加剧路面和汽车机件的损坏、轮胎磨损并增大油料的消耗。另外,不平整的路面还会积滞雨水,加速路面的破坏。因此,为了减少振动冲击力,提高行车速度和增加行车舒适性、安全性,路面应保持一定的平整度。

优良的路面平整度,要依靠优良的施工装备、精细的施工工艺、严格的施工质量控制、经常和及时的养护来保证。同时,路面的平整度同整个路面结构和路基顶面的强度、抗性与弹性地形能力有关,同结构层所用材料的强度、抗变形能力及均匀性有很大关系。强度和抗变形能力差的路基路面结构和面层混合料,经不起车轮荷载的反复作用,极易出现沉陷、车辙和推挤破坏,从而形成不平整的路面表面。

6. 表面抗滑性

路面表面要求平整,但不宜光滑,汽车在光滑的路面上行驶时,车轮与路面之间缺乏足够的附着力或摩擦力。雨天高速行车,或紧急制动,或突然起动,或爬坡、转弯时,车轮也易产生空转或打滑,致使行车速度降低,油料消耗增多,甚至引起严重的交通事故。通常用摩擦系数表征抗滑性能,摩擦系数小,则抗滑能力低,容易引起滑溜交通事故。城市道路的交叉口,由于车辆经常需要制动,一般要求具有较高的抗滑性能。高速公路,由于高速车辆在雨天容易产生滑溜或水漂,路面更要有较高的纹理深度,减少车辆在制动时出现的水漂现象。

路面的抗滑性能在低速时主要取决于集料表面的微观纹理,高速时主要取决于路面表面的宏观纹理。路面表面的抗滑能力可以通过采用坚硬、耐磨、表面粗糙的粒料组成路面表层材料来实现,有时也可以采用一些工艺措施,如水泥混凝土路面的刷毛或刻槽等来实现。路面上的积雪、浮冰或污泥等,也会降低路面的抗滑性能,必须及时予以清除。

第二节 路 面 设 计

一、路面设计理论

1. 路面设计的理论

按力学性质分析,路面分为柔性路面和刚性路面。两种路面有不同的设计理论:柔性路面采用双圆垂直荷载下的多层弹性连续体系,以设计弯沉为结构整体刚度为设计体系;刚性路面采用弹性半空间上的小挠度弹性薄板理论以及有限元法计算标准轴载在临界荷位处的最大应力。

2. 路面设计的常用方法

（1）经验法　经验法首先对试验路段的设计荷载和路面使用情况进行分析监测，然后采集相似的和建成的路面的荷载影响、轴载设计及各项性能指标情况，对搜集的数据进行整理分析，建立使用性能指标、同路面结构组合、荷载参数间的经验关系式。

（2）力学经验法　此类方法首先将路面结构模型化（简化为理想的结构图式或力学模型），并选取与实际情况相似的模板进行典型化（转化为代表值或等效当量值），对结构进行理论分析（弹性层状体系理论或弹性地基板理论等）和计算（解析法和有限元法等），建立起荷载和环境作用与路面结构的应力和位移之间的计算模型，并将这些数据作为实际路面设计及使用性能指标的参考因素。而设计标准和各项设计参数的选取，都需通过试验路标定和使用经验验证或修正。

3. 路面常见设计理论体系

沥青路面结构是一种多层体系，由不同材料结构层及土基组成的路面结构在荷载作用下的应力-应变关系一般具线性特性，且变形随应力施加时间发生变化（徐变）。在进行路面设计时，考虑到行驶车辆的瞬时性不易进行随时分析，为简化设计，一般采用弹性层状进行分析。

（1）弹性层状体系　弹性层状体系将路面结构看成几层弹性体的结合层，上面各层有一定的厚度，最下一层则作为弹性半空间体，如图4-3所示。在进行弹性计算时，引入以下计算简化设计：

1）结构层材料是各向同性、均质、完全连续的弹性材料。

2）路基垂直向下深度和水平向无限，路面各层材料厚度有限。

3）路面结构层表面作用圆形均布荷载时，路面和路基水平方向无限远处应力、应变及位移均为零。

4）层与层之间的接触面假定为完全连续或部分连续，或完全滑动。

5）路面结构在承受行车荷载之前，初应力为零，不计路面自重对应力的影响。

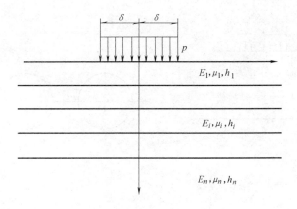

图 4-3　弹性层状体系

（2）圆形均布荷载作用在双层体系 将路基看成弹性半无限体，路面结构为一层均质弹性层，即构成弹性双层体系。

1）单圆荷载。弹性双层连续体系在半径为 δ 的圆形均布荷载作用下（图 4-4），其表面荷载中心处的垂直位移 ω_0（弯沉 l）由公式计算式中理论弯沉系数 α_c 由弹性层状体系单圆均布荷载弯沉计算诺谟图查得。

$$\omega_0 = l = \frac{2p\delta}{E_0}\alpha_c \tag{4-1}$$

2）双圆荷载。弹性双层体系表面作用有两个半径为 δ 的圆形均布荷载时，两个荷载圆的中心距为 3δ。求解时采用叠加法计算可以得出轮隙中心处表面弯沉 l 及上层地面最大弯拉应力 σ 计算公式。式（4-2）和式（4-3）中双圆荷载作用下轮隙中心处表面弯沉系数 α_c ［与式（4-1）形式一样，但实质不一样］和双层连续体系上层地面最大弯拉应力系 σ' 可由相应诺谟图查出。

$$l = \frac{2p\delta}{E_0}\alpha_c \tag{4-2}$$

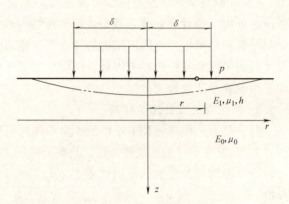

图 4-4 双层连续体系受单圆均布荷载

$$\sigma = p\sigma' \tag{4-3}$$

（3）双圆均布荷载作用在弹性三层体系（图 4-5） 根据功能和材料可将路面划分为面层、基层和路基三个层次，并看成弹性三层体系。计算荷载为标准轴载的双圆均布荷载，荷载中心距为 3δ（δ 为荷载半径），双轮轮隙中心处路表垂直位移（弯沉）l 由式（4-4）算得，α_c 可由相应诺谟图查出。

$$l = \frac{2p\delta}{E_1}\alpha_c \tag{4-4}$$

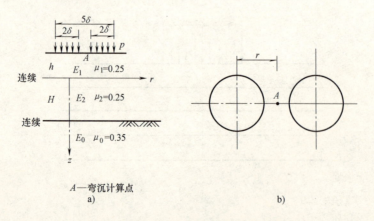

A—弯沉计算点
a)   b)

图 4-5 双圆均布荷载作用在弹性三层体系

二、路面具体设计

1. 路面设计要素

路面设计的"四要素":荷载(轴载等效换算等)、环境(湿度、温度)、材料参数(弹性、温度变形系数等)、破坏极限(破坏模式)。

2. 路面设计内容

路面的设计内容包括结构、构造、材料和表面特性等几个方面:

1)路面结构设计。根据道路等级、当地环境、交通要求、路基支承条件、材料供应、施工和养护技术水平、资金来源等情况,确定路面和铺面类型,设计符合实际情况并且经济的路面和铺面结构层次。

2)路面构造设计。选择合适的设计接缝的类型和位置,并确定设计接缝构造,然后设计出配筋量,布置钢筋。选择需设置的路面内部排水设施及排水系统的布设方案,各项排水设施的构造尺寸和材料规格应符合要求。

3)路面材料设计。依据对所选材料和混合料的性状要求及当地自然条件,进行各结构层混合料的组成设计和性质试验。

4)路面表面特性设计。按抗滑、透水或低噪声等使用要求,进行路面面层的材料组成设计。

3. 路面结构设计流程

1)收集基础资料,包括交通数据、环境、气候区划、平均温度、最大温度梯度、材料、地质与水文、经济、当地技术水平和设备条件。

2)初拟路面结构组合方案,包括设计出路面结构形式、路肩结构形式、路面排水设计、混凝土板的平面尺寸等。

3)对初拟的路面结构组合方案进行试验和经验的分析,确定其可靠性。

4)确定设计参数,如分析期(设计年限)、目标可靠度、荷载、环境、材料的力学参数(模量、强度)。

5)结构分析。计算路面厚度、预估路面使用性能。

6)寿命周期费用分析,包括修建费用、养护费用、改造费用、用户费用、车辆运行费用、行车时间费用、交通事故费用、交通延误费用。

7)综合各方面的分析和考虑,选择一个最终方案以保证技术、经济、使用性能等最佳。

4. 路面设计参数

1)交通,包括路面设计使用期内标准轴载的累计作用次数、交通量、轴载大小、交通量年平均增长率、当量轴次。

2)环境,包括路面温度状况、水泥混凝土路面最大温度梯度的估算、冰冻指数。

3)土基,包括路基土分类、土基干湿类型、路基土回弹模量。

4)路基反应模量。

5. 路面排水设计

路面排水设施主要由表面排水、中央分隔带排水、结构内排水等部分组成,其中路面结构内排水系统又由边缘排水和排水基层组成。

路面表面排水主要由路面横坡、拦水带、泄水口和急流槽组成，有分散排水和集中排水两种形式。

中央分隔带排水是高速公路及一级公路的主要地表排水设施，由排水沟（明沟、暗沟）、渗沟、雨水井、积水井、横向排水管等组成。

6. 路面材料特性

（1）碎砾 碎石材料的显著特点是其应力-应变关系呈非线性性质，以回弹模量作为表征。影响弹性模量的因素有偏应力、侧向应力、干密度和含水量（饱和度）。在同一侧向应力作用下回弹模量随偏应力增大而减小，随侧向应力增大而增大，且回弹模量随干密度的减小和饱和度的增加而降低。

（2）石灰稳定土 石灰稳定土用作底基层时，相应于不同等级的公路有两个强度标准值。其中低值是针对稳定低塑性土。石灰稳定低塑性土的初期强度较低，当龄期大于3个月时，混合料抗压强度在1MPa左右。当用石灰稳定级配粒料土或用石灰土稳定级配粒料（如级配碎石、未筛分碎石或级配砂砾等）时，混合料中石灰土仅占少部分（<20%）。这种以粒料为主的石灰稳定土的7d龄期抗压强度较低，3个月龄期后的抗压强度较高。

石灰稳定土的应力-应变关系曲线，随结合料性质和含量、粒径和组成以及应力级位的不同，呈现不同程度的非线性性状，可分别以弹性模量或回弹模量表征。其模量值变动的范围很大。

石灰稳定土可以采用小梁试件或圆柱体试件进行弯拉或压缩试验，测定弯拉或压缩应变后，计算确定其弯拉弹性模量或压缩弹性模量。

石灰土稳定的其他性质：

1）石灰稳定土的泊松比。我国路面力学计算中采用石灰稳定土的泊松比为0.25。

2）石灰稳定土的温度收缩特性。石灰稳定土材料在温度降低时的体积收缩（即温度收缩），是稳定类材料中固相、液相和气相在降温过程中相互作用的结果。影响石灰稳定土温度收缩性质的主要原因有含水量、集料或土的含量、土的矿物成分、环境温度和龄期等。通过试验得知：石灰稳定土及二灰土温缩系数随温度的降低而增大，且温缩系数随温度的变化有一峰值；石灰稳定土的温缩性随石灰剂量增加而减小，二灰土的温缩性随二灰比例的增加而减小。

（3）水泥稳定土（粒料） 我国《公路路面基层施工技术细则》（JTG/T F20—2015）规定：当水泥稳定土用作路面的基层和底基层时，其7d龄期的无侧限抗压强度（6d保温保湿养生，1d浸水，共7d）应符合表4-3的要求。

表4-3 水泥稳定材料的7d龄期无侧限抗压强度标准　　　（单位：MPa）

结构层	公路等级	极重、特重交通	重交通	中、轻交通
基层	高速公路和一级公路	5.0~7.0	4.0~6.0	3.0~5.0
	二级及二级以下公路	4.0~6.0	3.0~5.0	2.0~4.0
底基层	高速公路和一级公路	3.0~5.0	2.5~4.5	2.0~4.0
	二级及二级以下公路	2.5~4.5	2.0~4.0	1.0~3.0

注：1. 公路等级高或交通荷载等级高或安全性等级高时，推荐取上限强度值。
　　2. 表中强度标准指的是7d龄期无侧限抗压强度的代表值。

水泥稳定土的质量指标有两种：一种是强度指标，通常用的是龄期为 7d 的无侧限抗压强度；另一种是耐久性指标，常用干湿循环试验或冻融循环试验测定。

各个国家对水泥稳定土的抗压强度的要求是不同的。在同一个国家，随着交通量增大及重型卡车的出现，对水泥稳定土的抗压强度的要求也在提高。英国在 1969 年的公路和桥梁技术规范中，对用现场拌和的水泥稳定土做的试件的最小强度做了如下的规定（适用于路面基层和底基层）：五个试件为一组的 7d 龄期的平均抗压强度，对于圆柱体试件（高：直径=2：1）应不小于 2.75MPa；对于立方体试件应不小于 3.43MPa。同时规定水泥稳定土的均匀性应是：五个试件一批，连续五批试验的抗压强度的偏差系数的标准均方差应该不超过 40%。

（4）沥青稳定土（粒料）

1）沥青稳定土的作用。

① 靠颗粒间（沥青砂）结合或粘结作用加固非黏性粒状土。

② 保持黏性细粒土的含水量不变，使之不透水并降低它的吸水能力。

③ 把原来只有内摩擦力的土变为既有内聚力又不透水的土类。

2）沥青稳定土的稳定方法。

① 全掺合稳定法。单个土颗粒均被粘结料裹覆，使得颗粒之间不能相互接触。

② 用地沥青处理机械稳定土，以增强土的不透水性。

③ 固相稳定法。用沥青裹覆结块的土颗粒集料。

④ 薄膜稳定法。以不透水沥青或地沥青薄膜裹覆土团粒。

3）沥青稳定土的力学性质

① 沥青稳定土的强度随各相而变，各相组成（沥青、水、土）必须有一个最佳范围。在范围内可以实现最有效的混合，使混合料的强度最高。沥青稳定土稳定度随沥青含量而变化。

② 沥青稳定土的压实度。沥青含量增加，干密度下降，土中最佳液体含量增加（水与沥青重量之和相对于干土重的百分比），压实度最高。

③ 沥青稳定土的抗压强度。由结构试验可知，沥青含量有一个最佳值。沥青用量小于 4% 时，强度随用量的增加而增大；沥青含量大于 4% 时，强度随用量的增加而降低。

另外，沥青稳定土还具有流变性质。沥青是热塑性材料，用沥青处治的材料，其强度和变形特性将随温度而变化

（5）水泥混凝土　水泥混凝土的强度可以采用立方体、圆柱体或小梁试件，通过压缩、弯曲或间接拉伸（劈裂）试验测定。影响水泥混凝土强度的因素有：

1）试件形状和尺寸。

① 抗压强度。可采用立方体或圆柱体试件。按照《普通混凝土力学性能试验方法》，制作边长为 150mm 的立方体，在标准条件（温度 20℃±3℃，相对湿度 90% 以上）下，养护 28d 龄期。立方体试件尺寸越小，测得的抗压强度值越大。若试件的尺寸不同，计算抗压强度时应乘以换算系数，选用 10cm 的立方体试件，换算系数为 0.95；选用边长为 20cm 的立方体试件时，换算系数为 0.95。圆柱体试件的标准尺寸为直径 15cm，高 30cm，尺寸减小时，强度值提高。

② 弯拉强度。采用小梁试件。梁试件的标准尺寸为 15cm×15cm×55cm；截面尺寸减小

为 10cm×10cm×40cm 时，其测定值应乘系数 0.85。标准弯拉试件采用三分点加荷；采用中点加荷时，其测定结果约比三分点加荷大 154%~200%。

2）龄期。混凝土的强度随龄期而增长，通常采用的 28d 龄期强度约为其最终强度的 70%。普通水泥制成的混凝土，在标准条件养护下，混凝土强度与龄期的对数成正比关系（龄期不小于 3d）。

$$f_n = f_{28} \frac{\lg n}{\lg 128}$$

3）抗压和抗拉强度的经验关系。当混凝土组成材料一定时，混凝土各强度之间有一定的关系时，可参照表 4-4 使用。

表 4-4　混凝土各强度之间的关系

强度种类	符号	混凝土强度等级										
		C7.5	C10	C15	C20	C25	C30	C35	C40	C45	C50	C55	C60
轴心抗压	f_{cp}	5	6.7	10	13.5	17	20	23.5	27	29.5	32	34	36
抗拉	f_{ts}	0.75	0.9	1.2	1.5	1.75	2	2.25	2.45	2.6	2.75	2.85	2.95
抗折	f_{cs}					4.0	4.5	5.0	5.5				

（6）沥青混合料　沥青混合料的抗压强度常通过直接拉伸试验、弯拉试验和劈裂试验来确定。在不同温度下进行沥青混合料的抗拉试验，可以得到沥青混合料的抗拉强度与加载时间的关系、抗拉强度与温度的关系、不同温度下的极限拉应变、劲度模量和脆化点温度等技术指标。

① 抗拉强度与加载时间的关系。试验表明（图 4-6），沥青混合料的抗拉强度随加载时间延长而降低。

② 抗拉强度与温度的关系。试验结果表明，随着沥青混合料的温度由室温下降，其强度连续增加，但到某一温度时强度达到峰值，继续降温，强度随之下降。弯拉试验和劈裂试验显示有相同的规律性，与强度峰值相应的温度随试验方法和加载速度（速度大，与强度峰值相应的温度高）变化。

沥青混合料在低温时的断裂强度，通过直接、间接拉伸（劈裂）或约束式温度试验装置 TSRST 试验测定，它是加载时间和温度的函数。

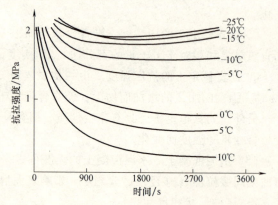

图 4-6　沥青混合料的抗拉强度与加载时间的关系

三、沥青路面设计

沥青路面结构设计的任务是根据使用要求及气候、水文、土质等自然条件并结合实际经验设计确定经济合理的路面结构，使之能够承受交通荷载和环境因素的作用，并在使用期限内满足各级公路的承载能力、耐久性、舒适性、安全性的要求。沥青路面设计应该包括原材料的选择、混合料配合比设计、设计参数的测试、结构层组合与厚度计算，以及路面结构的方案比选等内容。

(一) 沥青路面的分类与结构组成

1. 沥青路面分类

按照路面强度构成原则，沥青路面可分为密实类和嵌挤类两大路面类型。密实沥青路面面层结构空隙率小，细料含量多。沥青嵌挤类路面用单一粒径的矿料为主集料，分层撒铺嵌缝料，经碾压而形成结构层，热稳定性好，但空隙率较大。

按照施工工艺的不同，沥青路面可以分为层铺法、路拌法和厂拌法三类。层铺法通过分层洒布沥青、分层撒铺矿料和碾压的方法修筑面层结构，需要在炎热季节行车碾压后方能成型。路拌法采用移动式拌和机械（或人工）现场施工，将矿料和沥青材料就地拌和，摊铺碾压成型。厂拌法采用一定级配的矿料和沥青材料，经工厂加工后碾压成型。

2. 沥青路面结构组成

沥青路面结构层由面层、基层、底基层、垫层等多层结构组成。面层可分为单层、双层或三层。双层结构分为表面层、下面层。三层结构分为表面层、中面层、下面层。表面层直接与车辆接触，因此应该抗磨、抗滑且抗裂、耐久；中下面层则应该保证密实防开裂。基层为主要承重层，应该保证稳定、耐久和高承载力。垫层是设置在底基层与土基之间，具有排水、隔水、防冻等作用的结构层。

(二) 沥青路面结构的设计原则

结构设计时，在对各个因素进行综合分析的基础上进行结构组合设计，并遵循以下原则：

(1) 面层、基层的结构类型和厚度与交通量相适应　面层直接经受行车荷载和自然因素的作用，要求高强、耐磨、温度稳定性好，因此应该选择粘结力强的结合料。另外，面层类型应该与公路等级、使用要求、交通等级相适应。如热拌沥青混凝土可用于各级公路，贯入式沥青碎石和上拌下贯式沥青碎石可用于三、四级公路，沥青表面处治和稀浆封层可用于三、四级公路，冷拌沥青混合料可用于交通量较小的三、四级公路。

(2) 适应车辆荷载的作用　作用在路面上的行车荷载，通常包括垂直力和水平力。路面在垂直力作用下，内部产生的应力和应变随深度向下而递减。水平力作用产生的应力、应变随深度递减的速率更快。路面表面层同时要承受车轮的磨耗作用。因此，路面应该具有一定的强度和耐磨性，而且结合应力传递特性，从上到下的各层的强度和抗变形能力可自上而下逐渐减小。这样，在进行路面结构组合时，各结构层应按强度和刚度自上而下递减的规律安排，既能使各结构层材料的效能得到充分发挥，又能充分利用当地材料做底基层和基层，从而降低造价。但就施工工艺、材料规格和强度形成原理而言，各结构层的厚度不宜过小。各类结构层，按采用材料的规格（最大粒径）和施工工艺（摊铺、碾压和整修）的要求，有最小厚度要求，厚度过低无法形成平整的路面。另外，路面结构层过多时会影响施工的进度，加大施工难度。因此，设计路面结构时应避免结构层过多，材料也不应太复杂。

(3) 保证层间结构紧密稳定　为了保证结构层的整体性和结构层之间应力传递的连续性，要求层间的结合紧密稳定。为了保证层间联结坚固，对非沥青类基层应该浇洒透层沥青。

(4) 在各种自然因素下稳定性好　不同类型地带的沥青路面结构组合设计应考虑的稳

定性重点应不同。例如：潮湿地带会使路面强度大幅度降低；高温地区会使路面稳定性降低；冰冻地区应该着重考虑保证路面结构具有足够的冰冻稳定性；湿热地区应该做好地表排水和地下水处理。一般来说，在自然因素影响方面，有两个重点问题需要考虑：

1) 如何保证沥青路面结构的水稳定性，这是路面结构层选择与组合时需考虑的重要问题。因为沥青混合料浸水后，在行车荷载的作用下易产生剥落、坑槽等水损坏。因此应该在铺设时选择水稳定性好的沥青混合料。同时，为了防止雨、雪水从路表渗入到下面层或基层，《公路沥青路面施工技术规范》（JTG F40—2004）规定，沥青面层至少应有一层不透水的密级配沥青混凝土，另外，为了保证沥青层与沥青层之间的粘结，应在每个层间洒铺沥青粘结层，无疑这对各结构层之间的连接以及整体的防水是有利的。

在潮湿和某些中湿路段上修筑沥青路面时，由于沥青层不透气，路基和基层中水分的连接通道被阻塞，因而流不出的水分会在基层汇聚，沥青路面渗水（开裂或孔隙率过大）比较严重也会造成基层湿度过大。如果基层材料中含土量多（如泥结碎石、级配碎石），尤其是土的塑性指数较大时，遇水变软，强度和刚度急剧下降，导致路面开裂破坏。所以沥青路面的基层应选择水稳定性好的材料或排水的沥青或水泥处治基层，在潮湿路段和中湿路段更应如此。

2) 如何保证沥青路面结构的冰冻稳定性。在冰冻深度较大的季节性冰冻地区，如果冰冻深度较大，路基土为易冻胀土时，常发生冻胀和翻浆。在进行路面结构组合设计时应考虑冻胀和翻浆的危害。这时，路面层的总厚度，除了应满足强度要求外，还应满足防冻厚度的要求，以避免在路基内出现较集聚的冰带，防止产生导致路面开裂的不均匀冻胀。路面结构的防冻厚度与路基潮湿类型、路基土类、道路冻深，以及路面结构层材料物理性质有关。

（5）适当的结构层和厚度 路面结构层的强度通常是用密实级配、嵌挤或形成板体等方式形成的。因而，如何构成具有强度和刚度并且稳定的结构层是设计和施工都必须注意的问题。

影响结构层构成的因素，除材料选择、施工工艺外，路面结构适当组合也是十分重要的。例如，沥青层不能直接铺筑在片石基层上，而应在其间加设碎石过渡层，否则片石铺砌不平稳造成片石可能的松动都会反映到沥青面层上，造成面层不平整甚至沉陷开裂。又如，沥青混凝土玛蹄脂碎石 SMA 之类的高级面层与粒料基层或稳定土基层之间也可加设沥青碎石或沥青贯入式联结层。

（三）路面结构组合设计

路面结构组合应遵循就地取材、分期修建以及因地制宜的原则，满足各项要求，依据一般规律，参照当地的施工经验，拟定出多个满足交通和经济要求的路面结构组合方案，并通过经济对比找出最佳方案。所拟方案应该包括如下内容：结构层次、各种结构层的类型和初拟厚度，包括面层类型的选择、面层厚度的选择、层间结合；对结构层材料的组成和技术指标的要求；对施工工艺和施工质量的要求。

1. 面层类型选择

对交通量大、在国道网或省干线网中起重要作用的高速公路应采用高级路面。由于它的使用年限较长，交通量很大，对沥青层的质量要求较高，故须认真对待沥青面层的设计。

二级公路可选用高级路面或次高级路面。当设计年限内累计当量轴次超过 400 万次上时，应选用高级路面（沥青混凝土）；若累计当量轴次在 100 万～200 万次时，可选用热拌沥青碎石混合料或沥青贯入式。热拌沥青碎石与沥青混凝土的不同之处是前者无矿粉，细集料少，空隙率较大，沥青用量也较少，故其耐久性较后者差；若拌和设备可定量加入矿粉，最好选用沥青混凝土。沥青贯入碎石，主要用于缺乏沥青混合料拌和设备的场合。目前国内各省、市都有成套拌和设备，用分层洒布沥青和撒布碎石的施工方法已逐渐减少。因此针对各层撒布的石料规格和施工操作工艺要求严格，工程质量难以保证，且孔隙率大水易下渗，故上面层最好用密级配沥青混凝土或沥青混合料铺筑，以加快成型，防止雨水下渗，就是所谓的"上拌下贯"结构。

三级公路一般选用次高级路面，以表面处治为主，也可用乳化沥青碎石拌合料。在我国公路总里程中三级公路占 23%，四级公路约占 65%，提高低等级公路路面的使用质量是十分繁重的任务。

四级公路一般为中、低级路面，也有少数四级公路铺筑次高级路面。随着交通发展，在交通量较大、投资允许的情况下，应尽量选择单层或双层沥青表面处治，以改善状况和减少养护工作量。

2. 面层厚度确定

沥青面层直接承受着车辆荷载的反复作用和各种气候条件的影响，它直接关系着是否能提供平整、坚实、抗滑、耐久、稳定的服务性能。为保证沥青路面的良好使用性能和耐久性，沥青面层必须要有适当的厚度。理论分析和经验证明，沥青面层设计时要特别关注其抗剪切稳定性。半刚性基层上沥青面层的厚度应根据公路等级、交通量及其组成、沥青品种和质量、气候条件，按照表 4-5 中的沥青层推荐厚度选用。对于其他基层面层的厚度可根据计算并考虑技术、经济等因素论证确定。各省、市修建的高速公路，其交通量变化范围较大，交通组成也不相同（现有高速公路和一级公路，每一车道的当量轴次可达 400 万～2700 万次）。沥青面层厚度的确定，应认真分析工程可行性研究报告提供的资料，必要时应做补充交通量及轴载组成调查，经论证并结合当地实践经验确定的厚度。

表 4-5　各种条件下的沥青厚度

公路等级	面层类型	设计车道累计标准轴次	面层厚度/mm	参考厚度/mm
高速公路	沥青混凝土	1200 600～1200 400～600	12～18	15～18 13～16 12～14
一级公路	沥青混凝土	800～1200 400～800	10～15	13～15 10～13
二级公路	沥青混凝土 热拌沥青碎石 沥青贯入式	200～400 100～200	5～10	8～10 6～8
三级公路	表面处治	50～100 <50	2～4 1～2.5	2～3（层铺法） 1～2（拌和法） 2.5

3. 层间结合

设计时，需采取一定的技术措施，加强路面结构各层之间的结合，提高路面结构整体性，确保结构层之间不产生层间滑移。下列措施供设计参考：

1) 在沥青面层与半刚性基层或粒料基层之间需洒透层沥青。透层沥青可用乳化沥青或改性沥青。当半刚性基层表面过分干燥而出现细料松散时,应清除松散细料,并洒少量水,待表面稍干后再浇透层沥青。若基层表面细料较多,可均匀地撒少量石屑,待洒水碾压稳定后,再洒透层沥青。透层沥青用量应根据基层类型确定,宜通过试洒确定。透层沥青不宜流淌,不能在基层表面形成油膜,最好是沥青透入基层表面 3~5mm。也可在半刚性基层上分两次洒乳化沥青,一次洒布量为 $0.3 \sim 0.5 \text{L/m}^2$,再撒布 $2 \sim 3 \text{m}^3/1000\text{m}^2$ 的粗砂或石屑;若有施工车辆通过,宜增加到 $3 \sim 4 \text{m}^3/1000\text{m}^2$。

2) 在多雨地区或多雨季节施工,宜用层铺法单层表处或沥青石屑混合料做下封层,以防水渗入基层。

3) 当沥青层由双层或三层组成时,为保证沥青层间的粘结,一般应在层间洒布粘层沥青。当工程因各种原因不能连续施工而沥青表面被污染,或在旧沥青面层及水泥混凝土面层上加铺沥青层时,均应在该层上洒布粘层沥青。粘层沥青最好用粘稠沥青或用改性乳化沥青,洒布量约为 $0.4 \sim 0.7 \text{m}^3/1000\text{m}^2$。

4. 沥青路面设计标准

由于沥青路面损坏状况较多且各种损坏的应对方法不一致。因此在设计沥青路面时需要综合考虑多种临界破坏模式,需采用不同的设计标准。

(1) 公路沥青路面设计标准

1) 双圆均布荷载作用下轮隙中心处路表回弹弯沉。弯沉指标表征了路面结构抵抗垂直荷载作用下产生变形的能力,主要用于控制路面整体的垂直变形,防止沉陷破坏,要求在双圆均布荷载作用下,轮隙中心处实测路表弯沉值 l_s 等于设计弯沉值 l_d,即

$$l_s = l_d$$

2) 疲劳裂缝。以疲劳开裂作为设计标准时,要求沥青面层和半刚性基层层底弯拉力 σ_m 或拉应变 ε_m 不大于相应的允许值 σ_R、σ_m 而出现疲劳开裂现象,即

$$\sigma_m \leq \sigma_R, \varepsilon_m \leq \varepsilon_R$$

3) 车辙。路基路面结构在车辆荷载反复作用下产生的塑性变形称为车辙。以车辙作为设计标准时要求路面在使用年限内累积的车辙深度 D_m(或永久变形量)小于行驶质量和行车安全允许的车辙深度 D_R(或永久变形量),即

$$D_m \leq D_R$$

4) 低温裂缝。当设计指标与荷载无关时,要求温度下降时路面结构层材料因收缩约束产生的温度应力 σ_{rT} 不大于该温度时材料的允许拉应力 σ_{TR},即

$$\sigma_{rT} \leq \sigma_{TR}$$

(2) 城市道路沥青路面设计标准

1) 双圆均布荷载作用下轮隙中心处路表回弹弯沉。为防止路面出现沉陷等损坏,要求路表允许回弹弯沉 $[l]$ 大于或等于路表实际回弹值 l,计算结果应满足下式要求

$$\frac{[l]-l}{[l]} \times 100\% \leq 5\%$$

2) 层底弯拉应力。为防止路面出现疲劳破坏,沥青路面基层层底的允许弯拉应力 $[\sigma]$ 大于或等于改层的实际弯拉应力 σ,计算结果应满足下式要求

$$\frac{[\sigma]-\sigma}{[\sigma]}\times100\%\leqslant5\%$$

3)抗剪强度指标。在进行城市道路设计时,除了要满足以上要求外,根据城市道路的特点,考虑到沥青面层受到水平力作用时的变形,增加了一项抗剪强度指标。要求面层破裂时产生的允许剪应力 $[\tau]$ 大于或等于实际最大剪应力 τ,计算值应满足下式要求

$$\frac{[\tau]-\tau}{[\tau]}\times100\%\leqslant5\%$$

(3)设计弯沉值的计算 为了消除理论计算与实测弯沉间的偏差,现行规范引进了弯沉综合修正系数 F,根据路表实测弯沉 l_s 与计算弯沉 l_c 的比值确定,即

$$F = l_s/l_c = \alpha_s/\alpha_c \tag{4-5}$$

大量弯沉测定结果发现,修正系数与实测弯沉之间关系密切。其回归方程为

$$F = 1.63\left(\frac{l_s}{2000\delta}\right)^{0.38}\left(\frac{E_0}{p}\right)^{0.36} \tag{4-6}$$

设计弯沉值的确定:《公路沥青路面设计规范》将路面竣工后的第一年的不利季节近似地假定为路面整体结构的最大刚度状态,作为设计状况,由此得到沥青路面设计弯沉值计算公式

$$l_d = l_0 = l_R/A_T = 600N_\theta^{-0.2}A_cA_sA_b \tag{4-7}$$

式中 l_d、l_0、l_R——路面设计弯沉(0.001mm)、竣工验收弯沉和允许弯沉;

A_T——相对弯沉变化系数,约等于1.20;

N_θ——设计年限内一个车道累计当量轴次;

A_c、A_s、A_b——公路等级系数、面层类型系数、路面结构类型系数。

(四)我国沥青路面设计步骤

1. 确定路面等级和路面类型

(1)沥青面层的厚度及材料组成 《公路沥青路面设计规范》根据我国公路沥青路面的使用实际和建设经验,提出了沥青路面面层的建议厚度(表)。沥青路面面层的厚度主要与路面的承载力、不同降温条件下路面可能产生的温度开裂、不同基层材料及降温条件下路面的反射裂缝、不同温度和交通组成条件下路面产生的车辙有关。

同时,沥青面层的材料组成设计应根据当地的气候、降雨、交通组成等特点进行优选。表面层应考虑抗滑性、密水性和耐久性,雨量充沛的地区必须首先考虑路面的密水性。中面层或下面层材料同样应考虑密水性和耐久性,同时考虑沥青层的压实特性。研究表明,沥青路面的上面层材料的公称最大粒径应小于厚度的三分之一,中面层或下面层的公称最大粒径应为厚度的1/(2.5~3)。

(2)底基层 底基层材料种类较多,已经广泛应用于公路建设,并有一定的技术基础。随着公路科技水平的提高,对各种材料特性的认识也在逐步加深。

石灰土与二灰土、水泥土和二灰比较,材料收缩系数较大,抗弯拉强度较低,水稳定性较差,表层较二灰土(二灰:土=30:70~90:10)和水泥土更容易受水的侵入而软化,可能产生出现冲刷与唧泥;二灰(石灰:粉煤灰=2~1:4)虽然初期强度低、成塑较难,但强度随龄期的增长大,后期强度较高,水稳定性好。因此,施工时应注意养护和封闭交通;水泥土的初期强度较高,水稳定性也好,但是收缩系数较大。这些主要的底基层材料各有优

缺点，必须进行认真的技术经济比较和材料级配组成设计。

基层材料主要有二灰稳定碎石和水泥稳定碎石。二灰碎石具有良好的力学性能、板体性、水稳定性和抗冻性，已经成为主要的路面基层材料，但其初期强度较低。水泥稳定粒料比二灰碎石初期强度高，但由于其收缩系数较大，施工要求较高。二灰碎石根据其级配组成分悬浮式和密实式。悬浮式二灰碎石的收缩性较大，容易产生干缩裂缝，抗冲刷性能也差。密实式二灰碎石，由于粒料在混合料中形成密实骨架，石灰、粉煤灰起填充和胶结作用，有利于减少干缩裂缝，并具有较好的抗冲刷能力。一般二灰与碎石的比例为 20∶80~15∶85。水泥稳定粒料水泥的剂量一般为 4.5%~6%。因此，二灰碎石与水泥稳定碎石各有优点，必须通过材料来源调查、材料基本性能试验、技术经济比较，最终确定基层材料类型。

2. 交通量计算

标准轴载沥青路面设计以双轮组单轴载 100kN 为标准轴载，用 BZZ-100 表示。其他各种不同类型的轴载按照以下方法换算为标准轴载。

1) 以弯沉为指标的轴载换算方法。凡轴载大于 25kN 的各级轴载（包括车轮的前、后轴）P 的作用次数 n_i 均应按下式换算成标准轴载作用次数

$$N = \sum_{i=1}^{K} C_1 C_2 n_i \left(\frac{P_i}{P}\right)^{4.35} \tag{4-8}$$

式中　N——以弯沉为指标的标准轴载的当量轴次（次/d）；
　　　n_i——被换算车型的各级轴载作用次数（次/d）；
　　　P——标准轴载（kN）；
　　　P_i——被换算车型的各级轴载（kN）；
　　　C_1——轴数系数；
　　　C_2——轮组系数，单轮组 6.4，双轮组 1，四轮组 0.38。

当轴间距大于 3m 时，应按单独的一个轴载进行计算，此时轴数为 $m=1$；当轴间距小于 3m 时，按双轴或多轴进行计算，轴数系数为

$$C_1 = 1 + 1.2(m-1)$$

式中　m——轴数。

2) 以弯拉应力为控制指标的轴载换算。凡轴载大于 50kN 的各级轴载（包括车轮的前、后轴）P_i 的作用次数 n_i 均应按下式换算成标准轴载作用次数

$$N' = \sum_{i=1}^{K} C'_1 C'_2 n_i \left(\frac{P_i}{P}\right)^{8} \tag{4-9}$$

式中　N'——以弯拉应力为指标的标准轴载的当量轴次（次/d）；
　　　n_i——被换算车型的各级轴载作用次数（次/d）；
　　　P——标准轴载（kN）；
　　　P_i——被换算车型的各级轴载（kN）；
　　　C'_1——轴数系数；
　　　C'_2——轮组系数，单轮组 18.5，双轮组 1，四轮组 0.09。

当轴间距大于 3m 时，应按单独的一个轴载进行计算，此时轴数为 $m=1$；当轴间距小于 3m 时，按双轴或多轴进行计算，轴数系数为

$$C'_1 = 1+2(m-1)$$

累计交通荷载的计算公式为

$$N_\theta = \frac{365N_1[(1+\gamma)^t-1]}{\gamma}\eta \tag{4-10}$$

式中 N_θ——设计年限内一个车道上的累计交通轴次（次）；

t——设计年限（年）；

N_1——路面竣工后第一年双向日平均当量轴次（次/d）；

γ——设计年限内的交通量平均年增长率（%）；

η——车道系数。

3. 材料设计参数选择

材料模量值是表征材料刚度特性的指标，不同测试方法会得出不同数值。常用的压缩、劈裂、弯拉试验都可作为测定材料模量和强度的方法。设计方法中采用何种模量值，应考虑下列因素：①测试方法不宜过于复杂，而且测试结果比较稳定；②测得的各项数值能较好地反映各种路面材料的真实特性；③模量值和强度运用于厚度计算中，材料设计参数与设计方法相匹配，计算厚度与实际使用经验相吻合。

试验证明，沥青混合料和各种半刚性基层材料的劈裂强度与弯拉强度具有一定的关系，而劈裂试验比梁的弯拉试验简单、方便，且更接近路面结构受力状态，因此建议以劈裂强度代替梁试件的弯拉强度。因此，现规范采用抗压模量和劈裂强度进行设计计算。同时，规定沥青混合料的弯沉计算时抗压回弹模量试验温度取20℃，弯拉计算时抗压回弹模量试验温度取15℃；劈裂强度试验温度取15℃。材料模量与强度的推荐值见表4-6。

表4-6 沥青混合料建议参数

材料名称	沥青针入度	抗压回弹模量/MPa 20℃	抗压回弹模量/MPa 15℃	劈裂强度 15℃/MPa
细粒式密级配沥青混凝土	≤90	1200~1600	1800~2200	1.2~1.6
中粒式密级配沥青混凝土	≤90	1000~1400	1600~2000	0.8~1.2
中粒式开级配沥青混凝土	≤90	800~1200	1200~1600	0.6~1.0
粗粒式密级配沥青混凝土	≤90	800~1200	1200~1600	0.6~1.0
沥青碎石混合料	≤90	600~800	—	—
沥青贯入式	—	400~600	—	—

半刚性基层材料室内制件与现场制件的设计参数比值随材料不同及施工条件而异。一般情况下，现场制件的模量与强度比室内制件低，其降低的幅度不等，抗压强度降低幅度较小（10%~20%），抗压模量下降30%~40%，劈裂强度下降20%~60%，劈裂模量下降50%左右。当然，在实际施工过程中，由于现场大规模施工时质量变化幅度较大，可将代表值适当折减。推荐的参数值应代表一般专业队伍、机械化施工水平，故不宜选用过大的折减系数，半刚性基层材料抗压、劈裂设计参数推荐值是将代表值乘以0.8的折减系数之后，视材料具体情况，经典型结构厚度计算验证后确定的。

由于沥青材料是一种典型的黏弹性材料，其设计参数不仅随时间的变化而变化，而且随温度的变化而变化，因此，沥青混凝土材料的模量参数是一个条件参数。

4. 层间接触条件处理

路况调查发现，半刚性基层上浇洒透层油或使用沥青封层进行处理，钻孔取样时，沥青层与半刚性基层结合很紧密，面层与基层无脱离现象；若在半刚性基层上不洒透层油、粘层或不做封层时，往往出现上下层结合不好而分离的现象。这说明通过采取技术措施，精心施工，可以使沥青层与沥青层或沥青层与半刚性基层之间紧密结合形成一个整体，以减小层底部拉应力，从而减薄路面厚度。因此，为了使弯沉指标和弯拉指标在计算体系上满足规范要求，两个指标均采用层间完全连续的接触条件进行计算。

路面设计规范在进行沥青路面设计时虽然将沥青路面层间界面假定为完全连续，但是，沥青路面的层间状态对沥青路面的使用寿命有很大的影响。实验表明，在层间界面完全连续、沥青层厚度在一定的范围内时，沥青面层底部一般不会出现拉应力。由于面层底部是压应力，因而面层底部在行车荷载作用下不考虑荷载作用下的弯拉疲劳问题。但是，将路面层间界面考虑为不完全连续状态，因为在很多情况下，路面的层间界面不连续。如：由面层施工工序问题引起的层间界面污染（如在面层的施工过程中常同时进行一些附属设施的施工，如安装路缘石、通管道，以及护坡、护栏和绿化施工）。尽管同时施工可以相互协调，对缩短工期有好处，但附属设施的施工会带来一些污染，会散落一些土、石在中面层底界面或上面层底界面上，对层间界面造成土石污染；另外护栏施工一般采用柴油打桩机，漏油很普遍，也会带来油污染。不论土石污染还是油污染，对沥青面层之间或沥青路面与基层之间的层间约束都有很大的影响，会大大削弱层间连续状态，当层间界面不连续时，层底就将出现拉应力。在循环行车荷载和环境荷载作用下，当裂缝扩展到极限，整个层面断裂就不可避免。

(五) 沥青路面设计实例

本公路等级为高速公路，经调查得到近期交通量见下表。交通量年平均增长率为5.5%，设计年限为15年，拟定建成通车时间为2020年末，该路段处于 IV_6 区。

1. 公路等级确定

1) 交通量（pcu/d）确定。2017年初始交通量见表4-7。

表4-7 2017年初始交通量

车型分类	代表车型	数量/(辆/d)
小汽车	桑塔纳2000	12500
中型车	江淮HK6911	1500
中型车	丰田FDA110L	1000
大型车	黄海DD680	900
大型车	黄河JN253	1000
拖挂车	五十铃EXR181L	500

2) 交通量年增长率。5.5%

3) 公路等级确定。根据《公路工程技术标准》（JTG B01—2014）进行车型换算，见表4-8。

表4-8 各汽车代表车型与车辆折算系数

车　型	折算系数	车种说明
小客车	1.0	≤19座客车质量<2T货车
中型车	1.5	≥19座客车和载质量2~7T货车
大型车	2.0	载质量7~14T
拖挂车	3.0	载质量≥14T

换算成小客车为：$(12500+1500\times1.5+1000\times1.5+900\times2.0+1000\times2.0+500\times3.0)$pcu/d = 21550pcu/d

换算成通车时间 2016 年末的年平均交通量约为 25305 辆。

由《公路工程技术标准》四车道高速公路应能适应将各种汽车折合成小客车的年平均日交通量 15000 辆，确定为高速公路。

2. 交通分析

轴载分析路面设计以 BZZ-100 为标准轴载。

（1）以设计弯沉值为指标验算沥青层层底拉应力中的累计当量轴次

1）轴载换算见表 4-9。

表 4-9 轴载换算 1

车 型		P_i/kN	C_1	C_2	N_i/(次/d)	换算结果
小汽车	前轴	16.5	6.4	1	14678.017	37.060
	后轴	23	6.4	1	14678.017	157.168
江淮 HK6911	前轴	28.3	6.4	1	1761.362	46.484
	后轴	69.3	1	1	1761.362	357.304
丰田 FDA110L	前轴	35	6.4	1	1174.241	78.097
	后轴	75	1	1	1174.241	335.949
黄河 JN253	前轴	55	6.4	1	1056.817	502.062
	后轴	66	2.2	1	1056.817	381.451
黄海 DD680	前轴	49	6.4	1	1174.241	337.513
	后轴	91.5	1	1	1174.241	797.883
东风 SP9250	前轴	50.7	6.4	1	587.121	195.746
	后轴	113.3	1	1	587.121	1010.712
	后轴	113.3	1	1	587.121	1010.712
	后轴	113.3	1	1	587.121	1010.712
$N = \sum_{i=1}^{K} C_1 C_2 n_i \left(\dfrac{P_i}{P}\right)^{4.35}$						6258.853

2）累计当量轴次。高速公路沥青路面的设计年限取 15 年，四车道的车道系数 η 取 0.4~0.5，本例取 0.45。交通量平均增长率为 5.5%。

$$N_e = \frac{[(1+\gamma)^t - 1]\times 365}{\gamma} N_1 \eta = \frac{[(1+0.055)^{15}-1]\times 365}{0.055}\times 0.45 \times 6258.853$$

$$= 23036478 \text{ 次}$$

（2）验算半刚性基层层底拉应力中的累计当量轴次

1）轴载换算见表 4-10。

表 4-10 轴载换算 2

车 型		P_i/kN	C_1	C_2	N_i/(次/d)	$C_1' C_2' n_i \left(\dfrac{P_i}{P}\right)^{8}$
小客车	前轴	16.5	18.5	1	14678.017	0.149
	后轴	23	18.5	1	14678.017	2.126

(续)

车型		P_i/kN	C_1	C_2	N_i/(次/d)	$C'_1 C'_2 n_i \left(\dfrac{P_i}{P}\right)^8$
江淮 HK6911	前轴	28.3	18.5	1	1761.362	1.341
	后轴	69.3	1	1	1761.362	93.695
丰田 FDA110L	前轴	35	18.5	1	1174.241	4.892
	后轴	75	1	1	1174.241	117.557
黄河 JN253	前轴	55	18.5	1	1056.817	163.709
	后轴	66	3	1	1056.817	114.149
黄海 DD680	前轴	49	18.5	1	1174.241	72.193
	后轴	91.5	1	1	1174.241	576.934
东风 SP9250	前轴	50.7	18.5	1	587.121	47.420
	后轴	113.3	1	1	587.121	1594.288
	后轴	113.3	1	1	587.121	1594.288
	后轴	113.3	1	1	587.121	1594.288
$N' = \sum C'_1 C'_2 n_i \left(\dfrac{P_i}{P}\right)^8$						5977.028

2) 累计当量轴次。高速公路沥青路面的设计年限取 15 年，四车道的车道系数 η 取 0.4~0.5，本例取 0.45。交通量平均增长率为 5.5%。

$$N_e = \frac{[(1+\gamma)^t - 1] \times 365}{\gamma} N_1 \eta = \frac{[(1+0.055)^{15} - 1] \times 365}{0.055} \times 0.45 \times 5977.028$$
$$= 21999187 \text{ 次}$$

综上所述，大客车及中型以上各种货车交通量 $Nh = 3400 \times 0.45 = 1530$ 辆/d/车道，沥青路面等级为重交通等级。

3. **设计指标确定**

(1) 计算设计弯沉值 l_d 该公路为高速公路，公路等级系数取 1.0，面层为沥青混凝土，面层类型系数取 1.0，半刚性基层，基层类型系数取 1.0。设计弯沉值为

$$l_d = 600 N_e \times A_c \times A_s \times A_b$$

式中 l_d——路面设计弯沉值 (0.01mm)；

N_e——设计年限内一个车道上累计当量轴次；

A_c——公路等级系数，高速公路、一级公路为 1.0，二级公路为 1.1，三、四级公路为 1.2；

A_s——面层类型系数，沥青混凝土面层为 1.0，热拌和冷拌沥青碎石、沥青贯入式路面（含上拌下贯式路面）、沥青表面处治为 1.1；

A_b——面层结构类型系数，半刚性基层沥青路面为 1.0，柔性基层沥青路面为 1.6。

计算得到弯沉值为 20.21(0.01mm)。

(2) 抗拉强度结构系数（其中 $A_c = 1.0$）

对沥青混凝土面层 $K_s = 0.09 N_e^{0.22}/A_c = 3.7495$

对无机结合料稳定集料类 $K_s = 0.35 N_e^{0.11}/A_c = 2.2477$

对无机结合料稳定细粒土类 $K_s = 0.45 N_e^{0.11}/A_c = 2.8899$

4. 设计计算

(1) 干燥状态

1) 土基回弹模量的确定。根据《公路路基设计规范》(JTG D30—2015)，新建公路回弹模量设计值 $E_0 = K_s K_\eta M_R$，M_R 为标准状态下路基动态回弹模量值；K_s 为路基回弹模量湿度调整系数，可由该规范附录 C、D 综合确定；K_η 为干湿循环或冻融循环条件下的路基土模量折减系数，通过试验确定，初步设计时，非冰冻地区可根据土质类型、失水率确定，季节性冻土可由冻结温度、失水率确定，折减系数可取 0.7~0.95。经综合考虑计算，$E_0 = 44.0$ MPa。

2) 路面参数设计。

① 确定路面等级和面层类型。该交通等级为重交通等级，高速公路路面等级为高级路面，面层类型为沥青混凝土。

② 结构组合与材料选取及材料设计参数确定，见表 4-11。

表 4-11 层材料设计参数

层位	结构层材料名称	厚度/mm	抗压模量/MPa (20℃)	抗压模量/MPa (15℃)	劈裂强度 σ_s/MPa	允许底层拉应力 $\sigma_R = \dfrac{\sigma_s}{K_s}$/MPa
1	SMA	40	1400	1350	1.6	0.37
2	AC-20	70	1200	1800	1.0	0.27
3	ATB-25	100	1000	1200	0.8	0.21
4	水泥稳定碎石	设计层厚度待定	1500	3600	0.5	0.27
5	石灰粉煤灰碎石	200	1500	3600	0.7	0.31
6	级配碎石	200	230	230	0	0

③ 新建路面结构厚度计算。

按设计弯沉值计算设计层厚度：

$l_d = 20.21(0.01\text{mm})$

H(4) = 150 mm $l_s = 21.5 (0.01\text{mm})$

H(4) = 200 mm $l_s = 19.4 (0.01\text{mm})$

H(4) = 180 mm (仅考虑弯沉)

按允许拉应力计算设计层厚度：

H(4) = 180 mm (第 1 层底面拉应力计算满足要求)

H(4) = 180 mm (第 2 层底面拉应力计算满足要求)

H(4) = 180 mm (第 4 层底面拉应力计算满足要求)

H(4) = 180 mm (第 5 层底面拉应力计算满足要求)

路面设计层厚度：

H(4) = 180 mm (仅考虑弯沉)

H(4) = 180 mm (同时考虑弯沉和拉应力)

通过对设计层厚度取整，最后得到路面结构设计结果如下：

```
细粒式沥青玛蹄脂碎石 SMA-13        40mm
中粒式沥青混凝土 AC-16             70mm
密级配沥青碎石 ATB-25              100mm
水泥稳定碎石                       180mm
石灰粉煤灰碎石                     200mm
级配碎石                           200mm
新建路基
```

(2) 潮湿状态

1) 土基回弹模量的确定。按前述方法，综合确定为 $E_0 = 33\text{MPa}$。

2) 路面参数设计。

① 确定路面等级和面层类型。由公路沥青路面设计规范，该路交通等级为重等交通，高速公路路面等级为高级路面，面层类型为沥青混凝土。

② 结构组合与材料选取及材料设计参数确定，见表 4-12。

表 4-12 各层材料参数

层位	结构层材料名称	厚度/cm	抗压模量/MPa (20℃)	抗压模量/MPa (15℃)	劈裂强度 σ_s/MPa	允许底层拉应力 $\sigma_R = \dfrac{\sigma_s}{K_s}$/MPa
1	SMA	4	1400	1350	1.6	0.44
2	AC-20	8	1200	1800	1.0	0.28
3	ATB-25	10	1000	1200	0.8	0.22
4	水泥稳定砂砾	设计层厚度待定	1300	3600	0.5	0.27
5	水泥稳定碎石	200	1500	3600	0.5	0.11
6	水泥稳定碎石	200	1500	3600	0.5	0.11
7	级配碎石	15	230	0	0	0

③ 确定设计层厚度。

按设计弯沉值计算设计层厚度：

$l_d = 20.21$ (0.01mm)

H(4) = 150mm　　　$l_s = 22.2$ (0.01mm)

H(4) = 200mm　　　$l_s = 20.1$ (0.01mm)

H(4) = 197mm（仅考虑弯沉）

按允许拉应力计算设计层厚度：

H(4) = 197mm（第1层底面拉应力计算满足要求）

H(4) = 197mm（第2层底面拉应力计算满足要求）

H(4)=197mm(第4层底面拉应力计算满足要求)

H(4)=197mm(第5层底面拉应力计算满足要求)

路面设计层厚度：

H(4)=197mm(仅考虑弯沉)

H(4)=197mm(同时考虑弯沉和拉应力)

通过对设计层厚度取整以及设计人员对路面厚度进一步的修改,最后得到路面结构设计结果如下：

细粒式沥青玛蹄脂碎石 SMA-13	40mm
中粒式沥青混凝土 AC-16	70mm
粗粒式沥青混凝土 AC-25	100mm
水泥稳定碎石	200mm
石灰粉煤灰碎石	200mm
级配碎石	200mm
新建路基	

四、水泥混凝土路面设计

水泥混凝土路面结构由不同结构层次组成,各组成部分发挥各自不同的作用,组成满足行车及使用性能要求路面结构。水泥混凝土路面设计是探讨如何以经济有效的方式在设计使用期内提供满足行车和使用要求的路面结构。

(一) 水泥混凝土路面的类型、构造及破坏类型

1. 水泥混凝土路面的类型

（1）普通混凝土路面 普通混凝土路面又称有接缝素混凝土,指仅接缝和一些局部范围配置少量钢筋的水泥混凝土路面。普通混凝土路面是目前应用最广泛的一种面层类型。

（2）碾压混凝土路面 碾压混凝土是一种含水率低,通过碾压施工工艺达到高密度、高强度的水泥混凝土。不在混合料内部振捣密实成型,而是通过碾压成型。碾压混凝土面层目前主要用于行车速度不太高的道路、停车场或停机坪的面层,或用于其他道路的下面层。

（3）钢筋混凝土路面 钢筋混凝土路面是指为了防止可能产生的裂缝缝隙张开,板内配置有纵、横向钢筋网的混凝土路面。在混凝土板平面尺寸较大、路基或基层有可能产生不均匀沉降及路面板下埋置有地下设施等情况下,宜采用钢筋混凝土路面。

（4）连续配筋混凝土路面 连续配筋混凝土路面沿纵向配置连续钢筋,除了在与其他路面交接处或临近构造物附近设置胀缝及视施工需要设置施工缝,一般不设横缝,纵缝也不另设拉杆,由一侧面板的横向钢筋延伸穿过纵缝来代替。这类面层钢筋用量大,造价高,一般仅用于高速公路或交通繁重道路和加铺已经损坏的旧混凝土路面。

(5) 装配式混凝土路面　装配式混凝土路面在工厂预制混凝土路面板，然后运至工地现场装配而成。预制混凝土路面板可以全年生产，不受气候影响，且混凝土质量容易保证，施工进度快，维修方便快捷。装配式混凝土路面适合用于城市道路、厂矿道路、大型基建场地、停车站场和软弱土基上的路面。

(6) 钢纤维混凝土路面　在混凝土中掺入一些低碳钢、不锈钢纤维或者其他纤维，即成为一种均匀而多向配筋的混凝土。混凝土内掺入的纤维可以提高混凝土的韧度和强度，减少收缩量。钢纤维混凝土在抗疲劳、抗冲击和防裂缝方面性能优异。与普通混凝土路面相比，其厚度可以减少 35%~45%，缩缝间距可以增至 15~20m，可不设胀缝与纵缝。

(7) 组合式混凝土路面　缺乏品质良好的混凝土路面材料的时候，可利用当地品质较差的材料修筑混凝土板的下层，品质较好的材料铺筑混凝土板的上层，形成双层式混凝土路面。路面改建时在旧混凝土路面板上铺筑新混凝土面层，也形成双层式混凝土路面结构。

(8) 混凝土小块铺筑路面　混凝土小块铺筑路面的块料由高强水泥混凝土材料预制而成，小块铺筑路面结构由面层、砂砾整平层和基层组成，具有结构简单、价格低廉，能承受较大的单位压力，并且出现较大变形时块料也不会破碎的特点。

2. 水泥混凝土路面的构造

水泥混凝土路面由面层、基层、垫层和路肩及排水设施等构成。

(1) 土基和基层、垫层　水泥混凝土路面要求土基具有良好的水温稳定性，在车辆荷载和环境因素作用下不出现较大的变形，特别是不均匀变形。因此混凝土路面下的路基必须密实、稳定和均匀。要求路基处于干燥或中湿状况，过湿和潮湿状态或强度与稳定性不合要求的路基必须进行处理。

基层是保证路面板具有均匀而稳定的支承、防止唧泥和错台、延长路面使用寿命的重要层次，应具有足够的刚度和稳定性，表面平整，具有一定的排水能力，可将由面层接缝或裂缝渗入路面结构内的水分迅速排除，从而提高路面的使用性能和使用寿命。路基软弱或潮湿时，应在土基和基层铺设垫层，以改善道路积水潮湿状态并为路面结构提供均匀支承，为基层修筑提供较坚实和稳定的基础。

(2) 水泥混凝土路面板　道路混凝土面层通常为等厚断面，多采用整体式浇筑。为减少温度应力而设置的纵、横向接缝将面层划分为矩形板块。混凝土面板表面应该平整、耐磨、抗滑，其弯拉强度、厚度和平面尺寸均应满足路面设计要求。混凝土板的厚度，按道路上交通繁重程度，由应力计算确定。

(3) 路肩和排水　水泥混凝土路面的路肩铺面层可以采用沥青混合料或者水泥混凝土。水泥混凝土路面排水设计对路面使用性能和使用寿命有很大影响。降落在道路表面的水，首先通过路面和路肩的横坡向两侧排流。流向路基边缘的表面水，由漫流形式沿路基边坡汇集到两侧边沟或地面排水系统。

3. 水泥混凝土路面的破坏类型

水泥混凝土在行车荷载和环境因素的作用下可能出现的破坏类型主要有以下几种：

(1) 断裂　路面板内应力超过混凝土强度时会出现纵角、横斜向或角隅断裂。严重时裂缝交叉而使面层板破碎成碎块。产生的原因是多方面的：板太薄、轮载过重、板的平面尺寸过大、地基不均匀沉降或过量塑性变形使板底脱空失去支承等。因此，板体断裂为水泥混凝土面层结构破坏的临界状态。

（2）唧泥　唧泥是车辆行经接缝时，由缝内喷溅出稀泥浆的现象。唧泥常发生在雨天或雨后。在轮载的反复作用下，板边缘或角隅下的基层由于塑性变形累积而同混凝土面板脱离，或者基层的细粒在水的作用下强度降低，当水分沿缝隙下渗而积聚在脱空的间隙内或细颗粒中，在车辆荷载作用下积水形成水压，使水和细颗粒土形成的泥浆而从缝隙中喷出来。唧泥的出现，使路面板边缘部分逐渐形成脱空区。随荷载反复作用次数增加，脱空区逐渐增大，最终使板出现断裂。由唧泥引起的断裂一般为横向断裂。

（3）错台　错台是指接缝两侧出现的竖向相对位移。当胀缝下部填缝板与上部缝槽未能对齐，或胀缝两侧混凝土壁面不垂直，在胀缩过程中接缝两侧上下错位而形成错台。横缝处传荷能力不足，或唧泥发生过程中，基层材料在高压水的作用下冲积到后方板的板底脱空区内，使该板抬高，形成两板间高度差。当交通量或地基承载力在横向各块板上分布不均匀，各块板沉陷不一致时，纵缝处也会产生错台现象。错台的出现，降低了行车的平稳性和舒适性。

（4）拱起　拱起是指混凝土路面在热胀受阻时，横缝两侧的数块板突然出现向上拱起的屈曲失稳现象，并伴随出现板块的横向断裂。板拱起的主要原因是板收缩时接缝缝隙张开，填缝料失效，硬物嵌入内部使板受热膨胀产生较大的热压应力，出现纵向屈曲失稳现象。

（5）接缝挤碎　接缝挤碎指横向和纵向两侧的数十厘米宽度内，路面板因热胀受到阻碍，产生较高的热应力而挤成碎块。主要是由于胀缝内的传力杆排列不正或不能滑动，或者缝隙内混凝土搭连或落入硬物所致。

（二）水泥混凝土路面结构可靠度设计标准

从上面列举的水泥混凝土路面的几种主要破坏类型可以看出，影响混凝土路面使用性能的因素很多，如轮载、温度、水分、基层、接缝构造、材料、施工和养护情况等。从保证路面结构承载能力的角度，混凝土路面结构设计应以防止面层板断裂为主要设计标准。从保证汽车行驶性能的角度，应以接缝两侧的错台为主要控制标准。产生断裂、错台等的原因很多，混凝土路面设计时必须采取多方面的措施来保证它的使用寿命。

考虑到混凝土面板的疲劳断裂是水泥混凝土路面损坏的主要模式，所以把疲劳开裂作为确定混凝土板厚时的临界损坏状态，在设计混凝土板时，以混凝土材料的弯拉强度作为设计技术标准，使得控制行车荷载反复作用在板内产生的荷载疲劳应力 σ_{pr} 与温度梯度反复作用在板内产生的温度疲劳应力 σ_{tr} 之和在考虑可靠度因素影响的情况下不超过混凝土的抗折强度 f_r。

一般混凝土路面的设计使用期分别为 30 年（特重和重交通道路）和 20 年（中等和轻交通道路）。

混凝土路面使用过程中常产生拱起、错台、接缝挤碎和唧泥等病害，为防止这些病害对路面产生严重损害，除了采取结构措施外（如设置排水基层、耐冲刷基层和增强接缝传荷能力），还应加强常规养护管理。目前还没有统一的控制设计标准，我国引入了可靠度的概念，并按可靠度方法进行设计。

路面结构可靠度可定义为，在规定的时间内，在规定的条件下，路面使用性能满足预定水平要求的概率。水泥混凝土结构设计时仅考虑满足路面的结构性能要求，并以行车荷载和温度梯度综合作用产生的疲劳断裂作为设计标准。因此，水泥混凝土路面结构可靠度即在规定的设计基准期内，在规定的交通和环境条件下，行车荷载疲劳应力和温度梯度疲劳应力的总和不超过混凝土弯拉强度的概率。

公路工程结构的设计安全等级，根据结构破坏可能产生的后果的严重程度来划分。目标可靠度指所设计的路面结构应具有的可靠度水平。不同等级公路的可靠度设计标准见表4-13。

表 4-13 可靠度设计标准

公路技术等级	高速公路	一级公路	二级公路	三级公路	四级公路
安全等级	一级		二级	三级	
设计基准期/年	30	30	20	15	10
目标可靠度(%)	95	90	85	80	70
目标可靠指标	1.64	1.28	1.04	0.84	0.52

水泥混凝土路面结构设计应以面层板在设计基准期内，在行车荷载和温度梯度的综合作用下，不产生疲劳断裂作为设计标准；并以最重轴载和最大温度梯度综合作用下，不产生极限断裂作为验算标准，其极限状态设计表达式如下：

$$\gamma_r(\sigma_{pr}+\sigma_{tr}) \leqslant f_r \tag{4-11}$$

$$\gamma_r(\sigma_{p,max}+\sigma_{t,max}) \leqslant f_r \tag{4-12}$$

式中 γ_r——可靠度系数，依据所选目标可靠度及变异水平等级按表4-14确定；

σ_{pr}、σ_{tr}——面层板在临界荷位处产生的行车荷载疲劳应力及温度梯度疲劳应力（MPa）；

$\sigma_{p,max}$——最重轴载在临界荷位处产生的最大荷载应力（MPa）；

$\sigma_{t,max}$——所在地区最大温度梯度在临界荷位处产生的最大温度翘曲应力（MPa）；

f_r——水泥混凝土弯拉强度标准值（MPa），按交通等级查表4-15确定。

表 4-14 可靠度系数 γ_r

变异水平等级	目标可靠度			
	95	90	85	80~70
低	1.20~1.33	1.09~1.16	1.04~1.08	—
中	1.33~1.50	1.16~1.23	1.08~1.13	1.04~1.07
高	—	1.23~1.33	1.13~1.18	1.07~1.11

表 4-15 水泥混凝土弯拉强度标准值

交通荷载等级	极重、特重、重	中等	轻
水泥混凝土弯拉强度标准值/MPa	≥5.0	4.5	4.0
钢纤维混凝土的弯拉强度标准值/MPa	≥6.0	5.5	5.0

《公路水泥混凝土路面设计规范》（JTG D40—2011）规定，水泥混凝土的强度以28d龄期的弯拉强度控制。当混凝土浇筑后90d内可不开放交通时，可采用90d龄期的弯拉强度，不同交通等级要求的混凝土弯拉强度标准值不得低于表4-15的规定。

（三）水泥混凝土路面结构组合设计

1. 路基

路基应稳定、密实、均匀，对路面结构提供均匀的支承。由于混凝土面层的刚度大，板体具有良好的扩散荷载能力，所以传到土基顶面的荷载应力很小，一般情况下不会超过0.07MPa，故对路基承载能力的要求并不高。但是当出现不均匀变形时，混凝土面层与下卧层之间会出现局部脱空，面层应力会因此增加，从而导致面层板的断裂。对路基的基本要求是提供均匀的支撑，即路基在环境和荷载作用下不出现较大的变形，特别是不均匀变形。路基不均匀变形主要在下述情况下出现：软弱地基的不均匀沉降；填挖交替或新老填土交替；季节性冰冻地区的不均匀冻胀；填土因压实不足而引起的压密变形，受湿度变化影响而产生的膨胀收缩变形。

为控制路基的不均匀变形，须在地基、填料、压实等方面采取相应的措施。

(1) 地基　混凝土路面下的路基必须密实、稳定和均匀，对路面结构提供均匀的支撑。影响路基强度和稳定的地面水和地下水，必须采取拦截或排出路基以外的措施。一般要求路基处于干燥或中湿状况，过湿状态和潮湿状态或强度与稳定性不符合要求的路基须经过处理。

(2) 填料　高液限黏土及含有机质细粒土，不能用作高速公路和一级公路的路床填料或二级和二级以下公路的上路床填料；高液限粉土及塑性指数大于16或膨胀率大于3%的低液限黏土，不能用作高速公路和一级公路的上路床填料。因条件限制而必须采用上述土做填料时，应掺入石灰或水泥等结合料进行改善。路堤高程应尽可能超过中湿状态路基的临界高度，使路床处于中湿或干燥状态。在设计高程受限制，未能达到中湿状态的路基临界高度时，应选用粗粒土或低剂量石灰或水泥稳定土作为路床或上路床填料；未能达到潮湿状态的路基临界高度时，除采用上述填料外，还应采取在边沟下设置排水渗沟等降低地下水位的措施。

(3) 路基压实　路基压实应符合《公路路基设计规范》的要求。路基上路床的CBR值，高速公路和一级公路不得低于8%；二级公路不得低于6%；三、四级公路不得低于5%。路基下路床CBR值，高速公路和一级公路不得低于5%；二级公路不得低于4%。

路基土的湿度变化与周围环境的影响处于动态平衡状态，多雨潮湿地区，此平衡状态的湿度接近于土的塑限。高液限塑性指数大于16或膨胀率大于3%的低液限黏土的塑限，与轻型压实标准时土的最佳含水量接近。这些土若采用重型压实标准压实，其最佳含水量远低于土的塑限。压实土在随后与环境的动态平衡过程中会吸收水分而产生较大的膨胀变形。由此抵消施工时投入的压实功，增加路基的不均匀变形量。故在多雨潮湿地区，高液限土基塑性指数大于16或膨胀率大于3%的低液限黏土路基，宜采用由轻型压实标准确定的压实度，并在含水量略大于最佳含水量时压实。

2. 垫层

垫层主要设置在温度和湿度状况不良的路段上，以改善路面结构的使用性能。如季节性冰冻地区路面结构厚度小于最小防冻厚度要求时，设置防冻冰点层可以使路面结构免除或减轻冻胀和翻浆病害。在路床土湿度较大的挖方路段上。设置排水垫层可以疏干路床土，改善路面结构的支承条件。软弱地基上的路基或者新老填土交替的路基，即使采取了控制不均匀沉降或不均匀变形的措施，仍有部分余量影响路面结构使面层产生断裂时，可以设置由水泥石灰或粉煤灰稳定材料或土组成的半刚性垫层，以缓解路基不均匀沉降或不均匀变形对面层的不利影响。

在下述情况下，必须在基层下设置垫层：

1) 季节性冰冻地区，路面结构设计厚度小于表4-16所示路面最小防冻厚度要求时，其差值应以垫层厚度补足。

2) 水文地质条件不良的土质路堑，路床土湿度较大时，宜设置排水垫层。
3) 路基可能产生不均匀沉降或不均匀变形时，可加设半刚性垫层。
4) 地下水位高，排水不良，路基湿软时，应设置排水垫层。
5) 透水性基层下，需设置反滤层。

表 4-16 水泥混凝土路面结构层最小防冻厚度 （单位：m）

路基干湿类型	路基土类别	当地最大冰冻深度/m			
		0.50~1.00	1.00~1.50	1.50~2.00	>2.00
中湿路基	易冻胀土	0.30~0.50	0.40~0.60	0.50~0.70	0.60~0.95
	很易冻胀土	0.40~0.60	0.50~0.70	0.60~0.85	0.70~1.10
潮湿路基	易冻胀土	0.40~0.60	0.50~0.70	0.60~0.90	0.75~1.20
	很易冻胀土	0.45~0.70	0.55~0.80	0.70~1.00	0.80~1.30

注：1. 易冻胀土——细粒土质砾（GM、GC）、除极细粉土质砂外的细粒土质砂（SM、SC）、塑性指数小于 12 的黏质土（CL、CH）。
2. 很易冻胀土——粉质土（ML、MH）、极细粉土质砂（SM）、塑性指数在 12~22 之间的黏质土（CL）。
3. 冻深小或填方路段，或基、垫层采用隔温性能良好的材料，可采用低值；冻深大或挖方及地下水位高的路段，或基、垫层采用隔温性能稍差的材料，应采用高值。
4. 冻深小于 0.50m 的地区，可不考虑结构层防冻厚度。

垫层材料可选用天然砂或砂砾、碎石、石灰土或石灰粉煤灰土等。在季节性冰冻地区，可选用隔温性好的材料；用作反滤层时，材料粒径组成应满足反滤要求。

垫层的最小厚度为 15cm，其宽度应与路基同宽。

3. 基层和底基层

水泥混凝土路面的基层是保证路面板具有均匀且稳定的支承、防止唧泥和错台、延长路面使用寿命的重要层次，又能为混凝土板施工提供方便。基层应具有足够的抗冲刷能力和一定的刚度，表面平整。

混凝土面层下设置基层的作用主要有：防止或减轻唧泥、错台和断裂病害；改善接缝的传荷能力及耐久性；缓解土基不均匀冻胀或不均匀体积变形对混凝土面层的不利影响；为面层施工机械提供稳定的行驶面和工作面。

水泥混凝土面层下基层的首先要有一定的抗冲刷能力。不耐冲刷的基层表面，在渗入水和荷载的共同作用下，会产生唧泥、板底脱空和错台等病害，导致行车不舒适，加速和加剧错台的断裂。交通繁重程度则影响到基层受到的冲刷的程度以及唧泥和错台出现的可能性和程度。基层类型应该根据交通等级选用。但过湿路段和冰冻地区的潮湿路段不宜采用石灰土作为基层。基层材料的耐冲刷能力，目前尚无统一的试验方法和评定指标。影响稳定类基层材料耐冲刷能力的关键因素是结合料（水泥或沥青）含量，而压实度和级配也有一定影响。国际道路协会混凝土道路技术委员会按基层材料的类型和结合料含量将耐冲刷能力划分为 5 级：1 级（极耐冲刷），如贫混凝土（水泥含量 7% 或 8%）、沥青混凝土（沥青含量 6%）；2 级（耐冲刷），如厂拌水泥稳定粒料（水泥含量 5%）；3 级（较耐冲刷），如厂拌水泥稳定粒料（水泥含量 3.5%）、沥青稳定粒料（沥青含量 3%）；4 级（较易冲刷），如路拌水泥稳定粒料（水泥含量 2.5%）、粒料；5 级（易冲刷），如碎石土、细粒土。

对于重交通的道路，可按降雨天数的多少采用 1 级或 2 级耐冲刷材料；对于中等交通的道路，可采用 2 级或 3 级耐冲刷材料；对轻交通道路，则可按降雨天数采用 3 级、4 级或 5

级耐冲刷材料。

基层可以选用粒料、石灰粉煤灰稳定粒料、水泥稳定粒料、碾压混凝土或贫混凝土和沥青稳定粒料等。

通过接缝或裂缝渗入混凝土路面内的水量相当大。在混凝土路面结构内设排水基层和纵向边缘排水系统排出渗入水，可以减少渗入水对基层的冲刷作用，从而降低唧泥、错台和板底脱空等病害出现的可能性和程度，可提高路面的使用性能和使用性能。

湿润和多雨地区，路基为低透水性细料土的高速公路和一级公路或承受特重或重交通的二级公路，宜采用排水基层。排水基层可选用多孔隙级配水泥稳定碎石、沥青稳定碎石或碎石，其孔隙率约为 20%。

基层宽度应比混凝土面层每侧至少宽出 300mm（采用小型机具施工）或 500mm（轨模式摊铺机施工）或 650mm（滑模式摊铺机施工）。路肩采用混凝土面层，基层的结构与宽度应与行车道相同。

碾压混凝土和弯拉强度超过 1.5MPa 的贫混凝土基层会产生的收缩裂缝，易使混凝土面层出现反射裂缝，故碾压混凝土基层应设置与混凝土面层对应的接缝；贫混凝土基层的弯拉强度大于 1.5MPa 时，应设置与混凝土面层对应的横向缩缝；一次摊铺宽度大于 7.5m 时，应设纵向裂缝。

极重、特重交通道路常选用刚度比较大的贫混凝土、碾压混凝土、沥青混凝土基层。重交通道路常选用密级配稳定碎石、水泥稳定碎石等基层。此时上路床由黏土质砂或级配不良砂组成，由于基层与路床之间的刚度差过大，基层容易开裂，故须在基层与路床间设置底基层。底基层可采用级配料里水泥稳定粒料或石灰粉煤灰稳定粒料，厚度一般为 200mm。

底基层顶面宜铺设沥青封层或防水土工织物。

4. 面层

水泥混凝土面层应具有足够的强度、耐久性，表面抗滑、耐磨、平整面尺寸均应满足混凝土路面设计要求。普通水泥混凝土面层多采用等厚式断面，其厚度按交通的繁重程度由应力计算确定。《公路水泥混凝土路面设计规范》根据水泥混凝土路面对路床、垫层和基层的要求，在设定的设计安全等级和设计基准期、各安全等级的目标可靠度和变异水平分级变异系数变化范围以及不同目标可靠度和变异水平等级的可靠度系数等条件的基础上，划分了 4 种交通等级和 7 种公路等级和变异水平等级情况，对标准的路面结构和设定的条件进行计算分析后，提出了水泥混凝土面层经验厚度建议参考范围，可供路面结构组合设计及初定面层厚度时参考。在建议的各级面层厚度参考范围内，标准轴载作用次数多、系数大、最大温度梯度大，或者基层和垫层厚度或模量值低时，应取高值。

混凝土面层板一般划分为矩形，纵、横向接缝应垂直相交，纵缝两侧的横缝不得相互错位，纵向接缝间距在路面宽 3.0~4.5m 的范围内确定。横向接缝间距按面层类型和板厚选定，一般采用 4~6m，且面层板的长宽比不宜大于 1.3，平面尺寸不宜大于 25m²。在普通混凝土面层的建议范围内，所选横缝间距可随面层厚度增加而增大。在横缝不设传力杆的中等和轻交通路面上，横缝也可设置成与纵缝斜交，使车轴两侧的车轮不同时作用在横缝的一侧，从而减少轴载对横缝的影响，但横缝的斜率不应使板的锐角小于 75°。在普通混凝土面层的建议范围内，所选横缝间距可随面层厚度增加而增大。

采用碾压混凝土或贫混凝土基层时，宜将基层与混凝土面层分离式双层板进行应力分析。上、下层板的计算厚度分别满足规范的要求，上、下层板在临界荷位处的荷载疲劳应力和温度疲劳应力计算方法可参见《公路水泥混凝土路面设计规范》中有关内容。同样，具有沥青上面层的水泥混凝土板，应参照《公路水泥混凝土路面设计规范》中有关内容，计算临界荷位处的荷载疲劳应力和温度疲劳应力。

路面表面构造应采用刻槽、压槽、拉槽或拉毛等方法制作。构造深度在使用初期应满足《公路水泥混凝土路面设计规范》的要求。

5. 面层的分类

（1）普通混凝土 普通混凝土又称有接缝素混凝土，是指除接缝处和一些局部范围（如角隅、边缘或外围）外，面层板内不配置钢筋的水泥混凝土面层，是目前我国应用最广泛的一种面层类型。道路路面的混凝土面层通常采用等厚断面，其厚度为18~30cm，根据轴载大小、使用次数及混凝土强度确定。面层混凝土的弯拉强度为4.0~5.0MPa。面层采用整体式（整层）浇筑，集料最大粒径为40mm。面层厚时，也可采用双层浇筑方式，上部采用较小的集料（最大粒径20mm以下）。面层由纵向和横向接缝划分为矩形板块，其平面尺寸通常不宜超过$25m^2$。纵缝的位置通常按车道宽度设定，缝内设置拉杆。横缝间距一般采用4~6m（随基层刚度的增大而减小），交通繁重时，缝内设置传力杆。

（2）碾压混凝土 碾压混凝土是指采用沥青摊铺机等机械摊铺干硬性混凝土混合料，并使用振动压路机碾压密实的水泥混凝土。这类面层具有不需普通混凝土专用铺面机械施工，不必使用模板，施工速度快，能较早开放交通（如7d或14d），可以通过粉煤灰掺代水泥降低成本等优点。然而，其表面的平整度较差，接缝处难以设置拉杆或传力杆。因此，碾压混凝土面层目前主要用于行车速度不太高的道路、停车场或停机坪的面层，或者用做下面层，在其上铺筑普通混凝土、钢纤维混凝土或沥青混凝土上面层而形成复合式面层。碾压混合集料的最大粒径一般不超过20cm，用做下面层时，最大粒径可略大。

（3）路肩和排水 水泥混凝土路面的路肩铺面层可采用沥青混合料或者水泥混凝土。混凝土路肩铺面层与行车道路面层的厚度相同，并采用与路面板相同的横缝间距布置，通过拉杆与路面板相接。设置排水基层时，集水沟和管应设在混凝土路肩的外侧。路肩垫层应尽可能采用透水性材料，使渗入路面结构内的水分能通过路肩垫层排出。为了改善路面和路肩界面表面水渗入的不利影响及路面板边缘受荷的不利状况，可将行车道混凝土面板加宽，车道标线仍按标准车道宽标画，波纹板护栏在车道线外沿车道方向设置，以免车辆沿路面板边缘行驶。

（4）钢筋混凝土 钢筋混凝土是指为防止混凝土面层板因接触面摩擦产生的裂缝缝隙张开而在板内配置纵向和横向钢筋的混凝土面层。通常，它仅在下述情况下采用：板的长度较大，如6~8m以上；板下埋有沟、管、线等地下管线，或者路基可能产生不均匀沉降而使板开裂；板的平面形状不规则或板内开设孔口等。随板长、板底摩阻和钢筋强度的不同，配筋率（钢筋占面层横断面面积的百分率）一般为0.10%~0.15%。由于板的长度大，接缝缝隙宽，因而横缝内应设置传力杆以提供相邻板的传荷能力。这类面层，除特殊情况外，已很少采用。

（5）连续配筋混凝土 连续配筋混凝土是考虑板的温度应力，取消缩缝而设计的。其控制指标为钢筋的极限应力、裂缝的间距、裂缝的缝宽。除了在邻近构造物处或与其他路面交接处设置胀缝，以及视施工需要设置施工缝外，在路段长度内不设横缝，而配置纵向连续钢筋和横向钢筋。纵向钢筋的配筋率通常为 0.5%~0.7%，横向钢筋的用量为纵向钢筋的 1/5~1/8。由于不设横缝，面层会产生横向裂缝，其平均间距为 1.0~4.5m；但由于纵向钢筋的作用，缝隙的宽度较小，平均为 0.2~0.5mm。为了约束连续配筋混凝土面层端部的过量纵向位移，以减小对邻接构造物或其他路面的推力（或压力），在其端部须用矩形地梁或灌注桩锚固，或者接连设置多条胀缝等。这类面层由于钢筋用量大，造价高，一般仅用于高速公路或交通繁重的道路，或者用于加铺已损坏的旧混凝土路面。

（6）钢纤维混凝土：在混凝土中掺拌钢纤维，以提高混凝土的韧度和强度，减少其收缩量。钢纤维可以采用不同方式制造，如钢丝截断法、薄钢板剪切法、熔抽法和钢坯铣削法，相应地得到不同形状和横截面的纤维。前两种钢纤维所需的用量较大，体积掺量（混凝土体积的百分率）一般为 1.0%~1.2%（约 78~94kg/m^3）。熔抽法主要生产不锈钢纤维。铣削纤维的掺量为 30~60kg/m^3。由于钢纤维混凝土的弯拉强度高于普通混凝土，所需的面层厚度薄于普通混凝土面层。但钢纤维混凝土的造价高，因而主要用做设计标高受到限制的旧混凝土路面上的加铺层，或者用做复合式混凝土面层的上面层。近年，聚丙烯和聚丙烯腈纤维开始应用于水泥混凝土路面，这类纤维比钢纤维还有某些更为突出的优点，所以今后应有大的发展。

道路面层一般采用设接缝的普通混凝土，当面层板的平面尺寸较大或形状不规则，路面结构埋有地下设施、高填方、软土地基、填挖交界段的路基等有可能产生不均匀沉降时，应采用设置接缝的钢筋混凝土面层。其他面层类型可根据适用条件按表 4-17 选用。

表 4-17　各种面层的适用条件

面层类型	适用条件
连续配筋混凝土层	高速公路、港口码头专用道
沥青上面层与连续配筋土或横缝传力杆的普通混凝土下面层组成的复合式路面	特重交通的高速公路
碾压混凝土	二级及二级以下公路、服务区停车场
钢纤维混凝土或聚合物纤维混凝土	标高受限制路段、收费站、混凝土加铺层和桥面铺装
矩形或异性混凝土预制块	服务区停车场、二级及二级以下公路桥引道沉降未稳定段

（四）接缝设计

按作用的不同，接缝可分为缩缝、胀缝和施工缝三类。其设置位置和构造应能实现三方面的要求：控制温度伸缩应力和翘曲应力引起的开裂出现的位置；能提供一定的荷载传递能力；防止路表水下渗和坚硬杂物贯入缝隙内。

1. 缩缝

（1）缩缝间距　为控制普通混凝土路面的开裂，保证接缝具有较好的传荷能力，应采用短缩缝距。其间距（即面层板长度）一般为 4~6m；面层板越薄，基层刚度越大，选用的间距应越短，通常采用的缩缝间距为 5m。板的长宽比不宜超过 1.25。碾压混凝土的收缩系数低于普通混凝土，因此其缩缝间距可长些，但过长时不利于接缝的荷载传递，故一般不宜超过 10~15m，并应尽可能采用短缝距。钢筋混凝土面层板的长度与配筋量成正比，因而其缩缝间距应结合需求和经济两方面，一般不宜超过 10~15m。钢纤维混凝土的缩缝间距与普通混凝土相同或略大。

（2）缩缝布置 横向缩缝可等间距或变间距布置，采用假缝的形式时通常都垂直于路中线，等间距布置。为改善行驶质量，也可采用变间距缩缝，并倾斜于路中线布置，使车辆的两侧车轮不同时间驶经横缝。缩缝倾斜的斜率一般采用 1∶6，缩缝间距可按 4.8m—5.7m—3.6m 或 3.0m—4.2m—3.9~2.7m 或 5.1m—6.9m—6.6m—4.8m 等方案变化。

（3）缩缝构造 横向缩缝有假缝和设传力杆假缝两种构造形式。在特重和重交通道路上，应采用设传力杆假缝，以减少唧泥和错台病害。PIARC 混凝土道路技术委员会在分析汇总各国使用经验的基础上，提出了路面使用性能满足一定标准（平均错台量小于 3mm）时，缩缝可采用假缝形式的适用范围。

1）对于粒料基层，在严重气候条件（潮湿冰冻地区）时，不建议在有重车行驶的道路上修建无传力杆缩缝。一定要采用时，轴载 13t 的货车每天不得超过 20 轴次或 9~10t 的货车每天不得超过 50 轴次，并且接缝必须填封和养护良好。在中等或适宜气候条件下，如果渗入水不在路面结构内积滞，接缝填封和养护良好，则交通阈限值可提高 1~2 倍。

2）对于水泥或稳定类基层，如能保证基层和路肩基层顶面耐冲刷，则交通阈限值可提高 1~2 倍。如设有内部排水系统，则交通阈限值还可再提高 1~2 倍。贫混凝土和沥青混凝土类基层在接缝填封良好和设有内部排水系统时，交通阈限值也可提高 1~2 倍。

3）钢筋混凝土面层的缩缝，由于缝隙较宽，必须设置传力杆，以保证接缝的荷载传递。碾压混凝土面层的缩缝内一般不设传力杆。

4）接缝的槽口可以采用在硬化混凝土中锯切或者在新鲜混凝土中压入的方式形成。槽口深度约为板厚的 1/4。槽口的宽度为 3~8mm，锯切的槽口宽度小；压入的槽口宽度较大。槽口断面常采用窄而深的形状。为改进这种形状槽口内的填封材料易被挤出的缺点，可采用厚锯片进行第二次浅锯切，以加宽上部槽口，形成深宽比约为 1.5~3.0 的断面，上部槽口的宽度为 6~10mm，深度为 20mm。

（4）传力杆 传力杆设计主要是确定接缝处不出现由于传力杆变形和破坏而引起的错台所必需的传力杆的直径、长度（埋入深度）和间距。

各国选用的传力杆尺寸在下述范围内变动：传力杆直径为 24~38mm，随面层厚度增加而增大，但不小于厚度的 1/8 或 15mm；传力杆长度为 35~60cm，埋入混凝土内的长度（每侧）大于 6 倍传力杆直径；传力杆间距通常为 30cm，等间距布置，最外侧传力杆距纵向接缝或自由边缘的距离为 15~25cm。有的国家视车道或轮迹情况采用不同间距，超车道内的间距大些；主车道两条轮迹带宽度（约 1m）范围内的间距可小些（如 25cm 或 30cm），非轮迹带宽度内的间距大些（如 50~70cm），从而可减少传力杆数量。

传力杆的表面应涂敷沥青膜（厚 0.1mm），以防止钢筋锈蚀。外面再套以 0.4mm 厚的聚乙烯膜，一方面保护沥青膜，另一方面防止传力杆与混凝土的粘结，以保证传力杆在混凝土内自由滑动。各传力杆的定位必须准确地平行于混凝土面层表面和行车道纵轴线，与水平面、竖直面和相邻传力杆的偏差不大于 4°，以保证面层板的正常伸缩。

2. 胀缝

在邻近桥梁或其他固定构造物处或与其他道路相交处应设置横向胀缝；在采用短缩缝距和非低温时浇筑混凝土的情况下，可仅在与邻近构造物或与其他路面不对称交叉处设置胀缝。胀缝条数根据膨胀缝的大小确定。低温浇筑混凝土面层或选用膨胀性高的集料时，宜酌情确定是否设置胀缝。胀缝宽20mm，缝内设置填缝板和可滑动的传力杆。传力杆应采用光面钢筋，一端加一金属套，套子应能罩住传力杆5cm以上，并在套顶留下3cm长的空间，保证板膨胀时传力杆有向前移动的余地。传力杆加套端一半以上的长度，表面涂敷沥青膜（厚0.1mm），以防止传力杆与混凝土粘结而无法自由滑动。胀缝传力杆的尺寸、布置间距和定位要求，与缩缝传力杆相同。

3. 施工缝

（1）横向施工缝　每天工作结束或因临时原因而中断施工时，需设置横向施工缝。横向施工缝应尽可能设在缩缝处，做成设传力杆的平缝形式。如有困难设在缩缝之间时，施工缝应采用设拉杆的企口形式，以保证缝隙不张开。

（2）纵向施工缝　混凝土一次铺筑宽度小于路面宽度时，需设置纵向施工缝；一次铺筑宽度大于4~4.5m时，需设置纵向缩缝。纵向施工缝采用设拉杆的平缝或设拉杆的企口缝形式。纵向缩缝采用设拉杆假缝形式。纵向缩缝的槽口深度应大些，以保证槽口下的混凝土开裂。基层为粒料时，槽口深度为板厚的1/3；半刚性基层时，则增加到板厚的2/5。

4. 特殊部位的接缝布置

（1）交叉口

1）两条道路正交时，各条道路的直道部分均保持本身纵缝的连贯，而相交路段内各条道路的横缝位置应按相对道路的纵缝间距做相应变动，保证两条道路的纵缝垂直相交，互不错位。两条道路斜交时，主要道路的直道部分保持纵缝的连贯，而相交路段的横缝位置应按次要道路的纵缝间距做相应变动，保证与次要道路的纵缝相连接。相交道路弯道加宽部分的接缝布置应不出现或少出现错缝或锐角板。

2）在次要道路弯道加宽段起终点断面处的横向接缝应采用胀缝形式，膨胀量大时，应在直线段连续布置2~3条胀缝。

3）两条相交混凝土道路的弯道段，板块划分时会出现非矩形板块，但其短边长不宜小于1m，板角不宜小于90°。相交道路接合处的接缝应尽量对齐，避免出现错缝。

4）在相交道路接合处出现错缝时，以及在弯道起终端处，应设置胀缝。

（2）与桥梁衔接处　在混凝土面层板与桥头搭板之间设置长度不小于5m的钢筋混凝土面层板。搭板与钢筋混凝土板之间的接缝，采用设拉杆的平缝，拉杆的尺寸和间距按传力杆的要求设置。毗邻钢筋混凝土板的普通混凝土面层板，其前后各设置一条胀缝。

（3）构造物横穿公路　横穿公路构造物的上方，采用钢筋混凝土面层板。它与普通混凝土板之间的接缝采用设传力杆缩缝。

（4）端部处理

1）混凝土路面与固定构造物相衔接的胀缝无法设置传力杆时，可在毗邻构造物的板端部内配置双层钢筋网，或在长度为6~10倍板厚的范围内逐渐将板厚增加20%。混凝土路面与沥青路面相接时，应设置至少3m长的过渡段。过渡段的路面采用两种路面呈阶梯状叠合布置，其下铺设变厚度混凝土过渡板的厚度不得小于200mm，过渡板与混凝土面层相接处的接缝设置直径25mm、长70mm、间距400mm的拉杆。

2）连续配筋混凝土面层与其他类型路面或构造物相接的端部，应设置锚固结构。端部锚固结构可采用钢筋混凝土地梁或宽翼缘工字钢梁接缝等形式。钢筋混凝土地梁一般采用

3~5个，梁宽400~600mm，梁高1200~1500mm，间距5000~6000mm，地梁与连续配筋混凝土面层连成整体。宽翼缘工字钢梁的底部锚入钢筋混凝土枕梁内，枕梁一般长3000mm，厚200mm，钢梁腹板与连续配筋混凝土面层端部间填入胀缝材料。

（5）填封（缝）材料　胀缝接缝板应该选择能适应混凝土板膨胀收缩、施工时不易变形、复原率高和耐久性材料。高速公路和一级公路宜选择泡沫橡胶板、沥青纤维板；其他等级公路可以选用木材类或纤维类板。接缝槽口的填缝料应该具有回弹性好、与接缝混凝土表面粘结力强、适应混凝土板收缩、不溶于水、不渗水、高温时不流淌、低温时不脆裂、耐老化的性质。常用的填缝料有热灌的橡胶沥青类、常温施工的聚氨酯焦油类和有机硅树脂及压缩性预制嵌条三种。

（五）普通水泥混凝土路面设计步骤

1）收集交通资料。包括初始年日交通量、日货车交通量、方向分配系数、车道分配系数、设计使用期内交通量年平均增长率、各类货车的轴型和轴载组成等。

2）分析交通资料。计算设计车道的初始年日货车交通量和各级轴载作用次数。将各级轴载的作用次数换算为标准轴载的作用次数，计算设计车道初始年日标准轴载作用次数。按此值确定设计道路的交通等级和设计使用期。依据公路等级，选定车轮轮迹的横向分布系数。然后，计算设计使用期内设计车道上准轴载累计作用次数。

3）初拟路面结构。按设计道路所在地的路基土质、水温状况、路面材料供应条件、公路等级和交通繁重程度，进行结构层组合设计，初选各结构层的材料类型和厚度。

4）按混凝土设计弯拉强度的最低要求，进行混凝土混合料组成设计。

5）通过对混合料的强度测定，确定28d或90d的设计弯拉强度f_r。通过试验确定相应的混凝土弹性模量E_c。

6）计算行荷载疲劳应力σ_{pr}。

7）计算温度疲劳应力σ_{tr}。

8）检验荷载疲劳应力与温度疲劳应力是否满足式（4-11）的要求。如满足，验算初拟结构是否满足式（4-12）的要求。如满足，则初拟路面结构和面层厚度可以作为设计结构。如不满足式（4-11）或（4-12）的要求，改变初拟结构。重复第5）步以下的计算，直到上述条件满足为止。

（六）路面设计实例

某拟建二级公路，公路自然区划为Ⅴ区，路基土为黏性土，交通组成见表4-18。设计路段碎石、砂砾、石灰、水泥供应丰富，拟采用普通水泥混凝土路面结构。

表4-18　交通组成表

车型	前轴重	后轴重	后轴数	后轴轮组数	后轴距/m	交通量
解放CA10B	19.40	60.85	1	双	—	69.34
黄河JN150	49	101.60	1	双	—	75.12
日野KB222	50.20	104.30	1	双	—	86.67
斯柯达706R	50	90	1	双	—	69.34
依士兹TD50	42.2	80	1	双	—	57.78
吉尔130	25.75	59.50	1	双	—	109.78
交通SH361	60	2×110	2	双	130	92.45
小汽车	—	—	—	—	—	866.72

1. 路面类型确定

路面设计以双轮组单轴载 100kN 为标准轴载，以 BZZ—100 表示。

（1）轴载换算

$$N_s = \sum_{i=1}^{n} \delta_i N_i \left(\frac{P_i}{100}\right)^{16}$$

式中，N_s 为 100kN 的单轴—双轮组标准轴载的作用次数；P_i 为单轴—单轮、单轴—双轮组、双轴—双轮组或三轴—双轮组轴型 i 级轴载的总重（kN）；N_i 为各类轴型 i 级轴载的作用次数；n 为轴型和轴载级位数；δ_i 为轴—轮型系数。单轴—双轮组时 $\delta_i = 1$，单轴—单轮时按式 $\delta_i = 2.22 \times 10^3 P_i^{-0.43}$ 计算，双轴—双轮组时按式 $\delta_i = 1.07 \times 10^{-5} P_i^{-0.22}$ 计算，三轴—双轮组时按式 $\delta_i = 2.24 \times 10^{-8} P_i^{-0.22}$ 计算。

轴载换算结果见表 4-19。

表 4-19 轴载换算结果

车型		P_i	δ_i	N_i	$N_i\left(\frac{P_i}{P}\right)^{16}$
解放 CA10B	前轴	19.40	$2.22 \times 10^3 \times 23.70^{-0.43}$	69.34	0
	后轴	60.85	1	69.34	0.023
黄河 JN150	前轴	35.00	$2.22 \times 10^3 \times 35.00^{-0.43}$	75.12	0.35
	后轴	70.15	1	75.12	96.83
日野 KB222	前轴	50.2	$2.22 \times 10^3 \times 42.60^{-0.43}$	86.67	0.58
	后轴	104.3	1	86.67	169.98
斯柯达 706R	前轴	50	$2.22 \times 10^3 \times 51.40^{-0.43}$	69.34	0.439
	后轴	90	1	69.34	12.85
依士兹 TD50	前轴	42.20	$2.22 \times 10^3 \times 23.70^{-0.43}$	57.78	0.023
	后轴			57.78	
吉尔 130	前轴	25.75	$2.22 \times 10^3 \times 23.70^{-0.43}$	109.78	0
	后轴	59.50	1	109.78	0.023
交通 SH361	前轴	60	$2.22 \times 10^3 \times 23.70^{-0.43}$	92.45	9.95
	后轴	2*110	$1.07 \times 10^{-5} \times P_i^{-0.22}$	92.45	90.76
$N = \sum_{i=1}^{n} \delta_i N_i \left(\frac{P_i}{P}\right)^{16}$					381.808

（2）计算累计当量轴次 二级公路的设计基准期为 20 年，安全等级为二级，临界荷位处的车辆轮迹横向分布系数 η 是 0.54~0.62，本例取 0.54，$g_r = 0.075$，则

$$N_e = \frac{N_s[(1+g_r)^t - 1] \times 365}{g_r}\eta = \frac{381.808 \times [(1+0.075)^{20} - 1]}{0.075} \times 365 \times 0.54$$
$$= 3.26 \times 10^6$$

查《公路水泥混凝土路面设计规范》，水泥混凝土路面所承受的轴载作用，按设计基准期内设计车道承受的标准轴载累计作用次数分为 5 级，标准轴载累计作用次数大于 1×10^6 时

属于重交通等级,故本设计属于重交通等级。

2. 基层、垫层材料参数确定

(1) 基层 基层应具有足够的强度和稳定性,在冰冻地区应具有一定的抗冻性。拟选用石灰粉煤灰稳定粒料为基层。配比为石灰:粉煤灰:稳定粒料=1:3:12,查《公路水泥混凝土路面设计规范》得回弹模量 $E_1=130$MPa。

(2) 垫层 垫层的作用有抗冻、排水、防止污染等,本设计处在山东地区,属于季节性冰冻地区,易发生冻胀、翻浆等现象,为了排出路面、路基中滞留的自由水,确保路面结构稳定,避免冻害发生,在底基层下设置垫层。垫层采用石灰稳定土,其中石灰含量10%,查《公路水泥混凝土路面设计规范》得回弹模量 $E_2=600$MPa。

3. 路面的结构厚度计算

(1) 初拟路面结构 查《水泥混凝土路面设计规范》可知二级公路的可靠度设计标准见表 4-20。

表 4-20 可靠度设计标准

安全等级	设计基准期/a	目标可靠度(%)	目标可靠指标	变异水平等级
二级	20	85	1.04	中

相应于安全等级二级的变异水平为中~高。根据二级公路、重交通等级和中级变异水平等级,查表 4-21 初拟普通混凝土面层厚度为 22cm,基层厚 18cm,垫层厚 15cm。普通混凝土板的平面尺寸为宽 4.25m,长 4m。

表 4-21 水泥混凝土面层厚度参考范围

交通等级	特重						重					
公路等级	高速		一级		二级		高速		一级		二级	
变异水平等级	低	中	低	中	低	中	低	中	低	中	低	中
面层厚度/mm	≥260		≥250		≥240		270~240		260~230		250~220	

查表 4-15,普通水泥混凝土面层的弯拉强度标准值 $f_r=5.0$MPa。查《公路水泥混凝土路面设计规范》,相应弯拉模量标准为 $E_c=3.1\times10^4$MPa,路基土基回弹模量 $E_0=40$MPa。

计算基层顶面当量回弹模量如下

$$E_x=\frac{h_1^2E_1+h_2^2E_2}{h_1^2+h_2^2}=\frac{0.18^2\times1300+0.15^2\times600}{0.18^2+0.15^2}\text{MPa}=1013\text{MPa}$$

$$D_x=\frac{E_1h_1^3}{12}+\frac{E_2h_2^3}{12}+\frac{(h_1+h_2)^2}{4}\left(\frac{1}{E_1h_1}+\frac{1}{E_2h_2}\right)^{-1}$$

$$=\frac{1300\times0.18^3}{12}+\frac{600\times0.15^3}{12}+\frac{(0.18+0.15)^2}{4}\left(\frac{1}{1300\times0.18}+\frac{1}{600\times0.15}\right)^{-1}(\text{MN}\cdot\text{m})$$

$$=2.5700(\text{MN}\cdot\text{m})$$

$$h_x=\left(\frac{12D_x}{E_x}\right)^{\frac{1}{3}}=\left(\frac{12\times2.57}{1013}\right)^{\frac{1}{3}}\text{m}=0.312\text{m}$$

$$a=6.22\times\left[1-1.51\left(\frac{E_x}{E_0}\right)^{-0.45}\right]=6.22\times\left[1-1.51\times\left(\frac{1013}{40}\right)^{-0.45}\right]=4.181$$

$$b = 1 - 1.44 \left(\frac{E_x}{E_0}\right)^{-0.55} = 1 - 1.44 \times \left(\frac{1013}{40}\right)^{-0.55} = 0.757$$

$$E_t = ah_x^b E_0 \left(\frac{E_x}{E_0}\right)^{\frac{1}{3}} = 4.181 \times 0.312^{0.757} \times 40 \times \left(\frac{1013}{40}\right)^{\frac{1}{3}} \text{MPa} = 203.359 \text{MPa}$$

以上式中，E_t 为基层顶面的当量回弹模量；E_0 为路床顶面的回弹模量；E_x 为基层和底基层或垫层的当量回弹模量；E_1、E_2 为基层和底基层或垫层的回弹模量；h_x 为基层和底基层或垫层的当量厚度；D_x 为基层和底基层或垫层的当量弯曲刚度；h_1、h_2 为基层和底基层或垫层的厚度；a、b 为与 E_x/E_0 有关的回归系数。

普通混凝土面层的相对刚度半径计算为

$$r = 0.537h(E_c/E_t)^{\frac{1}{3}} = 0.537 \times 0.22 \times (31000/203.359)^{\frac{1}{3}} \text{m} = 0.631\text{m}$$

（2）荷载疲劳应力　标准轴载在临界荷载处产生的荷载应力计算为

$$\sigma_{ps} = 0.077r^{0.6}h^{-2} = 0.077 \times 0.631^{0.6} \times 0.22^{-2} \text{MPa} = 1.206\text{MPa}$$

因纵缝为设拉杆平缝，接缝传荷能力的应力折减系数 $K_r = 0.87$。考虑设计基准期内荷载应力累计疲劳作用的疲劳应力系数

$$K_f = N_e^v = (3.26 \times 10^6)^{0.057} = 2.351$$

式中，v 为与混合料性质有关的指数，普通混凝土、钢筋混凝土、连续配筋混凝土，$v = 0.053 - 0.017 \rho_f \frac{l_f}{d_f}$ 计算。

根据公路等级，查《公路水泥混凝土路面设计规范》（JTJ D40—2011），考虑偏载和动载等因素，对路面疲劳损失影响的综合系数 $K_c = 1.20$。

荷载疲劳应力计算为

$$\sigma_{pr} = K_r K_f K_c \sigma_{ps} = 0.87 \times 2.351 \times 1.20 \times 1.206 \text{MPa} = 2.96\text{MPa}$$

（3）温度疲劳应力　查《公路水泥混凝土路面设计规范》，II 区最大温度梯度取 88（℃/m）。板长 4m，$l/r = 4/0.631 = 6.339$。由图 4-7 可查普通混凝土板厚 $h = 0.22\text{cm}$，$B_x = 0.68$。最大温度梯度时混凝土板的温度翘曲应力计算为

$$\sigma_{tm} = \frac{a_c E_c h T_g}{2} B_x = \frac{1 \times 10^{-5} \times 31000 \times 0.22 \times 85}{2} \times 0.68 \text{MPa} = 1.97\text{MPa}$$

温度疲劳应力系数 K_t 计算为

$$K_t = \frac{f_r}{\sigma_{tm}} \left[a \left(\frac{\sigma_{tm}}{f_r}\right)^c - b \right] = \frac{5.0}{1.97} \left[0.871 \times \left(\frac{1.97}{5.0}\right)^{1.287} - 0.071 \right] = 0.486$$

计算温度疲劳应力为

$$\sigma_{tr} = K_t \sigma_{tm} = 0.486 \times 1.97 \text{MPa} = 0.957 \text{MPa}$$

查表 4-18，二级公路的安全等级为二级，相应于二级安全等级的变异水平为中级，目标可靠度为 85%。再根据查得的目标可靠度和变异水平等级，查表 4-12 得可靠度系数 $r_r = 1.08$。

$$r_r(\sigma_{pr} + \sigma_{tr}) = 1.08 \times (2.96 + 0.957) = 4.23 \text{MPa} \leq f_r = 5.0 \text{MPa}$$

所选普通混凝土面层厚度（0.22cm）可以承受设计基准期内荷载应力和温度应力的综合疲劳作用；按式（4-13）验算，过程略。

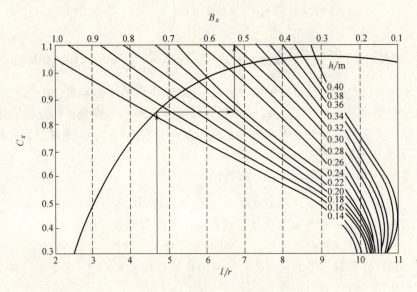

图 4-7 温度应力系数 B_x

当地最大冻深为 0.5m，本设计的路面结构总厚度为（0.22+0.18+0.15）m = 0.55m > 0.5m，故设计的路面结构满足最大冻深要求。

第三节 路面性能评价与加铺层设计

在交通荷载和自然环境的综合作用下，道路路面会逐渐变得凹凸不平，表面会出现形形色色的破损现象。这些破损会随着时间的推移而日趋严重，到达一定程度后会影响汽车行驶速度、行驶时间、行驶安全性和道路运输费用。为了评估和预测这些损坏对路面使用性能、汽车运输费用及行车舒适性的影响效果，需要研究各种损坏产生的原因并合理地对它们进行分类和评价，以便确定维修措施。

为了了解和掌握路面使用性能的变化情况，以便及时采取各种养护和改建措施，延缓其衰变或恢复其性能，必须定期对路面的使用性能进行评定。路面使用性能包括功能、结构和安全三方面。功能是路面为道路使用者提供的舒适程度；路面结构是指路面的物理状况，包括路面损坏状况和结构承载能力；路面安全是指路面的抗滑能力。功能和安全方面的使用性能是道路使用者关心的问题，道路管理部门则更注重结构方面的使用性能。路面使用性能的三个方面既有区别又有一定的联系。路面使用品质及路况的评定就是确定路面结构现时的使用性能。

一、路面结构损坏状况评定

根据对路面性能的影响，路面破损主要分为两类：功能性破损和结构性破损。对于沥青路面而言，结构性破损主要是指路面各层的承载能力降低，反映在表面上往往是开裂和变形；而功能性破损是指路面的服务能力下降，反映在路面上则是平整度的降低、车辙加深和抗滑能力不足。对水泥混凝土而言，结构性破损主要表现为板的裂缝和断裂，功能性破损表现为平整度的下降、接缝错台。

路面结构出现损坏，会在不同程度上影响路面的平整度。因此，可以通过平整度指标在一定程度上反映路面的损坏状况。然而，平整度的好坏还同路面施工质量等因素有关，并且主要反映道路使用者的要求和利益。因此，路面结构损坏状况是道路管理部门据以鉴别是否需进行养护和改建的重要指标。

1. 损坏分级及调查

各种路面损坏都有产生和发展的过程。不同程度的损坏，对于路面使用性能有不同程度的影响。例如，裂缝初现时，缝隙细微，边缘处材料完整，对行车舒适性的影响极小，裂缝间也尚有较高的传荷能力；发展到后期，缝隙变得很宽，边缘处严重断裂，行车出现较大颠簸，而裂缝间已几乎无传荷能力。因此，为了区别同一种损坏对路面使用性能的不同影响程度，对各种损坏须按其影响的严重程度划分为几个等级（一般 2~3 个等级）。

对于断裂或裂缝类损坏，分级时主要考虑对结构整体性影响的程度，可采用缝隙宽度、边缘碎裂程度、裂缝发展情况等指标表征。对于变形类损坏，主要考虑对行车舒适性的影响程度，可采用平整度作为指标进行分级。对于表面损坏类，往往可以不分级。

具体指标和分级标准，可根据各地区的特点，经过调查分析后确定。为了使不同调查人员得到大致相同的判别，对分级的标准要有明确的定义和规定。损坏调查通常由 2 人调查小组沿线通过目测进行。调查人员鉴别调查路段上出现的损坏类型和严重程度并丈量损坏范围后，记录在调查表格上。同一个调查路段上如出现多种损坏或多种严重程度，应分别计量和记录。

目测调查很费时。如果调查的目的不是为了确定养护对策和编制养护计划，则可采用抽样调查法，不必对整个路网的每一延米的各种损坏都进行调查。通常，可每公里抽取 100m 长的路段，但每次调查都要在同一路段上进行，以减少调查结果的变异性和保证各次调查结果的可比性。

各种损坏出现的范围，对于沥青路面和砂石路面，通常按面积、长度或条数量测，除以被调查子路段的面积或长度后，以损坏密度计（以%或条数/子路段长表示），而对于水泥混凝土路面，则调查出现该种损坏的板块数，以损坏板块数占该子路段总板块数的百分率计。

2. 损坏状况评价

每个路段的路面可能出现各种不同类型、不同严重程度和范围的损坏。为了使各路段的损坏状况或程度可以进行定量比较，需采用一项综合评价指标，把这三方面的状况和影响综合起来。通常采用的是扣分法。选择一项损坏状况度量指标，如路面状况指数 PCI，以百分制或十分制计量。对于不同的损坏类型、严重程度和范围规定不同的扣分值，按路段的状况累计其扣分值后，以剩余的数值表征或评价路面结构的完好程度。

各种损坏类型和严重程度对路面完好程度及衰变速率有不同程度的影响，对路面使用要求的满足程度有不同影响，对养护和改建措施有不同的需要，但相互之间很难建立明确的定量关系。因此只能采用主客观结合的方法（类似于行驶质量评价中采用的方法），确定不同损坏类型、严重程度和范围的扣分值。

首先制定一个统一的分级和评分标准表。例如，将路面状况划分为特优、优、良、中和很差 6 个等级，采用百分制，为每一等级规定相应的级差范围和相应的养护对策类型。

选择一些仅具有单一损坏类型的路段，组织由道路管理部门人员组成的评分小组，按上述标准对路段进行评分。整理这些评分结果，可以为每种损坏类型确定扣分曲线或扣分值。

路段上有时常出现几种损坏类型或严重程度等级。如果分别按单项扣分值累加得到多种损坏（或严重程度）路段的扣分值，则有时会出现超过初始评分值的情况，或者超过对多种损坏路段进行评分的结果。为此，对多种损坏的情况需进行修正。利用评分小组对多种损坏路段的评分结果和各项单项扣分值，经过多次反复试算和调整，可得到多种损坏时的修正（权）函数。

3. 造成路面结构和功能性破损的因素

造成路面结构和功能性破损的因素可以分为如下六类：交通条件、气象条件、排水条件、材料因素、施工水平、管理水平（养护频率、资金投入和设备条件）。

(1) 交通条件　交通条件是指道路上行驶的交通量、车辆和轴载组成以及交通量的增长率。现在的交通量一般是通过交通观测站资料得到的。但因观测站的车辆分类是以车辆的空间特性进行分类的，对于路面设计和管理不太适用。为此，我国推出了一种近似计算的方法：采取目测调查法，确定每一分类中包括的车型，并确定出每一类轴载的分布情况，计算出每种轴载换算系教，进而求得该类车的平均轴载换算系数；以平均轴载换算系数乘以交通量，即可获得交通的准轴载次数。

(2) 气象和排水条件　对路面使用性能产生影响的气候因素主要是温度和降水。温度影响沥青混凝土（混合料）材料的蠕变性能，是车辙和某些裂缝产生的原因。湿度影响路基的承载力，降低路面强度。道路排水有路面排水和基层排水。如果排水不顺畅，特别是当表面有裂缝时，水渗入基层，基层吸水后变软，承载能力降低。而且水分流动产生动水压力，冲刷基层材料，导致层与基层之间出现脱空，加速路面的损坏。当路面平整度不好时，有时面层会有一定的积水，这时，行驶的车辆会出现滑溜，影响行车安全。气象与排水对路面性能的影响在系统中只能定性分析。

(3) 材料与施工　材料的性能直接影响路面的性能。材料的性能不仅存在着地区差异，而且，即使是同一地区，其性能表现也不同。其次，施工工艺水平的高低，不同施工单位的施工质量的差异，也会使同一结构的路面表现出不同的性能，材料和施工质量对路面性能的影响现在还不能进行定量分析，只能进行定件分析。

(4) 管理水平　路面养护工作影响路面使用寿命。国内外有关文献表明，较好的路面养护能延长路面的正常使用寿命。对损坏进行及时的养护，可以延缓路面损坏的发展。

4. 路面破损类型

路面破损分类最早由 Hubbard 于 1924 年提出的，之后研究人员对此进行了深入的研究。在近期的研究中，日本道路建设业协会把路面破损分为结构性破损和功能性破损两大类。其中结构性破损（裂缝）又分为网状裂缝和线状裂缝。线状裂缝分为横向裂缝和纵向裂缝等，日本道路建设业协会把局部裂缝、错台、车辙、平整度、拥包、波浪、磨光、松散、泛油类为功能性破损。美国战略公路研究项目把路面破损分为裂缝类、修补不良与坑洞、表面形变、表面损坏，其他破损5大类。裂缝类分为龟裂、块裂、边缘裂缝、纵向裂缝、反射裂缝和横向裂缝。表面形变分为车辙和拥包。表面损坏主要指泛油、磨光和集料散失。其他损坏包含路面边缘水和路肩脱落等。

我国已有较长时间的路面破坏调查历史。《公路养护技术规范》JTJ 073—1996 就规定了每年例行弯沉和好路率调查。根据我国的传统和国外管理技术的发展趋势，从整体评价角度建议路面破损分类采用如下4项指标：路面整体弯沉（路面承载能力）、平整度（舒适性）、路面表面破损（使用状况）、路面抗滑（安全性）。这种分类既不是从破损的机理也不是从损坏形状考虑的，严格说是不合理的分类。这种分类实际上考虑了数据检测、用途和路面整体性能评价等因素。其中，路面弯沉用于评价路面的结构承载能力；平整度用于评价道路的服务性能，它是与行车舒适性有关的指标，也是与道路使用者有关的指标；路面破损包含了所有的结构性和功能性的破损类型，这一指标主要用于判断道路是否要修复和罩面。严重的路面破损也会影响汽车行驶的舒适性（如坑洞、波浪、泛油等）。

交通部公路研究所等根据《公路养护技术规范》把路面表面破损分为3项（裂缝、松散、变形）共11类损坏。各类破损又按破损的严重程度分为轻度和严重破损。

二、路面结构承载力评定

路面结构承载能力，指路面在达到预定的损坏状况之前能承受的行车荷载作用次数或者能使用的年限。

路面结构的承载能力同损坏状况有内在联系。在使用过程中，路面的承载能力逐渐下降，与此同时损坏逐步发展。承载能力低的路面结构，损坏的发展速度迅速；承载能力接近于临界状态时，路面的损坏达到严重状态，此时必须采取改建措施（设置加铺层等）以恢复或提高其承载能力。

路面结构承载力的测定，可分为破损类和无破损类两种。前者从路面结构层内钻取式样，试验确定各项计算参数，通过同设计标准比较，估算承载能力。无破损类测定则通过路标的无破损弯沉测定，估算路面结构承载能力。

路表面在荷载作用下的弯沉量，可以反映路面结构的承载能力。路面的结构破坏可能由过量的竖向变形造成，也可能是某一结构层的断裂破坏造成。对于前者，采用最大弯沉值表征结构承载能力较合适；对于后者，则采用路表弯沉盆的曲率半径表征其承载能力更为合适。因而，理想的弯沉测定应包含最大弯沉值和弯沉盆两方面。

目前使用的弯沉测定系统有4种：贝克曼梁弯沉仪、自动弯沉仪、稳态动弯沉仪及脉冲弯沉仪。前两种为静态测定，得到路表最大弯沉值。后两种为动态测定，可得到最大弯沉值和弯沉盆。

1. 静态弯沉测定

最常用的是贝克曼梁弯沉仪。测定时梁的端头穿过测定车后轴双轮轮隙，置于车轮前方10cm左右的路面测点上。梁在后三分点处通过支点支承于底座上。梁的另一端处架设百分表，以测定端头的升降量。车辆以爬行速度向前行驶，车轮经过端头时，读取百分表最大读数；车辆驶离后，再读取百分表的读数；两者差值的两倍即路表面的回弹弯沉值。

自动弯沉将弯沉测定梁连接到测定车前后轴之间的底盘上。测定时，梁支承于地面保持不动，车辆向前移动，当后轮驶过并通过梁端头时，自动记录弯沉值，达最大弯沉值时梁被提起，并拉到车辆底盘的前端，到下一测点处测定梁再被放下。自动弯沉仪可连读进行弯沉测定，并自动记录测定结果。车辆行驶速度为3~5km/h，每天约可测定30km。

贝克曼梁弯沉仪量测到的是最大回弹弯沉值，而自动弯沉仪测到的是最大总弯沉值。

轮载、轮压和加载时间（行驶速度）是影响测定结果的三项加载条件。在测定前和测定过程中，必须认真检查是否符合规定要求。

测定时，测试车辆沿轮迹带行驶。如仅使用一台贝克曼梁弯沉议，测点沿外侧轮迹带布置，视测定路段长度和精度而定。

测定结果可点绘成弯沉断面图。由于影响承载能力的变量众多，可以预料各测点的弯沉值会有较大的变异。因而，通常采用统计方法对每一路段的弯沉值进行统计处理，以路段的下弯沉值表征该路段的承载能力。

路段的代表弯沉值 l_0 可按下式确定

$$l_0 = (\bar{l}_0 + \lambda\sigma) K_1 K_2 K_3 \tag{4-13}$$

$$\bar{l}_0 = \sum_1^n l_i / n, \sigma = \sqrt{\frac{\sum_1^n (l_i - l_0)^2}{n-1}}$$

式中　　$\bar{l}_0$——路段各测点弯沉的平均值；

　　　　σ——该路段弯沉测定标准偏差；

　　　　λ——控制保证率的系数，保证率为50%时 $\lambda=0$，保证率为90%时 $\lambda=1.282$，保证率为95%时 $\lambda=1.64$，保证率为97.7%时 $\lambda=2.00$；

　　　　n——该路段的测点数；

K_1、K_2、K_3——季节影响系数、湿度影响系数、温度影响因素，K_1、K_2 可根据当地经验修正，K_3 可根据《公路路基现场测试规程》中的规定或规范条文说明或当地经验修正。

2. 动态弯沉测定

稳态动弯沉仪是利用振动力发生器在路表面作用一固定频率的正弦动荷载，通过沿荷载轴线间隔布置的速度传感器（检波器）量测路表面的动弯沉曲线。用于公路上的是轻型动弯沉仪，施加的动荷载约50kN；用于机场的则是重型的，动荷载约达150kN。

脉冲弯沉仪又称落锤弯沉仪（FWD）。它以 50~300kg 的质量从 4~40cm 高度落下，作用于弹簧和橡皮垫上，通过 30cm 直径承载板传给路面半正弦脉冲力。通过改变质量和落高，可以施加不同级位的荷载（15~125kN）。脉冲力作用持续时间约为 0.028s。利用沿荷载轴线间隔布置的速度传感器，量测到路表面的弯沉曲线。由于仪器本身重量轻，路面受到的预加荷载的影响比稳态动弯沉仪小得多。

动态弯沉测定可以得到路表弯沉曲线。作用于路表的动荷载向路面结构内的应力扩散。应力锥同各结构层界面的交点具有特定的含义：在此交点以外的路表弯沉值仅受到此交点所在界面以下各结构层模量的影响。利用这一特性，可以依据应力锥和结构层次布置传感器的位置，并按量测得到的弯沉值应用层状体系理论分别确定各结构层的弹性模量值。

弯沉测定时，施加的动荷载大小应该尽可能接近路上的车辆荷载。此外，为了解材料的非线性性状，施加的动荷载需变换级位。

不同路面结构具有不同的路表弯沉值。因此不能单独通过最大弯沉值大小来判断路面结构的剩余寿命。同时，路面结构的承载能力会在使用过程中逐渐下降。反映在弯沉值变化上，则为路段的代表弯沉值随时间（轴载作用次数）的增加而逐渐增长的弯沉值，路面逐渐出现车辙变形和裂缝等损坏。定义某种程度的损坏作为临界状态，相应于这种损坏状况的路面弯沉值，即路面结构的极限承载能力。为此，要判断现有路面结构的承载能力（剩余寿命），除了由测定得到代表弯沉值外，还须知道路面结构类型，路面损坏状况或者调查测定前路面已承受的标准轴载作用次数。

三、路面行驶质量评定

路面的基本功能是为车辆提供快速、安全、舒适、经济的行驶表面。路面行驶质量反映路面满足这一基本功能的能力。

路面行驶质量的好坏，同路面表面的平整特性、车辆悬挂系统的振动特性、人对振动的反应或接受能力三方面因素有关。从路面状况的角度，影响路面行驶质量的主要因素是路面平整度。

路面平整度可定义为路面诱使行驶车辆出现振动的高程变化，路面不平整引起的车辆振动，会对车辆损耗、燃油消耗、行驶舒适、行车速度、路面损坏和交通安全等多方面产生直接影响。因此，平整度是度量路面行驶质量的重要指标。

1. 平整度测定方法

有多种路面平整度测定方法和仪器，可划分为两大类型：断面类平整度测定、反应类平整度测定。

（1）断面类平整度测定　断面类平整度度测定是直接沿行驶车辆的轮迹量测路面表面的高程，得到路表纵衡面，通过数学分析后采用综合统计量作为其平整度指标。

属于这一类的方法主要有：

1）水准测量。采用水准仪和水准尺沿轮迹量测路面表面的离程由此得到路表纵断面。这是一种结果较稳定的简便方法，但测量速度很慢，很费工。

2）梁式断面仪。用 3m 长的梁（或直尺）连续量测轮迹处路表同梁底的高程差，由此得到路表纵断面。这种方法较水准测量的速度要快些。

3）惯性断面仪。在测试车车身上安置竖向加速度计，以测定行驶车辆的竖向位置变化。车身与路表面之间的距离，利用激光、超声等传感器进行测定。两方面测定结果叠加后，便可得到路表纵断面。

断面类平整度测定方法的主要优点是可直接得到轮迹带路表面的实际断面，依据它可以对路面平整度的特性进行分析。主要缺点是：前两种方法测定速度太慢，不宜用于大范围的平整度数据采集；惯性断面仪仪器精准度高，操作和维修技术要求高，广泛应用受到限制。

（2）反应类平整度测定　反应类平整度测定系统是在主车或拖车上安装由传感器和显示器组成的仪器。该仪器可以传感和累积车辆以一定速度驶经不平整路表面时悬挂系统的竖向位移值，通常是一个计数值，每计一个数相应于一定的悬挂系统位移量。

反应类平整度测定系统的优点是价格低廉，操作简便，可用于大范围内的路面平整度快速测定。然而，由于这类测定系统是对路面平整度的一个间接度量，其测定结果同测试车辆的动态反应状况有关，即随测试车辆机械系统的振动特性和车辆行驶的速度而变化。因而，它存在三项主要缺点：①时间稳定性差，同一台仪器在不同时期测定的结果，会因车辆振动特性随时间的变化而不一；②转换性差，不同部门测定的结果因测试车辆振动特性的差异而难以进行对比；③不能给出路表的纵断面。

为克服上述第一项缺点，需经常对测定仪器进行标定。标定路段的平整度采用断面类平整度测定方法测定。将测定仪器在标定路段上的测定结果与标准结果建立回归关系，即标定曲线。利用此曲线，可将不同时期的测定结果进行转换。

为克服上述第二项缺点，需寻找一个通用的平整度指标，以便把不同仪器或不同部门测定的结果，统一转换成以这个通用指标表示的平整度值。

反应类平整度仪测定的结果，通常以车辆行驶一段距离后的累积计数值表示。如果把每一种反应类平整度仪的计数以相应的悬挂系统竖向位移量表示，则测定结果可表示为 m/km，它反映了单位行驶距离内悬挂系统的累积竖向行程。这是一个类似于坡度的单位，称为平均调整坡（ARS）。

以 ARS 为指标表示测定结果时，不同反应类平整度仪测定值之间可以建立良好的相关关系。但这种关系只能在测定速度相同的条件下才能成立，因此必须按速度分别建立回归方程。

（3）国际平整度指数（IRI） 国际平整度指数（IRI）是一项标准化的平整度指标。它同反应类平整度测定系统类似，但是采用数学模型模拟 1/4 车（即单轮，类似于拖车）以规定速度（80km/h）行驶在路面上，分析具有特定特征参数的悬挂系统在行驶距离内由于动态反应而产生的累积竖向位移量，分析结果也以 m/km 表示。这一指标与反应类仪器的 ARS 相似，称为参照平均调整坡（RARS30）。

上述分析过程已编成电算程序。在量测到路表纵断面的高程资料后，便可利用此程序计算该段路面平整度的国际平整度指数 IRI 值。对标定路段的平整度，按上述方法用国际平整度指数表征，而后同反应类平整度仪的测定结果建立标定曲线，则使用此类标定曲线便可克服反应类平整度仪转换性差的缺点。

2. 行驶质量评价

如前所述，路面行驶质量同路表面的不平整度、车辆的动态响应和人的感受能力三方面因素有关。因而，不同乘客乘坐同一辆车行驶在同一路段上，由于个人对行驶舒适性的要求和对颠簸的接受能力不同，对该路段的行驶质量会做出不同的评价。

由于评价带有个人主观性，为了避免随意性，提出了主客观相结合的评价方法。一方面邀请具有不同代表性的乘客，分别按各人的主观意见进行评分，而后汇总大家的评价，以平均评分值代表众人的评价。另一方面对各评价路段进行平整度量测。通过回归分析建立起主观评分同客观量测结果的相关关系。由此建立的评价模型便可用来对路面行驶质量进行较统一的评价。

对行驶质量的评价可以采用 5 分或 10 分评分制。评分小组的成员应能覆盖对行驶舒适性有不同反应的各类人员（不同职业、年龄、社会经济和文化背景等）。选择的评分路段，其平整度和路面类型应能覆盖可能遇到的范围和情况。评分时所乘坐的车辆，应该选择其振动特性具有代表性的试验车。整个评分过程中，采用相同的试验车和行驶速度。

整理各评分路段的主观评分和客观量测结果后，通过回归分析可建立线性或非线性的评价模型

$$RQI = 6.76 - 0.46 IRI \tag{4-14}$$

式中 RQI——行驶质量指数，5 分制；

IRI——国际平整度指数（m/km）。

利用评价模型可以对路面行驶质量的好坏做出相对的评价。然而，还需要建立行驶质量的标准，以衡量该评价对使用性能最低要求的满足程度。

行驶质量标准的制定，一方面依赖于乘客对行驶舒适性的要求，另一方面在很大程度上受经济因素的制约。标准定得过高，网内许多路段的路面将需采取改建措施，提高所需的投资额。

乘客对路面舒适性的要求，可以通过在评分表中列入不可接受、可接受和难以确定三种意见供评分者选择，而后汇总其意见得出。由分布频率为50%的水平线同可接受和不可接受两条分布曲线的交点，可以确定行驶质量的上下限标准：完全可以接受的最低标准（RQI=2.9）和完全不可以接受的最高标准（RQI=2.2）。

按上述方法得到的标准，虽然在一定程度上也反映了乘客在经济方面的考虑，但仍需按当地的经济条件分析这一标准的可接受程度，而后再做出选择。

四、路面抗滑安全性能评定

路面抗滑性能是指车辆轮胎受到制动时沿路表面滑移产生的阻力。通常，抗滑性能被看作是路面的表面特性，并定义为

$$f = \frac{F}{W} \tag{4-15}$$

式中　f——摩阻系数；
　　　F——作用于路表面的摩阻力；
　　　W——垂直于路表面的荷载。

然而，笼统地说路面具有某一摩阻系数是不确切的，应该对轮胎在路面上的滑移条件给予规定。不同的条件和测定方法，可以得到不同的摩阻系数值。因此，需规定标准的测定方法和条件。

1. 测定方法

抗滑性能可采用4种方法进行测定：制动距离法、锁轮拖车法、偏转轮拖车法、可携式摆式仪法。

1）制动距离法。以一定速度在潮湿路面上行驶的4轮小客车或轻化车，当4个轮子被制动时，车辆减速滑移到停止的距离，可用以表征非稳态的抗滑性能，以制动距离数 SDN 表示

$$\text{SDN} = \frac{v^2}{225 l_s} \tag{4-16}$$

式中　v——刹车开始作用时车辆的速度（km/h）；
　　　l_s——滑移到停车的距离（m）。

测试路段应为材料组成均匀、磨损均匀和龄期相同的平直路段。测试前和每次测定之间，先洒水湿润路表面到完全饱和。测定速度以 64.4km/h 为标准速度。也可采用其他速度，但不宜低于32km/h。

2）锁轮拖车法。装有标准试验轮胎的单轮拖车，由汽车拖拉，以要求的测定速度在洒水湿润的路面上行驶。抱锁测试轮，通过测定牵引力确定在载重和速度不变的状态下拖拉测试轮时作用在轮胎和路面间的摩擦力。以滑移指数 SN 表征路面的抗滑性能

$$\text{SN} = FW \times 100 \tag{4-17}$$

式中　F——作用在实验轮胎上的摩阻力（N）；
　　　W——作用在轮胎上的垂直荷载（N）。

轮上的载重为 4826N,标准测试速度为 64.4km/h。牵引力由力传感器量测,速度由第五轮仪量测。

3) 偏转轮拖车法。拖车上安装有两只标准试验轮胎,它们能与车辆行驶方向偏转一定的角度（7.5°~20°）。拖车以一定速度在潮湿路面上行驶时,试验轮胎受到侧向摩阻力的作用。将此侧向摩阻力,除以作用在实验轮上的载重,可得到以侧向力系数 SFC 表征的路面抗滑性能

$$\text{SFC} = \frac{F_s}{W} \tag{4-18}$$

式中 F_s——作用在实验轮胎上的摩阻力（N）;
W——作用在轮上的垂直荷载（N）。

锁轮拖车法和偏转轮拖车法都具有测定时不影响交通,可连续并快速进行的优点。

4) 可携式摆式仪法。这是一种主要在室内量测路面材料表面摩阻特性的仪器,也可用于野外量测局部路面范围的抗滑性能。摆式仪的摆锤底面装一橡胶滑块,当摆锤从一定高度自由下摆时,滑动面同试验表面接触。由于两者间的摩擦而损耗部分能量,使摆锤只能回摆到一定高度。表面摩阻力越大,回摆高度越小。通过测量回摆高度,可以评定表面的摩阻力。回摆高度直接从仪器读得,以抗滑值 SRV 表示。

2. 抗滑性能评价

影响路面抗滑性能的因素有路面表面特性（细构造和粗构造）、路面潮湿程度和行车速度。

路表面的细构造是指集料表面的粗糙度,在车轮的反复磨耗作用下逐渐被磨光。通常采用石料磨光值（PSV）表征其抗磨光的性能。细构造在低速（30~50km/h 以下）时对路表抗滑性能起决定作用,而高速时起主要作用的是粗构造。它是由路表外露集料间形成的构造,其功能是使车轮下的路表水迅速排除,以避免形成水膜。粗构造由构造深度表征其性能。

路表面应具有的最低抗滑性能,视道路状况、测定方法和行车速度等条件而定。各国根据对交通事故率的调查和分析,以及同路面实际抗滑性能间建立的对应关系,制定有关抗滑指标的规定。有的国家除了规定抗滑性能的最低标准外,还对石料磨光值和构造深度的最低标准做出了规定。

五、旧水泥混凝土路面加铺层设计

（一）旧水泥混凝土路面上的水泥混凝土加铺层设计

1. 经验法

长期以来用得比较多的是加铺层设计经验法,它采用的是补足厚度缺额的概念。按现有地基承载能力来计算并确定满足未来交通要求的面层厚度,而旧面层厚度与此厚度的差值便是应补充的加铺层厚度。旧面层的后端面层的结构损坏的情况给予不同情况的折减。加铺层与旧面层之间的结合状况对加铺层厚度的影响,则通过实验路强化试验得到的验证关系予以确定。

按上述概念建立的水泥混凝凝土加铺层厚度设计公式如下

$$h_{\text{ov}}^n = h_{\text{d}}^n - c_r h_{\text{ex}}^n \tag{4-19}$$

式中 h_{ov}——所需加铺层设计厚度（cm）;

h_d ——按现有地基承载能力和未来交通要求,由新建混凝土路面设计方法确定的单层混凝土路面厚度(cm);

h_ex ——旧混凝土面层厚度(cm);

n ——随加铺层与旧面层结合状况而异的指数,结合式加铺层 $n=1.0$,部分结合式加铺层 $n=1.4$,分离式加铺层 $n=2$;

c_r ——旧面层结构损坏状况指数,当结构状况良好,无荷载引起的结构裂缝或有少量次要裂缝时 $c_\mathrm{r}=1.0$,当出现荷载引起的初始裂缝,但无进展性裂缝或接缝或裂缝错台时 $c_\mathrm{r}=0.75$,当结构状况差,出现荷载引起的进展性裂缝,并伴有碎裂或裂缝错台时 $c_\mathrm{r}=0.35$。

结合式加铺层仅在旧面层结构状况良好,即 $c_\mathrm{r}=1.0$ 的情况下才能选用,并且加铺层的厚度不大,即旧面层的承载能力不需要提高很多。部分结合式加铺层的应用较结合式加铺层广,它适用于旧面层的结构损坏状况指数 c_r 为 0.75~1.0 的情况,因为 c_r 低于 0.75 时有可能使加铺层出现反射裂缝。旧面层的结构不符合上述要求时,通过采用修复措施使之满足后,仍采用结合式或部分结合式。分离式加铺层通常应用于结构损坏指数为 0.75~0.35 的旧面层。

2. 力学—经验法

混凝土加铺层设计也可以采用按弹性层状体系或弹性地基板理论模型建立的力学经验法进行。

(1)层状体系模型 把设加铺层的路面结构看成一个多层体系。旧路面各结构层的模量值,通过 FWD 测定后反算得到,而各结构层的厚度则通过钻取芯样确定。利用加铺层和旧路面各结构层的厚度和模量参数,便可用多层体系程序(BISAR)分析加铺层的荷载应力。按加铺层混凝土的设计弯拉强度和设计使用期内的标准轴载累计作用次数,通过上述应力分析,并利用所采用的疲劳方程,便可确定加铺层所需的厚度。层状体系理论的主要缺点是不能直接考虑接缝的影响,也无法分析温度应力的作用。

(2)弹性地基板模型 我国现行水泥混凝土路面设计方法采用弹性地基上等效单层板方案设计结合式、部分结合式和分离式加铺层。其设计过程如下:

1)调查现有混凝土路面结构损坏状况,选择加铺层形式。确定对旧面层结构损坏的处理措施。

2)钻芯取样,测定旧面层的厚度和混凝土劈裂强度,后者由经验公式转换为弯拉强度,并进一步利用经验关系式转换得到混凝土弹性模量。

3)在旧面层上进行弯沉测定,利用弹性半空间地基板挠度公式,由弯沉值反算得到旧路面基层顶面(地基)的当量回弹模量,如下:

$$E_\mathrm{tc} = \frac{(1-\mu_0^2)P}{\omega(\alpha_0\xi_0)l_0}\overline{\omega}(\alpha_0\xi_0) \tag{4-20}$$

式中　　E_tc、μ_0 ——回弹模量(MPa)、泊松比;

l_0 ——刚度半径(m);

P ——荷载(kN);

$\omega(\alpha_0\xi_0)$、$\overline{\omega}(\alpha_0\xi_0)$ ——挠度(mm)、挠度系数。

4) 分离式或结合式加铺层与旧面层组成的双层板，分别按等刚度原则转换成等效单层板，得到等效单层板的当量厚度。

5) 按上式设计参数和等效单层板厚度，应用新建路面的设计方法计算满足设计交通要求的等效单层板的荷载疲劳应力和温度疲劳应力。而后，按层间结合条件，将单层板的应力分摊到加铺层和旧面层上，由此可检验它们是否超出混凝土的强度标准。

（二）旧水泥混凝土路面上的沥青加铺层设计

沥青加铺层设计没有统一的方法。采用厚度加铺层方案时，通常应用经验法确定厚度，如美国沥青协会（AI）的弯沉法或者 AASHTO 经验法。采用将旧面层混凝土破碎和固定的方案时，可将破碎的旧面层当作基层，通过弯沉测定反算破碎层的模量值后，按沥青路面设计方法确定沥青加铺层（新面层）的厚度。而采用各种夹层措施时，则需按不同夹层材料的刚（劲）度性质，分析温度和荷载作用下接（裂）缝上方沥青加铺层内的拉应变和剪切应变，并按沥青混合料的疲劳强度确定所需的厚度。应变和应力分析，通常采用二维（温度作用时）和三维（荷载作用时）有限元分析模型进行。

1. 美国沥青协会（AI）的弯沉法

美国沥青协会（AI）认为旧面层接缝（或裂缝）处的弯沉量和弯沉差是引起沥青加铺层开裂的主要原因，因为轮载的施加速度远高于温度变化产生的面层板伸缩位移的速度。因而，此方法以控制接缝或裂缝处的板边平均弯沉量和弯沉差为设计要求，其标准为：接缝（或裂缝）两侧的板边弯沉差 $(\omega_L - \omega_U) \leq 0.05\text{mm}$，接缝（或裂缝）两侧的板边平均弯沉值 $\frac{\omega_L + \omega_U}{2} \leq 0.36\text{mm}$。其中，$\omega_L$ 和 ω_U 对受荷板的板边弯沉值，由弯沉仪（FWD）（80kN）和贝克曼梁测定。

铺设沥青加铺层，可以降低旧面层接缝或裂缝处的弯沉量，每厘米厚密级配沥青混凝土铺层约可降低 2% 弯沉量（最高可达 4%~5%）。当需要降低的弯沉量过大（超过 50%）时，采用厚加铺层是不经济的。这时应采取其他措施提高接（裂）缝处的路面结构刚度，以降低旧面层的弯沉量，如板底脱空区的灌浆填封、置换损坏板、设置边缘排水系统、恢复接缝传荷装置（设传力杆）等。

沥青协会建议的沥青加铺层厚度，随旧混凝土面层板的长度和当地的年平均温度差而变化。当所需的加铺层厚度超过 200~225mm 时，通常会引起坡度变化、重建路肩、立交净空、交通设施移置等其他方面的问题，因而，对于加铺层厚度超过这一范围时规定了需采用其他措施。对于厚度在 100~215mm 范围内的加铺层，也可结合选用其他减少反射裂缝的措施而采用较薄的加铺层厚度。

2. AASHTO 经验法

AASHTO 经验法是迄今为止较为完善的设计方法，它是基于等效系数的厚度确定方法，包括加铺的可行性、加铺前的修复、防反射裂缝措施的选择和加铺层厚设计等内容。在此介绍厚度计算公式。

如果仅仅是为了改善路面使用性能（表面的平整度和抗滑性能），那么沥青混凝土加铺层厚度就是满足路面使用性能所需的最小厚度。如果是为了提高路面的结构性能，那么需要的加铺层厚度是承受将来交通量需求的结构厚度和旧混凝土路面的结构厚度的函数。为了满足将来的交通量需要，所需的加铺层厚度由下式确定

$$D_{01} = A(D_f - D_{eff})\tag{4-21}$$

式中 D_{01}——所需的沥青混凝土加铺层厚度（mm）；

A——旧混凝土板的厚度与沥青加铺层之间的等效系数；

D_f——承受设计交通量所需的混凝土板的厚度（mm）；

D_{eff}——旧水泥混凝土板的厚度（mm）。

其中，系数 A 是混凝土板厚度差的函数，可由下式确定

$$A = 202233 + 0.0099(D_f - D_{eff}) - 0.1534(D_f - D_{eff})^2$$

传统的接缝素混凝土上加铺沥青层的厚度介于 5~25.4cm。公路上的典型的加铺层厚度为 7.3~15.3cm。

AASHTO 试验设计法以新建水泥混凝土路面设计方程为基础，考虑旧路面的剩余寿命，对影响路面使用性能的其他因素也做了全面的考虑，并引入可靠度的概念。该方法设计概念明确，实现起来简单易于操作。但它没考虑防反射裂缝措施对路面使用性能和加铺层厚度的影响。

（三）我国旧水泥混凝土路面加铺层的设计方法

《公路水泥混凝土路面设计规范》（JTG D40—2011）中，关于旧水泥混凝土路面进行加铺层设计有两种方法：一种是按结合式或分离式加铺水泥混凝土；另一种是加铺沥青混凝土。先分述如下：

1. 水泥混凝土加铺层设计方法

在进行旧水泥混凝土路面加铺层设计前，除需要进行前述的路况调查外，还需对混凝土路面的有关计算参数进行调查。包括：

1）旧混凝土层弯拉强度标准值确定，采用钻孔取样得到的圆标准试件劈裂强度，按下式计算

$$f_{em} = 0.621 f_{sp} + 2.64\tag{4-22}$$

$$f_{sp} = \overline{f_{sp}} - 1.04 s_{sp}\tag{4-23}$$

式中 f_{em}——旧混凝土弯拉强度标准值（MPa）；

f_{sp}——旧混凝土劈裂强度标准值（MPa）；

$\overline{f_{sp}}$——旧混凝土劈裂强度测定值的平均值（MPa）；

s_{sp}——旧混凝土劈裂强度测定值的标准差（MPa）。

2）旧混凝土层弯度弹性模量标准值，通常为 $2.5 \times 10^4 \sim 2.5 \times 10^5$ MPa，可按下式进行计算

$$E_c = \frac{10^4}{0.0915 + \dfrac{0.9624}{f_{em}}}\tag{4-24}$$

式中 E_c——旧混凝土层弯拉弹性模量标准值（MPa）；

f_{em}——旧混凝土层弯拉强度标准值（MPa）。

3）旧混凝土路面基层顶面当量回弹模量标准值，宜采用板中 FWD 荷载作用下测得的弯沉曲线，由下式确定

$$E_t = 100 e^{(3.60 + 24.03 D_0)^{-0.057}} - 15.63 SI^{0.222}\tag{4-25}$$

$$SI = \frac{D_0 + D_{30} + D_{60} + D_{90}}{D_0} \tag{4-26}$$

式中　　E_t——基层顶面当量回弹模量标准值（MPa）；

　　　　D_0——板中荷载作用下（标准荷载 100kN，承载板半径 15cm），荷载中心处的弯沉；

　　　　SI——路面结构荷载扩散系数；

D_{30}、D_{60}、D_{90}——距离荷载中心 30cm、60cm 和 90cm 处的弯沉值（μm）。

水泥混凝土加铺层结构设计可以按结合式和分离式进行。按结合式或分离式进行设计的步骤归纳如下：

（1）荷载应力分析　结合式或分离式双层混凝土板的临界荷位仍为板的纵向边缘中部。标准轴载 P_s 在临界荷位产生的上面板和下面板的荷载疲劳应力 σ_{pf} 按下式确定

$$\sigma_{pf} = K_r K_f K_c \sigma_{ps} \tag{4-27}$$

式中　　σ_{pf}——标准轴载 P_M 在临界荷位处产生的双层混凝土上面层和下面层的荷载应力，分别由下式确定

$$\sigma_{ps1} = 76.4 \gamma_0^{0.597} \frac{E_{C1}(0.5h_{01}+h_s)}{6D_g}$$

$$\sigma_{ps2} = 76.4 \gamma_0^{0.597} \frac{E_{C2}(0.5h_{02}+h_x)}{6D_g}$$

E_{C1}、E_{C2}——双层混凝土上面层和下面层的弯拉弹性模量标准值（MPa）；

h_{01}、h_{02}——双层混凝土上面层和下面层的厚度（m）；

h_s、h_x——双层混凝土上面层和下面层弯曲中面至双层混凝土面层中性面的距离（m），分离式时 h_s 和 h_x 均为 0，结合式时按下式计算

$$h_s = \frac{E_{C1}h_{01}E_{C2}h_{02}(h_{02}+h_{01})}{2E_{C1}h_{01}(E_{C1}h_{01}+E_{C2}h_{02})}$$

$$h_x = \frac{E_{C1}h_{01}E_{C2}h_{02}(h_{02}+h_{01})}{2E_{C2}h_{02}(E_{C1}h_{01}+E_{C2}h_{02})}$$

D_g——双层混凝土面层截面的总刚度，它是上面层和下面层对各自中面的弯曲刚度 D_1 和 D_2，以及由截面轴向所构成的弯曲刚度 D_3 之和，即

$$D_g = D_1 + D_2 + D_3 = \frac{E_{C1}h_{01}^3}{12} + \frac{E_{C2}h_{02}^3}{12} + \frac{E_{C1}h_{01}E_{C2}(d_{y1}+d_{y2})^3}{(E_{C1}d_{y1}+E_{C1}d_{y2})}K_u$$

K_u——层间结合系数，分离式时 $K_u = 0$，结合式时 $K_u = 1$；

γ_0——双层混凝土面层的相对刚度半径

$$\gamma_0 = 0.123(D_g/E_t)^{1/3}$$

K_r、K_f、K_c——考虑接缝承载能力的应力折减系数、疲劳应力系数和考虑动载、偏载等因素对结构疲劳损坏影响的综合系数，确定方法与单层面层完全相同。

（2）温度应力分析　双层混凝土上面层和下面层在临界荷位处的温度疲劳应力 σ_{tr1} 和 σ_{tr2}，按下式确定

$$\sigma_{tr1} = K_{t1}\sigma_{tm1}，\sigma_{tr2} = K_{t2}\sigma_{tm2} \tag{4-28}$$

式中　　K_{t1}、K_{t2}——温度疲劳应力系数；

$$K_{t1} = \frac{f_{cm}}{\sigma_{tm}}\left[A_t\left(\frac{\sigma_{tm1}}{f_{cm}}\right)^{C_t} - B_t\right], K_{t2} = \frac{f_{cm}}{\sigma_{tm2}}\left[A_t\left(\frac{\sigma_{tm2}}{f_{cm}}\right)^{C_t} - B_t\right]$$

σ_{tm}——最大温度梯度是混凝土板的温度翘曲应力;

A_t、C_t、B_t——回归系数。

2. 沥青混凝土加铺层的设计方法

在《公路水泥混凝土路面设计规范》(JTG D40—2011)中,沥青混凝土加铺层厚度设计方法是建立在控制水泥混凝土下面层的荷载疲劳弯拉应力和温度疲劳弯拉应力之和不超过混凝土板的抗弯拉强度的基础上的。计算的临界荷位为下面层的纵缝边缘中部。标准荷载P_s产生的荷载疲劳弯拉应力σ_{pf}与一般混凝土板的计算公式相同。

标准荷载P_s在有沥青面层的混凝土板临界荷位处产生的荷载应力σ_{psa}由下式确定

$$\sigma_{psa} = (1-\xi h_a)\sigma_{ps} \tag{4-29}$$

式中 ξ——系数;

h_a——沥青混凝土加铺的厚度(m);

σ_{ps}——标准荷载P_s作用下,在无沥青混凝土面层的水泥混凝土板临界荷在处的应力,用一般水泥混凝土板设计方法确定。

温度疲劳应力σ_{tra}按下式计算

$$\sigma_{tra} = (1+\xi h_a)\sigma_{tr} \tag{4-30}$$

式中 ξ——系数;

h_a——沥青混凝土加铺的厚度(m);

σ_{tr}——无沥青混凝土面层时水泥混凝土板的温度疲劳应力,用一般水泥混凝土板设计方法确定,但计算混凝土下面层最大温度翘曲应力σ_{tm}、最大温度梯度T_g须考虑沥青上面层厚度的影响。

沥青混凝土加铺层与旧路面之间应粘结牢靠,防止界面发生剪切破坏,确保旧路面加铺层的承载力能承受交通荷载的作用;保证沥青路面层密实、稳定,不发生水毁和推移。

六、旧沥青路面加铺层设计

在旧沥青路面上进行加铺层设计的主要内容为沥青加铺层的设计和水泥混凝土加铺层的设计。在铺设加铺层之前,应在路面状况调查和评定的基础上,对旧路面进行处置。这些措施包括:

1) 对于弯沉值大的软弱地段或者出现坑槽的地段,进行局部范围的全厚度补修。
2) 对于出现沉陷变形或者需要调整横坡的路段,铺设整平层。
3) 对于面层出现严重车辙、龟裂或波浪的路段,进行冷磨处理。
4) 填封面层裂缝。
5) 清洁路面,洒布粘层油。

1. 美国沥青协会(AI)沥青加铺层设计方法

沥青协会法依据弯沉测定结果评定旧路面的结构承载能力(即估计其剩余寿命),并按设计使用期内的交通要求确定所需的沥青加铺层厚度。其设计步骤如下:

1) 旧路面结构和损坏状况调查,据此划分设计路段(分析路段)。
2) 对各个设计路段进行弯沉测定。

3) 计算各设计路段的代表回弹弯沉值 L_{rr}。

4) 由路段的代表回弹弯沉值 L_{rr}，评定旧路面的结构承载能力（剩余寿命），以标准轴载作用次数计。可用下述关系式表示

$$L_{rr} = 1.0363 N_{80}^{-0.2438} \tag{4-31}$$

式中　N_{80}——标准轴载（80kN）作用次数。

5) 进行交通分析，确定设计使用期内标准轴载的累计作用 N_{80} 次数，其步骤为：

① 确定初始年设计车道各类货车的平均日交通量。

② 为各类货车选取相应的轴载系数 s。

③ 选定交通量年平均增长率（可为每一类货车分别选取，或为全部货车选取一个值）。

④ 各类货车交通量乘以设计使用期限内的交通量增长系数和相应的轴载系数，可得到各类货车的标准轴载累计作用次数；总和各类货车的轴数，即设计使用期限内标准轴载作用次数。

2. 我国沥青路面设计规范的沥青加铺层设计方法

《公路沥青路面设计规范》中建议沥青加铺层设计采用力学——经验法。对各路段进行弯沉测定，评定旧路面的结构承载能力，确定其顶面的计算弯沉值后，转换为当量回弹模量，以此为基础，按新建沥青路面设计面层（加铺层）结构。

其设计步骤如下：

1) 进行旧路面结构和损坏状况调查，据此划分设计路段（分析路段）。

2) 对各个设计路段进行弯沉测定。

3) 计算各设计路段的计算回弹弯沉值 l_0。

4) 将各路段的计算回弹弯沉值转换为旧路面顶面的当量回弹模量 E_t

$$E_t = \frac{2pa}{l_0} m_1 m_2 \tag{4-32}$$

式中　l_0——路面顶面的计算回弹弯沉值（cm）；

　　p、a——标准轴载的轮胎接地压强（MPa）和单轮接触面半径（cm）；

　　m_1——用标准轴载汽车测得的弯沉值与相同压强承载板测得的弯沉值之比（俗称轮板比），根据各地对比试验结果论证确定，无试验资料，可取 $m_1 = 1:1$；

　　m_2——计算与旧路面接触的补强层的底面拉应力时，旧路面顶面回弹模量的扩大系数（其他情况时 $m_2 = 1$）按下式计算

$$m_2 = e^{0.037 \frac{h}{a}} \left(\frac{E_{n-1}}{p} \right)^{0.25}$$

E_{n-1}——与旧路面接触的补强层的材料抗压模量（MPa）；

　　h——各补强层等效为模量与层相当的总厚度（cm），按下式计算

$$h = \sum_{i=1}^{n-1} h_i \left(\frac{E_i}{E_{n-1}} \right)^{0.25}$$

h_i、E_i——第 i 层补强层的厚度（cm）和材料抗压回弹模量（MPa）。

5) 按旧路面的结构承载能力和设计使用期的交通要求，选择加铺层的结构层组合和合成材料的组成。

6) 按新建沥青路面设计方法设计加铺层结构所需的厚度。仍以设计弯沉作为路面整体

结构刚度的控制指标。二级和二级以上的公路，还应验算补强层底面的拉应力。计算方法和各项计算参数的确定，与新建路面设计各项规定相同。

在现有的沥青路面上铺设水泥混凝土加铺层时，将旧沥青路面看作新建水泥混凝土路面地基。主要设计步骤为：确定旧路面顶面的当量回弹模量 E_t；按新建水泥混凝土路面的设计方法确定适应未来交通需求的水泥混凝土加铺层厚度。

采用弯沉测定方法确定设计路段的计算当量回弹弯沉 L_{rr} 后，按下式确定旧路面顶面的当量回弹模量

$$E_t = \frac{13739}{l_0^{1.04}} \tag{4-33}$$

思考题

1. 路面按强度和力学性质分别分为哪几类？
2. 简述沥青路面和水泥混凝土路面的特点。
3. 路面结构分为哪几层？各有何特点？
4. 现代化的公路要求路面具有哪些基本性能？
5. 简述路面设计"四要素"及路面结构设计流程。
6. 简述沥青路面结构的设计原则。
7. 水泥混凝土路面的类型有哪些？
8. 水泥混凝土路面的破坏类型有哪几种？
9. 水泥混凝土路面的面层分为哪几种？
10. 水泥混凝土路面接缝的作用是什么？分为哪几种？
11. 造成路面结构和功能性破损的因素有哪些？
12. 反应类平整度测定系统有什么缺点？如何克服？
13. 简述路面行驶质量评价标准。
14. 路面抗滑安全性能的测定方法有哪几种？
15. 查阅相关资料，结合实例了解旧路面加铺层设计方法。

第五章 道路施工与养护

第一节 路基施工与养护

路基是城市道路工程中的重要组成部分,是按照路线位置和一定技术要求修筑的支承路面的带状构造物。路基在使用过程中要承受由路面传递而来的行车荷载作用,并抵御各种环境因素的影响。路基的质量好坏,直接影响到路面的使用功能。路面的损坏往往与路基排水不畅、压实质量不够、整体强度偏低等有直接关系,而且路基一旦破坏,修复难度比较大,耗用工程费用比较高。因此,路基必须具有足够的强度、良好的水稳定性和耐久性等。

路基的强度、良好的水稳定性和耐久性,不仅要通过设计予以保证,还要通过施工得以实现。路基的施工质量直接影响路面的质量,众多公路工程实践表明,有些新建公路投入运行很短时间,路面就发生破坏或沉陷,其主要原因是路基的施工质量不符合规范的要求。路基的各种病害关系到养护维修费用,乃至影响交通运输的畅通与安全,因此,必须确保路基工程的施工质量。

一、路基工程施工的主要特点

随着我国经济的快速发展,城市规模不断扩大,随之而来的是城市的大建设。作为城市建设的重要部分,城市道路在城市发展中起到了举足轻重的作用。然而,在实际的铺路工程中,由于城市道路路基施工质量问题,导致城市道路出现了一系列的病害,如何保证城市道路路基施工质量成为关注的重点。路基是路面的基础,对城市道路路基工程质量的控制是整个道路施工工程质量的关键。

路基工程在施工过程中的施工质量会受到多种因素的不利影响,虽然路基工程施工主要是开挖、运输、填筑、压实等比较简单的工序,但由于路基施工存在着条件变化大、工程数量大、施工难度大、施工方法多样等特点,要保证路基工程质量有很大的难度。特别是地质不良的特殊路段及隐蔽工程较多的路基,在施工时常会遇到复杂的技术问题和各种突发性事故需要处理,因此路基施工技术是简单中蕴涵着复杂。道路路基是由土石方修筑而成的一种巨型的线形构造物,它与工业与民用建筑有很大不同,具有如下特点:

1) 路基土石方工程量巨大,且沿线分布不均匀。工程量大小不仅与路基工程相关的设施(如路基排水、防护与加固等)相互制约,而且与公路工程的其他项目(如桥涵、隧道、路面及附属设施)密切相关。因此,路基施工在质量标准、技术操作、施工管理等方面具有特殊性,必须加以研究并不断改进。工程实践充分证明:在整个公路工程施工中,路基施工往往是施工组织管理的关键。

2) 路基工程施工质量的制约因素较多。路基工程的施工质量好坏，不仅与路基材料、施工机械、施工方法、施工工艺等有关，而且与技术水平、自然条件、地区经济、地形、地质等相关。

3) 路基工程的项目繁多，如土方、石方及砌体等，在施工方法与技术操作方面各具特点。路基工程主要包括路堤与路堑，基本操作是挖掘、运输和填筑，工序比较简单，但施工条件多变，比较复杂，因而施工方法多样化，简单的工序中常常会遇到极为复杂的技术和管理方面的问题。

4) 路基施工是野外操作，经常会遇到自然条件差，运输道路不畅通，设备与施工队伍的供应和调度困难等；路基工地战线长，工地分散，工作面狭窄，遇有特殊地质不良现象，会使一般的技术问题变得复杂化，而复杂的技术问题，更是很难用常规的方法去解决。

5) 在路基施工中还存在场地布置难、临时排水难、用土处置难、土基压实难、赔偿工作难、群众工作难等不利因素。路基的隐蔽工程较多，施工质量不符合国家施工规范的要求，会给路基和路面留下隐患，一旦产生病害，不仅损坏道路使用品质，妨碍交通及造成经济损失，而且往往后患无穷，难以根治。

因此，路基工程必须采用科学合理的施工方法，选择合适的填筑材料，选用先进的机械设备和施工技术、周密的施工组织与科学的管理，才能实现快速、高效、安全施工，才能有效地保证路基工程的施工质量。

二、路基施工的基本方法

道路路基土石方的施工作业是施工中最主要的工序，其中包括开挖、运输、铺填、压实和修整等工作。有时为了提高挖土的效率，还要先进行松土。根据不同地区、不同自然条件、不同质量要求和不同的地质条件等，路基施工的基本方法可分为以下几种。

(1) 人工和半机械化施工 人工和半机械化施工，主要是依靠人力，使用手工工具和简易的机械设备。这种施工方法适用于缺乏机械的地方道路工地和工程量小而分散的零星工程点，以及某些辅助性的工作，其生产效率较低，劳动强度较大，施工质量不易保证。

(2) 水力机械施工 水力机械施工是运用水泵、水枪等水力机械，喷射出高压水流，把土冲散并泵送到指定的地点沉积。这种施工方法可用来挖掘比较松散的土层和进行软土地基加固的钻孔工作，但施工现场要有充足的水源和电源。

(3) 爆破施工 爆破施工是开挖岩石土路堑的基本方法。采用钻岩机进行钻孔，爆破后采用机械设备清理并输运渣土，是岩石路基实现机械化施工的必备条件。爆破施工除可用于岩石路堑开挖外，还可以用于冻土、硬土和泥沼等特殊路基施工和石料开采。如果采用定向爆破技术，可将路基挖方直接移作填方，能大大提高土石方挖填生产率。

(4) 机械化施工 机械化施工是道路工程发展的趋势，是确保工程质量和加快施工进度的重要措施。这种施工方法是采用推土机、铲运机、挖掘机、平地机、运输车辆、松土机和压路机等机械，经过计算、选型、配合，使参与施工的各种施工机械协调工作。机械化施工可极大地提高劳动生产率，显著地加快工程的施工进度，并有效地保证工程质量。

道路工程机械化的度量可用机械化程度来表示。

$$机械化程度 = (利用机械完成的实物工程量/全部工程量) \times 100\%$$

实际上，机械化程度根本无法全部表示机械化施工的意义，它有着更广泛的含义，即不仅体现机械化程度的高低，更注重机械的管理水平，应当理解为涉及施工机械、施工技术、施工组织及施工管理等多学科的现代化施工技术。道路工程实现机械化施工，主要包含以下4方面的意义。

1) 在城市道路工程的机械化施工中，应当尽可能地提高机械化装备水准，对于可采用机械作业的，应尽可能采用机械施工，以减轻人的繁重体力劳动，改善劳动条件，节省大量人工，加快工程施工进度。

2) 在组织城市道路工程机械化施工中，要注意根据不同的施工对象和要求，选择最适宜的施工机械，进行各种不同机械的合理组合，充分发挥机械的效能，加快工程施工进度，降低消耗和施工成本，保证工程质量，最终取得明显的经济效益。

3) 要有科学的施工组织设计指导工程施工。道路工程施工不仅受各种自然因素的影响很大，而且战线长、工程量大、涉及面广、运用施工机械种类和数量繁多。所以，应当运用先进的管理科学技术对施工组织计划进行优化，以最佳方案组织施工，更好地发挥机械化施工的作用，体现出机械化施工的优越性。

4) 不断采用先进的机械设备，取代使用中低效能、高能耗的落后施工机械，加强对机械的维修和科学管理，这是提高机械化施工水平的重要内容和途径。

上述施工方法，应根据工程类型、工程性质、工程量大小、施工条件、施工期限、质量要求、有无机械等因素进行选择，同时要综合考虑因地制宜、综合配套、施工经验、经济效益等因素。

对于城市快速路、主干路以及特殊地区的道路，或采用新技术、新工艺、新材料进行路基施工时，应采用不同的施工方案进行试验路段施工，从中选择路基施工的最佳方案用于指导全线施工。试验路段的位置，应选在地质条件、断面形式、地形情况、施工条件均具有代表性的地段，试验路段一般长 100~200m。

三、路基施工流程

1. 施工准备

在路基工程正式开工前，施工单位应在全面熟悉设计文件和设计交底的基础上，进行现场核对和施工调查工作。复查和了解现场的地形、地质、文化、气象、水源、电源、料源或料场、交通运输、通信联络及城镇建设规划、农田水利设施、环境保护等有关情况。对于扩（改）建工程，应将拟保留的原有通信、供电、供水、供暖、供油、排水沟管等地下设施复查清楚，在施工中要采取保护措施，防止损坏。若发现问题应及时按照有关程序提出修改意见，报请设计单位变更设计，以便更加符合施工现场的实际。

根据施工现场收集到的情况和核实的工程数量，按照工期要求、施工难易程度和人员、设备、材料准备情况，依据监理工程师提出的建议，对编制的施工组织设计做进一步修改，报现场监理工程师或业主批准，及时提出开工申请报告。对于重要或大型的公路工程，还应分别编制路基施工、桥涵施工、隧道施工的网络计划。

根据施工具体情况，做好以下工作：

1) 确定工地范围。施工单位应根据施工图和施工临时需要确定的工地范围，以及在此范围内有多少土地，哪些是永久占地，哪些是临时占地，并与地方有关人员到现场一一核实

(是荒地或是良田、果园等),绘出地界,设立标志。

2)清除现场障碍。施工现场范围内的障碍如建筑物、坟墓、暗穴、水井、各种管线、道路、灌溉渠道、民房等必须拆除或改建,以利施工的全面展开。

3)办妥有关手续。上述占地、移民和障碍物的拆迁等都必须事先与有关部门协商,办妥手续后方可进行。

4)做好现场规划。施工单位按照施工总平面图搭设修建生活和工程中的临时用房(包括工棚、仓库、加工厂和预制厂等),解决好通信、电力和水的供应,修建供工程施工使用的临时便道、便桥,在有洪水威胁的地区,防洪设施应在汛期前完成。

5)道路安全畅通。公路施工需要许多大型的车辆机械和设备,原有道路及桥涵能否承受此种重载,需要进行调查、验算,不合要求的应做加宽或加固处理,保证道路安全畅通。确保施工设备、材料、生活用品的供应,设立施工中必要的安全标志。

2. 施工测量

(1) 测量内容和精度 路基开工前应做好施工测量工作,其内容主要包括导线、中线、水准点的复测,横断面调查与补测,增设必要的水准点等。施工测量是整个公路工程施工的基础,是确保线路、高程、尺寸、形状正确的手段,必须认真做好。施工测量的精度应符合《公路勘测规范》(JTG C10—2007)的要求。

(2) 导线复测工作

1)当原测的中线主要控制桩由导线来控制时,施工单位必须根据设计资料认真做好导线的复测工作,核对施工现场与原测现场是否吻合。

2)导线复测要求精度较高,应采用先进的测量仪器(如红外线测距仪等)进行测量,测量的精度应符合有关规程的规定。在进行正式测量前,应对使用的仪器进行认真检验、校正,以确保其测量精度。

3)当原有导线点不能满足施工要求时,应当适当进行加密,保证在公路施工的全过程中,相邻导线点间能达到互相通视。

4)导线起讫点应与设计单位测定结果进行比较,测量精度应满足设计要求。当设计中有具体规定时,应满足以下要求:角度闭合差为$±16n$,n为测点数;复测导线时,必须和相邻施工段的导线闭合。

5)对有妨碍施工的导线点,在施工前可采用交点法或其他的固定方法加以固定。设置的护桩应牢固可靠,桩位应便于架设测量仪器,并设在施工范围以外。其他控制点也可以参照此法进行固定。

(3) 中线复测工作

1)在路基工程开工前,应全面恢复中线并固定路线主要控制桩,如交点、转点、圆曲线和缓和曲线的起讫点等。为确保线路准确无误,对于高速公路、一级公路应采用坐标法恢复主要控制桩。

2)在恢复中线时,应特别注意与结构物中心、相邻施工段的中线进行闭合,发现问题应及时查明原因,并报现场监理工程师和业主。

3)如果发现原设计中线长度丈量错误或需要进行局部改线时,应做断链处理,相应调整纵坡,并在设计图表的相应部位注明断链距离和桩号。对此类错误应立即与设计单位联系,共同协商解决。

（4）校对及增设水准基点

1）在使用设计单位设计的水准点之前，应当仔细进行校核，并与国家水准点闭合，超出允许误差范围时，应查明原因并及时报告有关部门。大桥附近的水准点闭合差应符合以下规定：高速公路和一级公路的水准点闭合差 $20L$（mm），二级及二级以下公路的水准点闭合差为 ± 30mm，其中 L 为水准路线的长度，以 km 计。

2）两相邻水准点的间距一般不宜大于 1km，在人工结构物附近、高填深挖地段、工程量集中地段、地形复杂地段，宜增设临时水准点。临时水准点必须要符合精度的要求，并与相邻路段的水准点闭合。

3）如果发现个别水准点受施工影响时，应将其移出影响范围，其高程应与原水准点闭合。

4）增设的水准点应设在便于观测的坚硬岩石上，或设置在永久性建筑物的牢固处，也可设在埋入土中至少 1m 深的混凝土桩上。

（5）横断面图核对　横断面图是否准确，关系到施工放样、工程量计算、施工标准、场地布置和工程结算等。在路基正式施工前，应详细检查、核对设计单位提供的横断面图，如果发现问题，应进行复查并及时报告监理工程师和业主。如果设计单位未提供横断面图，应按照有关规定全部进行补测。

（6）路基工程放样　路基工程放样是一项非常重要的施工准备工作，这是施工的标准和依据，也是确保路基工程质量的重要措施，因此必须认真、准确地进行路基工程放样工作。

1）在路基工程正式施工前，应根据恢复的路线中桩、设计图表、施工机械、施工工艺和有关规定，确定路基用地界桩、路堤坡脚桩、路堑堑顶桩、边沟、取土坑、护坡道、弃土堆等的具体位置。在距路中心安全距离处设立控制桩，其间距一般不宜大于 50m。在桩上应注明桩号、路中心填挖高度，通常用（+）表示填方，用（-）表示挖方。

2）在放完边桩后，应进行边坡的放样。对于深挖高填地段，每挖填 5m 应复测一次中线桩，测定其高程及宽度，以控制边坡的大小。

3）对施工工期较长的公路工程，在路基工程施工期间，每半年至少应复测一次水准在季节冻融地区施工的路基，冻融后也应对水准点进行复测。

4）在采用机械施工时，应在边桩处设立明显的填挖标志。在高速公路和一级公路的施工过程中，宜在不大于 200m 的段落内，距中心桩一定距离处埋设能够控制高程的控制桩，进行数据准确的施工控制。如果发现在施工中控制桩被碰倒或丢失，应当及时按规定将其补上，以免影响工地正常施工。

5）在取土坑放样时，应在坑的边缘设立明显标志，注明土场供应里程桩号及挖掘作为排水用的取土坑，当挖至距设计坑底 0.2~0.3m 时，应按照设计修整坑底纵坡。

6）边沟、截水沟和排水沟放样时，宜先做成样板供检查，也可每隔 10~20m 在沟内外边缘钉上木桩并注明里程及挖深。

7）在整个路基工程施工中，应注意保护所有设置的标志，特别应注意保护一些原始控制点。

3. 施工前的复查和试验

根据《公路路基施工技术规范》（JTG F10—2006）中的规定，在路基施工前应认真的复查和试验，以确保工程质量和保证工程顺利进行。路基的复查和试验工作，主要包括以下内容：

1）在路基正式施工前，施工人员应对路基工程范围内的地质、地形、水文情况进行调查，通过取样、试验确定其性质和范围，并了解附近既有建筑物和对特殊土的处理方法。

2）施工人员应根据设计文件提供的资料，对取自挖方、借土场、料场的路堤填料进行路段复查和取样试验。如果设计文件中提供的料场填料不足或不符合要求，施工单位应自行寻找，并立即报告监理工程师和业主。

3）挖方、借土场和料场用作填料的土，应严格进行下列试验项目：液限、塑限、塑性指数、天然稠度或液体指数、颗粒大小分析实验，含水率试验，密度实验，相对密度实验，土的击实试验，土的强度试验（CBR），一级公路高速公路应做有机质含量试验及易溶盐含量实验。试验方法按照《公路土工试验规程》（JTG E40—2007）中的规定采用。

对于特殊土，除应进行以上实验外，还应结合对各种土定名的需要，辅以相应的专门鉴别试验，以确定其种类及处置方法。使用新材料（如工业废渣等）填筑路堤时，除应按照相关规范、规程进行试验外，还应做对环卫有害成分的试验，同时提出报告，经有关部门批准后方可使用。

4. 场地清理工作

进行场地清理也是路基工程施工前的一项重要准备工作。如果场地清理不符合要求，不仅不能保证公路工程的质量，还会严重影响整个工程的施工进度。场地清理主要包括以下工作：

1）施工前应按设计要求进行公路用地放样，由业主办理土地征用手续。施工单位可根据施工需要提出增加临时用地计划，并对增加部分进行公路用地测量，绘制出用地平面图及用地划界表，送交有关单位办理拆迁及临时占用土地手续。

2）路基用地范围内的既有房屋、道路、河沟、通信、电力设施、上下水道、坟墓及其他建筑物、构筑物，均应协助有关部门事先拆迁或改造；对于路基附近的危险建筑应予以适当加固，对文物古迹应妥善保护。

3）路基用地范围内的树木、灌木丛等均应在施工前砍伐或移植清理，砍伐的树木应移置于路基用地之外，进行妥善处理。高速公路、一级公路和填方高度小于 1m 的其他公路，应将路基范围内的树根全部挖除并将坑穴填平夯实；填方高度大于 1m 的其他公路允许保留树根，但根部露出地面不得超过 20cm。取土坑范围内的树根也应全部挖除。

4）在填方和借方地段的原地面应进行表面清理，清理深度应根据种植土厚度确定，清出的种植土应集中堆放。填方地段在清理完地表面后，应整平压实到规定要求，才可进行填方作业。

5. 试验路段工作

1）路基的铺土厚度、压实遍数、含水率大小，以及采用"四新"（新技术、新工艺、新设备、新材料）进行施工时，均要通过试验进行确定。因此，在路基工程正式施工前，应按有关规定划出一定的路段进行试验。

2）高速公路、一级公路以及在特殊地区或采用新技术、新工艺、新设备、新材料进行路基施工时，应采用不同的施工方案做试验路段，从中选出路基施工的最佳方案用以指导全线的施工。

3）试验路段的位置应选择在地质条件、断面形式等均具有代表性的地段，试验路段的长度不宜小于 100m。

4）试验所用的材料和机具应当与将来全线施工所用的材料和机具相同。通过试验确定不同机具压实不同填料的最佳含水率、适宜的松铺厚度和相应的碾压遍数、最佳的机械配套设备。

四、填方路堤施工

（一）基底处理与填料的选择

路堤是在天然地基上人为构筑的土体，一般都是利用当地土石作为填料、按一定方案在原地面上填筑起来的。经验表明，为保证路堤的填筑质量，保证路堤具有足够的强度和稳定性，必须注意对基底的处理和填料的选择。

1. 路堤基底的处理

路堤基底是指路堤填料与原地面的接触部分。为使两者结合紧密，避免路堤沿基底发生滑动，防止因草皮、树根腐烂而引起路堤沉陷，需根据基底的土质、水文、坡度和植被情况及填土高度采取相应的处理措施。

路堤填筑时，如果不清除结合面上的草木残株等有害于路堤稳定的杂物，路堤成形后一旦杂物腐烂变质，地基将发生松软和不均匀沉陷等现象。为了预防这种情况，必须在填土之前做好伐树、除根和表层土壤处理工作。特别是当路基填筑高度过小时，应注意将路基范围内的树根、草丛全部挖除。伐树、除根和清除草丛作业可采用人工方法或机械方法。应注意的是对草丛等不能用火烧的办法，因为火烧法不易控制火势，稍有不慎即会造成烧山毁林等严重后果。

如果基底的表层土是腐殖土，则必须用挖掘机或人工将其表层土清除换填，厚度视具体情况而定，一般以不小于30cm为宜，并予以分层压实，压实度应符合规范要求。如发现草炭层、鼠洞、裂缝、溶洞等，必须做好处理，以防日后塌陷。路堤修筑后，有些清除物（如腐殖土）可取回作为护坡保护层用土，也可作为中央分隔带及绿化带的回填土，这时应注意堆弃位置要便于取回。

路堤通过耕地时，筑填施工之前，必须预先填平压实，如其中有机质含量和其他杂质较多时，碾压时因弹性过大，不易压实，应换填干土。

山坡路堤，地面横坡不陡于1：5且基底符合规定要求时，可直接修筑在天然的土基上；地面横坡陡于1：5时，原地面应挖成台阶（台阶宽度不小于1m），台阶顶面做成2%～4%的斜坡，并用小型夯实机加以夯实。筑填时应由最低一层台阶填起，并分层夯实，然后逐台向上填筑，分层夯实，所有台阶填完之后，即可按一般填土进行。如果基底坡面超过1：2.5，则应采用修护墙、护脚等措施对外坡脚进行特殊处理。

高速公路和一级公路，横坡陡峻地段的半填半挖路基，必须在山坡上从填方坡脚向上挖成向内倾斜的台阶，并用机具将其压（夯）实。台阶宽度不应小于1m。其中挖方一侧，在行车范围内的宽度不足一个行车道宽度时，应挖够一个行车道宽度，其上路床深度范围内的原地面土应予以挖除换填，并按上路床填方的要求施工。

2. 路堤填料的选择

路基填方材料应有一定的强度。高速公路及一级公路的路基填方材料，应经野外取土试验，符合表5-1的规定时方可使用；二级及二级以下的公路路基填方材料，也按照表5-1选取。

表 5-1　路基填方材料最小强度和最大粒径

路面底面以下深度/cm		填料最小强度 CBR(%)			填料最大粒径/cm
		高速公路及一级公路	二级	三、四级公路	
路床	上路床(0~30)	8.0	6.0	5.0	10
	下路床(30~80)	5.0	4.0	3.0	10
路堤	上路堤(80~150)	4.0	3.0	3.0	15
	下路堤(>150)	3.0	2.0	2.0	15
零填及挖方路基	(0~30)	8.0	6.0	5.0	10
	(30~80)	5.0	4.0	3.0	10

（1）最稳定的填料　最稳定的填料主要有石质土和工业矿渣两大类。前者常用的有漂石土、卵石土、砾石土、中砂和粗砂等；后者常用的有钢渣、建筑废料等。这两类材料摩擦系数大，不易压缩，透水性好，其强度受水的影响很小，是填筑路堤的最佳材料。

（2）密实后可以稳定的填料　这类材料分为一般填土和工业废料两类。前者通常是指粉土质砂以及砂和黏土组成的混合土。后者主要有粉煤灰、电石灰等。这些材料压实后能获得足够的强度和稳定性，是常用的比较好的填筑材料，但在使用时应注意：

1）土中的有机质不可超过 5%。
2）土中易溶盐含量不应超出规定的数量。
3）填土施工要在最佳含水率状态下进行。
4）必须按一定厚度铺设，分层压实。
5）砂的黏性小，易松散，有条件时适当掺杂一些粘性大的土，以提高路基的稳定性；
6）用粉煤灰填筑路堤应符合有关规定要求，其他工业废渣在使用前应进行有害物质的含量试验，避免有害物质超标，污染环境。

（3）稳定性差的填料　主要有高液限黏土、粉质土等。具体分析如下：

1）含砂高液限黏土、高液限黏土的黏性高，塑性指数大，透水性极差。干燥时很坚硬，但浸水后强度急剧下降，不易干燥；干湿循环的胀缩引起的体积变化很大；过干时成块状，不易打碎和压实；过湿时又易压成弹簧土，属于不理想的填料。

2）粉质土含有较多的粉土粒，虽有一定的黏性和塑性，但不易稳定，被水淹没后成流体状态（泥浆），干旱时则尘土飞扬；毛细水上升高度很大（可达 0.8~1.5m），在季节性冰冻地区会造成很大水分累积，导致严重的冻胀和翻浆，属于最差的路堤填土，黄土类、黑土（肥黏土）多属于这类土。

3）上述稳定性较差的土一般属液限大于 50、塑性指数大于 26 的土，以及含水量超过规定的土，不宜直接作为公路路基填土。在特殊情况下，受工程作业现场条件限制必须使用时，通常应做如下处理，处理后方能使用。

① 含水率的调节。进行含水率控制的目的，是保证土料在最佳含水率下达到最好的压实宽度。如果土料含水率过高，应予以翻晒，最好利用松土机或圆盘耙翻晒，增大暴露面，加速蒸发。另外也可在取土场工作面下面挖沟，使地下水位降低，改变土料含水率，这也是一种有效方法。如含水率过低时，常在材料上人工洒水（最好在料场进行，以利控制洒水均匀），洒水量可由自然含水率和最佳含水率之差简单求出；也可采用洒水车直接在堤上喷

洒，但应配用圆盘耙等机具对土料进行翻拌，使其润湿均匀。同时还须注意预留润湿时间，绝不可洒水后立即碾压。

② 掺外加剂改良，即利用石灰、水泥工业废料或其他材料做稳定剂（或凝固剂）对土的性质进行改良，达到填土要求。这种方法对含水率大、塑性高的土或强度不足的其他材料（如含有大量细粒砂的砂质土）都有较好的效果。采用外加剂改良土的施工方法，是将土和外加材料按一定比例混合、拌和后铺平，一般采用路拌式稳定土拌和机（灰土拌和机）和平地机等进行作业，也可由设于场地内的设备制备。

③ 捣碎后的种植土，可用于路堤边坡表层。

（二）填土路堤施工

路堤填土每侧应宽于填层设计宽度，压实宽度不得小于设计宽度，最后削坡。山坡路堤，地面横坡不陡于1:5，且基底符合填方路堤一般规定中的要求时，路堤可直接修筑在天然的土基上。地面横坡陡于1:5时，原地面应挖成台阶（台阶宽度不小于1m），用小型夯实机加以夯实。填筑应由最低一层台阶填起，并分层夯实，然后逐台向上填筑夯实，所有台阶填完之后，即可按一般填土进行。

1. 填土路堤填筑方法

路堤填筑是将填料用一定方式运送上堤进行铺平、碾压密实的过程。路堤填筑分为分层填筑法、竖向填筑法和混合填筑法三种。

（1）分层填筑法　必须根据不同的土质，从原地面逐层填起并分层压实，每层填土的厚度可按压实机具的有效深度和压实度确定。分层填筑法又可分为水平分层填筑和纵向分层填筑两种。

1）水平分层填筑（图5-1）。填筑时按照横断面全宽分成水平层次，逐层向上填筑，如原地面不平，应由最低分层填起。每填一层，经过压实符合规定要求之后，再填上一层，依次循环进行直至达到设计高程。此法是常用的一种填筑方法。

2）纵向分层填筑（图5-2）。用推土机从路堑取土填筑距离较短的路堤，依纵坡方向分层，逐层向上填筑。原地面纵坡大于12%的地段常采用此法。

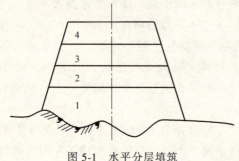

图5-1　水平分层填筑

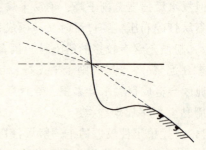

图5-2　纵向分层填筑

（2）竖向填筑法　从路基一端或两端同时按横断面的全部高度，逐步推进填筑，如图5-3所示。此法仅用于无法自下而上填筑的深谷、陡坡、断岩、泥沼等运土和机械无法进场的路堤。竖向填筑填土过厚不易压实，施工时需采取必要的技术措施：

1）选用振动式或夯击式压实机械。

2）选用沉陷量较小、透水性较好、颗粒粒径均匀的砂石材料或附近开挖路堑的废石方，并一次填满路堤全宽度。

3）暂时不修建较高级的路面，允许短期内自然沉落。

（3）混合填筑法　如图 5-4 所示，在路堤下层竖向填筑，上层水平分层填筑，使上部填土经分层压实获得需要的压实度。混合填筑适用于因地形限制或填筑堤身较高，不宜采用水平分层法和竖向填筑法自始至终进行填筑的情况。可以单机作业，也可多机作业，一般沿线路分段进行，每段长度以 20~40m 为宜，多在地势平坦，或两侧有可利用的山地土场的场合采用。

（4）注意事项　采用不同土质填筑路堤，在高等级公路施工中是十分常见的。若将不同性质的土任意混填，会造成路基病害，因此必须注意下列几点：

1）不同土质应分层填筑，层次应尽量减少，每层总厚度最好不小于 0.5m。不得混杂乱填，以免形成水囊或滑动面。

2）透水性差的土填筑下层时，其表面应做成一定的横坡（一般为双向 4% 横坡），以保证将上层透水性填土的水分及时排出。

3）为保证水分蒸发和排除，路堤不易被透水性差的土层封闭，也不应该覆盖在透水性较大的土所填筑的下层边坡上。

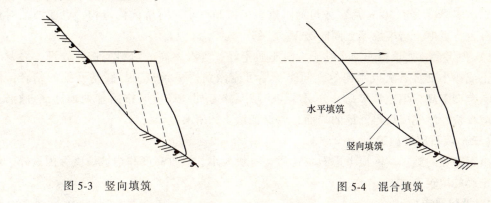

图 5-3　竖向填筑　　　　　　　　图 5-4　混合填筑

4）根据强度与稳定性要求，合理地安排不同土质的层位，一般地，凡不因潮湿及冻融而变化其体积的优良土应填在上层，强度（变形模量）较小的土应填在下层。

5）为防止相邻两段用不同土质填筑的路堤在交接处发生不均匀变形，交接处应做成斜面，并将透水性差的土填在斜面的下部。

6）若填方分几个作业段施工，两段交接处不在同一时间填筑，则先填地段，应按 1∶1 的坡度分层留台阶。若两个地段同时填，则应分层相互交叠衔接，其搭接长度不得小于 2m。

2. 桥涵、台背填土施工与控制

（1）设置横向泄水管或盲沟　先对基底做必要的处理，再填筑横坡为 3%~4% 的夯实黏土土拱。在土拱上挖一条成双向坡的地沟（地沟尺寸一般宽 40~60cm，深 30~50cm），然后在台背后全宽范围内满铺一层隔水材料（可用油毡或下垫尼龙薄膜上盖油毡）。在地沟内铺有小孔的硬塑料管（管径一般不小于 10cm，其上小孔孔径为 5mm，布成绢花形，间距控制在 10cm 以内），塑料泄水管的出口应伸出路基，然后在硬塑料管四周填筑透水性好、粒径较大的砂石材料，再分层填筑台后透水性材料，直到路基顶面。横向盲沟的设置与上相同，取消泄水管，以渗透系数较大的透水性材料填筑地沟（如大粒径碎石）。用土工布包裹盲沟出口处，并对其做必要的处理。

（2）台背填筑材料的选择与施工　桥（涵）头产生跳车主要是路基压缩沉降和地基沉降引起的。台背处填筑内摩擦角较小的材料（如土方），加上压实质量的影响，路基的压缩沉降量一般较大。为保证台背处路堤的稳定，其填土除设计文件另有规定外，一般应选用内摩擦角较大的透水性材料，如岩渣、碎石，能较好地减少路基的压缩沉降；另一方面，也有利于将墙背缝隙中渗入的雨水沿盲沟或泄水管顺利排出路堤。

（3）材料的填筑高度　从路堤顶面起向下计算，在冰冻地区一般不小于2.5m，无冰冻地区填至高水位处。台背与路基接壤处，为保证连接质量，一般路基留一斜坡，斜坡坡度不大于1∶1（也可用台阶形式连接）。

台背填筑施工注意事项：

1) 控制填料的质量，填料的细料含量不宜过大。

2) 填筑前，应在土拱上设置泄水管或盲沟。

3) 台背填筑透水性材料前，桥、涵的台前防护工程及桥梁上部结构均应完成。

4) 涵洞缺口处填筑时，应在两侧对称均匀分层，并回填压实。如使用机械回填，则涵台胸腔部分及检查井周围应先用小型压实机械压实填好后，方可用机械进行大面积回填，涵顶填土压实厚度大于50cm后，才可通过重型机械和汽车。对桥梁构造物，也应两端对称施工，桥台背后填土与堆坡填土同时施工。

5) 如果台背要填筑非透水性土，对土质不好、含水率高的填料要进行处理，必要时可以换土或掺小剂量石灰或水泥等。同时，尽可能做到桥、涵施工与路基开挖的结合，做到桥、涵台砌多高，填土填多高，分层压实，填至路基处理高度时按路基处理标准进行施工，尽量减少桥、涵完成后再开挖的局面，以保证填土的密实度。

（三）填石路堤施工

填石路堤的施工，除应考虑石料性质、石块大小、填筑高度和边坡坡度等因素外，还应选择正确的填筑方法。

1. 填料要求

填石路堤的石料来源主要是路堑和隧道爆破后的石料，施工时要注意其强度和风化程度是否符合要求。石料强度是指饱水试件的极限抗压强度，填石路堤要求其强度值不小于15MPa（用于护坡不应低于20MPa）。

用于填石路堤的石料在粒径上也有要求。一般情况下，最大粒径不宜超过层厚的2/3。在高速公路及一级公路填石路堤路床顶面以下50cm范围内，填料最大粒径不得大于10cm；其他等级公路填石路堤，路床顶面以下30cm范围内，填料最大粒径不应大于15cm。

2. 填筑方法

填石路堤的填筑施工方式有倾填（含抛填）和逐层填筑、分层压实两种。倾填又可分为石块从岩面爆破后直接散落在准备填筑的路堤内，和用推土机将爆破后堆置在半路堑上的石块以及用自卸汽车从远处运来的爆破石块推入路堤两种情况。无论是哪一种倾填情况，由于石料是从高处自然落下，石料间难免犬牙交错，空隙较大，故倾填路堤的压实、稳定等问题较多。因此，高速公路、一级公路和铺设高级路面的其他等级公路的填石路堤不宜采用倾填式施工，而应采用分层填筑、分层压实的方法。二级及二级以下且铺设低级路面的公路在陡峻山坡段施工特别困难或大量爆破以挖作填时，可采用倾填方式将石料填筑于路堤下部，但倾填路堤在路床底面下不小于1.0m范围内仍应分层填筑压实。

采用分层填筑方式施工，又可分为机械作业和人工作业两种。机械施工分层填筑时，高速公路及一级公路分层松铺厚度一般为50cm，其他公路为100cm。施工中应安排好石料运行路线，专人指挥，按水平分层，先低后高、先两侧后中央卸料。由于每层填筑厚度较大，摊铺平整工作必须采用大型推土机进行，个别不平处应配合人工用细石块、石屑找平。如果石块级配较差、粒径较大、填层较厚，石块间的空隙较大时，可向每层表面的空隙里扫入石渣、石屑、中砂、粗砂，再以压力水将砂冲入下部，反复数次，使空隙填满。当铺填粒径25cm以上石料时，应先铺填大块石料，大面向下，小面向上，摆平放稳，再用小石块找平，石屑塞填，最后压实；铺填粒径25cm以下石料时，可直接分层摊铺，分层碾压。

3. 注意事项

1) 填石路堤的填料如其岩性相差较大，特别是岩石强度相差较大时，则应将不同岩性填料分层或分段填筑。例如，易风化软岩不得用于路堤上部，也不得用于路堤浸水部分；有些挖方路段是爆破石，有的是天然漂石土、块石土等，这些填料不得混填在一起，而应分段填筑。如果路堑或隧道基岩虽为不同岩种，但其石料强度均符合要求（大于15MPa），则允许使用挖出的混合料填筑路堤。

2) 强风化石料或软质岩石，用重型压路机或夯锤压实时，可能会被碾压夯压成碎屑、碎粒，因此，这类石料能否用于填筑路堤，应按有关规定检验其CBR值，符合要求时才准许使用，这样可以保证路堤填筑压实后的浸水整体强度和稳定性。该类填料与土质路堤填料类似，当能使用时，应该按照土质路堤技术要求施工。

3) 填石路堤路床顶部至路床底部30~50cm（高速公路及一级公路为50cm，其他公路为30cm）范围内应用符合路床要求的土填筑，并分层压实，以提高路床面的平整度，使其均匀受力并有利于与路面底层的连接。

（四）土石路堤施工

1. 填料要求

一般情况下，当石块强度大于20MPa时，就不易被压路机压碎，所以，当土石混合料强度大于20MPa时，其粒径不得超过压实层厚度的2/3，超过的应予以清除，这样有利于压实均匀，不致使上下层石块重叠，造成碾压时不稳定。当土石混合料中所含石块为软质岩或极软岩（强度小于15MPa）时，易被压路机压碎，不存在强度较大石块的问题，故可与压实层厚度相同，但不宜超过层厚，超过的应打碎。

2. 填筑方法

土石路堤不得采用倾填方法，只能采用分层填筑，分层压实。

当土石混合料中石料含量超过70%时，宜采用人工铺填，即先铺填大块石料，且大面向下，放置平稳，再铺小块石料、石渣或石屑嵌缝找平，然后碾压。当土石混合料中石料含量小于70%时，可用推土机将土石混合料铺填，每层铺填厚度应根据压实机械类型和规格确定，且不宜超过40cm。用机械铺填时应注意避免硬质石块，特别是集中在一起的尺寸大的硬质石块。

3. 注意事项

1) 若将压实后渗水性差的细粒土填在路堤两侧，则会因雨后填筑于路堤中部渗水性好的土吸收的水分无法排除而降低路堤承载力，甚至在路堤中部形成水囊，使路面严重破坏。所以，压实后渗水性差异较大的土石混合填料应分层或分段填筑，不宜纵向分幅填筑。如确需纵向分幅填筑，应将压实后渗水性良好的土石混合料填筑于路堤两侧。

2）土石混合填料一般来自不同的路段。如果均为硬质石料，则不论石料类别如何，可混在一起填筑。如果均为软质石料且压实后的渗水性基本相同，也可混在一起填。但如果来自不同路段的土石混合料的岩性或土石混合比相差较大，则应分层或分段填筑。如分层或分段填筑有困难，则应将硬质石块的混合料铺于填筑层的下面，且石块不得过分集中或重叠，上面再铺软石质混合料，然后整平碾压。

3）由于填石路堤空隙大，在行车作用下易产生推移。所以，为使路面稳定，并保持较好的平整度，以利舒适行车，在土石路堤的路床顶面以下30~50cm（高速公路、一级公路为50cm，其他公路为30cm）范围内应填筑符合路床要求的土，并分层压实，可使在路床高程范围内强度一致，并有利于加强路面结构与土石路堤之间的结合。

(五) 路堤填料的碾压

路堤填料的碾压是路基工程中的一个关键施工工序，只有有效地压实路基填筑料，才能保证路基工程的施工质量。除了采用透水性良好的砂石材料外，填料均需使其含水量在最佳含水量的±2%内，方可进行碾压。因此，在路堤土石料碾压施工中，必须经常检查填料的含水量，并按规定检查压实度。

(1) 确定要求的压实度　路基要求的压实度，应根据填挖类型、公路等级和路堤填筑高度确定，参见表5-2。

表5-2　土质路堤压实度的标准

填挖类型		路面底面计起深度范围/cm	压实度(%)	
			快速路、主干路	其他道路
路堤	上路床	0~30	≥95	≥93
	下路床	30~80	≥95	≥93
	上路堤	80~150	≥93	≥90
	下路堤	≥150	≥90	≥90
零填及路堑路床		0~30	≥95	≥93

通常根据表5-2中的规定，用标准击实试验求出最大干密度和相应的最佳含水量，计算出要求的最小干密度。

(2) 进行试验段碾压试验　各种压实机具碾压不同土类的适宜厚度、所需碾压遍数和填土的实际含水量与要求的压实度大小有关，在正式对路堤填土压实前，应按要求的压实度在试验段进行碾压试验加以确定。高等级公路路基填土压实，宜采用振动压路机或30~50t的轮胎式压路机进行。采用振动压路机碾压时，第一遍应当进行静压，第二遍开始用振动压实。

为确保填土压实质量，在压实过程中应严格控制填土的含水量。当含水量过大时，应将土翻晒至要求的含水量再碾压；当含水量过小时，需均匀洒水后再进行碾压。在一般情况下，天然土中的含水量基本接近最佳含水量，因此在填土后应该随即压实。

填石路堤在压实前，应先用大型推土机推铺平整，个别不平整的地方，可以配合人工用细石屑找平。采用的压实机具宜选工作质量在12t以上的重型压路机、2.5t以上的夯锤或25t以上的轮胎式压路机。碾压时要求均匀压实，不得出现漏压。每层的铺土厚度，当采用重型振动压路机或夯锤压实时，可以加厚至1.0m。

填石路堤压实所要求的密实度所需碾压遍数（或夯压遍数）应经过试验确定。以 12t 以上振动压路机进行压实试验，当压实层顶面稳定、不再有下沉现象时，可判为达到密实状态，即压实度合格。

土石路堤的压实要根据混合料中巨粒土含量的多少来确定，当混合料中巨粒土含量较少时，应按填土路堤的压实方法进行压实；当混合料中巨粒土含量较多时，应按填石路堤的压实方法进行压实。

（3）检查填土的压实度　检查压实后填土的含水量和干密度，用下式计算填土的压实度 K

$$K = \frac{检查点填土的干密度}{最大干密度} \times 100\%$$

每个检查点的填土压实度必须合格，不合格的必须重新进行处理，直至压实度合格为止。压实度检查的方法有环刀法、灌砂法、水袋法和核子密度仪，在使用核子密度仪时事先应做与规定试验方法的对比试验。

土石路堤的压实度检测采用灌砂法或水袋法，其标准干密度应根据每种填料的不同含石量的最大干密度作出标准干密度曲线，然后根据试坑挖取试样的含石量，从标准干密度曲线上查出对应的标准密度。压实度的要求同土质路堤的标准。

当巨粒土含量较高，无法采用灌砂法或水袋法进行检测时，可按填石路堤压实度的检查方法检测。压实度的标准也按填石路堤的压实度标准执行。

五、挖方路基施工

（一）挖方路基土方的施工

路堑开挖施工，除需考虑当地的地形条件、采用的机具等因素外，还需考虑土层的分布及利用。在路堑开挖前，应做好现场伐树除根等清理工作和排水工作。如果是移挖作填，应将表层土单独挖除，或按不同的土层分层挖掘，以满足路堤填筑的要求。根据路堑的深度、纵向长短及现场施工条件，可采用横向挖掘法、纵向挖掘法和混合式挖掘法。

1. 横向挖掘法

（1）开挖方式

1）单层横向全宽挖掘法。从开挖路堑的一端或两端按断面全宽一次性挖到设计高程，逐渐向纵深挖掘，挖出的土方一般都是向两侧运送。这种方法适用于挖掘深度小且较短的路堑。

2）多层横向全宽挖掘法。从开挖路堑的一端或两端按横断面分层挖至设计高程。多层横向全宽挖掘法主要适用于开挖深而短的路堑。

（2）作业方法　土质路堑的开挖可采用人工作业，也可选用机械作业，区别如下：

1）用横挖法人工挖路堑时，可在不同高度分几个台阶开挖，其深度一般宜为 1.5~2.0m。无法自两端一次横挖到路基高程或分台阶横挖，均应设单独的运土通道及排水沟，以免相互干扰，影响工效，造成事故。

2）用机械按横挖法挖路堑且弃土（或移挖作填）运距较远时，宜用挖掘机配合自卸车进行，每层台阶高度可增加到 3~4m，其余要求与人力开挖路堑相同。

3）路堑横挖法也可用推土机进行，若弃土或移挖作填运距超过推土机的经济运距时，用推土机推土堆积，再用装载机配合自卸车运土。用机械开挖路堑应注意的是，边坡应配合平地机或人工分层修刮平整，以保证边坡的平整与稳定。

2. 纵向挖掘法

（1）开挖方式

1）分层纵挖法。沿路堑全宽，以深度不大的纵向分层进行挖掘，适用于较长的路堑开挖。

2）通道纵挖法。先沿路堑纵向挖掘一通道，然后将通道向两侧拓宽以扩大工作面，并将该通道作为运土路线及场内排水的出路。该层通道拓宽至路堑边坡后开挖下层通道，如此向纵深开挖至路基高程。该法适用于路堑较长、较深路堑的开挖。

3）分段纵挖法。沿路堑纵向选择一个或几个适宜处，将较薄一侧堑壁横向挖穿，变成两段或数段，各段再纵向开挖。该法适用于路堑过长、弃土运距过山路堑、其一侧堑壁不厚的路堑开挖。

（2）作业方法 土质路堑纵向挖掘，多采用机械化施工，要点如下：

1）当采用分层纵挖法挖掘的路堑长度较短（不超过100m）、地面坡度较陡时，宜采用机械作业。推土机作业时，每一铲挖地段的长度应能满足一次铲切达到满载的要求，一般为5~10m，铲挖宜在下坡时进行；对普通土宜为10%~18%，不得大于30%；对于松土不宜小于10%，不得大于15%；傍山卸土的运行道路应设有向内稍低的横坡，但应同时留有向外排水的通道。

2）当采用分层纵挖法挖掘的路堑长度较长（超过100m）时，宜采用铲运机，同时最好配备一台推土机配合铲运机（或使用铲运推土机）作业。对于拖式铲运和铲运推土机，其铲斗容积为$4~8m^3$的适宜运距为100~400m，容积为$9~12m^3$的适宜100~700m。自行式铲运机运距可增加一倍。铲运机的运土道，单道宽度不应小于4m，宽度不应小于8m；其纵坡，重载上坡不宜大于8%，空驶上坡不得大于50%；弯道尽可能平缓，避免急弯；路基表层应在回驶时刮平，重载弯道长度和宽度应能使铲量易于达到满载。在起伏地形的工地，应充分利用下坡铲装；取土应沿其工作面有计划地均匀进行，不得局部过度取土而造成坑洼积水。铲运机卸土场的大小应满足分层铺卸的需要，并留有回转余地。填方卸土应边走边卸，防止成堆，行走路线外侧边缘的距离不宜小于20cm。

3. 混合式挖掘法

当路线纵向长度和挖深都很大时，为扩大工作面，可将多层横挖法和通道纵挖法混合使用。先沿路堑纵向挖通道，然后沿横向坡面挖掘，以增加开挖坡面，如图5-5所示。每一坡面的大小，应能容纳一个施工小组或一台机械作业。

（二）深挖路堑、岩石路堑的施工

1. 岩石路堑破碎开挖

在路基工程中，当线路通过山区、丘陵及傍山沿溪地段时，往往会遇到集中的或分散的岩石区域，这就必须进行石方的破碎、挖掘作业。岩土的破碎开挖，主要采用两种方法：一是爆破作业法；二是松土机械作业法。爆破作业法是利用炸药爆第一层通道，爆炸时产生的热和高压，使岩石或周围的介质受到破坏或移位。其特点是施工进度快，可减轻繁重的体力劳动，提高劳动生产率。但这种方法毕竟是危险性作业，需要有充分的爆破知识和必要的安全措施。松土机械作业法是利用大型、整体式松土器，耙松岩土后由铲运机械装运。其特点

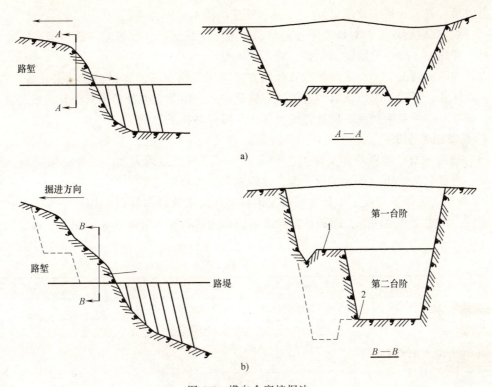

图 5-5 横向全宽挖掘法
a) 单层横向全宽挖掘法　b) 多层横向全宽挖掘法
1—第一台阶运土道　2—临时排水沟

是作业过程比较简单,具有较高的作业效率。在国外高等级公路施工作业中被广泛采用。因此,岩土开挖时如果能用松土器破碎,则建议使用。

2. 松土机械施工作业

高等级公路施工中常用的松土机械是带松土器的推土机。其生产率除了与自身的功率有关外,还与岩石的可松性有关,即与岩石的种类、岩石的风化程度以及裂缝发展程度有关。一般来说,砂岩、石灰岩、页岩以及砾岩等水成岩,呈层状结构片岩、石英岩等变成岩,岩层较薄(小于15cm)时也可采用松土器施工。花岗岩、玄武岩、安山岩等火成岩及较厚的片麻岩、片岩、石英岩,松开较为困难,一般需经预裂爆破后方进行松土器施工作业。

用松土器进行岩石的破碎开挖,宜选用单齿式松土器,其贯入深度应尽可能大,但是推土机必须有足够的牵引力,才不致使履带打滑。作业时,每次的松土间隔根据石料用途和搬运方法确定,一般可取 1.0~1.5m。作业时一般应低速行驶,即使在较易松开的作业现场,车速增加也不如加大压入深度或增加齿数更经济。同时,高速行驶进行松土作业还容易因岩石硬度变化,引起发动机转速变化,造成机体跳动,增加操纵难度。

根据作业条件,松土机可采取如下几种方法:

1) 交叉松土。以选定的间隔在互相垂直的方向上进行作业,在岩石破碎成沟状,而其余部分未被破碎时,采用这种方法较为有效。缺点是松土后的地面很粗糙而且不规则,降低了机械的工作效率。

2) 串联松土。用另外一台推土机助推的方法。用于较硬岩石的破碎,且成本有所增加,但效果较好,如果工效能提高3~4倍,施工的成本反而会降低。

3)预裂爆破后松土。对特别坚硬的岩石,进行预裂爆破(如松动爆破、静态爆破)后再用松土器作业,比单纯爆破工效高,施工成本也低。

无论在哪种情况下,松土时机械行驶的方向应与岩纹垂直,这样破碎效果较好,否则,顺着岩纹作业,可能出现松土器经过的地方劈成沟状,而其余部分仍没有松开或松开很少的情况。另外,应尽可能利用下坡进行松土作业,可提高松土效果。

3. 爆破施工作业

(1) 爆破器材 爆破器材又叫火工产品,分军用与民用两大类。民用爆破器材又称爆破器材,主要包括炸药、雷管、导火索、导爆索和导爆管等。

1)炸药。公路工程施工中最常用的是硝铵类炸药中的铵梯炸药,具有中等威力和一定的敏感性。但受潮和结块后,爆破性能会降低,而生成的有毒气体明显增加。炸药分类见表 5-3。

表 5-3 炸药分类

类别名称	炸药名称和型号		说明
硝铵类炸药(主要成分:硝酸铵)	铵梯炸药	岩石铵梯炸药,2号,3号,2号抗水,4号抗水	公路工常用岩石2号,怕潮
		露天铵梯炸药,1号,2号,3号,2号抗水	
		煤矿许可铵梯炸药,2号,3号,2号抗水,3号抗水(安全炸药)	
	铵梯油炸药,2号,2号抗水,3号抗水		
	铵松蜡炸药,1号,2号		
	多孔粒状铵油炸药		
	铵油炸药,1号,2号,3号		吸湿后结块不能久存,成本低
	乳化炸药	岩石乳化炸药	
		露天乳化炸药	
		煤矿许用乳化炸药	
硝化甘油类炸药	胶质硝化	1号普通,2号普通	爆炸威力力大,危险性大
	甘油炸药	1号难冻,2号难冻	适用地硬岩石或水下
芳香族硝基炸药	梯恩梯(硝基甲苯)		是一种烈性炸药
	苦味酸(黄色炸药)		价格昂贵,爆炸后产生有毒气体
黑火药	爆破用黑火药		适用于开采石料

2)雷管。雷管是用来起爆炸药的,按点火方式不同分电雷管与火雷管。用导火索引爆的雷管叫火雷管,分6号、8号两种,可在无瓦斯与爆尘爆炸危险的爆破作业中应用,但应注意雷管的防潮。电雷管的构造与火雷管基本相同,只是增加了一个电气点火装置,根据雷管中主装药量不同分为6号、8号两种。常用的电雷管有瞬发电雷管、延期电雷管及特殊电雷管等。

起爆炸药之间有一段缓燃导火索,根据导火索燃烧时间不同,延长起爆时间也不同,延长时间以秒、毫秒计。

一个作业面需要同时爆炸的,用瞬发电雷管;不需要同时爆炸以制造临空面来扩大爆破效果的,用延期电雷管。

3) 导火索。导火索以火点燃,用以引爆火雷管或黑火药包,按燃烧速度分为普通导火索和缓燃导火索,每米燃烧速度分别为 100~125s 与 180~215s。火花起爆法是利用导火线燃烧引爆雷管,从而使药包爆炸的一种起爆方法。

4) 导爆索。导爆索的索芯用高级烈性炸药制成,按其包缠结构分棉线导爆索和塑料导爆索。由于导爆索着火较困难,使用时须在药室外的一段导爆线上捆扎一个 8 号雷管来起爆。由于导爆索的爆速快,每秒可达 6000 多米,故适用于深孔、洞室爆破。

5) 塑料导爆管。塑料导爆管是由高压聚乙烯制成,内、外径分别为 1.4mm 和 3mm 的软管,内装以混合炸药,药量为 14~16mg/m。国产塑料导爆管爆速为 1600~2500m/s,可用雷管、导爆索、火帽、引火头等产生冲击波的器材激发,通过塑料导爆管传递到雷管激发而起爆。起爆网络与药包的联结方式有并联、串联、簇联和复式联结法等。起爆法具有抗杂电、操作简便、使用安全可靠、成本较低等优点,有逐渐替代导火索和导爆索起爆法的趋势。

(2) 石方爆破的一般规定

1) 应根据岩石的工程地质分类、岩石的风化程度和节理发育程度等确定石方开挖方案。对于软石和强风化岩石,凡能用机械直接开挖的,均应用机械开挖;如这类石方数量不大,也可以人工开挖。凡不能使用机械或人工直接开挖的石方,则用爆破法开挖。爆破法开挖的路段,应查明路段内有无电缆线、地下预埋管线及其平面位置、埋置深度,同时调查开挖边界线外的建筑物结构类型、完好程度、距开挖边界距离,然后制订爆破方案。爆破方案必须确保既有建筑物、管线的安全。爆破方案选定后,应分别报送当地公安部门、构造物行业主管部门及监理工程师审批。爆破作业必须由经过专业培训并取得布孔爆破证书的人员施爆。石方爆破施工中,当工程量小、工期允许时,可采用人工打眼;工程量较大时,应采用机械钻孔,钻孔机械可采用风钻或凿岩机。

2) 石方开挖所得的土石料一般都可以用于填方及浆砌工程,因此公路石方开挖很少采用抛掷爆破。深挖石方路堑多采用松动爆破。一级以上公路不得采用抛掷爆破倾填路堤。

3) 公路石方开挖应充分重视挖方边坡稳定,一般宜选用中小炮爆破,对于风化较严重发育或岩层产状对边坡稳定不利的石方开挖,宜用小排炮微差爆破,小型排炮药室距设计的水平距离,应不小于炮孔间距的 1/2。

4) 开挖边坡外有必须保护的重要建筑物,当采用减弱松动爆破都无法保证建筑物安全时,应采用人工开凿、化学爆破或控制爆破。

5) 在石方开挖区应注意施工排水,应在纵向和横向形成坡面开挖面,其纵坡应满足要求,以确保爆破的石料不受积水的浸泡。炮眼位置选择应注意以下几点:

① 炮位设计应充分考虑岩石的形状、类别、节理发育程度、岩石溶蚀情况等因素,应避开溶洞和大的裂隙。

② 应避免在两种岩石硬度相差很大的交界面处设置炮孔药室。

③ 非群炮的单炮和数炮施爆,炮孔宜选在抵抗线最小、临空面多,且与各临空面距离大致相等,同时应为下次布孔创造更多的临空面。

④ 群炮炮间间距,宜根据地形、岩石类别、炮型等确定,并根据炮眼间距、深度计算

装药量；对于群炮，宜分排或分段采用微差爆破。

⑤ 非群炮的单炮或数炮施爆炮眼方向宜与岩石临空面大致平行，一般按岩石外形、节理、裂隙等情况分别选择正炮眼、斜炮眼、平炮眼或吊眼等方位。

（3）综合爆破方法　综合爆破方法是根据石方的集中程度，地质、地形条件，公路路基断面的形状，综合各种爆破方法的最佳使用特性，因地制宜，综合配套使用的一种爆破方法。按其装药量的多少分中小型爆破和大爆破（装药量在1000kg以上）。中小型爆破主要方法如下：

1）裸露药包法。将炸药直接置于被炸岩石表面或经清理的石缝中，药包表面用草皮或稀泥覆盖，然后进行爆破。这种方法主要用于破碎孤石或大块岩石的二次爆破。

2）钢钎炮。通常指炮眼直径和深度分别小于7cm和5cm的爆破方法。由于其工效低，浅孔炮比深孔炮低3~3.5倍，在石方集中条件下低10~20倍，飞石严重，大量使用不经济，因此公路施工中只用在地形艰险及爆破量较小地段或作为服务其他炮型的辅助炮型，包括在松法施工中推土机松土器施工不便的局部坚硬岩石地段。

3）葫芦炮（药壶炮）。葫芦炮是将炮眼底部扩大成葫芦形，以便将炸药基本集中于炮眼底部的扩大部分，以提高爆破效果的一种炮型。其炮眼深度较深，为5~7m，它适用于均匀致密的硬土、次坚石和坚石。葫芦炮有省药、爆能利用高等优点，但操作复杂，目前已不多用。

4）猫洞炮。猫洞炮是将集中药包直接放入直径为0.2~0.5m、炮眼深2~6m的水平或略有倾斜炮洞中的一种炮型。它适用于硬土、胶结良好的古河床、水渍层、软石和节理发育的次坚石、坚石，可利用裂隙修成导洞或药室。由于潜孔钻机的采用，已由原来用小炮扩孔挖掘发展到目前直接用钻机钻水平中深孔，使工效提高了很多。

5）深孔松动爆破。其孔径在75mm，深度在5m以上，是机械化程度很高的一种作业方式。钻孔施工采用凿岩机或穿孔机，爆破方式多采用深孔多排微差爆破，每次爆破方量可达万立方米以上。出渣多采用正铲或反铲挖掘机装车，翻斗自卸车外运，推土机配合清理道路和作业面，因此生产效率高，适合于深挖路堑施工，是高等级公路大量快速施工的发展方向。

进行深孔爆破，要先将地面修成台阶，称为梯段，梯段的倾角最好为60°~75°，高度应为5~15m。炮孔分垂直孔和斜孔两种，炮孔直径一般为80~300mm，公路工程用以100~150mm为宜。

六、特殊季节路基的施工

特殊季节路基的施工，在我国主要是指路基的冬期施工和雨期施工。路基工程施工应该尽量避开冬季及雨季，如果由于工期等要求必须安排在冬季或雨季时，应根据实际情况，采取必要的措施来保证所施工的路基工程能够满足设计文件及相关施工技术规范的要求，从而保证整个道路的施工质量。

（一）路基的冬期施工

路基冬期施工过程中，冬季寒冷的气候条件对路基工程的施工质量、施工安全和施工进度都具有直接的影响。路基冬期施工质量事故发生比较隐蔽、滞后，要改变这种状况，就需要改变冬期施工中的影响因素，尽可能避免施工问题的出现。

1. 路基冬期施工可以进行的工程项目

1) 泥沼地带河湖冻结到一定深度后，可利用冻结后的一定承载力修筑施工便道，运输所需的机具、设备和材料。如果需要换土，可趁冻结期挖去原地面的软土，换填合格的其他填料。

2) 含水量高的流动土质、流沙地段的路，可充分利用冻结期进行开挖。

3) 河滩地段可利用冬季枯水有利条件，开挖基坑修建防护工程，但应采取加温保温措施，注意养护。

4) 岩石地段的路堑或半填半挖地段，可进行开挖作业。

5) 其他情况的次干路以下道路路基可在冬季施工，但融冻后必须按规定重新整理边坡，对填方路堤进行补充压实以达到规范要求。

6) 砍伐用地界内不需要刨根的树木，清除用地界内的杂物。

2. 路基工程不宜进行冬期施工的项目

1) 城市快速路、主干路的土路堤和地质不良地区次干路以下道路路堤。

2) 铲除原地面的草皮，挖掘填方地段的台阶。

3) 整修路基的边坡。

4) 在河滩低洼地带将被水淹没的填土路堤。

3. 路基冬期施工前的准备工作

1) 对施工项目按照特点和规律依次排队，编制实施性的施工组织计划。

2) 在冰冻之前，应进行施工现场放样，保护好施工控制桩并树立明显标志，防止被冰雪掩埋。

3) 在冰冻之前，应全部清除路基范围内的树根、草皮和杂物，修通现场的施工便道。

4) 在冰冻之前，应挖好坡地上填方的台阶，清除石方挖方的表面覆盖层和裸露岩体。

5) 维修保养冬期施工需用的车辆、机具设备，充分备足冬期施工期间的工程材料。

6) 准备施工队伍的生活设施、取暖照明设备、燃料和其他越冬所需的物资。

4. 路基冬期施工的注意事项

1) 路堤填料应选用未冻结的砂性土、碎石土、卵石土和开挖石方的石块、石渣等透水性良好的土，禁止使用含水量过大的黏性土。城市快速路、主干路禁止用冻结填料修筑路堤，其他等级的道路可用含部分冻土的土填筑路堤，但其中冻土块的粒径不得大于5cm，冻土块的含量不宜超过30%，而且冻土块应均匀分散在填土中，不得把冻土块集中填筑于一处。

2) 填筑路堤时，应按横断面全宽平填，每层松铺厚度应按正常施工减少20%~30%，且最大松铺厚度不得超过30cm，压实度不得低于正常施工时的要求，当天填筑的土必须当天完成碾压。

3) 当路堤高距路床底面1.0m时，应碾压密实后停止填筑。在上面铺一层雪或松土保温，待冬季过后整理复压，再分层填至设计标高。

4) 挖填方交界处，填土低于1.0m的路堤都不应在冬季进行填筑。

5) 取土坑应远离填方的坡脚。如条件限制需在路堤附近取土时，取土坑内侧到填方坡脚的距离，应不得小于正常施工护坡道的1.5倍。

6) 填筑路堤时，每层每侧应按规定进行超填并压实，待冬季过后修整边坡削去多余部分并拍打密实或加固处理。

7) 开挖路堑表层冻土时，可以根据气温高低、冻土深度、机械设备情况等选用下列方法。

① 爆破冻土法。当冻土深度达到1m以上时，可采用爆破法炸开冻土层。炮眼深度取冻土深度的0.75~0.90倍，炮眼间距取冻冰深度的1.0~1.3倍，并按梅花形交错布置。

② 机械破冻法。当冻土深度在1m以下时，可采用专用破冰机械（如冻土犁、冻土劈、冻土锯和冻土铲等）予以破碎清除。

③ 人工破冻法。当冰冻层较薄，破冻面积不大时，可采用日光暴晒法、火烧法，热水开冻法、水针开冻法、蒸汽放热解冻法和电热法等方法胀开或融化冰冻层，并辅以人工撬挖。

8) 冬季开挖路堑时，应符合下列规定：

① 当冻土层破开挖到未冻土后，应当连续作业，分层开挖。如果中间停顿时间较长，应在表面覆雪保温，避免出现重复被冻。

② 挖方边坡不应一次开挖到设计线，应预留30cm厚的台阶，待到正常施工季节再削去预留台阶，整理达到设计边坡。

③ 路堑挖至路床面以上1.0m时，挖好临时排水沟后，应停止开挖并在表面覆雪或松土，待到正常施工季节时，再挖除其余部分。

④ 开挖路堑必须从上向下开挖，严禁从下向上掏空挖"神仙土"。

⑤ 每日开工时应尽量选挖向阳处，待气温回升后再挖背阴处。如果开挖中遇到地下水源，应及时开挖排水沟，将水引排出去。

9) 冬季施工开挖路堑的弃土要远离路堑边坡坡顶堆放。弃土高度一般不应大于3m。弃土堆坡脚到路堑边坡顶的距离一般不得小于3m，深路堑或松软地带应在5m以上。弃土堆应摊开整平，严禁把弃土堆置于路堑边坡顶上。

（二）路基的雨期施工

道路施工是露天作业，受自然条件的影响很大，尤其是路基工程以水害最为严重，是影响工程质量和进度的主要因素。路基雨期施工一般应选择丘陵和山岭地区的砂类土、碎砾土和岩石地段、路堑的弃土地段。除施工车辆外，应严格控制其他车辆在施工场地通行。重黏土、膨胀土及盐渍土地段不宜在雨期施工。平原地区排水困难，不宜安排雨期施工。

1. 雨期施工前应进行的准备工作

1) 对选择的施工地段进行详细的现场调查研究，根据实际情况编制实施性的雨期施工组织计划。

2) 修建施工便道并保持畅通。

3) 住地、库房、车辆停放场地、生产设施等，应设在最高洪水位以上地点或高地上，并应远离泥石流沟槽冲积堆一定的安全距离。

4) 修建临时排水设施，保证作业场地不被洪水淹没并能及时排除地面水。

5) 储备足够的工程材料和生活物资。

2. 填筑路堤时的一般规定

1) 凡进行雨期施工的路基工程，应根据工程特点合理安排机具和劳力，组织快速施工。

2）雨期安排施工计划，应集中人力，分段突击，本着完成一段再开一段的原则，做到随挖、随填、随压。

3）符合路基雨期施工的地段，在正式填筑路堤前，应在填方坡脚以外开挖排水沟，保持场地不积水；如果原地面松软，应采取换填等措施。

4）应选用透水性好的碎石土、卵石土、砂砾、石方碎渣和砂类土作为填料。当利用挖方土作为填方时，应随挖、随运、随填、随压实，含水量过大无法晾干的土不得用作雨期施工填料。

5）路堤应分层进行填筑，每一层的表面应做成2%~4%的排水横坡，以防止产生积水。填筑和压实应协调进行，当天填筑的土层应当天完成压实；对当日不能填筑的液化土等，应采取大堆存放，以防止雨水浸泡。

6）需要借土时，取土坑距离填方坡脚不宜小于3m。平原地区顺路基纵向取土时，取土坑深度一般不宜大于1m。

3. 开挖路堑时的一般规定

1）路堑开挖前在路堑边坡坡顶2m以外按规定开挖截水沟并接通出水口。

2）开挖路堑时宜分层开挖，每开挖一层均应设置排水纵横坡。挖方边坡不宜一次挖到设计标高，应沿坡面留30cm厚，待雨季过后再修整到设计坡度。以挖作填的挖方应随挖随运随填。

3）开挖路堑挖至路床设计标高以上30~50cm时应停止开挖，并在两侧开挖排水沟。待雨季过后再挖到路床设计标高后压实。高速公路或一级公路，如果土的强度不符合设计要求时应超挖50cm，其他等级公路超挖30cm，用粒料分层回填并按路床要求压实。

4）开挖岩石路堑时，炮眼应尽量水平设置。边坡应按设计边坡自上而下层层进行刷坡，并应随时核对其坡度是否符合设计要求。为降低工程投资和保护自然环境，应尽量利用挖出的石渣，石渣必须废弃时应按有关规定办理。

七、路基养护

1. 路基养护工作的内容

1）维修、加固路肩、边坡。

2）疏通、改善排水设施。

3）维护、修理各种防护构造物。

4）清除坍方、积雪，处理塌陷，检查险情，防治水毁。

5）观察和预防、处理翻浆、滑坡、泥石流等病害。

6）有计划、有针对性地对局部路基进行加宽、加高，改善急弯、陡坡和视距不良路段，使之逐步达到要求的技术标准。

2. 路基养护工作的要求

1）路基各部分保持完整，各部分尺寸保持规定的标准，不损坏变形，经常处于完好状态。

2）路肩无车辙、坑洼、隆起、沉陷、缺口，横坡适度，边缘顺适，表面平整、坚实、整洁，与路面接茬平顺。

3) 边坡稳定、坚固、平顺无冲沟、松散，坡度符合规定。

4) 边沟、排水沟、截水沟、跌水及泄水槽（路肩水簸箕）等排水设施无淤塞、无高草，纵坡符合要求，排水畅通，进出口维护完好，保证路基、路面及边沟内不积水。

5) 挡土墙、护坡及防雪、防沙等设施保持完好无损坏，泄水孔无堵塞。

6) 做好翻浆、坍方、山体滑坡、泥石流等病害的预防、治理和抢修，尽力缩短阻车时间。

3. 路基常见病害及原因分析

路基常见的病害有路基沉陷、边坡病害、路基水毁、路基沙毁、公路翻浆等。

（1）路基沉陷 主要有两种，一种是路基沉落，另一种是地基的沉陷。路基沉落的原因：填料选择不当，填筑方法不合理，压实不足，荷载、水及温度的综合作用。地基沉陷的原因：软弱层（如泥沼、流沙或垃圾堆积等）填筑前未经换土或压实，造成承载力不足，发生侧面剪裂凸起，地基沉陷从而引起路基沉陷。

（2）边坡病害 常见的有：崩塌、落石、滑坡、坡面冲刷、坍塌、剥落和泥石流等。

1) 崩塌和落石。崩塌是岩体突然而猛烈地从陡峻斜坡上崩离翻滚跳跃而下的现象，分为滑移式崩塌、倾倒式崩塌、错断式崩塌。落石是岩石碎块的一种剥落现象，其范围较剥落严重。其产生原因为：路堑边坡较陡，岩石破碎和风化严重，在振动及水的侵蚀和冲刷下，块状碎屑坡面向下滚动。

2) 滑坡。滑坡是路基山坡山体或岩石，由于长期受到地面水、地下水活动的影响，结构发生损坏，逐渐失去支撑力，在自重作用下整体沿着软弱面向下滑动的现象。

3) 泥石流。泥石流是山坡或沟岸泥沙在重力的作用下不断地坍塌、碎落或滑坡而落入沟道，在暴雨的冲击下形成的。

4) 路基水毁。公路水毁的形成主要有以下几方面的原因：雨雪、地质原因；地形地貌原因；气象原因；环境的破坏。

（3）路基的冻胀与翻浆 潮湿地段的路基在冰冻过程中，土基中的水分不断地向上移动聚集，引起路基冻胀。春融时，路基湿软，强度急剧降低，加上行车的作用，路面发生鼓包、冒浆、车辙等现象，称为翻浆。

4. 路基的日常养护与维修

路基常见的危害有车辙、坑洼、与路面错台、坡度不适、冲沟、裂缝等。路肩养护与维修工作的重点是减少或消除水对路肩的危害陡坡路段的路肩的改善措施如下：

1) 设置截水明槽。

2) 用粒料加固土路肩或有计划地铺筑硬路肩。

3) 在陡坡路段的路肩和边坡上全范围人工植草，以防冲刷。

第二节 路面施工与养护

一、沥青路面的透层、黏层及封层

1. 透层施工

透层是为使沥青面层与非沥青材料基层结合良好，在基层上浇洒乳化沥青、煤沥青或液体沥青而形成的透入基层表面一定深度的薄层。

沥青路面各类基层都必须喷洒透层油，沥青层必须在透层油完全渗入基层后方可铺筑。基层上设置下封层时，透层油不宜省略。气温低于10℃或大风天气，即将降雨时不得喷洒透层油。

透层沥青的施工程序如图5-6所示。

透层的施工要点：

（1）透层油施工准备

1）洒布机械准备。高速公路、一级公路应使用汽车洒布机洒布；二级以下的公路可以使用人工沥青洒布机洒布。因此，根据道路情况应准备性能良好的汽车洒布机或人工洒布机，并在使用前检查保养。调试安装喷油嘴、进行喷油量试喷检查，使机械处于完好的待用状态。

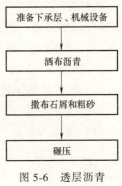

图5-6 透层沥青的施工程序

2）喷油用油准备。

① 选择合适的沥青品种，对沥青进行乳化生产，使其符合使用技术要求备用。

② 购买合格的成品乳化沥青储存备用。

3）基层准备。

① 验收基层后，放出喷洒边缘线。

② 如果基层已完工较长时间，表面过分干燥，应对基层进行清扫，在基层表面洒少量的水湿润，等表面稍干后喷洒透层油。

③ 紧接施工后喷洒透层油施工，只需基层满足验收条件，并表面稍干后，即可喷洒透油层。

④ 对路线石及人工结构物做适当保护，以防污染。

⑤ 起点处铺1~2m油毛毡，以保证喷洒的整齐均匀，不致重叠多洒沥青。终点准备油槽，待喷洒结束时，接喷油管道的油，不致污染基层。

（2）透层油喷洒施工

1）根据透层油喷洒量、喷洒宽度，安装好喷油管，调试喷油嘴高度、喷油斜度，并检查油泵系统、管道系统是否正常无故障。

2）检查油车沥青罐油表是否准确，行车排挡、行车速度、油泵排挡、沥青节门等是否调整正确，确保喷洒均匀、喷洒量准确。

3）一切都检查无误后进行洒布施工。

4）洒油车从洒油起点处起动加速到喷洒油速度后，匀速沿导向标指引方向前进。

5）当洒油车喷油管进入洒油起点油毛毡覆盖区时，打开喷油开关节门进行喷洒。

6）当油喷洒结束时，鸣笛，关闭节门，油车稍前行停下。事先等候的工人用油槽接住喷管中还在细流的油，避免污染基层。

7）核对喷洒量与喷洒面积是否吻合，并卸下喷油管清洗备用。

8）一车油为一个洒油施工段，下一车开始喷洒时，将上次施工起点的油毛毡移至终点，覆盖上已洒的部分作新洒喷起点。以后工序按前述步骤进行。

9）洒过透层油后，严禁车辆通行。

2. 黏层施工

为加强路面沥青与沥青层之间、沥青层与水泥混凝土路面之间的黏结而洒布的沥青材料薄层为黏层。黏层的作用是使上、下层沥青结构层或沥青结构层与结构物完全黏结成个体。

下列情况应浇洒黏层沥青：

1）双层式或三层式热拌热铺沥青混合料路面的沥青层之间。

2）水泥混凝土路面、沥青稳定碎石基层或旧沥青路面层上加铺沥青层。

3）路缘石、雨水口、检查井等构造物与新铺沥青混合料接触的侧面。

黏层沥青的施工程序如图5-7所示。

黏层沥青的施工要点：

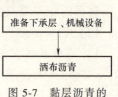

图5-7 黏层沥青的施工程序

（1）施工准备

1）应将需喷洒黏层沥青的下层清扫干净，确保无灰尘。如果用水冲洗，应使表面干燥；如果喷洒过透层沥青，应使透层表面干燥。

2）准备沥青洒布车，使之处于良好状态，保证洒油量准确、喷洒均匀。

（2）喷洒工艺和质量要求

1）黏层油的喷油工艺同透层油喷洒工艺。

2）黏层沥青应喷洒均匀，或涂刷均匀，喷洒过量处应刮除，严格控制喷洒量。

（3）施工注意事项

1）喷洒表面一定要清扫干净，并使表面干燥。

2）当气温低于10℃或路面潮湿时禁止喷洒。

3）喷洒黏层后，严禁车辆行人通过。

4）黏层沥青喷洒后，一定要等乳化沥青破乳，水分蒸发完后才能铺筑上层沥青混凝土。

（4）施工要求

1）黏层沥青的技术要求。黏层沥青材料目前一般多采用乳化沥青。使用乳化沥青时，宜使用快裂型乳化沥青，也可以使用快、中凝液体石油沥青或煤沥青。黏层油的规格、质量应符合规范要求。黏层沥青的种类、标号宜与面层所用沥青相同，但需经乳化或稀释。

2）黏层沥青的用量、品种选择。路面的基层结构不一样，使用黏层沥青的品种就不一样。如级配碎石基层的渗透性好，可采用慢裂乳化沥青，而半刚性基层使用慢裂石油沥青洒布后会严重流淌，故应使用快裂型沥青。

3. 封层施工

（1）封层的作用与适用条件　路面封层的作用可归结为四点：一是封闭某一层起保水、防水作用；二是起基层与沥青表面层之间的过渡和有效联结作用；三是路的某一层表面破坏离析松散处的加固补强；四是基层在沥青面层铺筑前，要临时开放交通，防止基层因天气或车辆作用出现水毁。封层可分为上封层和下封层；就施工类型来分，可以采用拌和法或层铺法的单层式表面处治，也可以采用乳化沥青稀浆封层。

符合下列情况之一时，应在沥青面层上铺筑上封层：

1）沥青面层的空隙较大，透水严重。

2）有裂缝或已修补的旧沥青路面。

3）需加铺磨耗层改善抗滑性能的旧沥青路面。

4）需铺筑磨耗层或保护层的新建沥青路面。

(2) 封层施工工序及要点

1) 使用层铺法沥青表面处治铺筑上封层时，施工方法按层铺法表面处治工艺施工。
2) 使用层铺法沥青表面处治铺筑下封层时，施工工艺同上封层。
3) 采用拌和法施工上、下封层时，应按照热拌沥青混凝土路面的施工工艺进行。
4) 使用乳化沥青稀浆封层施工上、下封层。

(3) 一般要求

1) 使用层铺法沥青表面处治铺筑上封层时，施工方法按层铺法表面处治工艺。其材料用量要求应符合有关规定。沥青用量可采用规定范围的中、低限。
2) 使用层铺法沥青表面处治铺筑下封层时，施工工艺同上封层。矿料用量应根据矿料尺寸、形状、种类等情况确定，宜为 $5 \sim 8 m^3 / 1000 m^2$。沥青用量可采用规定范围的中、高限。
3) 采用拌和法施工上、下封层时，应按照热拌沥青混凝土路面的施工工艺进行。当为下封层铺筑时，宜采用 AC-5（或 LH-5）砂粒式沥青混凝土，厚度宜为 1cm。
4) 使用乳化沥青稀浆施工上、下封层。

① 稀浆封层的厚度宜为 3~6mm。
② 稀浆封层的矿料类型及矿料级配，应根据封层的目的、道路等级、铺筑厚度、集料尺寸及摊铺用量等因素选择。
③ 稀浆封层使用的乳化沥青可采用慢裂或中裂的拌和型乳化沥青，当需要减缓破乳速度时，可掺入适量的氧化乳作为外加剂。当需要加快破乳时，可采用一定数量的水泥或消石灰粉作为填料。
④ 乳化沥青的合理用量通过试验确定。
⑤ 混合料的湿轮磨耗试验的磨耗损失不宜大于 $800g/m^2$，轮荷压砂试验的砂吸收量大于 $600g/m$。
⑥ 稀浆封层混合料的加水量应根据施工摊铺和易性由稠度试验确定，要求的稠度为 2~3cm。

(4) 稀浆封层施工注意事项

1) 当在被磨损的旧路面上铺筑稀浆封层时，施工前应先修补坑槽、整平路面。
2) 稀浆封层施工时应在干燥情况下进行。
3) 稀浆封层施工应使用稀浆封层铺筑机，其工作速度宜匀速铺筑，应达到厚度均匀、表面平整的要求。
4) 稀浆封层铺筑后，必须待乳液破乳、水分蒸发、干燥成型后方可开放交通。
5) 稀浆封层施工气温不得低于 10℃。

二、热拌沥青混合料路面施工

热拌热铺沥青混合料路面是指沥青与矿料在热态下拌和、热态下铺筑施工成型的沥青。沥青混合料可分为沥青混凝土和沥青碎石混合料。

《城镇道路工程施工与质量验收规范》（CJJ 1—2008）对热拌沥青混合料路面施工有具体规定和要求，在施工中应当严格执行。

1. **一般规定**

1) 热拌沥青混合料（HMA）适用于各种等级公路的沥青路面。其种类按集料公称最大粒径、矿料级配、空隙率划分，应按工程要求选择适宜的混合料规格、品种。

2) 沥青混合料集料的最大粒径应与分层压实厚度相匹配。密级配沥青混合料，每层的压实厚度不宜小于集料公称最大粒径的2.5~3倍；对SMA和OGFC等嵌挤型混合料不宜小于公称最大粒径的2~2.5倍。

2. **施工准备工作**

1) 热拌沥青混合料铺筑前，应复核基层和附属构筑物高程，确认符合要求，并对施工机具、设备进行检查，确认处于良好状态。

2) 沥青混合料搅拌及施工温度应根据沥青标号及黏度、气候条件、铺装层的厚度和下卧层温度确定。

3) 自行设置集中搅拌站应符合下列规定：

① 搅拌站的设置必须符合国家关于环境保护、消防、安全等的规定。

② 搅拌站与工地现场距离应当满足沥青混合料运抵现场时，施工对温度的要求，且沥青混合料不应离析。

③ 搅拌站贮料场及场内道路应做硬化处理，具有完备的排水设施。

④ 各种集料（含外掺剂、混合料成品）必须分仓贮存，并具有防雨设施。

⑤ 搅拌机必须设二级除尘装置。矿粉料仓应配置振动卸料装置。

⑥ 采用连续式搅拌机搅拌时，使用的集料料源应稳定不变。

⑦ 采用间歇式搅拌机搅拌时，搅拌能力应满足施工进度要求。冷料仓的数量应满足配合比需要，通常不宜少于5~6个。

⑧ 沥青混合料搅拌设备的各种传感器必须按规定周期检定。

4) 搅拌机应配备计算机控制系统。生产过程中应逐盘采集材料用量和沥青混合料搅拌量、搅拌温度等各种参数以指导生产。

3. **沥青混合料的拌制**

1) 高速公路和一级公路施工用的间歇式拌合机必须配备计算机设备，拌和过程中逐盘采集并打印各个传感器测定的材料用量和沥青混合料拌合量、拌合温度等各种参数。每个台班结束时打印出一个台班的统计量，按《城镇道路工程施工质量验收规范》的方法进行沥青混合料生产质量及铺筑厚度的总量检验。总量检验的数据有异常波动时，应立即停止生产，分析原因。

2) 沥青混合料的生产温度应符合"施工准备"中的要求。烘干集料的残余含水量不得大于1%。每天开始的前几盘应提高加热温度，并干拌几锅集料废弃，然后再正式加沥青拌和混合料。

3) 沥青混合料拌和时间，应根据具体情况经试拌确定，以沥青均匀裹覆集料为度间歇式拌和机每盘的生产周期不宜少于45s，其中干拌时间不少于5~10s。改性沥青和SMA混合料的拌和时间应适当延长。

4) 间歇式沥青拌和机宜备有保温性能好的成品储料仓，贮存过程中混合料温度下降不得大于10℃，且不能有沥青滴漏。普通沥青混合料的贮存时间不得超过72h，改性沥青混合料的贮存时间不宜超过24h，SMA混合料只限当天拌和当天使用，OGFC混合料宜随拌随用。

5）生产添加纤维的沥青混合料时，纤维必须在混合料中充分分散、拌和均匀。拌和应配备同步添加投料装置，松散的絮状纤维可在喷入沥青的同时或稍后采用风送设备喷入拌和锅，拌和时间宜延长5s以上。颗粒纤维可在粗集料投入的同时自动加入，经5~10s的拌和后，再投入矿粉。工程量很小时，也可分装成塑料小包或由人工量取直接投入拌和锅。

6）当使用改性沥青时，应随时检查沥青泵、管道、计量器等部位是否堵塞，出现堵塞时应及时清洗。

7）沥青混合料出厂时，应逐车检测沥青混合料的重量和温度，记录出厂时间，签发运料单。

4. 沥青混合料的运输

1）热拌沥青混合料宜采用较大吨位的运料车运输，但不得超载运输，在运输中不得急刹车、急弯掉头，以免对透层、封层造成损伤。运料车的运输能力应稍有富余，施工过程中摊铺机前方应有运料车等候。对高速公路和一级公路，宜待等候的运料车多于5辆后开始摊铺。

2）运料车在每次使用前后必须清扫干净，在车厢板上涂一薄层防止沥青黏结的隔离剂或防黏剂，但不得有余液积聚在车厢底部。从拌和机向运料车上装料时，应多次挪动汽车位置，平衡装料，以减少混合料离析。运料车运输混合料宜用苫布覆盖保温、防雨、防污染。

3）运料车进入摊铺现场时，轮胎上不得沾有泥土等可能污染路面的脏物，否则宜设水池洗净轮胎后进入工程现场。沥青混合料在摊铺地点凭运料单接收，若混合料不符施工温度要求，或已经结成团块、已遭雨淋，则不得铺筑。

4）在摊铺过程中，运料车应在摊铺机前100~300mm处停住，空档等候，由摊铺机推动前进开始缓缓卸料，避免撞击摊铺机。在有条件时，运料车可将混合料卸入转运车，经二次拌和后向摊铺机连续均匀地供料。运料车每次卸料必须倒干净，尤其是对改性沥青或SMA混合料，如果卸料不干净，应及时清除，防止硬结。

5）SMA及OGFC混合料在运输、等候的过程中，如果发现有沥青混合料沿车厢板滴漏，应采取措施予以避免。

5. 沥青混合料的摊铺

热拌沥青混合料的摊铺是其施工过程中关键的环节，是确保公路路面施工质量的重要工序，因此，必须严格按照施工技术规范认真施工。在铺筑沥青混合料前，应检查确认下承层的质量。对新建的道路，必须按基层的质量标准进行检查验收；对于原有的路面，凡有坑陷和失稳的地段，必须进行修补、处理，凡不平的接缝一定要整平，裂缝要填实密封，直至符合要求为止。

施工放样和高程控制，必须进行水平和垂直坡度的控制，以保证完工路面符合工程平面位置和纵断面位置。通常由测量人员在路基基层两侧平行于中心线的位置上，按一定距离设置合理的坡度桩和路线桩，使洒布机和摊铺机走向正确。如果道路的坡度要求比较严格，最好的方法是放置基准线来控制高程。基准线由坡度桩根和可调节的导杆拉紧，摊铺机可以此线为基准进行摊铺。每段基准线的绷紧固定长度可为90~150m，且每隔8m加一个支撑点。坡度急剧变化时，绷紧固定长度要适当缩短。在弯道处，线桩的距离要缩短，支撑点的间距也要小些，以保证弯道的位置定向准确。

当以上基本的准备工作完成后，可以按照施工组织设计中的施工顺序进行沥青混合料的摊铺。根据《城镇道路工程施工与质量验收规范》，热拌沥青混合料的摊铺应符合下列规定：

1）热拌沥青混合料应采用机械摊铺。城市快速路、主干路宜采用两台以上摊铺机联合摊铺。每台机器的摊铺宽度宜小于6m。表面层宜采用多机全幅摊铺，减少施工接缝。

2）摊铺机应具有自动或半自动方式调节摊铺厚度及找平的装置、可加热的振动熨平板或初步振动压实装置、摊铺宽度可调整等多种功能，且受料斗的斗容量应能保证更换运料车时可连续摊铺。

3）采用自动调平摊铺机摊铺最下层沥青混合料时，应使用钢丝或路缘石、平石控制高程与摊铺厚度，以上各层可用导梁引导高程控制，或采用声呐非接触式平衡梁控制方式。经摊铺机初步压实的摊铺层应符合平整度、横坡的要求。

4）沥青混合料的最低摊铺温度应根据气温、下卧层表面温度、摊铺层厚度与沥青混合料种类经试验确定。城市快速路、主干路不宜在气温低于10℃条件下施工。

5）沥青混合料的松铺系数应根据混合料类型、施工机械和施工工艺等通过试验段确定。试验段长不宜小于100m。松铺系数可按照表5-4进行初选。

表5-4 沥青混合料的松铺系数

种类	机械摊铺	人工摊铺
沥青混凝土混合料	1.15~1.35	1.25~1.50
沥青碎石混合料	1.15~1.30	1.20~1.45

6）摊铺沥青混合料应均匀、连续不间断，不得随意变换摊铺速度或中途停顿。摊铺速度宜为2~6m/min。摊铺时螺旋送料器应不停顿地转动，两侧应保持有不少于送料器高度2/3的沥青混合料，并保证在摊铺机全宽度断面上不发生离析。熨平板按所需厚度固定后不得随意调整。

7）摊铺层发生缺陷应找补，并停机检查，查明原因，排除故障。

8）路面狭窄部分、平曲线半径过小的匝道、小规模工程，可采用人工摊铺。

6. 沥青路面压实与成型

对热拌沥青混合料进行碾压要达到两个目的：一是混合料具有强度和稳定性；二是减少混合料中的空隙，并使空隙产生封闭，防止空气和水分浸入，从而避免道路的加速老化及冻融破坏和剥落现象。

沥青混合料路面在压实过程中受到三种力的作用，即压路机的压力、混合料内部的阻力及下部稳定基础层的支承反力。要达到压实的目的，压路机的压力与下部稳定基础层的支承反力的合力，必须克服面层的内部阻力。当这三个作用力达到平衡时，压实作用就已经完成。

在沥青混合料的压实过程中，影响压实的主要因素有：混合料的特性、环境条件和铺筑厚度。根据《城镇道路工程施工与质量验收规范》，热拌沥青混合料的压实应符合下列规定：

1）应选择合理的压路机组合方式及碾压步骤，以达到最佳碾压结果。沥青混合料压实宜采用钢筒式静态压路机与轮胎压路机或振动压路机组合的方式压实。

2）压实应分初压、复压、终压（包括成形）三个阶段进行。压路机应以慢而均匀的速度碾压，压路机的碾压速度宜符合表 5-5 的规定。

表 5-5 压路机碾压速度　　　　　　　　　　　　　（单位：km/h）

类别	初压		复压		终压	
	适宜	最大	适宜	最大	适宜	最大
钢筒式压路机	1.5~2.0	3.0	2.5~3.5	5.0	—	8.0
轮胎压路机	—	—	3.5~4.S	6.0	4.0~6.0	8.0
振动压路机	1.5~2.0（静压）	5.0（静压）	1.5~2.0（振动）	1.5~2.0（振动）	2.0~3.0（静压）	5.0（静压）

3）初压应符合下列要求。

① 初压温度应符合规范规定，能稳定混合料，且不产生推移、开裂。

② 碾压应从外侧向中心碾压，碾压速度应稳定均匀。

③ 初压应采用轻型钢筒式压路机碾压 1~2 遍。初压后应检查路面的平整度、路拱，必要时应进行修整。

④ 复压应紧跟初压连续进行，并应符合下列要求：

a）复压应连续进行。碾压段长度宜为 60~80m。当采用不同型号的压路机组合碾压时，每一台压路机均应做全幅碾压。

b）密级配沥青混凝土宜优先采用重型轮胎压路机进行碾压，碾压到要求的压实度。

c）对大粒径沥青稳定碎石类的基层，宜优先采用振动压路机复压。厚度小于 30mm 的沥青碎石基层不宜采用振动压路机碾压。相邻碾压带重叠宽度宜为 10~20cm。振动压路机折返时应先停止振动。

d）大型压路机不易碾压的部位，宜采用小型压实工具进行压实。

4）终压温度应符合规范规定。终压宜选用双轮钢筒式压路机，碾压至无明显轮迹为止。

5）SMA 混合料的压实应符合下列规定：

① SMA 混合料宜采用振动压路机或钢筒式压路机碾压。

② SMA 混合料不宜采用轮胎压路机碾压。

③ OGFC 混合料宜用 12t 以上的钢筒式压路机碾压。

6）碾压过程中碾压轮应保持清洁，可对钢轮涂刷隔离剂或防粘剂，严禁刷柴油，当采用向碾压轮喷水（可添加少量表面活性剂）的方式时，必须严格控制喷水量使其成雾状，不得漫流。

7）压路机不得在未碾压成形路段上转向、调头、加水或停留。当天成形的路面上不得停放各种机械设备或车辆，不得散落矿料、油料等杂物。

7. 沥青路面的接缝

沥青路面的接缝按其方向不同，可分为纵向接缝和横向接缝。按接缝的形式不同，可分为斜接缝、阶梯形接缝和平接缝。接缝质量如何，不仅关系到路面的整体性，而且关系到路面的渗透性和耐久性。根据《城镇道路工程施工与质量验收规范》的规定，在沥青路面接缝施工中应遵循以下几个方面的规定：

1）沥青混合料面层的施工接缝应紧密、平顺。

2) 上、下层的纵向热接缝应错开 15cm，冷接缝应错开 30~40cm。相邻两幅及上、下层的横向接缝均应错开 1m 以上。

3) 表面层接缝应采用直茬，以下各层可采用斜接茬，较厚的层也可做阶梯形接茬。

4) 在冷接茬施工作业前，应对茬面涂少量沥青并预热。

8. 开放交通及其他

1) 热拌沥青混合料路面应待摊铺层自然降温至表面温度低于 50℃后，方可开放交通。

2) 沥青路面在雨季施工时应符合下列要求：

① 注意气象预报，加强工地现场、沥青拌和厂及气象台（站）之间的联系，控制施工中铺筑长度，各项工序紧密衔接。

② 运料车和工地现场应备有防雨设施，并做好基层及路肩排水。

3) 铺筑好的沥青层应严格控制交通，做好成品保护，确保路面整洁，不得造成污染，严禁在沥青层上堆放施工产生的土或杂物，严禁在已铺沥青层上制作水泥砂浆。

三、沥青表面处治与封层施工

沥青表面处治是指用沥青和集料按层铺或拌和方法施工的厚度不大于 30mm 的一种薄层面层。其主要作用是构成磨耗层，保护承重层不遭受行车的破坏；作为沥青面层或基层的层，防止地表水渗入基层或土基，提高路面的平整度，增强抗滑性能；改善行车条件，延长路面的使用寿命。

沥青表面处治的特点是造价较低、施工工艺简单、施工进度快、使用质量较高。但基层厚较薄，承载力较低，不能作为单独受力结构层。根据工程实践经验，在沥青表面处治的施工中应遵循以下几个方面的规定：

1. 一般规定

1) 沥青表面处治适用于城市次干路及次干路以下道路的沥青面层。各种封层适用于加铺薄层罩面、磨耗层、水泥混凝土路面上的应力缓冲层、各种防水层和泌水层、预防性养护罩面层。

2) 沥青表面处治与封层宜选择在干燥和较热的季节施工，并在雨季及日最高气温低于 15℃到来之前半个月结束。

2. 层铺法沥青表面处治

1) 沥青表面处治可采用道路石油沥青、乳化沥青、煤沥青铺筑，沥青标号应按相关规范的规定选用。沥青表面处治的集料最大粒径应与处治层的厚度相等；沥青表面处治施工后，应在路侧另备 S12（5~10mm）碎石或 S14（3~5mm）石屑粗砂或小砾石 2~3m³/1000m² 作为初期养护用料。

2) 在清扫干净的碎（砾）石路面上铺筑沥青表面处治时，应喷洒透层油。在旧沥青路面、水泥混凝土路面、块石路面上铺筑沥青表面处治路面时，可在第一层沥青用量中增加 10%~20%，不再洒透层油或粘层油。

3) 层铺法沥青表面处治路面宜采用沥青洒布车及集料撒布机联合作业。沥青洒布车喷洒时应保持稳定速度和喷洒量，并保持整个洒布宽度喷洒均匀。小规模工程可采用机动或手摇的手工沥青洒布机洒布沥青。洒布设备的喷嘴应适用于沥青的稠度，确保能成雾状，与洒油管成 15~25℃的夹角，洒油管的高度应使同一地点接受 2~3 个喷油嘴喷洒的沥青，不得出现花白条。

4）沥青表面处治喷洒沥青材料时，应对道路人工构造物、路缘石等外露部分采取防止污染的措施。

5）沥青表面处治施工应确保各工序紧密衔接，每个作业段长度应根据施工能力确定并在当天完成。人工撒布集料时应等距离划分段落备料。

6）三层式沥青表面处治的施工工艺应按下列步骤进行：

① 清扫基层，洒布第一层沥青。沥青的洒布温度应根据气温及沥青标号选择，石油沥青宜为130~170℃，煤沥青宜为80~120℃，乳化沥青在常温下洒布，加温洒布的乳液温度不得超过60℃，前后两车喷洒的接茬处用铁板或建筑纸铺1.0~1.5m，并使其搭接良好。分几幅浇洒时，纵向搭接宽度宜为100~150mm。洒布第二、三层沥青的搭接缝应当错开。

② 洒布主层沥青后应立即用集料撒布机或人工撒布第一层主集料。撒布集料后应及时扫匀，达到全面覆盖、厚度一致、集料不重叠，也不露出沥青的要求。局部有缺料时，应当适当找补，积料过多的将多余集料扫出。两幅搭接处，第一幅洒布沥青应暂留100~150mm宽度不撒布石料，待第二幅一起撒布。

③ 撒布主集料后，不必等全段撒布完，可立即用6~8t钢筒压路机从路边向路中心碾压3~4遍，每次轮迹重叠约300mm，碾压速度开始一般不宜超过2km/h，以后可适当加快。

④ 第三层的施工方法和要求与第一层相同，但可以采用8t以上的压路机进行碾压。

7）双层式或单层式沥青表面处治浇洒沥青及撒布集料的次数相应减少，其施工过程和要求可参照"三层式沥青表面处治的施工工艺"。

8）除乳化沥青表面处治应待破乳、水分蒸发并基本成型后方可通车外，沥青表面处治在碾压结束后即可开放交通，并通过开放交通补充压实，成型稳定。在通车的初期应设专人指挥交通或设置障碍物控制行车速度，行车速度限制不超过20km/h，严禁畜力车及铁轮车行驶，使路面全部宽度均匀压实。

9）沥青表面处治应特别注意初期养护。当发现有泛油现象时，应在泛油处补撒与最后层石料规格相同的嵌缝料并扫匀，过多的浮料应扫出路外。

3. 上封层的施工

1）根据情况可选择乳化沥青稀浆封层、微表处、改性沥青集料封层、薄层磨耗层或其他适宜的材料。

2）铺设上封层的下卧层必须彻底清扫干净，对车辙、坑槽、裂缝进行处理或挖补。

3）上封层的类型根据使用目的、路面的破损程度进行选用。详细情况如下：

① 裂缝较细、较密的可采用涂洒类密封剂、软化再生剂等涂刷罩面。

② 对二级及二级以下公路的旧沥青路面，可以采用普通的乳化沥青稀浆封层，也可在喷洒道路石油沥青后撒布石屑（砂）后碾压作封层。

③ 对高速公路和一级公路有轻微损伤的宜铺筑微表层。

④ 对用于改善抗滑性能的上封层，可采用稀浆封层、微表处或改性沥青集料封层。

4. 下封层的施工

1）微表处主要用于高速公路及一级公路的预防性养护以及填补轻度车辙，也适用于新建公路的抗滑磨耗层。稀浆封层一般用于二级及二级以下公路的预防性养护，也适用于新建公路的下封层。

2）稀浆封层和微表处必须使用专用的摊铺机进行摊铺。单层微表处适用于旧路面车辙深度不大于 15mm 的情况；超过 15mm 的必须分两层铺筑，或先用 V 形车辙摊铺箱摊铺；深度大于 40mm 时不适宜做微表处处理。

3）微表处必须采用改性乳化沥青，稀浆封层可采用普通乳化沥青，也可采用改性乳化沥青，其品种和质量应符合《公路沥青路面施工技术规范》的要求。

4）稀浆封层和微表处应选择坚硬、粗糙、耐磨、洁净的集料。其中微表处用通过 4.75mm 筛的合成矿料的砂当量不得低于 65%，稀浆封层用通过 4.75mm 筛的合成矿料的砂当量不得低于 50%。细集料宜采用碱性石料生产的机制砂或洁净的石屑。集料中的超粒径颗粒必须筛除。

5）稀浆封层和微表处的混合料中乳化沥青的用量，应通过配合比设计确定。

6）稀浆封层和微表处混合料的配合比设计按下列步骤进行：

① 根据选择的级配类型，确定矿料的级配范围，计算各种集料的配合比例，使合成级配在要求的级配范围内。

② 根据经验初选乳化沥青、填料、水和外加剂用量，进行拌和试验和黏聚力试验。可拌和时间的试验温度应考虑最高施工温度，黏聚力试验应考虑施工中可能遇到的最低温度。

③ 根据上述试验结果和稀浆混合料的外观状态，选择 1~3 个认为合理的混合料配方进行稀浆混合料的性能试验，如不符合要求，应适当调整各种材料的配合比例再试验，直至符合要求为止。

④ 当设计人员经验不足时，可将初选的 1~3 个混合料配方分别采用不同的沥青用量（一般为 6.0%~8.5%），按照沥青选择范围要求进行重复试验，并将不同沥青用量的湿轮磨耗值及黏附砂量绘制成关系曲线。以磨耗值接近要求的沥青用量作为最小沥青用量，黏附砂量接近要求的沥青用量为最大沥青用量，得出沥青用量的可选范围。

⑤ 根据经验在沥青用量的可选范围内选择适宜的沥青用量。对微表处混合料，以选择的沥青用量检验混合料的浸水 6d 湿轮磨耗指标，用于车辙填充的增加检验负荷车轮试验的宽度变化率指标，不符合要求时调整沥青用量重新试验，直至符合要求为止。

⑥ 根据经验和配合比试验结果，在充分考虑气候及交通特点的基础上，确定混合料配方。

7）稀浆封层和微表处施工前，应彻底清除原路面上的泥土、杂物，修补坑槽，凹陷较宽的裂缝宜清理灌缝。在水泥混凝土路面上铺筑微表处时宜洒布粘层油，过于光滑的表面需进行拉毛处理。

8）稀浆封层和微表处的最低施工温度不得低于 10℃，严禁在雨天中施工，摊铺后尚未成型的混合料应予铲除。

9）稀浆封层和微表处两幅纵缝交接的宽度不宜超过 8mm，横向接缝宜做成对接缝。分两层摊铺时，第一层摊铺后至少应开放交通 24h 后方可进行第二层摊铺。

10）稀浆封层和微表处铺筑后的表面不得有超粒径料拖拉的严重划痕，横向接缝和纵向接缝处不得出现余料堆积或缺料现象，用 3m 直尺测量接缝处的不平整度不得大于 6mm。微表处后的表面不得有横向波浪和深度超过 6mm 的纵向条纹。经养护和初期交通碾压稳定的稀浆封层和微表处，在行车作用下应不飞散且完全密水。

5. 冷拌沥青混合料路面施工

冷拌沥青混合料路面施工，是公路沥青路面施工中常用的一种施工方法，与热拌沥青混路面施工相比，具有节省能量、降低造价、施工简便、质量可靠等优点，但仅适用于三级及以下公路的沥青面层，应用范围不太广。根据标准《城镇道路工程施工与质量验收规范》的规定，在冷拌沥青混合料路面的施工中应遵循以下几个方面：

1）冷拌沥青混合料适用于支路及其以下道路面层的表面层，以及各级道路路面的基层、连接层或整平层。冷拌改性沥青混合料可用于沥青路面的坑槽冷补。

2）冷拌沥青混合料宜采用乳化沥青或液体沥青拌制，也可采用改性乳化沥青。原材料类型及规格应符合《城镇道路工程施工与质量验收规范》中的有关规定。

3）冷拌沥青混合料宜采用密级配，当采用半开级配的冷拌沥青碎石混合料路面时，应铺筑上封层。

4）冷拌沥青混合料宜采用厂拌，机械摊铺时，应采取防止混合料离析的措施。

5）当采用阳离子乳化沥青搅拌时，宜先用水湿润集料。

6）混合料的搅拌时间应通过试拌确定，机械搅拌时间不宜超过 30s，人工搅拌时间不宜超过 60s。

7）已拌好的混合料应立即运至现场摊铺，并在乳液破乳前结束。搅拌与摊铺过程不宜超过 60s。破乳的混合料应予废弃。

8）冷拌沥青混合料摊铺后宜采用 6t 压路机初压初步稳定，再用中型压路机碾压至乳化沥青开始破乳，混合料由褐色变成黑色时，改用 12~15t 轮胎压路机复压，将水分压出后暂停碾压，待水分压基本蒸发后继续碾压至轮迹小于 5mm，表面平整，压实度符合要求为止。

9）冷拌沥青混合料路面的上封层应在混合料压实成型，且水分完全蒸发后施工。

10）冷拌沥青混合料路面施工结束后宜封闭交通 2~6h，并应做好早期养护。开放交通初期车速不得超过 20km/h，不得在其上刹车或掉头。

四、其他沥青铺装工程施工

其他沥青铺装工程施工包括的范围非常广泛，包含了主干交通路面以外的所有情况。归纳起来主要包括行人及非机动车道路、重型停车场、公共汽车站、水泥混凝土桥面的沥青铺装层、钢桥面的沥青铺装层、公路隧道沥青路面和路缘石与拦水带等。

根据城市道路工程施工实践经验，在其他沥青铺装工程的施工中应遵循以下几个方面的要求。

（1）一般规定　在特殊场合铺筑沥青铺装层时，应当根据其使用部位及其功能要求不同，采取不同的措施。

（2）行人及非机动车道路

1）人行道、非机动车道、园林公路、行人广场等主要供行人、非机动车使用的沥青层应平顺、舒适、排水良好。

2）行人沥青道路宜选择针入度较大的石油沥青或乳化沥青，沥青混合料的沥青用量宜比车行道的沥青用量增加 0.3% 左右。

3）行人沥青道路的表面层应采用细型的粗粒式或砂粒式密级配沥青混凝土混合料，在无机动车通行的道路上也可铺筑透水路面。

4）行人沥青道路设置路缘石、井孔盖座、消防栓、电杆等公路附属设施时应预先进行安装，喷洒沥青或铺筑沥青混合料前，应采取措施防止污染，并避免因压路机碾压而受到损坏。对使用大型压路机有困难的部位，可采用小型振动压路机、振动夯板、夯锤压实。

（3）重型停车场、公共汽车站

1）城市快速路服务区、停车场、公共汽车站等处的沥青层，应当满足较长时间停驻重型车辆及承受反复起动制动水平力的功能要求，沥青混合料应具有较高的抗永久性流动变形的能力。

2）沥青混合料宜选择集料最大粒径较粗、嵌挤性能良好的矿料级配，可适当增加75mm以上的粗集料部分，减少天然砂的用量。沥青结合料宜采用低针入度沥青或者改性沥青，沥青用量宜比标准配合比设计用量减少0.3%~0.5%。

3）在大面积行人广场铺筑沥青层时，应当充分注意平整度、坡度及排水符合设计要求，施工时宜设置间距不大于5m方格形样桩，随时用3m直尺进行检查，不符要求的及时趁热整修。

（4）水泥混凝土桥面的沥青铺装层

1）大中型水泥混凝土桥的桥面铺筑的沥青铺装层，应满足与混凝土桥面的黏结、防止渗水、抗滑及有较高抵抗振动变形的能力等功能性要求，并设置有效的桥面排水系统。

2）铺装沥青层的下卧层必须符合平整、粗糙、整洁的要求，桥面的纵横坡符合要求。

3）在铺装沥青层前，水泥混凝土桥面板表面应做铣刨拉毛处理，清除其表面的浮浆，除去过高的突出部位。

4）铺设桥面铺装必须确保混凝土达到完全干燥，严禁在潮湿条件下铺设防水黏结层及摊铺沥青混合料，防止混凝土中的水分在施工或使用过程中遇热变成水汽使防水黏结层产生鼓包现象。

5）喷洒沥青或改性沥青类桥面防水黏结层的施工应符合下列要求：

① 整个摊铺过程直至铺设石屑保护层之前，严禁包括行人在内的一切交通。

② 不洒黏层油，直接分2~3层喷洒或人工涂刷热沥青、热融或溶剂稀释的改性沥青、改性乳化沥青防水黏结层，必须均匀一致，且达到要求的厚度。

③ 喷洒防水黏结层后，应立即撒布一层尺寸为3~5mm的洁净的石屑作为保护层，并用6~8t轻型压路机以较慢的速度进行碾压。

6）防水卷材防水层的铺筑应符合下列要求：

① 防水卷材应符合相关质量要求，无破洞、不漏水，内部有金属或聚合物纤维，表面有均匀的石屑撒布层。铺筑的防水黏结层不得有漏铺、破漏、脱开、翘起、皱折等现象。

② 铺设前应喷洒黏层油和涂刷黏结剂，铺筑时边加热边滚压，黏结后必须检查确认任何部位都不能被人工或铁锹撕开和揭开。

③ 铺设卷材后不得通行任何车辆或堆放杂物，防止卷材产生污染。

④ 防水卷材防水层不得在摊铺机或运料车作用下遭到损坏。

7）桥面铺装的复压宜采用轮胎压路机或钢筒式压路机进行，经试验或经验证明不致损坏桥梁结构时，也可采用振动压路机进行碾压。

8）沥青面层所用的沥青材料的质量，应符合《城镇道路工程施工与质量验收规范》中的有关规定，必要时可采用改性沥青。

9）桥面铺装和土石方路基和桥头搭板上的路面应连接平顺，应采取必要的技术措施预防桥头发生跳车。

（5）钢桥面的沥青铺装层

1）钢桥面铺装必须具有以下功能性要求：

① 沥青铺装层能与钢板紧密结合成为一个整体，两者变形协调一致。

② 沥青铺装层的防水性能良好，能有效地防止钢桥桥面生锈。

③ 应当具有足够的耐久性和较小的温度敏感性，满足使用条件下的高温抗流动变形能力、低温抗裂性能、水稳定性、抗疲劳性能及表面抗滑的要求。

④ 与钢板黏结良好，具有足够的抗水平剪切重复荷载及蠕变变形的能力。

2）钢桥面铺装结构通常由防锈层、防水黏结层、沥青面层等组成。

3）在涂刷防水层前，应对钢板焊缝和吊钩残留物进行仔细平整，彻底除锈，并清扫干净，保持干燥。

4）钢桥面铺装的防水黏结层必须在防锈层后立即进行涂刷，防水黏结层宜采用高黏度的改性沥青、环氧沥青、防水卷材等材料。当采用浇筑式沥青混凝土铺筑桥面的铺装时，可不设防水黏结层。

5）钢桥面铺装使用的改性沥青，宜单独提出相应的技术要求。沥青层的压实设备和压实工艺，应通过力学验算并经试验验证，防止钢桥面主体受损。

6）在钢桥面铺装施工过程中，必须保持桥面整洁，不得堆放与施工无关的材料、机械和杂物，以防止污染铺装的桥面。

7）钢桥面铺装宜在无雨少雾季节、干燥状态下施工，千万不能在雨中铺装。

（6）路缘石与拦水带

1）沥青路面的外侧边缘宜设置深入基层的纵向渗水沟，并留置横向排水孔，渗水沟可采用多孔水泥混凝土或单粒径碎石，表面层铺筑沥青混凝土。

2）路缘石应有足够的强度和耐久性，其表面应平整，与路线线形一致。行车道与中央分隔带之间设置埋置式路缘石时，应防止中央分隔带的雨水进入路面结构层。

3）沥青混凝土拦水带应采用专用设备连续铺设，其矿料级配宜符合表5-6中的要求，沥青用量宜在正常试验的基础上增加0.5%~1.0%，双面击实50次的设计空隙率宜为1%~3%。基底需洒布用量为$0.25\sim0.50kg/m^2$的黏层油。

表5-6 沥青混凝土拦水带矿料级配范围

筛孔尺寸/mm	16.0	13.2	4.75	2.36	0.3	0.075
通过质量百分率(%)	100	85~100	65~80	50~65	18~30	5~15

埋置式路缘石宜在沥青层施工全部结束后安装，严禁在两层沥青层施工间隙中因开挖埋置、设路缘石导致沥青层污染。

五、沥青路面的养护

1. 做好初期养护及日常养护

1）初建成的沥青路面要设立限速标志，并且各种履带车及其他铁轮车不得直接在路面上行驶。

2) 当路面全面泛油后,即撒养护料,不泛油不撒,局部泛油也不撒,撒料时要顺行车方向少撒、勤撒、薄撒、撒匀。

3) 加强维修,保持路面平整、路拱适度、线条顺直、路容整洁、排水良好。

2. 常见破损治理

1) 车辙的处治措施。翻松表面一定深度并清除干净,洒黏层油用沥青混合料铺筑,周围接茬处烙平。

2) 裂缝的处治措施。如果是轻微网裂,一般清洁表面后刷油或者小面积喷油封面;如果是基层冻缩、干缩引起的纵横裂缝则要清洁缝隙,热油灌缝或用热拌沥青砂或沥青混合料填缝、捣实、烙平缝口、撒砂、扫匀。

3) 坑槽的处治措施。一般是开槽修补,应当注意开槽整齐,槽壁垂直,槽底坚实,均匀涂刷黏层油,填补沥青混合料,整平压实,修补部分稍微高出原路面,烙平四周。

4) 脱皮的处治措施。需要清除脱落或松动的面层,加洒黏层油,重铺面层或重新罩面。

5) 松散的处治措施。首先收集好松散料,待气温上升时,重新撒铺压实,或用喷油封面、乳液封面。

3. 严格控制沥青混合料的质量

1) 沥青的选取。选用具有良好高低温性能、抗老化性能、含蜡量低、高粘度的优质国产或进口沥青。在条件许可的情况下,可在沥青中掺加各种类型的改性剂,以提高其性能指标。

2) 集料的选用。应选用表面粗糙、石质坚硬、耐磨性强、嵌挤作用好、与沥青黏附性能好的集料。

3) 混合料级配设计。沥青混合料的高温稳定性和疲劳性能、低温抗裂性,路面表面特性和耐久性相互矛盾,相互制约,照顾了某一方面性能,可能会降低另一方面性能。混合料配合比设计,实际上是在各种路用性能之间进行平衡或最优化设计,根据当地的气候条件和交通情况做具体分析,尽量兼顾。当然,提高沥青路面使用性能还可以考虑以下两个途径:第一是改善矿料级配,采用沥青玛蹄脂碎石混合料(SMA);第二是改善沥青结合料,采用改性沥青。

4) 严格控制施工质量。施工质量控制不严,必然出现早期破损。沥青路面施工必须按全面质量管理的要求,建立健全有效的质量保证体系,对施工全过程每道工序的质量进行严格的检查、控制、评定,以保证达到质量标准。

① 严格控制沥青混合料的拌和质量。拌和过程中发现糊料或高析等异常情况应立即处理;加大马歇尔试验频率,严格控制沥青混合料的油石比、稳定度、流值等指标,必要时对混合料进行特殊配合比设计。

② 保证基层顶面粗糙度。改善基层材料级配,增加粗集料,提高大中粒径集料含量;控制最佳含水量,改进碾压方法,避免过振过湿,不能使基层顶面形成灰浆硬壳,不能用细料进行压实后找平。

③ 合理洒布透层油、黏层油。在进行各层铺筑前,必须保持顶面清洁。根据近年的施工经验,透层油应以慢裂型乳化沥青为宜。

六、水泥混凝土路面施工

（一）水泥混凝土路面施工准备

水泥混凝土路面的施工质量、施工进度和施工秩序如何，在很大程度上取决于施工准备是否充分。因此，认真做好水泥混凝土路面的施工准备工作，是确保工程顺利进行和工程质量的关键。水泥混凝土路面的准备工作很多，主要包括施工机械的选择、施工组织设计制定、搅拌场的设置、摊铺前材料与设备检查、路基路面和封层的检测与修整，贫混凝土基层铺筑与质量检验等。

（二）水泥混凝土的搅拌与运输

水泥混凝土路面的铺筑需要数量巨大的混凝土，如何供应质量优良、数量充足、经济合理、施工简便的混凝土，是混凝土路面施工组织中一个非常重大的技术问题。因此，在路面施工组织设计的过程中，要科学、周密地考虑混凝土拌合物的搅拌和运输。

（三）水泥混凝土面层的铺筑

水泥混凝土面层的铺筑方法很多，在城市道路施工中主要有滑膜机械铺筑、三辊轴机组铺筑、轨道摊铺机铺筑、小型机具铺筑和碾压混凝土 5 种方法。

水泥混凝土面层铺筑前应检查下列项目：

1）基层或砂垫层表面、模板位置、高程等符合设计要求，模板支撑接缝严密、模内洁净、隔离剂涂刷均匀。

2）钢筋、预埋胀缝板的位置正确，传力杆等安装符合要求。

3）混凝土搅拌、运输与摊铺设备状况良好。

（四）钢筋及钢纤维混凝土施工

随着公路上特重、重交通量超载运输条件的恶化，以及公路建设速度的加快，基础和路基稳定性不足或脱空现象日益增多，适应恶劣交通条件的钢筋混凝土路面，在我国公路工程中的使用将越来越多。

钢筋混凝土路面分为 3 种：局部补强使用的间断钢筋混凝土路面；连续配筋的钢筋混凝土路面；预应力混凝土路面。我国常见的是前两种，预应力混凝土路面正处于研究、试验之中。在钢筋混凝土路面中配置大量的钢筋或单双层钢筋网，必然会给机械施工带来较大的难度，施工中首要的问题是必须预先将钢筋网按设计要求架设牢固，其次要特别注意钢筋网底部混凝土的振捣密实度。

1. 钢筋混凝土路面的设计

（1）路面结构形式的选择　路面面层一般采用设接缝的普通混凝土铺设，当面层板的平面尺寸较大或形状不规则，路面结构下部埋有地下设施，高填方、填挖交界段的路基有可能产生不均匀沉降时，应采用设置接缝的钢筋混凝土面层。其他面层类型可根据适用条件，按表 5-7 选用。

表 5-7　各种面层的适用条件

面层类型	适用条件
连续配筋混凝土面层	高速公路
沥青上面层与连续配筋混凝土或横缝传力杆的普通混凝土下面层组成的复合式路面	特重交通的高速公路

(续)

面层类型	适用条件
碾压混凝土面层	二级及二级以下公路、服务区停车场
钢纤维混凝土面层	标高受限制路段、收费站、混凝土加铺层和桥面铺装
矩形或异形混凝土预制块面层	服务区停车场、二级及二级以下公路桥头引道沉降未稳定段

（2）路面厚度的确定 普通混凝土、钢筋混凝土、碾压混凝土或连续配筋混凝土公路面层的所需厚度，可参照工程成功经验选用，再通过设计计算确定。经过国内外多年工程实践，连续配筋混凝土路面一般不得减少板的厚度，盲目减薄的板厚会在钢筋位置被剪切断裂破坏，我国比较成功的高速公路连续配筋混凝土路面的设计厚度为280mm，低于250mm的路面很容易出现早期断裂。

2. 特殊气候混凝土路面施工

施工气候的变化，会给路面施工带来更大难度，必须采取相应的技术措施才能达到施工技术规范中规定的质量要求。根据我国混凝土路面施工的实际情况，特殊气候施工主要包括雨期施工、风天施工、高温季节施工和低温季节施工。

（1）一般规定

1）气象预报与防范措施。在混凝土路面整个铺筑期间，应有专人收集和记录月、旬、日天气预报资料，遇有暴雨、洪水、高温、大风和寒流侵袭等灾害天气，或影响路面施工质量的降雨、刮风和气温较大变化时，应及时发布气象异常通报，应暂时停工或采取必要的防范措施，制订在特殊气候下的施工方案。

2）暂停施工的天气条件。在混凝土路面施工期间，一般不允许随意停工，如果遭遇到如下恶劣天气条件必须停工。待建工程，不得开工。

① 施工现场降雨。为防止混凝土中水量增加，增大混凝土的水胶比，也为了防止混凝土表面水泥浆被冲刷，产生垮边或平整度损失，施工现场发生降雨时应当停工。

② 强风天气。当施工现场出现风力大于6级、风速在10.8m/s以上的天气时，为防止软混凝土表面产生塑性收缩开裂，应当停止施工，这是我国在施工规范中首次规定的强制停工的临界风级和风速。

③ 施工温度较高。为了防止温缩开裂断板、塑性收缩开裂和接缝拉开量过大，如果施工现场气温高于30℃或拌合物摊铺温度高于35℃时，应当停止施工。

④ 施工温度较低。当摊铺现场连续5昼夜平均气温低于5℃、夜间最低气温低于-3℃时，应当停止施工。这也是我国在施工规范中首次规定水泥混凝土路面允许施工的最低温度。

（2）混凝土雨期施工

1）防雨准备工作。在雨期施工的水泥混凝土路面，做好防雨准备工作对确保施工质量和顺利施工，具有十分重要的作用。在雨期施工混凝土，应提前做好如下准备工作：地势低洼的搅拌场、水泥仓、备件库及砂石料堆场，应按照汇水面积修建排水沟或预备抽排水设施；搅拌楼的水泥和粉煤灰罐仓顶部通气口、料斗及不得遇水部位，应有防潮、防水覆盖措施，砂石料堆应采用帆布进行覆盖。

2）防雨覆盖。雨期施工混凝土路面时，在新铺筑的混凝土路面上，应备足防雨篷、帆布和塑料布或塑料薄膜，以便在突发雷阵雨时，可立即遮盖刚铺筑的混凝土路面。混凝土运输车辆应加盖防雨篷布，防止雨水灌入混凝土改变水胶比。

3）搭防雨篷。防雨篷支架宜采用可承受足够重量的焊接钢结构，并安装在轮子上便于推动，表面覆盖材料宜使用帆布或编织布，在防雨篷内应有足够的施工操作高度。

4）防雨水冲刷措施。

① 遇雨即停。在水泥混凝土路面铺筑过程中，如果突然遭到降雨，应立即停止浇筑混凝土，并要求立即覆盖刚摊铺的混凝土路面，以免遭到雨水的冲刷。

② 紧急覆盖。水泥混凝土路面在摊铺过程中遭遇降雨，首先应紧急使用防雨篷、塑料或塑料薄膜等材料，迅速覆盖刚摊铺完成但尚未硬化的混凝土路面。

③ 冲刷处理。对于来不及覆盖，已被阵雨轻微冲刷过的路面，平整度和细观抗滑构造仍满足要求者，抗滑构造宜硬刻槽恢复，或先磨平再刻槽。对于被暴雨冲刷后，路面平整度严重劣化或路面低侧边缘冲垮的部位，应尽早铲除重铺。

④雨后摊铺。降雨停止后，在重新摊铺混凝土路面前，应及时排除车辆内、搅拌场及砂石料堆场内的积水和淤泥，方可开工。运输便道应排除积水，并进行必要的修整，摊铺前应排除或扫除基层上的积水。

（3）刮风天气施工 在刮风天气进行水泥混凝土路面施工时，应采用一定的养生抹面措施，防止路面混凝土发生塑性收缩开裂。工程实践证明，防止水泥混凝土路面出现塑性收缩开裂的基本措施有以下三个方面：

1）水泥混凝土浇筑完毕后，应尽早在水泥混凝土路面上喷足够的养护剂，以阻止水分蒸发，使混凝土在湿润状态下水化和硬化。

2）在不压坏抗滑构造的前提下，可以采取既喷大量养护剂又尽快覆盖塑料薄膜的措施以便更有效地阻断水分的蒸发。

3）保证平整度的机械抹面，压缩掉因快速蒸发形成的水泥路面体积收缩量，略压低1~2mm表面厚度，即可消除平面开裂。再喷足量养生剂或覆盖塑料薄膜、麻袋、草袋等进行养护。

如果因施工工期的限制，必须在风速较大的天气强制施工，必须装备整个横断面的斜辊或叶片式重型抹面机。但是，采取这种施工方法会使水泥路面迅速硬化，无法进行粗细两级抗滑构造，必须采取钢丝刷刷出细观抗滑构造和硬刻出宏观抗滑构造，从而保证高等级公路要求的抗滑构造粗糙度和沟槽。

最新的路面混凝土断裂力学研究表明：发生大量或严重的塑性收缩裂缝的水泥混凝土路面，无论采用何种摊铺方式，均必须返工重铺。即使路面上的裂缝很浅，如仅存在10~30mm的微小裂缝，但由于裂纹尖端的开裂敏感性及车辆荷载的反复疲劳作用，裂纹仍会逐渐发展为裂缝，在一年左右穿透面板，形成结构断裂破坏即断板。由此可见，施工期最主要和最艰巨的任务是防止表面塑性收缩开裂和温度开裂。

（4）高温季节施工 水泥混凝土面板高温天气条件施工的定义为：当施工现场的气温高于30℃，拌合物摊铺温度在30~35℃，同时空气相对湿度小于80%时，混凝土面板的施工应按高温季节的规定进行。高温季节施工的关键有三个方面：一是控制混凝土拌合物具有良好的工作性能，确保能够顺利摊铺；二是保持混凝土拌合物的摊铺温度不超过35℃，防止面板发生温差开裂；三是在高温施工时，混凝土的蒸发率很大，应当特别加强洒水和覆盖养护，防止塑性收缩开裂及干缩开裂。

1）避开高温时段。当现场气温大于30℃时，应避开中午高温时段施工，可选择气温较低的早晨、傍晚或夜间施工，夜间施工应有良好的操作照明，并注意施工安全。

2）采用拌合物降温保塑措施。砂石料堆应设遮阳篷，抽用地下冷水或采用冰屑水拌和，拌合物中宜加允许最大掺量的粉煤灰或磨细矿渣，但不宜掺加硅灰。拌合物中应掺足够剂量的缓凝剂、高温缓凝剂、保塑剂、缓凝（高效）减水剂等。原材料的降温作用可以通过混凝土配合比的热工计算得出。其中，砂石料堆遮阳覆盖防止太阳暴晒升温作用最明显。实测结果表明：掺足量的粉煤灰可使拌合物的初凝时间延缓0.5h左右；掺足量的磨细矿渣可使拌合物的初凝时间延缓15min左右。

3）覆盖车内拌合物。混凝土拌合物装入运输车后，会因为气温高而回升一定的温度，特别是运输距离较长时回升会更高。因此，对于自卸车上的混凝土拌合物应加帆布等遮盖。

4）加快施工各环节。在水泥混凝土路面的施工过程中，应尽量压缩混凝土搅拌、运输、摊铺、辗压、饰面等工艺环节耗费的时间。

5）采取遮阳搭篷。如果工程施工进度要求紧迫，必须在高温阳光下施工时，可使用防雨篷作为防晒遮阳，这样可在每日气温最高和日照最强烈时段进行遮阳施工。

6）加强温度检测。在高温天气施工时，混凝土拌合物的出料仓温度不宜超过35℃，并应随时监测气温、水泥、拌合水、拌合物及路面温度，必要时还应加测混凝土的水化热。

7）加强洒水养护。在混凝土路面的表面洒水，采用覆盖保湿养护，不仅可以降低混凝土表面的温度，还可以避免干缩开裂。加强洒水养护，是确保混凝土路面表面不发白，并使其强度正常增长的重要措施。

8）提前切缝防止断板。水泥混凝土路面切缝应视混凝土强度的增长情况，但高温下宜比常温下施工适当提早切缝，以防止面板出现断板。特别是在夜间降温幅度较大或降雨时，更应提早切缝。

9）其他施工措施。水泥混凝土在高温天气施工时的其他施工措施很多，如采用适宜的水泥品种、控制搅拌初始温度等，可以根据施工条件、实际气候及以往经验等进行采用。

（5）低温季节施工　在持续低温的施工环境下，混凝土水化速度降低，使混凝土强度增长缓慢，如果温度低于-10℃，则水泥的水化反应完全停止，龄期再长也不会再产生任何强度。另一方面混凝土中的液相水产生结冰，其冰晶压力会破坏正在形成的混凝土结构。《公路水泥混凝土路面施工技术细则》（JTG/T F30—2014）规定：当摊铺现场连续5昼夜平均气温在5~15℃，夜间最低气温在-3~5℃之间，混凝土路面和桥面的施工应按低温季节施工规定的措施进行。

低温季节施工的措施如下：

1）选用早强剂及促凝剂。水泥混凝土在低温季节施工，在进行混凝土配合比设计时，混凝土拌合物中应优先选择掺加早强剂或促凝剂，并通过试验确定早强剂或促凝剂的掺量。

2）加强保温保湿覆盖养护。可先用塑料薄膜保湿隔离覆盖或喷洒养护剂，再用保温草帘、泡沫塑料等覆盖初凝后的混凝土路面。遇雨雪必须加盖油布和塑料薄膜等，防止保温材料变湿而丧失保温效果。

3）选用适宜水泥品种和用量。应选用总水化发热量大的 R 型水泥或单位水泥用量较多的 32.5 级水泥，不宜掺粉煤灰。试验结果证明，粉煤灰的持续水化需要两个条件：一是长期保持足够的湿度；二是要有足够的温度，两者缺一不可。否则，粉煤灰不能水化和提供长期强度，不能水化的粉煤灰在混凝土中是有害无利的。

4）控制拌合物的出料温度。在低温天气下施工的水泥混凝土，搅拌机出料的温度不得低于 10℃，摊铺混凝土的温度不得低于 5℃。在养护期间，应始终保持混凝土板的最低温度不低于 5℃ 才能缓慢地增长强度。工程实践证明：水泥混凝土只有在不低于 10℃ 的温度条件下才可以保持较高的后期强度增长率。否则，应采用热水或加热砂石料拌和混凝土，但拌合水的温度不得高于 80℃，砂石料的温度不宜高于 50℃。

5）随时测定各种温度。为确保低温天气施工混凝土的质量，在低温天气下施工的水泥混凝土路面，应随时检测气温、水泥拌合水拌合物及路面的温度，每工班至少测定三次，以便在达不到规定施工温度时采取相应措施。

七、水泥混凝土路面养护

水泥混凝土路面养护是施工作业流程中的最后一道工序，也是经常容易被忽视的工作。水泥混凝土路面养护的优劣，决定着水泥混凝土路面的最终质量。工程实践证明：对水泥混凝土路面和桥面而言，养护对其抗冲击振动、弯拉强度、耐疲劳性、抗磨性、抗冻性及耐久性等，均有不同程度的影响，但养护工序对表面耐磨抗冻性和抗滑构造的保持时间长短影响最大，养护优劣经常决定返工与否，因此必须引起高度重视。

《城镇道路工程施工与质量验收规范》规定：

1）水泥混凝土面层成活后，应及时养护，可选用保湿法和塑料薄膜覆盖等方法养护。气温较高时，养护不宜少于 14d；低温时，养护期不宜少于 21d。

2）昼夜温差大的地区，应采取保温、保湿的养护措施。

3）养护期间应封闭交通、不得堆放重物；养护终结，应及时清除面层养护材料。

4）混凝土板在达到设计强度的 40% 以后，方可允许行人通行。养护应按以下方法和要求进行。

水泥混凝土路面铺筑完成或软作抗滑构造完毕后应立即开始养护。机械摊铺的各种混凝土路面、桥面及搭板，宜采用喷洒养护剂同时保湿覆盖的方式养护。在雨天或养护用水充足的情况下，也可采用覆盖保湿膜、土工毡、土工布、麻袋、草袋、草帘等洒水湿养方式，而不宜采用围水养护方式。

1）喷洒养护剂的要求。水泥混凝土路面采用喷洒养护剂进行养护时，喷洒应均匀，成膜厚度应足以形成完全密闭水分的薄膜，喷洒后的混凝土表面不得有颜色差异。喷洒时间宜在表面混凝土泌水完毕后进行。喷洒高度宜控制在 0.5~1.0m。使用一级品养护剂时，最小喷洒剂量不得少于 0.30kg/m²；合格品的最小喷洒剂量不得少于 0.35kg/m²。不得使用易被雨水冲刷掉和对混凝土强度、表面耐磨性有影响的养护剂。

2）养护膜和塑料薄膜养护。我国湖南省科学院 2002 年为水泥混凝土路面养护研制开发了专用双层式保温保湿养护膜，第一层为吸水量很大的保水多孔材料，混凝土摊铺后洒足够的水，然后覆盖上黑色不透水的塑料薄膜。由于黑色具有吸热性，在保证下层有足够水分的同时，又具有保温作用，养护效果非常好。覆盖保温保湿养护膜和塑料薄膜养护的初始时间，以不压坏细观抗滑构造为准。薄膜厚度（韧度）应合适，宽度应大于覆盖面 600mm。两条塑料薄膜对接时，其搭接宽度不应小于 400mm，养护期间应始终保持塑料薄膜完整盖满。

3）覆盖养护。宜使用土工毡、土工布、麻袋、草袋、草帘等覆盖物进行保湿养护，所有的保湿覆盖材料均必须及时洒水，保证覆盖材料下部的混凝土路面表面始终处于潮湿状态，并由此确定每天的洒水次数。土工毡较厚，能够储存较多的水分，失水蒸发干燥速度很慢，施工中可大大减少洒水次数，养护效果最好。昼夜温度大于 10℃ 以上的地区或日平均温度不大于 5℃ 的低温施工混凝土路面时，应采取保温保湿养护措施。保温养护材料一般有草帘、棉垫、泡沫塑料等。应先在水泥混凝土路面表面洒水保湿，再覆盖保温材料。

4）养护初期保护。水泥混凝土路面在养护期间，严禁人、畜、车辆在上面通行，在达到设计强度的 40% 后，行人方可通行。在面板达到设计弯拉强度后，方可开放交通。

第三节　道路养护新技术

随着国民经济快速、协调发展，我国道路交通量日益增大，车辆迅速大型化且严重超载，使公路路面面临严峻的考验。由于传统公路养护技术工程施工时间较长，工程量较大，在公路养护过程中不得不长时间封闭一半道路。这对于我国公路运输的安全及经济性有着很大的影响。因此，如何使用新技术，缩短公路养护工程施工时间，加大公路流量成为公路养护部门迫切需要解决的问题。

公路养护具有经常性、及时性的特点。较小路面破损，必须及时进行养护，否则破损面将不断加大，严重时有可能损坏路基。因此必须经常保持高速公路的完整状态，及时修复损坏部分，保证行车安全、畅通、舒适，以提高运营经济效益和社会效益。公路工程养护是预防道路及设施病害的发生，及时修复随时出现的道路病害及设施损坏，尽可能延长道路及设施的使用寿命，延缓大修周期，降低运营管理成本的重要保障。同时，公路养护可以减少或杜绝道路及设施维护不当给用户及使用者带来的意外损害。

一、沥青再生技术

沥青再生技术，是通过有效方式，实现原路面材料的再生或重复利用，以完成资源的回收利用和路面的养护维修。将其运用到公路的养护维修当中，能够使得路面的寿命有效延长。作为公路建设可持续发展战略的重要组成部分，对我国的现实意义重大。随着科学技术的发展，沥青路面因行车舒服、维修方便等诸多优点，被广泛地应用于筑路建设中，因此大大增加了相关原材料的用量。目前，由于道路交通车辆不断增加，使得路面经常会有水损害、车辙、开裂等病害发生，给人们的正常生活带来了不便。按照修筑高等级沥青路面的寿命为 15~20 年时间推算，每年都会增加路面的翻修，造成沥青的浪费。对沥青进行合理利用，既节约了成本，又保护了社会环境。

1. 沥青再生的机理

沥青再生是达到沥青老化的逆过程，主要包括以下方面：将旧沥青材料的黏度降低，从而使得旧沥青的黏度能够控制在合理的范围内；对旧沥青材料的流变性进行适当的调整，从而降低沥青的非牛顿特性。

沥青再生是利用再生剂等材料，降低旧沥青的黏度，使旧沥青的黏度可以得到有效的控制，并对旧沥青的流变性进行适当的调整，降低沥青的流体非线性。

沥青实现再生主要依靠外掺剂。再生剂是一种低黏度、低饱和酚的矿物油料，黏度需要控制在 0.1~20Pa·s，其主要的作用是将旧沥青溶解，从而能够体现沥青的特质，并改变流变性，降低非牛顿性质。常见的再生剂如图 5-8 所示。

一般情况下会采用抽提试验进行旧沥青路面混合料的测定，从而测定出沥青混合料的沥青含量、性能及配级，合理地确定出需要添加的新集料含量，达到合理配制的要求。完成了再生混合料的试验块后还需要采取一系列的试验，包括马歇尔试验、劈裂试验、车辙试验等。广泛用于再生混合料的性能评价的方法是车辙试验。

图 5-8 常见的再生剂

2. 沥青再生技术分类

常见的沥青再生技术分为厂拌热再生技术、现场热再生技术、厂拌冷再生技术及现场冷再生技术。

（1）厂拌热再生技术 该技术是将旧沥青道路进行材料回收，运输回工厂后将旧材料与新材料以及再生剂进行混合，利用热拌法生产出新沥青后，再将沥青进行道路铺筑。

（2）现场热再生技术 该项技术主要是使用专用的热再生设备进行铣刨、加热一系列工作，同时在这个过程中加入一些合适的比例的新材料，再通过拌和、摊铺、碾压等工序，达到旧沥青混凝土路面的再生。

（3）厂拌冷再生技术 该技术主要是将回收的沥青路面材料运至拌和厂，经过一系列的程序后（破碎、筛分）添加一些新的集料和填料，再进行常温下的浇筑，从而能够形成路面结构的再生技术。该技术被广泛地应用于各个等级公路沥青材料的回收，然后再进行冷再生利用，完成后得到的混合料需要根据实际情况进行应用。

（4）现场冷再生技术 如果温度处于平稳，会选择两种方法共同进行，包括冷再生设备、沥青路面的冷铣刨。这种技术是需要添加再生材料进行拌和和摊铺，从而起到该技术的主要效果。

上述再生技术中，厂拌冷再生技术应用最广。其再生出的材料可以有效地解决沥青路面非结构承载力的各种问题，有效地保护沥青路面，但是对道路承载力的提高效果非常有限，因此不宜在原路面破损过大的路面使用。厂拌热再生技术和现场热技术对路面承载力的提高效果显著，但其成本很高，因此应用这两项技术时应对旧路面做详细的测定。图 5-9 所示为再生沥青路面与原路面的比较。

图 5-9 再生沥青路面与原路面的比较

二、微表处技术

微表处作为一种新型的沥青路面养护技术,主要是采用乳化沥青、集料、填料、水和添加剂,按照一定的比例进行搅拌,并且均匀摊铺在高速公路沥青罩面层。微表处技术具有施工快速、工艺简单方便的优点,而且能够达到节约资源、零污染的目的。微表处技术能够最大限度地修复高速公路沥青路面的病害,改善路面的抗滑能力和抗磨耗能力。微表处技术不仅要求乳化沥青具有很好的性能,而且对封层技术和使用性能有了更高的要求。

1. 微表处技术分类

微表处技术按照不同标准可以分为纤维微表处技术、微表处修复车辙技术、低噪声微表处技术。

(1) 纤维微表处技术　纤维微表处技术是由传统微表处技术发展起来的,主要是在稀浆混合料中添加了纤维,有效改善了沥青胶体布局。纤维具有较强的吸附能力,能够在不改变原有路面强度和稳定性的基础上较好地改善稀浆混合料的高温不变性、低温抗裂性、耐久性,可以有效地抑止和延缓反射裂痕出现,提高道路的使用寿命,为车辆提供舒适、安全、可靠的行车环境。

(2) 微表处修复车辙技术　微表处修复车辙技术是利用聚合物改良乳化沥青,并且利用专用设备进行沥青摊铺,具有施工快速、成本低、修复效果好的优点。车辙横断面一般为V形具体施工过程中,混合浆体集料会在摊铺箱内经搅拌按照厚度变化呈正态分布进行摊铺,同时在辙槽上方形成预留拱度,为混合料经受行车荷载进一步压密做出预留。

(3) 低噪声微表处技术　微表处时行驶中车内噪声与热拌热铺沥青路面相比明显增大,大大影响了路面行驶舒适性。低噪声微表处技术主要是为了降低施工过程中的噪声,提高行车舒适性,同时也能够充分发挥微表处预防性养护技术的作用。该技术不但确保了与传统微表处具有同样的较大的构造深度,具有良好的抗滑性能,同时,与传统微表处相比,噪声能够降低 5%~8%。低噪声微表处施工如图 5-10 所示。

图 5-10　低噪声微表处施工

2. 微表处技术的特点

（1）施工周期短　在施工过程中，运用微表处技术，不会给交通通行造成较大的影响，且开放交通的时间短，通常在施工 2h 内即可开放交通。

（2）改善路面抗滑性能和安全性能　路面长期受雨水的冲刷及侵蚀，会给路基结构带来不同程度的损害。采用微表处技术能对雨水损害的区域进行有效处理，降低水分进入到路基的概率，从而保障路面整体性能，并且切实提高公路路面的抗损能力。同时，运用该技术，还能提高车辆行驶的安全性，进一步减少路面裂缝、沉陷、车辙、松散、泛油等病害，从而延长路面使用寿命。

（3）减少环境污染，改善施工条件　在高速公路路面养护施工过程中，使用微表处施工技术，应尽量在常温下实施，避免改性乳化沥青性能或砂石料等性能受到影响。此外，使用该技术的应用过程中，不会对施工环境造成污染，具备环保性能。

（4）节约能源　同沥青混凝土相比，微表处技术能够达到节省能源的目的。在高速公路路面施工养护过程中，运用该技术只需要对乳化沥青加热，在施工期不需要进行二次加热。

（5）对施工温度要求不高　微表处技术对于外部温度的要求不高，温度只要达到 100℃ 就能开展施工。

与其他养护技术相比，微表处技术具备施工简便、成本少、污染小等优势。然而，在实践过程中，该技术的应用还会受到众多外界因素的影响，所以，在施工过程中，需要做好施工前期、中期、后期的质量控制，以保证高速公路沥青路面养护施工质量得到有效提高。

三、雾封层技术

雾封层技术是将乳化沥青、改性乳化沥青或沥青路面养护剂等流体状的材料，经喷洒机械喷洒在沥青路面上，从而封闭路面孔隙，稳定松散集料，修复路面老化的预防性养护技术，由于材料喷洒时呈现出黑色的雾状，因此称为雾封层。

雾封层是一种成本较低的有效的道路预防性养护技术。它是直接在道路表面喷洒雾封层技术材料，迅速为道路提供一个黑色的表面；它可以封闭道路表面的孔隙及微裂缝，防止水分和空气进入路面结构中而引起路面结构的破坏，对 3mm 以下的裂缝有自动愈合的作用；此外，雾封层还能稳定道路表面松散的集料以防止其进一步的松散，可以保护或修复路面老化时损失的粘结料，减少路面的老化和风化作用。雾封层技术施工如图 5-11 所示。

图 5-11　雾封层技术施工图

雾封层技术也可以是一种路面再生技术。传统雾封层使用的乳化沥青和改性乳化沥青等材料，主要是针对已经出现的病害进行处治，填封裂缝、密闭路面。对路面早期病害的预防效果不是太明显，且对病害处治是暂时性的，治标不治本。随着新材料、新技术、新设备的不断涌现，专门的沥青再生处治材料作为雾封层的新型材料，弥补了乳化沥青和改性乳化沥青等传统雾封层材料的不足，可以很好地预防和解决沥青路面出现的早期病害问题。新型雾封层材料渗透到旧路表面中，激活老化的沥青，更新和还原表面已氧化的沥青膏体，从而延长了路面的使用寿命。

雾封层能延迟路面其他病害的产生，维持路面的使用功能，延长道路的使用寿命。其施工工艺简单，开放交通迅速（2到3个小时就可以开放交通）。它的主要作用是防水，封闭微裂缝，补充沥青粘接料，稳定松散的集料，封闭路面防止沥青氧化发生老化，加深沥青路面的颜色，加大沥青路面与标线的对比度等。

1. 雾封层技术对路面的要求

封层主要适用于改变原有路面的防水性能、平整度和抗滑性能。雾封层技术主要适用于提高原路面的防水性能，改善路面抗滑性能，粘结松散集料及修复路表老化沥青，改善外观。雾封层技术仅是在原路面上加了一层薄"膜"，因此，雾封层技术不能改变原路面的结构强度，不能增加原路面的结构承载力。

雾封层技术对原路面的要求如下：

（1）具有足够的强度和刚度　原路面及基层是承重层，应能承受荷载的作用，在重复荷载作用下，不会产生残余变形，也不允许产生剪切和弯拉破坏。其要求可参照公路设计规范或公路养护技术规范等。

（2）具有良好的整体稳定性　原路面的整体水稳性和热稳性是否良好，是保证施工后路面稳定性的基本因素，雾封层技术对路面的稳定性改善不大，且雾封层几乎不具有结构抗应变能力，因此，为了保证路面质量，对原路面必须提出稳定性要求。

（3）表面平整、清洁　雾封层技术几乎不能改善路面的平整度，因此，雾封层技术施工前，应按照《公路沥青路面养护技术规范》的要求对不平整路面进行处理，待平整度达到基本要求时才能进行雾封层技术施工。同时，原路面是否清洁，是关系雾封层材料能否渗透、能否封闭路面的重要因素，因此必须保证原路面的清洁。

综上所述，雾封层技术主要适用于出现早期微裂缝、路表面集料松散、麻面及路面渗水严重等早期损坏，并且此时的路面综合质量指数在良及良以上。具体如下：

1）雾封层技术适用于原路面路表产生了微小裂缝，裂缝宽度在1~3mm左右，对于出现严重的网裂、龟裂等裂缝的路面，应将裂缝预先处理，待稳定后，再采取雾封层技术。

2）原路面路表松散，甚至出现麻面，路表面沥青剥落或老化而结构强度完好时，可采取雾封层技术，有效地粘结松散集料，修复老化沥青，改善路面外观。

3）当原路表面渗水系数增大，路面渗水严重或较严重，而路面结构强度及结构完好时，采用雾封层技术可有效地防止路面渗水，防止水渗入后软化基层及路基，保护了基层及路基，减少或防止水损坏。

4）雾封层材料主要有传统材料及新型材料，传统材料为乳化沥青或改性乳化沥青，新型的雾封层材料为沥青路面养护剂等。传统的材料在乳化沥青或改性乳化沥青破乳后与原沥青路面结构中的沥青粘结形成一层沥青薄膜，从而封闭路面及微裂缝，防止路面渗水；新型的沥青路面养护剂喷洒于路面后，材料经过一系列的化学反应等作用，在沥青路面上形成一层沥青薄膜，从而封闭路面，防止渗水，同时新型道路养护剂中含有的再生剂能有效还原旧沥青路面中部分老化的沥青。

2. 影响雾封层材料强度的因素

1）道路养护剂的种类。快型雾封层道路养护剂材料强度形成较快，而慢型雾封层技术道路养护剂材料强度形成较慢。道路养护剂的选择应根据施工的具体情况选择。

2）施工现场的气温。施工温度过低，道路养护剂的活性降低，沥青薄膜形成较慢，强度形成较慢；温度过高，材料的性能有少许改变，加快了道路养护材料中部分成分的挥发，影响了沥青薄膜强度的形成，因此，现场的施工温度对雾封层材料的强度形成影响较大，应选择适宜的气温施工，且不宜低于100℃。

3）施工气候、风速及空气潮湿度。风速较大加快沥青薄膜强度形成的速度，气候干燥，集料的吸附力大，雾封层材料的沥青薄膜强度形成较快。

4）沥青洒布机行驶的速度。沥青洒布机的行驶具有一定的振动能，从而产生激波，速度快，振动能大，加快雾封层材料的强度形成。

四、柔性基层技术

柔性基层沥青路面是指不设半刚性基层作为主要承重层的沥青路面。一般包括无结合料粒料（底）基层沥青路面与沥青稳定碎石基层（下卧粒料层或者直接放在改善路基土上）沥青路面。在我国，将设置一层级配碎石过渡层的下卧半刚性基层沥青路面也归为柔性基层沥青路面。由于柔性基层的板体性和柔韧性好，路面结构的受力更加均匀，且强度形成快，大大缩短施工工期。由于沥青混合料对水分的变化不敏感，面层不会因为干缩裂缝出现反射裂缝。由此可以看出，采用柔性基层能够较好地避免沥青路面过早开裂，这对于延长沥青路面的使用寿命，提高沥青路面的使用质量具有极为重要的现实意义。图 5-12 所示为京石高速公路柔性基层施工现场。

图 5-12 京石高速公路柔性基层施工现场

柔性基层沥青路面在国外的应用和研究非常广泛，其结构设计方法比较成熟，具代表性的是美国力学—经验设计指南。但我国的交通、环境等条件差异较大，主要表现在重载、超载、单轴轴载大，因此不能直接套用。同时柔性基层沥青路面的受力状态、破坏形式、性能衰减规律等与半刚性基层沥青路面有较大的不同，因此目前我国以弯沉为主指标的沥青路面设计方法不能很好地适用于这种路面结构。

思考题

1. 简述路基工程施工的特点及基本方法。
2. 简述路基工程施工测量的主要内容。
3. 简述填方路堤施工时填料的种类及特点。
4. 填方路堤的施工方法有哪些?
5. 路堑的施工方法有哪些?
6. 爆破施工的主要器材有哪些?
7. 不宜进行冬期施工的项目有哪些?
8. 雨期施工的准备工作有哪些?

附 录

附录A 一级区划的自然条件和对公路设计的要求

代号	一级区名称	公路工程的自然条件特点	路基路面的设计要求
Ⅰ	北部多年冻土区	纬度高、气温低，为我国唯一的水平多年冻土区，多年冻土层夏季上部融化为无法下渗的层上水，降低土基强度。秋季层上水由上至下冻结，形成冻结层之间的承压水。冬季产生冻胀，夏季有热融发生	路面设计的重要原则是维持其冻稳性，保护冻土上限不致下降，以防路基热融沉陷，导致路面破坏。在路基设计中是宁填勿挖。原地面植被不应破坏，露地土质应为冻稳性良好的土或砂砾，必须采用路堑时，应有保证边坡和基层稳定的措施。沥青面层因导热系数高，应相应抬高路基。结构组合设砂砾垫层时，只能按蓄水而不能按排水设计
Ⅱ	东部湿润季冻区	是我国主要的季节冻土区，冻结程度及其对路基的影响自北至南一般逐渐减小。除黑黏性土、软土和粉土外，土基强度较好。主要矛盾是冬季冻胀，春季翻浆，形成明显的不利季节。夏季水毁和泥石流也有一定的影响。地形以平原和丘陵为主，局部低山公路修建条件不困难	路基路面结构组合设计中，应使路基填土高度符合要求，结合当地自然条件，应采取隔温、排水措施，阻断毛细水上升，以防止冻胀翻浆。利用水温性、冻稳性好的材料做路面的基层，在水文土质不良的路段，可设置排水垫层，促进水排出，提高路基路面整体强度
Ⅲ	黄土高原干湿过渡区	为东部温润季冻区向西北干旱区和西南潮暖区的过渡区，以集中分布黄土和黄土状土为其主要特点，地下水位深，土基强度较好，边坡能直立稳定。公路面临的主要问题是粉质大孔性黄土的冲蚀和遇水湿陷。因为湿度较低，翻浆自东向西，自北向南显著减轻，新构造活跃的西部地震较少，病害较多	路面结构组合的特点，是必须选择不透水的面层或上封闭层。以防止雨水下渗造成黄土湿陷。潮湿地段应注意排水以保护路基。对路肩横坡的设计应使水迅速排出。掺灰类结构层是稳定的路面基层结构。在石料基层下增设砂砾底基层，亦为本区常用
Ⅳ	东南湿热区	是我国最湿热的地区，春、夏东南季风造成的梅雨和夏雨形成本区公路的明显不利季节。东南沿海台风暴雨多，由地表径流排走影响相对较小。地温较高，易引起沥青路面泛油，加大水泥路面翘曲应力。地形以丘陵、平原为主，公路通过条件尚好	为减轻沥青路面在热季泛油和雨季黏聚力降低，沥青材料宜选用较高的标号，保证其垫层的稳定性。渣油路面应提高抗滑性能并注意封闭表面，以提高公路的水温性。在路基设计中，应加强公路的排水系统。水稻田、软土和潮湿路段的路段应进行处理，或选用低塑砂砾料或泥灰结碎石做底基层或垫层

(续)

代号	一级区名称	公路工程的自然条件特点	路基路面的设计要求
V	西南潮暖区	为东南湿热区向青藏高寒区的过渡区。一些地区因同时受东南和西南季风的影响，雨期较长。加之地势较高，蒸发较少，渗透较大，故土基较湿。湿质路基和部分干湿季节分明的地区，土基强度较高，本区为我国岩溶集中分布地区。北部和西部新构造强烈，地形高差大，地震病害也多	路基路面结构组合，首要任务是保证其湿稳性。个别干热河谷中，也应注意其干稳性。过湿地区为保证道路强度，断面一般宜采用路堤，并使边坡符合要求。本区土质多由碳酸盐类岩石风化形成。结构稳定，强度较好，山地多，石料丰富，有利于在设计中就地取材。岩溶地区应在详细地质勘测基础上进行设计，以保证公路整体稳定性
VI	西北干旱区	由于气候干、旱，土基强度和道路水文状况均佳，筑路砂石材料较多，中级路面搓板松散，扬尘为主要病害，高山区有风雪流危害。灌区和绿洲有冻胀翻浆，山区公路通过垂直自然带，选线和修筑均较复杂	路基路面的特殊要求是保证其干稳性。由于干旱，大部分白色路面搓板严重，许多地区缺黏土和水。改建沥青路面为主要解决办法。绿洲灌区地下水位高，冻融翻浆严重，结构层应充分利用就近生产的砂砾、石料进行处理。道路设计中还应注意风蚀和沙埋的防治
VII	青藏高寒区	全区为海拔高、气温低的高寒高原，给公路建设带来特殊的问题。分布有高原多年冻土、泥石流和现代冰川。东南部由于新构造运动活跃和地形破碎，地震强烈，公路自然病害如滑坡、崩塌、泥石流等均极严重。公路通过条件困难，尤其是4000m以上的高山地区更甚	结构设计应针对自然条件和工程病害，采取措施保证路基的整体稳定性，全区除高原冻土带应维持其冻稳性外，大部分公路路基低，路面多由养护形成，一般用砂砾结构，材料和强度可满足要求。交通量大时应敷设沥青路面。由于昼夜温差大，紫外线照射强，沥青老化快，且施工季节短，故施工应采取措施。柴达木盆地气候较干旱，氯化盐可做筑路材料

附录 B　各二级区自然条件对公路工程的影响

表 B-1　北部多年冻土区中各二级区自然条件对公路工程的影响

二级区名(包括副区)	主要自然病害	自然条件对公路工程的影响
Ⅰ1 连续多年冻土区	冻胀、雪害、冰锥、冰丘、涎流冰、翻浆等	路面结构应采用保温的措施，防止夏季冻土融化，降低土基强度，以及防止秋季冻结水溢出地面形成涎流冰。另外，选线时应考虑冬季雪害影响
Ⅰ2 岛状多年冻土区	冻胀、翻浆、雪害、冰锥、冰丘、涎流冰等	除冰冻地区公路工程特点外，在季节冰冻区还要考虑翻浆问题，公路选线、修建和养护条件比较复杂

表 B-2　东部温润季冻区中各二级区自然条件对公路工程的影响

二级区名(包括副区)	主要自然病害	自然条件对公路工程的影响
Ⅱ1 东北东部山地湿润冻区	雪害、冻胀、翻浆、水毁	冬季雪害、夏季水毁均为公路交通的威胁，火成岩分布广泛，地质条件好，但基岩强烈风化影响公路边坡稳定
Ⅱ1a 三江平原副区	冻胀、翻浆、雪害	软土和沼泽分布广泛，路基易沉，稳定性差，冻胀翻浆严重
Ⅱ2 东北中部山前平原重冻区	冻胀、翻浆	冬季降温较快，水分易积聚，春季升温较慢，化冻也慢，水分不易下渗，故翻浆期长。黑黏土含水量大，强度低

(续)

二级区名(包括副区)	主要自然病害	自然条件对公路工程的影响
Ⅱ2a 辽河平原冻融交替副区	冻胀、翻浆、水毁	冬季降温较快,水分易积聚且期长,春季升温快,化冻时间短,冻融交替多,故翻浆最严重。线形条件好。沿海软土地区除翻浆外,雨季路基强度低,造成泥泞
Ⅱ3 东北西部润干冻区	翻浆,盐碱、风砂、泥石流	因水分来源较缺,冻融问题不如同纬度地区突出。粟黏性土地区公路修建条件较好,但西部分布有风成砂丘,造成工程困难。西部局部地区路基易沉陷
Ⅱ4 海滦中冻区	冻胀、翻浆、水毁、地震	秋雨期内路基中水分增加,春季升温快,翻浆时间短。平原地区沿海和内陆软土分布广,路基强度低,筑路石料缺乏,山前地区夏季水毁病害多
Ⅱ4a 冀北山地副区	地震、泥石流、水毁、潜流、冻胀、延流冰	路基强度高,筑路材料丰富,但有山洪泥石流,燕山一带为强震区,病害较重,加之地形较崎岖,路线通过受限制
Ⅱ4b 旅大丘陵副区	水毁	冻深较浅,排水条件好,故冻融翻浆较轻,土基强度高。选线容易,但有较轻水毁
Ⅱ5 鲁豫轻冻区	泥泞、水毁,鲁西南有地震	局部路段有轻微翻浆,公路修建条件有利,但通过河漫滩和凹地常遭淹没,暴雨时期影响公路畅通
Ⅱ5a 山东丘陵副区	水毁、泥石流、个别地区有地震	路基强度较高,筑路材料丰富,地势虽复杂,但路线由宽广河谷通过山洪对公路有一定的影响

表 B-3 黄土高原干湿过渡区中各二级区自然条件对公路工程的影响

二级区名(包括副区)	主要自然病害	自然条件对公路工程的影响
Ⅲ1 山西山地、盆地中冻区	翻浆、冲沟、泥石流	河谷盆地有次生黄土分布,边坡稳定不如典型黄土。春季公路翻浆,山区有山洪、泥石流等病害
Ⅲ1a 雁北张宣副区	翻浆、泥石流、水毁	公路冬季有冻胀,春季翻浆相当严重,是公路主要病害。石灰岩分布广,筑路材料较多
Ⅲ2 陕北典型黄土高原中冻区	冲沟、湿陷、黄土溶洞	有典型塬、梁、峁地貌。除塬、梁外,路线爬陡,弯道半径小,但黄土具有直立不坠的特性。一般路基强度较高,但雨水易造成路基冲蚀和湿陷
Ⅲ2a 榆林副区	冲沟、湿陷、风砂、翻浆	除具有典型黄土区的公路工程特点外,风或沙侵袭对公路修建营运有影响,春季翻浆较严重。但沙黄土分布区,边坡不能直立
Ⅲ3 甘东黄土山地区	冲沟、湿陷、滑坡、泥石流、地震	黄土砂性较重,且处于强震区,滑坡崩塌、泥石流等影响较大,边坡稳定性较差
Ⅲ4 黄渭间山地、盆地轻冻区	冲沟、湿陷、局部地区有泥石流	次生黄土分布广,有黄土梁分布其间,盆地地下水位较高。路基强度较低。有冲沟、湿陷等病害

表 B-4 东南湿热区中各二级区自然条件对公路工程的影响

二级区名(包括副区)	主要自然病害	自然条件对公路工程的影响
Ⅳ1 长江下游平原润湿区	泥泞、湿地和软土病害	软土和稻田分布广泛,路基水文条件差,不利季节时连续阴雨更严重,河网化地区过水结构物多。建筑砂石料缺乏

(续)

二级区名(包括副区)	主要自然病害	自然条件对公路工程的影响
Ⅳ1a 盐城副区	泥泞、湿地和软土病害	软土和稻田分布广泛,路基水文条件差,不利季节时连续阴雨更严重,河网化地区过水结构物多。建筑砂石料缺乏
Ⅳ2 江淮丘陵、山地润湿区	水毁、滑坡	路基条件好。黄棕色黏性土及下蜀组黏土强度均高,但开挖边坡往往形成滑坡。路线由山地通过时较困难,标准不宜过高
Ⅳ3 长江中游平原中湿区	泥泞、冲刷、路基强度较低	河湖港汊较多。在河湖冲积平原,软土分布广,不利季节路基强度低,路面泥泞。围湖区为近期形成的粉砂软土,强度最低
Ⅳ4 浙闽沿海山地中湿区	台风、水毁局部有泥石流和软土	个别公路修建条件不利,标准不宜过高。除沿海局部地区外,路基强度较高。台风影响大,山区公路水毁严重。公路排水系统的设计在本区尤为重要
Ⅳ5 江南丘陵过湿区	水毁为主,其次崩塌、土流	连续阴雨多,公路的不利季节为4~6月,公路由宽广的丘陵间河谷阶地,通过条件不太困难。砂岩风化后的砂屑,黏结力较低,影响路基强度。夏季地温高。沥青路面强度反而低。公路应加强排水系统设计
Ⅳ6 武夷南岭山地过湿区	滑坡、崩塌、溶洞、水毁	不利季节水分充足,气温较低。红黏性土和红砂岩分布地区路基强度低、山地易形成滑坡,并有水毁,西部岩溶严重,南部有土洞,对公路路基稳定和选线有影响
Ⅳ6a 武夷副区	崩塌、滑坡	花岗岩分布广,路基稳定,筑路材料丰富。但强烈风化地区崩塌严重,越岭线石方工程量大,标准受限制
Ⅳ7 华南沿海台风区	台风、水毁、塌方	在砖红黏性土、花岗岩分布地区,路基强度高,但化学风化强烈。夏季台风雨造成水毁。三角洲地区软土分布广泛,河系发育,路基强度低,公路应加强排水
Ⅳ7a 台湾山地副区	台风、水毁、泥石流、地震	山地南北纵列,东西向交通受阻,且为强震区,影响路基稳定性,夏季台风造成水毁
Ⅳ7b 海南岛西部润干副区	中级路面松散扬尘	雨影区地带潮湿系数在0.75以下,为南方罕见的干燥地区,中级路面易松散、扬尘。地温高,沥青路面易软化
Ⅳ7c 南海诸岛副区	台风海水进退	

表 B-5 西南潮暖区中各二级区自然条件对公路工程的影响

二级区名(包括副区)	主要自然病害	自然条件对公路工程的影响
Ⅴ1 秦巴山地润湿区	崩塌、滑坡、泥石流、地震	地势高差大,路线多沿河谷蜿蜒通过,展线困难。越岭线更困难,土石方工程量也大,路线标准不宜过高。路基强度高,路面材料丰富,除地震外,各种病害经常发生
Ⅴ2 四川盆地中湿区	泥泞、滑坡、泥流	一般紫黏性土地区,路基强度中等。成都黏土地区,因土质粉粒含量高,缺乏黏聚力,路堑边坡往往造成开裂滑坍,虽日降雨量小,但持续期长,渗透量大,路基强度低,河谷线和越岭线通过条件均较易。但公路用地也与农业有矛盾,雨中中级路面泥泞

(续)

二级区名(包括副区)	主要自然病害	自然条件对公路工程的影响
Ⅴ2a 雅安、乐山过湿副区	泥泞、滑坡、崩塌	全年多雨,秋雨更是连绵不断,严重影响路基强度,黏性土地区,雨季泥泞,路面材料不缺乏,路线标准不宜过高
Ⅴ3 三西、贵州山地过湿区	岩溶、山洪、泥石流、滑塌	石灰岩分布广泛。岩溶土洞不仅影响路基稳定,对其他结构物潜在危害更大,降水持续期也长,渗透大,造成路基过湿。地形为破碎高原山地,高差起伏大,路线通过条件较困难,工程标准不宜过高,如要求线型顺直,不仅土石方工程量大,在穿越深沟高谷时,桥涵工程量也会增大很多
Ⅴ3a 滇南、桂西润湿副区	岩溶、土洞、地震	砖红黏性土强度高,但石灰岩分布区有岩溶、土洞等工程病害,山地路线通过需要展线,路线标准不宜过高,但路面材料丰富,取材较易
Ⅴ4 川、滇、黔高原干湿交替区	滑坡、水毁、泥石流、地震	干湿季节分明,湿季能保证路基强度,干季中级路面易出现松散、扬尘病害,特别是一些背风坝子,公路过干现象严重。北部为我国暴雨泥石流主要分布地区之一,影响公路的修建和使用。但路面材料不缺乏,路线标准不宜过高
Ⅴ5 滇西横断山地区	崩塌、滑坡、泥石流、地震	地势高差悬殊,山系南北纵列,东西路线通过困难,暴雨多,地震病害大,滑塌泥石流相当严重,本区又是全国降雨最连续地区,暴雨有时影响车辆正常通过。路面材料不缺乏,山岭与谷地干湿悬殊
Ⅴ5a 大理副区	崩塌、滑坡、泥石流、地震	与主区类似,但降雨连续性较差,高差较小。南部河谷较宽敞,但热带密林多,影响路线勘测工作

表 B-6 西北干旱区中各二级区自然条件对公路工程的影响

二级区名(包括副区)	主要自然病害	自然条件对公路工程的影响
Ⅵ1 内蒙草原中干区	东北部积雪阻车,大青山南翻浆,西部风砂、盐碱	公路路基稳定。大青山以北以东地区,雪害影响大,呼和浩特市、包头、集宁一带冻胀翻浆较重。鄂尔多斯地区多流砂和半固定砂丘,路基稳定性差。除大青山附近外,其他地区筑路材料较缺乏。路线通过不困难,用地问题不大,标准可以提高
Ⅵ1a 河套副区	翻浆、泥泞	地下水位高,浸湿路基,造成不利,灌溉渠系发达,秋灌时对路基强度影响大,造成春季翻浆。路基设计应注意填高要求和填土的湿度影响
Ⅵ2 绿洲—荒漠区	风砂、盐碱、翻浆、扬尘	为我国风成砂主要分布区,危害甚大。河西走廊和准噶尔潮湿系数在 0.25 以下,塔里木和甘西地区在 0.05 以下,路基干燥,流砂地面易造成车辙下陷。公路通过绿洲时,地下水位高,易造成路基松软和翻浆。路线通过较易,用地问题不大,标准可适当提高
Ⅵ3 阿尔泰山地冻土区	雪害、冻胀	分布有岛状和连续的多年冻土、季节冻土,需采取相应的工程措施。冬季雪害,影响车辆通行
Ⅵ4 天山—界山山地区	现代冰川、风害、雪害、泥石流	地势高峻,气候具有垂直差异性,隘口峡谷较多,公路由隘口通过,但隘口多为风口,影响行车。高山有现代冰川,冬季风吹雪堵塞公路

(续)

二级区名(包括副区)	主要自然病害	自然条件对公路工程的影响
Ⅵ4a 塔城副区	翻浆、雪害	河谷灌区冻胀翻浆较重,冬季雪害较严重
Ⅵ4b 伊犁河谷副区	翻浆、扬尘	灌区地下水位高,路基稳定性差。春季易翻浆。草原地区路线通过条件良好

表 B-7 青藏高寒区中各二级区自然条件对公路工程的影响

二级区名(包括副区)	主要自然病害	自然条件对公路工程的影响
Ⅶ1 祁连—昆仑山地区	现代冰川、泥石流、地震	高山属多年冻土区,有现代冰川和风吹雪及其他病害,南北越岭线通过条件困难
Ⅶ2 柴达木荒漠区	风砂、盐碱、盐盖	气候干旱,路基强度高。碱湖分布广泛,含氯化盐的盐块可做路面材料
Ⅶ3 河源山原草甸区	雪害、冻胀、热溶、热溶湖、塘、冰锥、冰丘、泥石流	有岛状多年冻土,季节冻土和沮洳地分布,与冰冻和热融有关的病害普遍。除路基路面结构设计不应破坏冻土上的覆盖层外,其取土距离,也应离路堤坡脚至少10m以外,湿草地不利于公路通过,公路修建和营运费用较高
Ⅶ4 羌塘高原冻土区	现代冰川、雪害、冻胀	多年冻土是公路修建中的主要问题,要注意防治热融滑坍、泥流、沉陷、公路翻浆及冻胀。除取土限制同Ⅶ3区外,本区高原上气压低,气候严寒,在纵坡设计时尽量采用小于5%以下坡度,以免公路修建营运均带来较大困难,费用较高
Ⅶ5 川藏高山峡谷区	海拔4000m以上冻胀、雪害软土沉陷,4000m以下泥石流、崩塌、地震	地形切割深度大,为强震区,潮湿系数在1.0以上,且有暴雨,是我国公路自然病害最严重地区,暴雨和冰川型泥石流、塌方、雪崩都给公路修建养护带来危害,东西向越岭线土石方工程量大
Ⅶ6 藏南高山台地区	现代冰川、雪害、崩塌、泥石流、地震	高山地区除隘口外,路线通过条件困难,有现代冰川、雪崩、泥石流等病害,中间的高台地路线通过条件较好。西部地区因干燥,有风砂,有时妨碍行车
Ⅶ6a 拉萨副区	现代冰川、雪害、崩塌、泥石流、地震	较湿润,路基排水条件尚好,但山区病害严重,路面材料不缺乏。路线标准可适当提高,公路用地问题不大

参 考 文 献

[1] 中华人民共和国交通运输部. 公路工程技术标准：JTG B01—2014 [S]. 北京：人民交通出版社，2014.
[2] 中华人民共和国交通运输部. 公路路线设计规范：JTG D20—2017 [S]. 北京：人民交通出版社，2017.
[3] 中华人民共和国交通运输部. 公路勘测规范：JTJ C10—2007 [S]. 北京：人民交通出版社，2007.
[4] 中华人民共和国住房和城乡建设部. 城市道路交叉口规划规范：GB 50647—2011 [S]. 北京：中国计划出版社，2011.
[5] 中华人民共和国交通运输部. 公路交通标志和标线设置规范：JTG D82—2009 [S]. 北京：人民交通出版社，2009.
[6] 中国国家标准化管理委员会. 道路交通标志和标线：GB 5768—2009 [S]. 北京：中国标准出版社，2009.
[7] 中华人民共和国交通运输部. 公路路基设计规范：JTG D30—2004 [S]. 北京：人民交通出版社，2003.
[8] 中华人民共和国交通运输部. 公路路基路面现场测试规程：JTG E60—2008 [S]. 北京：人民交通出版社，2008.
[9] 中华人民共和国交通运输部. 公路养护技术规范：JTG H10—2009 [S]. 北京：人民交通出版社，2005.
[10] 中华人民共和国交通运输部. 公路技术状况评定标准：JTG H20—2007 [S]. 北京：人民交通出版社，2007.
[11] 中华人民共和国交通运输部. 公路水泥混凝土路面设计规范：JTG D40—2011 [S]. 北京：人民交通出版社，2011.
[12] 中华人民共和国住房和城乡建设部. 城镇道路工程施工与质量验收规范：CJJ 1—2008 [S]. 北京：中国建筑工业出版社，2008.
[13] 中华人民共和国交通运输部. 公路软土地基路堤设计与施工技术细则：JTG D31-02—2013 [S]. 北京：人民交通出版社，2017.
[14] 中华人民共和国交通运输部. 公路沥青路面养护技术规范：JTJ 073.2—2001 [S]. 北京：人民交通出版社，2001.
[15] 中华人民共和国交通运输部. 公路沥青路面施工技术规范：JTG F40—2004 [S]. 北京：人民交通出版社，2006.
[16] 中华人民共和国住房和城乡建设部. 城镇道路养护技术：CJJ 36—2006 [S]. 北京：中国建筑工业出版社，2006.
[17] 中华人民共和国交通运输部. 公路土工试验规程：JTG E40—2007 [S]. 北京：人民交通出版社，2007.
[18] 中华人民共和国交通运输部. 公路沥青路面设计规范：JTG D50—2017 [S]. 北京：人民交通出版社，2017.
[19] 中华人民共和国交通运输部. 公路桥涵施工技术规范：JTJ 041—2000 [S]. 北京：人民交通出版社，2000.
[20] 中华人民共和国交通运输部. 公路路基施工技术规范：JTGF10—2006 [S]. 北京：人民交通出版社，2006.

[21] 中华人民共和国住房和城乡建设部.城市道路路线设计规范:CJJ 193—2012.[S].北京:中国建筑工业出版社,2012.
[22] 中华人民共和国交通运输部.公路水泥混凝土路面设计规范:JTG D40—2011[S].北京:人民交通出版社,2011.
[23] 中华人民共和国交通运输部.公路路基设计规范:JTG D30—2015[S].北京:人民交通出版社,2015.
[24] 黄晓明.路基路面工程[M].南京:东南大学出版社,2006.
[25] 张新天,罗晓辉.道路工程[M].北京:中国水利水电出版社,2001.
[26] 张雨化.道路勘测设计[M].北京:人民文通出版社,2002.
[27] 何景华.公路勘测设计[M].北京:人民文通出版社,1990.
[28] 杨春凤.道路工程[M].北京:中国建材工业出版社,2014.
[29] 吴旷怀.道路工程[M].北京:中国建筑工业出版社,2008.
[30] 资建民,蔡清香.道路工程[M].北京:人民交通出版社,2008.
[31] 傅智.水泥混凝土路面滑模施工技术[M].北京:人民交通出版社,2000.
[32] 姚祖康.水泥混凝土路面设计理论和方法[M].北京:人民交通出版社,2003.
[33] 邓学钧,黄晓明.路面设计原理与方法[M].北京:人民交通出版社,2001.
[34] 张起森.高等路面结构设计理论与方法[M].北京:人民交通出版社,2005.
[35] 杨渡军.公路施工技术[M].北京:人民交通出版社,2007.
[36] 李继业,董洁,张立山.城市道路工程施工[M].北京:化学工业出版社,2017.
[37] 张金喜.道路工程专论[M].北京:科学出版社,2010.
[38] 秦建平.道路工程[M].武汉:武汉理工大学出版社,2013.
[39] 杨少伟.道路勘测设计[M].北京:人民交通出版社,2011.
[40] 姚祖康.道路路基和路面工程[M].上海:同济大学出版社,1994.